イスラエル

人類史上最もやっかいな問題

Can we talk about ISRAEL?
A guide for the curious, confused, and conflicted
by Daniel Sokatch

ダニエル・ソカッチ 著
鬼澤 忍 訳

NHK出版

イスラエル　人類史上最もやっかいな問題

装幀　吉野 愛

本書執筆のパートナーだったビル・ゴールドマン（一九七九～二〇一七）へ、
そして、あらゆることに取り組みはじめたばかりだったチャーリー・ノクソン（一九九九～二〇一九）へ。

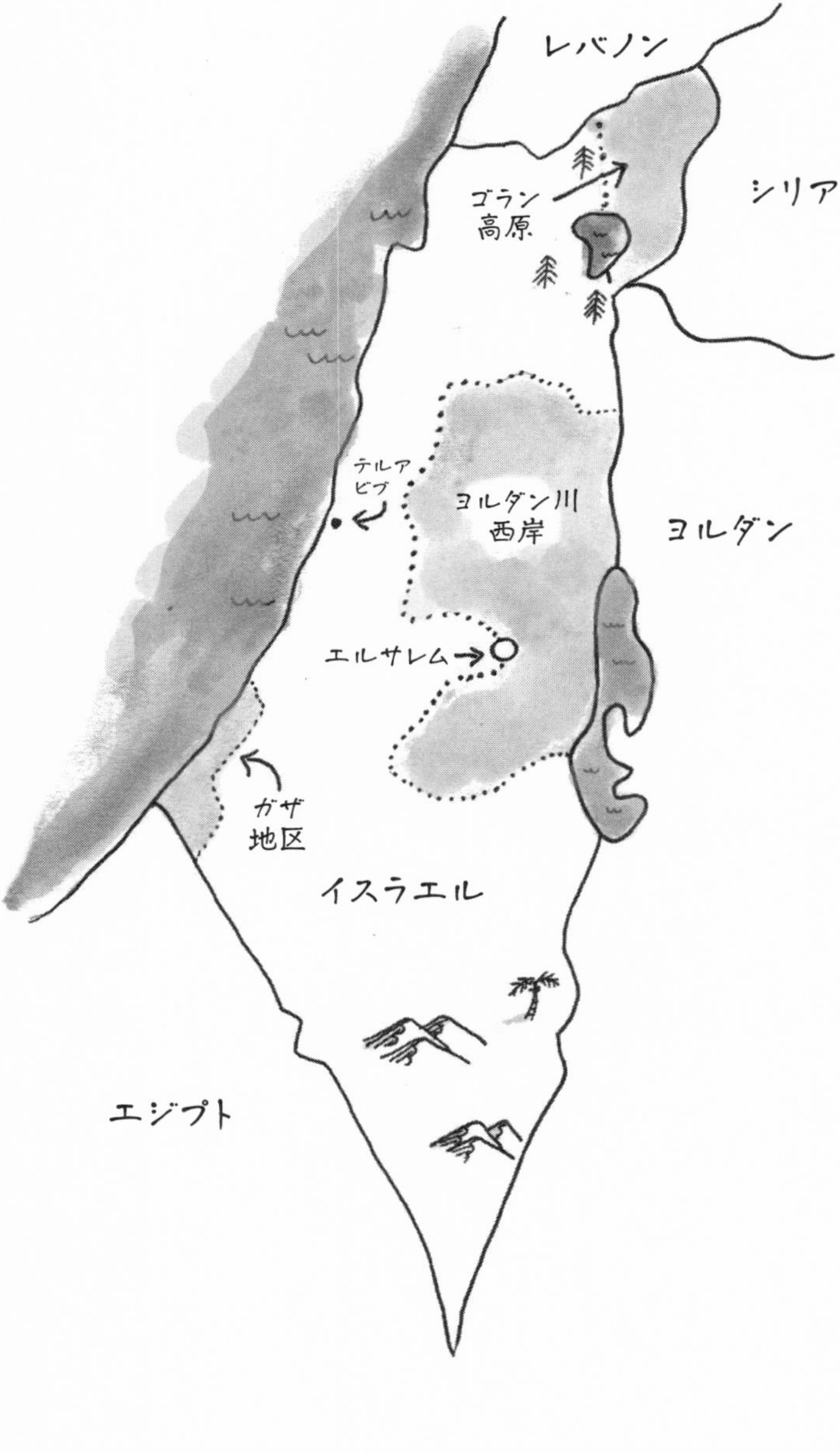

レバノン
シリア
ゴラン
高原
テルアビブ
ヨルダン川
西岸
ヨルダン
エルサレム
ガザ
地区
イスラエル
エジプト

Contents

目次

第2部 イスラエルについて話すのがこれほど難しいのはなぜか？

編集部注：　＊は原著者による傍注、（　）は原注、〔　〕は訳注を示す。
書籍名は邦訳のあるものは邦題を、未邦訳のものは独自訳を原題と共に掲載した。
引用文については、特に断りのないものは、すべて独自訳。
なお本文中太字の文言については巻末の「紛争に関する用語集」も参照のこと。

Introduction

はじめに

ディナーパーティーの席でたまたま**イスラエル**の話題になり、別の部屋に逃げ出したくなったという経験はないだろうか？

その苦しさはわかる。私はよくこんなふうにたずねられる。「イスラエルの状況を、そうだな、一〇分以内で説明してもらえない？」。人びとは知りたい、理解したいと願い、主菜《アントレ》が運ばれてくる前に私にそれをかなえてもらおうとする。本書を読むには一〇分では足りないが、とっつきにくい本ではない。著者としては、興味深く、人を魅了する本であるよう願っているし、読了後には、どんなパーティーでイスラエルをめぐるどんな会話が始まっても、うまくやれるはずである。

イスラエル。

こんなテーマがほかにあるだろうか？　なにしろ、知的で、教養があり、見識の高い多くの人びとが、それについてきわめて確固たる信念を表明していながら、実はろくな知識を持っていないのだ。この問題がやっかいなのは、こうしたあらゆる立場の人びとが、自分の話していることについてよく知っていると思い込んでいるからだ。自分の考えは正しいと、心から信じているのである。

その理由を理解するのは簡単だ。

たいていの人は、イスラエルについて多くのことを耳にしてきた。教会やシナゴーグ〔ユダヤ教の礼拝堂〕やモスク〔イスラム教寺院〕で、両親や祖父母から、観光旅行や休暇の折に、大学のキャンパスで。そしてもちろん、ニュースの中で。というのも、イスラエルは世界有数の外国特派員コミュニティを誇っているからだ。われわれはオンラインで、つまりフェイスブックの投稿やツイッターで、ポッドキャストやブログで、イスラエルに接している。レオン・ユリスの『エクソダス——栄光への脱出（*Exodus*）』やジェイムズ・ミッチェナーの『小説　人間の歴史（*The Source*）』といったイスラエルを描いた小説を読んで育ち、「十戒」や「プリンス・オブ・エジプト」といった映画を観てきた。報道のヘッドラインでもイスラエルを見慣れているが、そこでイスラエルは、実際の面積、人口、世界に残した足跡などとはまったく不釣り合いなスペースを占めているのだ。

信じられないって？　では、ちょっとした課題をやってみよう。グーグルで「Ukraine conflict〔ウクライナ紛争〕」を検索すると、約一億七〇〇〇万件ヒットする。次に「North Korea conflict〔北朝鮮紛争〕」を検索すると、九五〇〇万件のヒット。さて「Israel conflict〔イスラエル紛争〕」を検索してみよう。すると、一億八一八〇万件もヒットするのだ〔ヒット数はいずれも本書執筆中の二〇二一年当時〕。ウクライナの人口は四五五〇万人、ウクライナと紛争状態にあるロシアの人口は一億四三五〇万人である。北朝鮮の人口は二五〇〇万人、この国が世界有数の軍事境界線を挟んで向かい合う韓国の人口は五〇〇〇万人である。では、イスラエルは？　イスラエルには九二〇万人が住んでおり、膠着《こうちゃく》している紛争の相手であるパレスチナ人は、全部で四七五万人だ。納得していただけただろうか？

これらのあらゆる情報、あらゆる物語に接してきた結果、人びとはこのテーマについてひとかたならぬ思い入れを抱いているに違いない。とはいえ、こうした思い入れを支えているものが……そう、

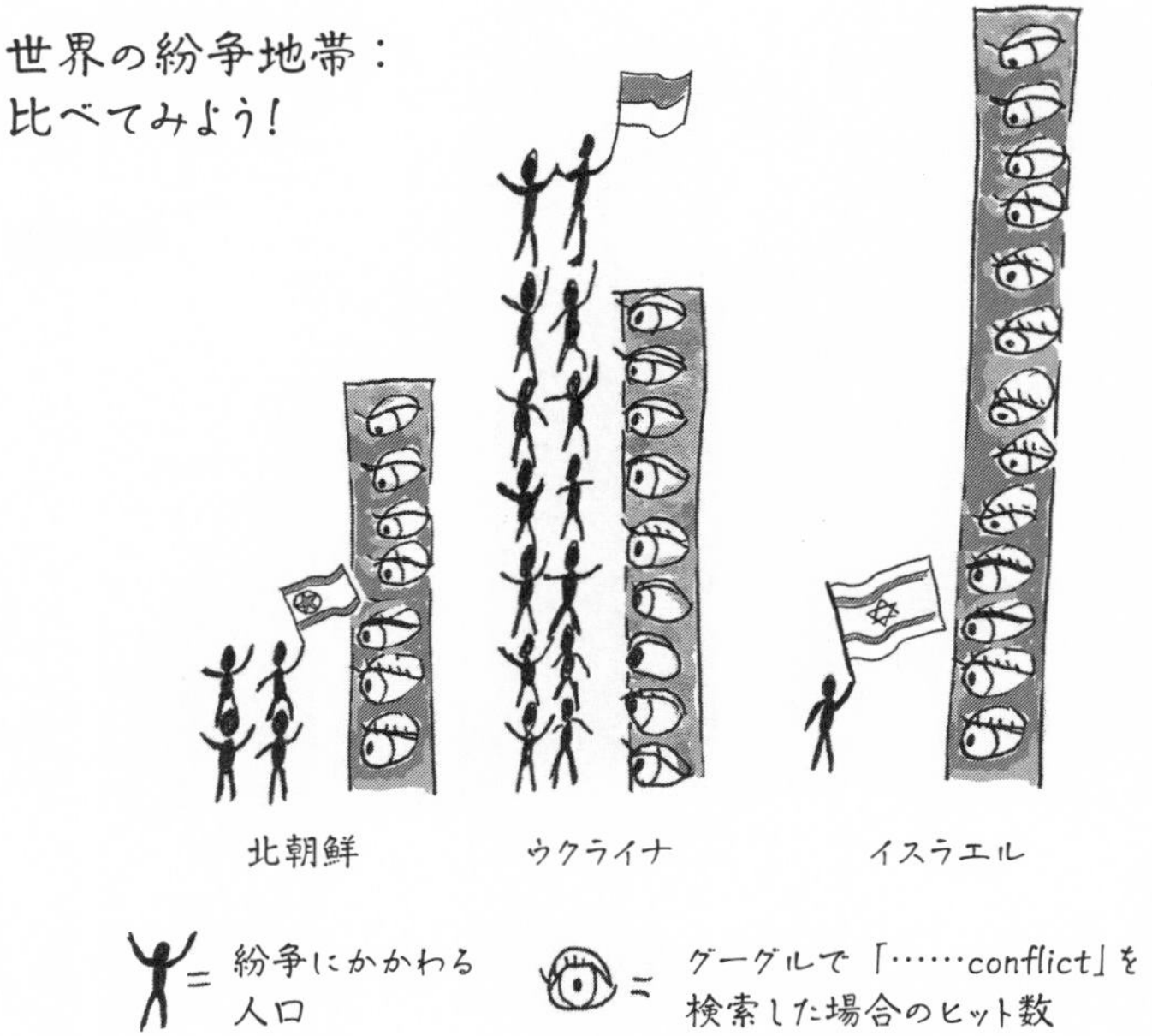

事実であるとはかぎらない。つまり、現在の状況や、われわれをそこに導いたものに関する真の理解に基づいているとはかぎらないのだ。実際、こうした強い忠誠心、忠節、確信は、それ以外のものに支えられている場合が多い。つまり、受け売りの主観的な歴史や同族意識に基づく語りであり、こうしたものは、ある人が紛争のどの陣営に与《くみ》しようともそれを後押しする。だが、俗に言うように、自分自身の意見を持つ権利は誰にでもあるが、自分自身の事実などというものを手にする権利は誰にもないのである。

　これらの語りがいったん人びとの心に刷り込まれてしまうと……お察しのとおり、紛争に関するそうした理解の間違いを納得してもらうのは骨が折れる。実際には、PR業界全体が、パレスチナ－イスラエル紛争をめぐる党派的な語りの強化に精を出している。
ここでまたグーグルの出番だ。「この紛争について説明する」と称する山ほどのウェブサイト、ユーチューブ動画、その他のオンラインの風説を覗《のぞ》いてみよう。すると、そのほとんどが実は、一方が正しく、公正で、罪がないのはなぜか、そして、他方が不誠実の権化であるのはどうしてかを熱心に説いていることがわかる。こうした話は感情面では満足させてくれるかもしれないが、現実に何が起こっているかについて理解を深めてくれることはない。それはプロパガンダ戦争のもう一つの最前線にすぎない。

ほかの点では知性的な多くの人びとが、「イスラエル」あるいは「パレスチナ」に味方する論陣を張りながら、物語の一部しか語っていない。彼らは次の点を認めようとしない、あるいは純粋に見ようとしない。つまり、イスラエル人とパレスチナ人はどちらも正しく、どちらも間違っている——どちらも、自分ではどうにもならない力の、お互いの、自分自身の犠牲者なのである。

では、そこに見られるさまざまな「唯一の正しい語り」の中からどれかを選ぶのを拒む無数の人びとはどうなるのだろうか？　あなたはどう考えるのだろうか？　そもそも、なぜそんなことを気にする必要があるのだろうか？　世界で最も複雑で、やっかいで、古くからの紛争と思われるものを正しく理解する方法などあるのだろうか？

本書は、イスラエルとイスラエル－パレスチナ紛争が、ほかの点では分別のある多くの人びとを完全な狂乱状態に陥れるように思えるのはなぜかを説明しようとする試みである。これはイスラエルが、たった一つのテーマをめぐって、昔ながらのリベラルなユダヤ人を超保守主義者に変えてしまう理由を語る物語だ。ほかの点では心優しく思慮深い進歩主義者が、わざわざイスラエルを選んで、ボイコットし、制裁を加え、一定レベルの非難を向けざるを得ないと感じる理由を語る物語だ。彼らはたとえば、世に見られるもっと悪質な多くの国家的行為者の一人に対してさえ、そんな仕打ちをしようと思ったことはないのである。これはまた、イスラエルが一部の福音派キリスト教徒から熱烈な忠誠心や献身を引き出す理由を語る物語である。彼らは現実のユダヤ教徒に一度も会ったことはないし、彼らにとって、現実のユダヤ教徒は基本的には黙示録にあるように、救われるか、あるいは焼き尽くされる人びとなのだ。さらに、ときには世界の半分の人びとにとって、イスラエルが「世の中の何が間違っているか」に対する答えであるように思えるのはなぜか、残りの半分の人びとにとっては「世の中の何が正しいのか」に対する答えであるように思えるのはなぜかを語る物語である。はたから見守っている人びとにとっては、あなたが気を配るべき理由、イスラエルが重要である理由、紛

争の解決に取り組むイスラエル人とパレスチナ人を支援することが、中東のみならず世界にとっても重要である理由を語る物語である。

本書において私は、プロパガンダに陥りもせず、読者のあくびを誘うこともなく、世界でも類を見ないほど複雑な紛争の歴史と概略を説明したいと思う。しかし、プロパガンダにかまけるつもりはないとしても、私には一つの企図があるし、ある特定の観点から記述を進めていく。イスラエル－パレスチナ紛争は本質的に、歴史家のベニー・モリスが「正義の犠牲者」と名付けた者同士の闘争だと思う。つまり、両者とも土地に対する正統なつながりと権利を有し、外部の世界の、お互いの、また自分自身の犠牲となってきた二つの民族である。それは土地をめぐる紛争であり、記憶と正統性をめぐる紛争でもある。生存権をめぐる紛争であり、自己決定権をめぐる紛争でもある。生き延びることに関する紛争であり、正義に関する紛争でもある。それは、その信奉者が完全に「正しい」と見なす相容れない語りをめぐる紛争である。これらの語りは、実体験のみならず、物語や宗教的伝統、家族やメディア消費や政治的信念によって――また故意かどうかは別にして、さまざまな程度の無知によって――支えられている。イスラエル人とパレスチナ人の紛争を解決することの最大の障害は、政治的想像力の欠如ではなく、政治的意志の欠如だと思う。

もっと簡単に言えば、イスラエル人もパレスチナ人も、誰もが平等な権利と安全を保障されるべきだ。この紛争の当事者には、こうした権利に値するのは一部の者だけだと考える向きもあるが、それは間違っている。

私の視点に関して言うと、私はアメリカのリベラルなユダヤ人コミュニティの出身で、多くのアメリカ人と同様、イスラエル－パレスチナ紛争をめぐる議論については長いことイスラエル側の物語に接してきた。実際、アメリカ人の会話では、イスラエル側の語りのほうがパレスチナ側のそれより多くなりがちだ。ある意味では本書もそうなのだが、違いもある。本書で私は、たいていのアメリカ人の頭にある「親イスラエル」的な語りのさまざまな側面をよく知る者として、イスラエルの物語、またイスラエルとその近隣諸国やパレスチナ人との紛争の物語に取り組んでいる。この「親イスラエル」的な語りは、紛争をめぐる語りの一つにすぎないものの、その影響力は大きい。それゆえ、再検討し、批評し、そして何より進化させることがぜひとも必要だと思う。私はパレスチナ人（さらに言えばイスラエル人）を代弁はできないが、しばしば緊張をはらむこのテーマに対して、既存のものよりバランスのとれた細やかなアプローチを示すことはできる。

　私はこの地域に深い関心を寄せている。こうした関心が、イスラエルが巻き込まれている葛藤に満ちた関係への関心につながってきた。私はかつて兄からこう言われたことがある。イスラエルの話になると、「『ニューヨーク・タイムズ』の記事で自分が責められていると感じるみたいだな」と。兄は正しかった。イスラエルは人を鼓舞することもあれば、混乱させることもある。人に希望を与えることもあれば、不眠症にしてしまうこともある。私は現在、すべてのイスラエル人に民主主義と平等をもたらすべく活動する最大の非政府組織《NGO》、新イスラエル基金《ニュー・イスラエル・ファンド》を運営している。この物語がなぜそんなに難しいのかはわかる。多くの人が感じているとおり、問題は複雑なのだ。しかし、皆が協力し合えば、すべてを理解できるようになる。

　読者はおそらく、本書で読んだ内容のすべてに賛同することはないだろうし、もしかすると信じることさえないかもしれない。感情的な地雷がこれほど埋まっているテーマもなかなかない。読者は心を掻き乱すような出来事について学んだり、いままで聞いたこともなかった事態について読んだり、私の分析や結論にうなずけなかったりするかもしれない。私が紛争のさまざまな局面を描写するのに使う言葉にさえ反対するかもしれない。しかし、それで問題はない。イスラエルについての会話が平穏であることはめったにないし、退屈であることもまずない。私が物語を語り、自分の立場を説明したら、読者は自分自身の結論を出せばいい。

この先のページでは多くの情報を提示するが、なかにはなじみのない用語や言及もあるだろう。迷ったり混乱したりしたら、巻末の「紛争に関する用語集」を参照してほしい。議論において最も重要な基本用語はそこに載せてある。読み進めてもらえばわかるが、イスラエルの話題になると、ある場所、政治運動、さらには戦争についてさえ、それをどう呼ぶかが先に述べた地雷の一つとなりかねない。この用語集は、物語をわかりやすくし、地雷原をくぐり抜ける、あるいは少なくともよりよく理解する手助けをしてくれるはずだ。

イスラエル……何だって?

イスラエルは少しばかり人を動揺させると初めて気づいたときのことは、いまでも覚えている。一九八〇年代半ば、私はシカゴでまたいとこのバル・ミツバー〔一三歳になった男子を対象とするユダヤ教の成人式〕に出席した。当時は一六歳か一七歳だったと思う。その年の初め、ユダヤ人の慈善団体であるユナイテッド・ジュイッシュ・アピール主催の「ミッション」の一環として、家族と共に初のイスラエル旅行を経験していた。母、父、弟は楽しい時間を過ごし、一〇日ほどしてから満足して日常生活に戻っていった。だが、私は? 私ははまってしまったのだ。

その一九八〇年代のこと、イリノイ州リンカーンウッドのタウンハウスで、調理済み惣菜類《デリカテッセン》の大皿やおしゃべりに興じる親戚を横目にうろついていると、高齢の大おじが若いいとこたちを相手にイスラエルについて弁舌を振るっているのが耳に入った。私は話を聞こうと近づいていった。イスラエルでの最近の経験がまだ頭の中にちらついていた。大おじはイスラエルの敵を激しく非難し、ちょっと理解できないほど怒り――大おじに反論している者はいなかった――明らかに興奮していた。イスラエルが核攻撃で滅ぶようなことがあれば、それと共に世界のほかの地域も壊滅するよう願っていると、大おじは言った。私は驚いて（また漠然とした恐怖に襲われ）、こう声を上げた。「つまり、イスラエルがすべての敵を道連れにするよう願っているということですね？」。

大おじは、同世代のユダヤ老人が愚か者に向ける苛立った表情で私をにらみつけた。「いいや、イスラエルが滅ぶようなことがあれば、全世界が火の海になればいいと言ったんだ」。

「でも、ここシカゴにいる大おじさんの孫たちはどうなるんですか？」と、私はたずねた。大おじは肩をすくめてこう繰り返した。「全世界だ」。

このときから、イスラエルは私にとって最も興味を惹かれる対象となり――取り憑かれていると言ってもいい――いまでもそのままである。

私がイスラエルで暮らしたのは、イツハク・ラビンが首相の座にあった黄金時代、一九九〇年代半ばのことだ。変革、希望、未完のこの時代は、私と私のイスラエル観に大きな影響を与えた。とりわけある瞬間が、その後長い歳月を経ても強く印象に残っている。一九九四年の夏のある日、**エルサレム**のアパートに帰る途中、私は（そして道行く誰もが）空を見上げた。巨大な民間ジェット旅客機が低空飛行で東からやってくると、街の上空を二周して、同じ航路で帰っていった。周囲の人びとは驚い

てざわめきの声を上げた。あの飛行機には誰が乗っていたのか？　いったいここで何をしていたのだろう？

たったいまわれわれが目にしたのは、地政学的に言ってあり得ない事態だった。イスラエルとイスラエル占領下のヨルダン川西岸のすぐ東は、イスラエルと長いこと正式に戦争状態にあるヨルダンだったからだ。飛行機が東から、つまりヨルダンからイスラエルへ飛んでくることはどう考えてもないし、ましてやエルサレムの上空を回るなんて、爆撃をするつもりでもないかぎりあり得ない。わが家のある通りまで歩いていくと、そこで食料品店を営む体格のいいイスラエル人が表に立ち、トランジスタ・ラジオでニュースを聴いているのが目に入った。私は「あの飛行機には誰が乗っていたんですか？」とたずねてみた。

彼は涙と驚きでいっぱいの目で私を見ると、こう言った。「あれは国王だったんだ！」。

こうして、エルサレムに住むわれわれは、イスラエルとヨルダンのあいだで発表されたばかりの和平協定を身をもって知ったのだった。戦闘機パイロットの経験を持つヨルダンのフセイン国王は、この和平協定を称えるべく、かつて支配していたエルサレムに敬意を表して国王専用機でその上空を旋回したのだ。テルアビブ近郊のベン＝グリオン空港では、一九六七年に東エルサレムを征服したイスラエル軍の軍人で参謀総長だったイツハク・ラビン首相が、管制塔からフセイン国王と言葉を交わした。私にとって、こうした二人の姿が象徴していたのは、宿敵同士が和解して新たな始まりを迎えるという希望であり可能性だった。

幸い、それは現在でも私にインスピレーションを与え続けている。中東に関するかぎり、われわれは皆何らかのインスピレーションを必要としている。目下のところ戦いの渦中にないとしても、イスラエルとパレスチナのあいだでいずれ再び暴力沙汰が生じるはずだからだ。この紛争は、確固たる信念、聖典、痛ましい歴史によって後押しされており、世界中の人びとに影響を与え続けるだろう。この問題を解決したければ、それを理解することが誰にとっても有益である。

本書は、読者が以下の点を理解する一助となることを目指している。まずはイスラエルという国、次に、このテーマについてあらゆる種類の人びとがとる複雑で混乱した反応、さらに、ヨルダン川と地中海に挟まれた細長い土地で一〇〇年以上にわたって続くアラブ人とユダヤ人の争いだ。第1部では、現状に至った経緯を語り、第2部では、こんにちの論争を形づくる最もやっかいな問題のいくつかを検討する。本書は、この論争を支配しがちな二つの陣営、つまり「イスラエルは常に正しい」派と「イスラエルは常に間違っている」派のどちらにも与しない。読者が世にはびこる意見の対立を拒否し、イスラエルに関しては事態はけっして白でも黒でもないと理解する手助けができればと願っている。イスラエルは、要するにグレーなのである。

第1部 何が起こっているのか？

What's going on?

1章 Jews and Israel Where Do We Start?

ユダヤ人とイスラエル 始まりはどこに?

われわれはどこまでさかのぼればいいだろう? 物語はどの時点から始まるのだろう? 一九六七年か、一九四八年か、一九一七年か、一八八二年か、紀元七〇年か、それともさらに前か? 答えは、これらすべてである。

(聖書にある) 始まり (紀元前二〇世紀頃〜紀元七〇年)

ユダヤ人の想像の中にイスラエルという概念が初めて現れるのは、**ヘブライ語**聖書においてであり、現在われわれが理解しているユダヤ人の物語の冒頭でのことだ。創世記一二章一節で、神はアブラハムにこう告げる。「あなたは生まれ故郷、父の家を離れて、わたしが示す地に行きなさい」〔新共同訳〕と。その土地がどこであるかは、数節後にわかる。カナンだ。カナンは約束の地であり、のちにイスラエルとして知られるようになる土地である。こうして、アブラハム(この物語の当時は現在のイラクで暮らしていたと言われている)は荷物をまとめて旅立ち、現在のヨルダン川西岸にあるシェケム(アラビア語で「ナブルス」）近郊にようやく居を定めると、その後、現在のイスラエル南部にあるネゲヴ砂漠のベエルシェバ近くに落ち着く。聖書の物語の中で神がアブラハムに約束した正確な領地ははっきりしない——出エジプト記では、神はイスラエル人にナイル川からユーフラテス川までのすべての土地を与えているが、ヨシュア記ではイスラエル人が征服したのはカナンのみである——とはいえ、そこには現在のイスラエルに加え、ヨルダン川西岸と**ガザ地区**のパレスチナ自治区が含まれている。お気づきのとおり、物語の始まりから事態は複雑だったのだ。

ヘブライ語聖書は、何よりもまず、ユダヤ人とユダヤ教の起源を示す物語だ。ある人びとにとっては、物語、民間伝承、知恵の貯蔵庫であり、そこに神の啓示が含まれているかどうかははっきりしない。また別の人びと——数千万人というキリスト教原理主義者が含まれる——にとっては、文字どおり神の言葉である。いずれにせよ、約束の地の物語は根を下ろし、ユダヤ人とイスラエルとのつながりが生まれた。何世紀にもわたって、**イスラエルの地**に暮らすユダヤ人はこう理解していた。その土地と自分たちとのつながりは、創世記一五章一八節で神がアブラハムになす約束、つまり「あなたの子孫にこの地を与える」〔新共同訳〕に根源があるのだ、と。

数千年にわたる戦争、征服、追放、流浪の経験を経てもなお、ユダヤ人（あるいは少なくとも多くのユダヤ人）はこの約束に対する信仰を失わなかった。実際、イスラエルはユダヤ人の祖国であるという考え方は、ユダヤ人がその実現を夢見ていたものだった。いつどこで生まれようと、過越《すぎこし》の祭り〔出エジプトを記念して春に行なわれる祭り〕の晩餐の最後には、「来年はエルサレムで」と彼らが口にすることからもそれがわかる。こうした考え方そのものの力が、数千年に及ぶ苦難の歴史に耐え、団結の原理として機能してきたのである。聖書を文字どおりに信じる人びとにとって、一九四八年のイスラエル建国は、アブラハムに対する神の約束の一部が実現したことを意味していた。一九六七年のイスラエルによるヨルダン川西岸の征服と、その後の（また現在も進行中の）入植事業——その目的は、ユダヤ人の想像する聖書の中核地域においてユダヤ人の物理的存在を再確立することだ——は、聖書直解主義者にとってはユダヤ人の物語の次なる段階として欠かせないものである。*

さて、アブラハムの話に戻ろう。アブラハムの孫のヤコブは、カナンの飢饉を避けるためにユダヤ民族をエジプトに移住させ、その地で息子ヨセフ（「ヨセフ・アンド・アメージング・テクニカラー・ドリームコート」というミュージカルで有名）と再会を果たす。ヨセフはファラオの右腕として出世していたのだ。イスラエルの民はエジプトでしばらくのあいだ幸せに暮らすが、やがて「そのころヨセフを知らない新しい王が出てエジプトを支配し、国民に警告した。『イスラエル人という民は、今や、我々にとってあまりに数多く、強力になりすぎた』」（出エジプト記一章八節、九節　新共同訳）。こうした事態が問題とならないように、新しいファラオはイスラエルの民を奴隷にする。この事件が「プリンス・オブ・エジプト」というまた別のミュージカル（およびアニメーション映画）のお膳立てとなる。モーセが登場し、イスラエルの民はエジプトから脱出するのだ。シナイ砂漠（現在のエジプトの一部）で四〇年間さまよったあと、ユダヤ人は約束の地に舞い戻る。おそらく、紀元前一三世紀頃のことだ。

紀元前一〇〇〇年頃、聖書の登場人物で、巨人ゴリアテを倒したことで名高いダビデが現れる。聖書によると、ダビデはユダ王国を建国し、エルサレムに首都を置く。彼の息子ソロモンは、エルサレムの中心部に最初のユダヤ神殿を建てる。この先で見るように、ダビデ、ダビデが建設したと思われる都市、そしてユダヤ神殿は、現在のエルサレムをめぐる論争において大きな意味を持っている。エルサレムの性格、定義、地位は、おそらく最もやっかいで、感情に訴え、一見すると解決不可能な紛争の特徴であり続けている。
ダビデの時代に続く数世紀のあいだ、ユダヤ人の王国は現在のイスラエルとヨルダン川西岸にあたる地域で盛衰を繰り返した。紀元前五八七年から紀元前五八六年に、バビロニアがエルサレムを包囲、征服、破壊し、エルサレムの住民の多くを追放した。数十年後にペルシャがバビロンを征服すると、最初の追放からおよそ七〇年を経て、ユダヤ人はエルサレムへの帰還と神殿の再建を許された。紀元前二〇〇年頃、ヘブライ語聖書が現在よく知られている書物に編集され、正典となった。そこにどんな内容を含めるかについて、数世紀にわたって議論が交わされたあとのことだった。その半世紀後、マカベア家というユダヤ人の反乱集団（どう見ても宗教的狂信者）が、支配者であるセレウコス朝に反旗を翻した。セレウコス朝はユダヤ（現在のイスラエルとヨルダン川西岸の南部にあたる地域）の人びとにギリシャ文化を押し付けようとしていたのだ。マカベア家に対するセレウコス朝の敗北は、ハヌカーとして毎年ユダヤ人によって祝われている。**

*——これは、信仰に基づく、土地所有権に関する同種の見解のユダヤ人バージョンだ。こうした見解を動機とするものに、イスラム教徒による中東やインド亜大陸の征服、十字軍、大英帝国の興隆、アメリカ合衆国における明白な運命〈マニフェスト・デスティニー〉や「白人の責務」、第二次世界大戦後の東欧に対するソ連の覇権などがある。つまり、数え切れない国々が、神に（あるいは少なくともイデオロギー的に）承認された土地収奪と見なす活動に勤〈いそ〉しんできたのである。

**——このことは、アメリカのユダヤ人の生活に奇妙な皮肉をもたらした。アメリカに同化したユダヤ人は、子供たちの心の中でハヌカーがクリスマスに負けるようなことがあってはならないとばかり、比較的マイナーな祭りであるハヌカーを主要な祭日へと格上げした。ところが、ハヌカーが祝う宗教的過激派による軍事的勝利は、占領軍のみならず、非ユダヤ的な習慣を取り入れていた（つまり同化していた）仲間のユダヤ人に対するものでもあった。要するに、アメリカのユダヤ人の生活の中で、マカベア家はおそらく自らが刃にかけたであろう人びとによって、名士に祭り上げられたのだ。

それから、ローマがやってきた。

紀元前六三年には、ユダヤはローマ帝国の属国（最終的には属州）となった。数十年後、ローマ帝国はヘロデ大王を「ユダヤ人の王」の地位に就けた。ヘロデはエルサレムで第二神殿の建設を完了させた。イエスが物語に登場するのは、世間が大混乱に陥り、不満が鬱積《うっせき》していたこの時代のことだ。イエスがエルサレムで十字架にかけられたあと、ユダヤ教のある異端派が新しい宗教をつくりあげ、これがキリスト教として知られるようになった。

紀元七〇年、ローマに対するユダヤ人の反乱は失敗に帰し、エルサレムと第二神殿が破壊された（現在、ヘロディアン建築として残っているのは、神殿が建っていた丘の西側と南側の擁壁《ようへき》

エルサレムの第二神殿

だけだ。この西側の壁、いわゆる「嘆きの壁」はユダヤ教で最も神聖な場所とされている。これがのちのち重要になる)。エルサレムの陥落後、指導的地位にあったラビ〔ユダヤ教の指導者や律法学者〕は地中海沿岸のヤブネという町に移住した。そこで、彼らはユダヤ教を変貌させはじめた。つまり、動物の生贄《いけにえ》と神殿への巡礼を土台とするユダヤの地方宗教から、律法と書物と祈りに基づく——したがってどんな土地でも通用する——現在の形のラビ・ユダヤ教へと。一方、ハドリアヌス帝の時代、ローマ帝国はエルサレムを「アエリア・カピトリナ」と改称し、割礼をはじめとするユダヤ教の儀式を禁止して、ユダヤ人の独立意識を押しつぶそうとした。これに抵抗してユダヤ人の反乱が再び起こったが、それも鎮圧された。敗れ去ったユダヤ人はエルサレムへの立ち入りを禁じられ、多くのユダヤ人が追放された。紀元七〇年から一九世紀後半まで、イスラエルの地には小規模なユダヤ人コミュニティが常に存在したが、彼らが大挙して帰還するのはほぼ二〇〇〇年後のことだった。

四方八方に散らばる　ディアスポラとヨーロッパのユダヤ人の興隆〔紀元七〇年〜一九世紀中頃〕

イスラエルを追われたユダヤ人は、北アフリカを渡って小アジア〔現トルコのアナトリア地方〕を抜け、ヨーロッパへと移住した。彼らは行く先々でコミュニティを形成した。イスラム支配下のスペインの黄金時代〔この当時、ヨーロッパの他地域は黄金時代とは言いがたい中世だった〕のように、ときとしてユダヤ人が寛容に扱われ、そのコミュニティが繁栄することもあった。だが、それ以外では、長きにわたったキリスト教徒によるスペインのレコンキスタ〔イスラム教支配からの解放運動。国土回復運動とも〕の時代のように、差別、強制改宗、暴力、最終的には追放の憂き目にあうことがますます多くなった。

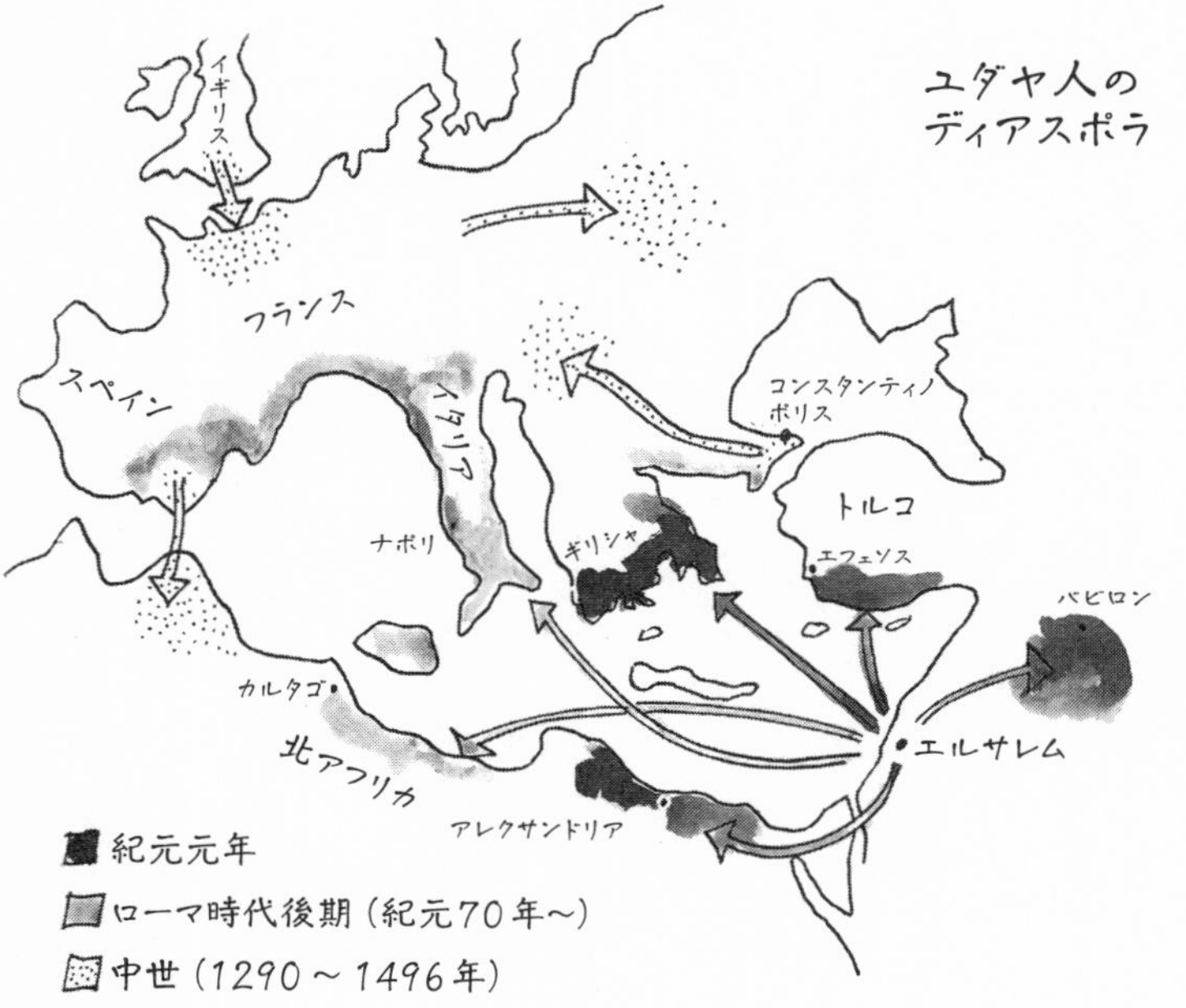

数世紀を経るうちに、追放されたユダヤ人のあいだに、それぞれ独自の伝統、宗教儀式、言語を持つ二つの重要な文化が現れた。セファルディ系ユダヤ人はイベリア半島に起源を持ち（セファルディの語源であるセパラデはヘブライ語で「スペイン」を意味する）、一四九二年にスペインのカトリック君主によって追放されたあとも、自らの文化を受け継いでいった。セファルディ系ユダヤ人は、北アフリカ、中東、南欧、そして最終的には南米、次いで北米の各地に定住した。ニューアムステルダムのオランダ人入植地――現在のニューヨーク、マンハッタン――に最初に住んだユダヤ人は、ブラジルからやってきたセファルディ系ユダヤ人だった。* セファルディ系ユダヤ人の多くは、スペイン語を基にしたラディノ語（ユダヤ系スペイン語とも呼ばれる）を話していた。地理的条件のおかげで、セファルディ系ユダ

ヤ人のコミュニティは一九世紀という危機の時代に、もう一つの主要なユダヤ人集団であるアシュケナージ系ユダヤ人ほどの暴力や迫害にさらされることはなかった。

アシュケナージ系ユダヤ人の起源は、中世に、現在のフランスとドイツを流れるライン川周辺に定住したユダヤ人コミュニティにある。アシュケナージ系ユダヤ人は西欧全域に住んでいたが、迫害から逃れるために何世紀もかけて東へ移動し、最終的には東欧に落ち着いた。これらのユダヤ人はイディッシュ語を話していた(イディッシュとは、都合のいいことにイディッシュ語で「ユダヤ人の」を意味する)。イディッシュ語はゲルマン語の方言であり、ヘブライ語やその他の言語の要素を含み、ヘブライ文字で書かれる。一八世紀には、数百万人というアシュケナージ系ユダヤ人がロシアとオーストリア＝ハンガリー帝国の領土に住んでいた。

その暮らしは楽なものではなかった。帝政ロシアのユダヤ人は、ツァーリ〔皇帝〕による独裁的な君主制の支配に服し、「ユダヤ人強制集住地域」と呼ばれる西部の領地に住むことを余儀なくされた。こんにちのアメリカのユダヤ人の大半の先祖は、かつてこの強制集住地域に暮らしていた人びとだ。この地域には、ロシア西部とベラルーシの一部、バルト三国の一部、ポーランドの一部が含まれていた。イディッシュ語作家のショーレム・アレイヘムの小説〔『牛乳屋テヴィエ(*Tevye the Dairyman*)』〕を原作とする「屋根の上のバイオリン弾き」というミュージカルや映画の舞台となっているのが、この地である。マル

＊――もう一つの呼称である「ミズラヒ」(文字どおりには「東の」の意味)は、北アフリカや中東に起源を持つユダヤ人を指している。彼らは一九五〇年代に大量にイスラエルに移住し、いまやイスラエルのユダヤ住民の大半を占めている。何ともまぎらわしいことに、現在では、言及されているユダヤ人がイベリア半島に起源を持つかどうかとは無関係に、「セファルディ」と「ミズラヒ」はしばしば同じ意味で使われている。

ク・シャガールの傑作の多くもこの地を舞台としている。また、すぐあとで述べるように、のちにヨーロッパ・シオニズムの温床にして中心地となるのもこの場所だった。

セファルディ系であれアシュケナージ系であれ、キリスト教の支配するヨーロッパにおいてユダヤ人は究極のアウトサイダーであり、「他者」だった。そのコミュニティがいかに由緒あるものであっても、状況は同じだった。中世ヨーロッパの一大勢力だったカトリック教会にとって、ユダヤ人は神学的に大きな問題だった。カトリック教会は、ユダヤ人を「唯一の真の信仰」を否定する異端者と見なしていた。こうした姿勢を正当化するため、教会は古くからユダヤ人を敵視する立場をとっていた。その鍵となる要素の一つが、ユダヤ人はキリストを拒否しただけでなく、実際に殺してしまったという確信だった。その結果、数世紀にわたって（シェイクスピアの『ヴェニスの商人』に登場するシャイロックに象徴されるように）ステレオタイプ化が進み、迫害と暴力が繰り返されることになった。ユダヤ人は特定の職業（たとえば金貸しや商人）にしか就くことを許されず、特定の地域に追いやられた。ヴェネツィアでは、ユダヤ人が強制的に住まわされた地域が、そこにあった鋳鉄工場を指すイタリア語にちなんで「ゲットー」と呼ばれた。この言葉はそもそもこのように使われていたが、現在では、貧困にあえぎ、社会の隅に追いやられたマイノリティが暮らす街の一角を意味するものになっている。

そんな状況だったにもかかわらず、ユダヤ人社会は発展し、繁栄さえした。東欧のユダヤ人の多い地域では、活気あふれるイディッシュ文化が生まれた。一八世紀の啓蒙運動は、信仰よりも科学や合理性への信頼を高めようとするものだった。これが、ヨーロッパのユダヤ人（少なくとも大陸西部に住むユダヤ人）の将来に希望をもたらす新時代の到来を告げた。ゲットーの壁は崩れ落ち、多くのユダヤ人が自分自身をユダヤ人としてのみならず、たまたまユダヤ人でもあるフランス、ドイツ、オラン

ダの市民として認識するようになった。

中欧や東欧では、ハスカラ運動――ヨーロッパのより広範な啓蒙運動に触発された一種のユダヤ的啓蒙運動――が、ユダヤ人のコミュニティや文化をユダヤ人の住む広範な社会に統合しようという考え方を広めた。ここから、こんにちアメリカで最大のユダヤ人宗派である改革派ユダヤ教が誕生した。改革派ユダヤ教はほかの非正統派と共に、ユダヤ人が自分たちの住むいっそう広範な社会から離れるのではなく、むしろそれに順応し、ユダヤ教の規則や慣習をそれに合わせて調整することを目指していた。

ナショナリズムの時代におけるユダヤ人の苦境　どうすべきか？（一九世紀後半）

一九世紀末には、ますます多くのユダヤ人にとって次のことが明らかになってきた。つまり、ヨーロッパ社会への統合というこの夢は実現しそうにない、とりわけ、ヨーロッパのユダヤ人の大半が住んでいた東欧（ロシアとポーランド）では間違いなく実現しないだろう、と。ヨーロッパ大陸のいたるところで、キリスト教会を基盤とする昔ながらのユダヤ人嫌悪が、さらに醜い偏見へと変質しつつあった。こうした偏見を支えていたのが、排他主義的ナショナリズム、外国人嫌悪、同族意識、民族純化と優生学に関する疑似科学的概念だった。この新しい形の嫌悪は、一八七九年に反ユダヤ主義《アンチセミティズム》として知られるようになった。ロシア当局は「ポグロム」、つまり非ユダヤ系ロシア人によるユダヤ人の組織的虐殺を公認、あるいは少なくとも容認していた。若いユダヤ人は、ツァーリの軍隊に徴兵され、二五年の兵役を課された。ロシアの秘密警察は「シオン賢者の議定書」と称される文書を捏造《ねつぞう》したが、これはユダヤ人による秘密の世界的陰謀の記録とされていた。* 東欧のユダヤ人の大半は、貧困にあえぎ迫害を受けながら、窮乏、不安、敵意という苦境から抜け出す道を模索していた。

何百万人もの人びとが「黄金の大地（die Goldene Medina）」であるアメリカへの移住を目指した。それは、私の先祖がやったことでもある。毎年七月四日になると、ブラック・ユーモアが得意なイスラエル暮らしの友人がメールをくれる。私の曽祖父母が、彼女の家族のように東ヨーロッパからパレスチナへ移住するのではなく、ニューヨークへ移住するだけの分別を持っていたことを祝福してくれるのだ。

東欧のユダヤ人を取り巻く環境が悪化していたにもかかわらず、さらに数百万人ものユダヤ人がその地に残った。その中には宗教に慰めを求める者もいた。社会主義や共産主義に身を投じる者もいた。ヨーロッパのユダヤ人の抱える問題が、より平等な社会へ至る広範な大衆革命の一環として解決されるよう願ってのことだ。かなりの数の人びとが、ユダヤ人労働者総同盟（ブンド）に加わった。これはイディッシュ語を話す社会主義者の大衆運動であり、彼らは、移民や宗教による救済を拒否し、その代わりに経済的・政治的平等を求め、のちにはコミュニティの自律、経済改善、ある種の自己統治を実現すべく闘った。

またユダヤ人の中には、当初は少数ながら、新たな種類の世俗的信仰に向かう者もいた。ヨーロッパのユダヤ人が真に受け入れられることはけっしてないし、したがって真に安全であることもないという確信から、彼らはこう結論した。ナショナリズムが高揚する時代にヨーロッパのユダヤ人の迫害問題を解決する唯一の方法は、ユダヤ人のナショナリズムである、と。大惨事が起こりつつあると信じていた彼らは、新たな脱出計画に目を向けた。すなわち、移民、それもアメリカ以外への移民だ。アメリカが安全だという保証はなかったし、アメリカという人種の坩堝《るつぼ》も彼らにとって魅力がなかった。彼らの見解によれば、何千年にもわたって受け入れてもらえず、迫害され、侮蔑され、疑われてきたヨーロッパのユダヤ人が、自分たちを救い、未来を築くためにできることは一つしかなかった。そして、その自己決定を表明する場所は一つしかなかった。彼らは故郷に帰るしかなかったのだ。**

*――一世紀を経てもなお、この文書は依然として世間に流布している。世界中の厄災をユダヤ人のせいにし、偏狭な人びと、人種差別主義者、あらゆる種類の憎悪者の心を揺さぶり、歪んだ被害妄想を煽〈あお〉る有害なパンフレットだ。

**――多くのユダヤ人が二〇〇〇年のあいだ住んでいなかった「故郷」であることは確かである。

2章 シオニストの思想 組織、移住、建設（一八六〇年代～一九一七年）

The Zionist Idea Organizing, Immigrating, Building (1860s–1917)

すでに述べたように、ローマ帝国を追放されたあとも、一部のユダヤ人はイスラエルの地に残っていた。一九世紀には、パレスチナは崩壊しつつあったオスマン帝国南部のへき地になっていた。現地のアラブ人に交じってその地に暮らす約二万五〇〇〇人のユダヤ人は、圧倒的にセファルディ系が多く、伝統的に信心深かった。大半の人びとが、サフェド、ティベリアス、ヘブロン、エルサレムという古代の四大聖地に住み、海外のユダヤ人コミュニティからの援助に頼っていた。こうした慈善活動の結果、一八五〇年代以降、四大聖地の城壁外に新たなユダヤ人の居住区やコミュニティが建設されることになった。

一八八〇年代、ヨーロッパで暮らすますます多くのユダヤ人が、迫害を逃れてパレスチナへ移住することを真剣に考えるようになる。彼らは自らを、ヘブライ語でHovevei Zion（シオンを愛する者）と称し（シオンとはエルサレムの丘のことであり、イスラエルの地そのものを指す言葉でもある）、イスラエルの地におけるユダヤ人の民族自決を求める運動を始めた。この運動はやがて、より単純な名称で知られるようになる。**シオニズム**だ。当時ほとんどのユダヤ人は、こうした理念を、非現実的だとか、望ましくないとか、さらには馬鹿げているとさえ言って相手にしなかった。実のところ、ホロコーストが起こり、ヨーロッパにおけるユダヤ人の立場をめぐるシオニストの分析が、ぞっとするほど、また想像を絶するほど正しかったことが証明されてようやく、世界のユダヤ人の大半がシオニストの思想を受け入れるようになったのだ。

一八九四年、当時最大の法的スペクタクルにして政治的スキャンダルが、フランス、ヨーロッパ、そして世界中のユダヤ人を震撼《しんかん》させた。フランス陸軍大尉アルフレッド・ドレフュスが、ドイツのスパイとして起訴され、反逆罪で有罪判決を受け、終身刑を宣告されたのだ。この判決はでっちあげだった。ドレフュスは潔白だった。ところが、フランスの保守的な政治勢力や軍部は、一八七一年に普仏戦争で不面目な敗北を喫して以降、スケープゴートを必要としていた。ドレフュスはユダヤ人だったため、格好の標的とされてしまったのだ。ドレフュス事件として知られるようになるこの騒動はフランスを二分し、小説家のエミール・ゾラ——彼は、フランスを定義するのは自由、平等、博愛であり、カトリックの信仰、血統、生まれではないと信じていた——をはじめとする文化人は団結してドレフュスを擁護した。こうした崇高な努力のおかげもあって、最終的に有罪判決は覆り、ドレフュスは釈放された。それにもかかわらず、西ヨーロッパに住むユダヤ人の多くはこの事件に衝撃を受け

ドレフュス

た。良識あるヨーロッパのユダヤ人である自分たちは、良識ある西ヨーロッパにようやく受け入れられたのだという自負が、アルフレッド・ドレフュスに着せられた濡れ衣、逮捕、裁判といった一連の出来事によって、根底から揺らいだのである。

　こうしたユダヤ人の一人に、ハンガリー（当時はオーストリア＝ハンガリー帝国の一部）はブダペスト出身のあるジャーナリストがいた。ウィーンの「ノイエ・フライエ・プレッセ」紙の記者としてパリの裁判を取材していたこの人物は、その名をテオドール・ヘルツルといった。ヘルツルはのちにこう述べている。ウィーンで過ごした日々とパリで目にしたものから、世俗的な国際人だった彼は、ヨーロッパのユダヤ人は自分たちの国家を持たないかぎり未来がないと確信するに至った、と。ヘルツルは一八九六年に『ユダヤ人国家（*Der Judenstaat*）』という小冊子を書き、ユダヤ人の民族自決という自らのビジョンを提唱した。そして、短かった生涯の残りを捧げ、「シオンを愛する者」のさまざまなグループを政治的シオニズムという一つの運動にまとめあげた。この運動を通じて、最終的にイスラエル国家が樹立されることになる。ヘルツルはイスラエル建国の何十年も前の一九〇四年に四四歳で亡くなったが、イスラエル全土の街や通り、さらには丘にさえ、彼にちなんだ名前がつけられている。実際には、ヘルツルは初期のほかのシオニストと違い、ユダヤ人国家はパレスチナに建設されるべきだという考え方にそれほど固執し

ヘルツル

ていなかった。シオニズムの父と呼ばれることも多いこの人物は、アルゼンチンや東アフリカ（現在のケニア）など、ほかの地域を検討してもいいと思っていたのだ。

一八九七年、ヘルツルはスイスのバーゼルで第一回シオニスト会議を開催した。数百人の代表者が世界各地から地元のオペラハウスに集い、シオニストの綱領を策定し、シオニストの公式聖歌として「ハティクヴァ（希望）」を採択し（のちにイスラエル国歌となった）、半世紀後のイスラエル建国へと結実する運動を開始したのである。

シオニズムに関する手短な解説

シオニズムほど、意味深長で、誤解されやすく、濫用される言葉はめったにない。ある意味で、この言葉は元来の定義をはるかに上回る（あるいは下回る）何かを表すようになった。その使い方に応じて、政治的なリトマス試験紙と化している。つまり、誇りのしるしにもなれば、侮辱にもなるのだ。さらに、この言葉をどう使うか、あるいはいっさい使わないかによって、イスラエルに対してどんな感情を抱いているかがわかることも多い。

私はよく「あなたはシオニストですか」とたずねられる。現時点でこんな質問をするのは、少々奇妙なことに思える。シオニズムの目的、つまり、ユダヤ人はイスラエルという古代からの祖国における民族自決の権利を持っているという理念は、一九四八年五月にイスラエルが建国された日に現実のものとなったからだ。したがって、自分をシオニストと思うか反シオニストと思うかと問うことは、少しばかり時代錯誤である。南北戦争が終わって一五〇年後に、「親連邦〔北部〕」か「親連合〔南部〕」

かをたずねるようなものだ。イスラエルは実在するのだから、その建国を目指した一九世紀の運動に対するスタンスを問うても、特に意味はないように思える。もちろん、この質問が実際に意図しているのは、普通は次のようなことだ。「イスラエルについてどんな立場をとるか？」「イスラエルの政策を支持するか？」「イスラエルに存在する権利はあると思うか？」。シオニズムという言葉にまつわる混乱を少しでも解消するため、それが実際に何を意味するかをより詳しく見てみよう。

シオニズムとは、イスラエルにユダヤ人の祖国を再建することを目指す思想であり、運動である。シオニズムはまさに、それが生まれたナショナリズムの時代の産物だった。ナショナリズムは、祖国への誇りや外国嫌悪、祖国はほかのどの国よりも優れているという信念を意味することがある。シオニズムは、ほかのナショナリズムと同様、これらの要素を共に含んでいる。シオニズムはけっして一枚岩ではなかった。当初から、シオニズムはどうあるべきか、それを実現するにはどうすればいいかをめぐって多くの見解があり、パレスチナや世界各地の目まいがするほど多様な組織がそれぞれの見解を支持していた。

［労働シオニスト］ 左派の労働シオニストは、ユダヤ人国家における社会主義社会の実現を提唱した。これらのシオニストは、イスラエルが建国された一九四八年以前および、建国後の三〇年間を支配した。労働シオニストは、新国家がすべての人に医療を保障し、すべての労働者に適正な賃金を支払い、日常生活で社会主義の理想を具現する集団農場（キブツ）を創設し、「新しいユダヤ人」——土地と深く結びつき、土地を耕して守る力のある人びと——の出現を促すよう主張した。

［**修正主義シオニスト**］　労働シオニストの思想的ライバルである右派（「修正主義」）シオニストは、領土拡張という戦闘的な福音を説いた。彼らの初期のシンボルは、「**大イスラエル**」を示す地図をその一部としていた。この領土は、聖書に記されたイスラエル王国の国境に基づくとされ、現在のイスラエル全土、ヨルダン川西岸とガザ地区、レバノンの一部、および現在のヨルダン全土を含んでいた。修正主義シオニズムの創始者であるゼエヴ・ジャボティンスキーは、「鉄の壁（われわれとアラブ人）」と題する小論で、「先住民（彼らが文明化されていようがいまいが）は、植民者（彼らが文明人であれ野蛮人であれ）に対して常に断固として抵抗してきた」と論じた。したがって、シオニストが新たな国家を建設するには、先住民であるアラブ人と協力するのではなく戦わねばならないだろう。基本的には、（彼の言う「鉄の壁」に）叩きつけて服従させねばならないというのだ。そうすれば、アラブ人はユダヤ人がその地に留まることを受け

入れるだろうし、あらゆる者が共に生きることを学べるはずだ。

こんにち、右派シオニストの大半は、シオニズムは植民地主義運動だなどとはけっして言わないだろう。そんなことを言っても、彼らの政治的主張や「ハスバラ」（広報活動、より正確にはプロパガンダかもしれない）には何の役にも立たないからだ。* 彼らはまた、民主主義の原則に対するジャボティンスキーの献身をおそらく快く思わないだろうし、彼が抱いていたイスラエルの将来像については言うまでもない。一九三四年、ジャボティンスキーは将来のシオニスト国家の憲法草案を提示した。そこには「ユダヤ人が首相を務めるあらゆる内閣で、副首相の地位はアラブ人に与えられるし、その逆もまた然りである」と書かれているのだ。ジャボティンスキーの政治的後継者を自任するイスラエルの右派指導者が、こんな言葉を口にするとは想像しにくい。

一九四八年のイスラエル建国から一九七七年まで、右派シオニズムの擁護者は万年野党の立場にあり、イスラエルの政治生活にとって重要な存在ではなかった。ところが、一九七七年に右派シオニストが政権を握ると、それ以来、メナヘム・ベギン、イツハク・シャミル、ベンヤミン・ネタニヤフといった右派の指導者が、少数の例外はあるものの、イスラエルの政治を支配するようになった。

当初、労働シオニズムも修正主義シオニズムも基本的には世俗的な運動だった。しかし、シオニスト政党は次の点に気づいた。つまり、**クネセト**と呼ばれるイスラエル国会で過半数を得るには、超正統派の宗教政党（その指導者はユダヤ人の宗教生活を継続的に支配することと、自分たちのコミュニティの資金確保に関心があったが、それ以外の国家的問題には特に関心がなかった）と手を組み、連合政権をつくる必要があるということだ。

［宗教シオニスト］　左右両派の世俗的シオニストと超正統派シオニストに加え、宗教シオニストも存在した。彼らを衝き動かしていたのは、主として、ユダヤ人のイスラエルへの移住は神学と運命の成就であるという信念だった。六日戦争〔8章、および巻末の「紛争に関する用語集」の〈戦争（とその呼称）〉、《一九六七年》の項を参照〕ののち、それまでは特定のイデオロギーにこだわらなかった宗教シオニズムは、極右的、神秘的、民族主義的な方向に舵を切ると、入植運動の教義と化し、現代イスラエルで最も強力で影響力のある集団の一つとなった。

［文化シオニスト］　最後は、文化シオニストだ。彼らとイスラエルの土地や言語とのつながりの根拠は、それらの土地や言語がユダヤ人の文化や歴史にとって重要だというところにあった。文化シオニストの指導者は、ユダヤ人移民はアラブ系住民と平和的かつ公平に土地を共有できるし、共有すべきだと信じていた。文化シオニストは、イスラエルの学術的、文化的、知的生活に影響を与えたが、政治に直接参画することはほとんどなかった。自らの政党を結成することもなく、二文化併存という彼らのビジョンは依然としてシオニストの規範とはなっていない。

＊――ヘブライ語で「ハスバラ」は説明する行為を意味する。イスラエルおよび、その政策や行動を肯定的に描くことを目指す広報活動や外交交渉を指す言葉だ。ハスバラは、問題のある政策や行動を正当化したり「粉飾」したりするのにしばしば使われるという批判もある。こんにち、イスラエルのハスバラ活動家にとって、ジャボティンスキーのようにシオニズムは植民地主義の試みだと語ることはタブーだろう。それは公式の物語と一致しない。ユダヤ人以外の人びとが、先住民としてその土地に住んでいたことを示唆するからである。

＊＊＊

こうしたあらゆる系統のシオニズムが、常に競い合い、ときには重なり合いながらも、共通のビジョンを持っていた。すなわち、ヨーロッパで苦境にあるユダヤ人のために、パレスチナに祖国を建設し、民族自決を確立するということだ。

　では、私はシオニストだろうか？　先にも述べたとおり、二一世紀に問うにしては、これはいささか愚問のように思える。私は自らを、**「イスラエル国家建国宣言」**（イスラエル独立宣言）にうたわれているリベラルなビジョンの支持者だと考えている。つまり、イスラエルは長いこと迫害されてきたユダヤ人にとって故郷にして避難所であり、なおかつ、すべての国民に完全な平等を保障する国だということだ。それがいかなるものであれ、それが私なのである。

第一波と新イシューヴ

　ヘルツルが組織づくりに着手する以前にも、ユダヤ人はすでにパレスチナへ戻っていた。一八八〇年代の初頭、暴力的なポグロムと反ユダヤ主義の高まりを背景に、シオニストは自らの理念を運動へ発展させた。おおむね東欧出身の若いユダヤ人が集団をなしてパレスチナへ押し寄せたのだ（それぞれの集団は、ヘブライ語で「上ること」を意味するアリヤーと呼ばれた）。初期に移住した集団は、オスマン帝国の不在地主から購入した土地に町を建設し、農村共同体や都市共同体をつくった。エリエゼル・

ベン・イェフダーをはじめとする言語学者は、シオニズムの精神に則り、おおむね典礼的で宗教的な言語だったヘブライ語を日常的な話し言葉へと変化させた。* 二〇世紀初頭までに、理想に燃えた社会主義的傾向の何万人ものユダヤ人が、ユダヤ人強制集住地域からパレスチナへ移住した。彼らは集団主義的な農業キブツ運動を始め、初のユダヤ人自衛組織を立ち上げ、新しい制度を構築した。そうしたもののの一つが、古代からの港であるヤッファ近くのいくつかの砂丘で産声を上げた。それはやがて、賑やかで、文化的で、政治的に自由で、ヘブライ語を話し、近代的で、世俗的なユダヤ人による最初の大都市、テルアビブ市となったのである。

*——一九〇八年に初の現代ヘブライ語辞典を刊行したベン・イェフダーは、二〇〇〇年前には存在しなかったあらゆる事物を表す言葉を発明しなければならなかった。私のお気に入りの言葉の一つは擬音語のような響きを持っている。ボトルを表す「バクブック(bakbook)」という単語は、ボトルから水が注がれる音のように聞こえる。

テルアビブの創建
1909年

これらの初期の移民の多くは、生活があまりにも困難であることを知り、もといた国に帰ってしまった。衣食住などの生活必需品にも事欠き、公共のインフラもほとんどなく、当然ながら、増え続けるユダヤ人にますます敵意を抱くようになった多くのアラブ系先住民がいた。しかし、その他の多くの開拓者がこの地に残り、組織や制度を創設して確固たるものとした。そのおかげで、シオニスト運動は、新しい町やキブツを建設し、さらに土地を購入し、オスマン帝国当局と交渉を進め、拡大するユダヤ人社会への移民を促すことができたのである。

こうしたコミュニティとそこにつくられた新たな組織は「新イシューヴ（新ユダヤ人共同体）」として知られ、半世紀以上ののちに建設される国家の中核となり、さらにはインフラとなった。そうした組織の中で最も重要だったのは、「ユダヤ機関」かもしれない。一九二九年に世界中のユダヤ人にパレスチナへの移住を促すために設立され、事実上、パレスチナにおけるユダヤ人コミュニティの前国家政府として機能したのだ。ユダヤ機関の初期の議長だったダヴィド・ベン=グリオンは、のちにイスラエルの初代首相を務めることになる。

シオニズムは正当化できるか？

数年前、私はカリフォルニア州東部に位置するハイシエラ〔シエラネバダ山脈〕のリベラルなユダヤ人のサマーキャンプで、一週間にわたってイスラエルについて教えたことがある。キャンプの指導員たち（カリフォルニアのベイエリアのきわめて進歩的な人びとと軍隊上がりの若いイスラエル人）が、キャンパーを相手に、またお互いに、イスラエルについてどう話すべきかという問題と格闘する手伝いをしたのだ。*

ある日、一人の指導員からこう頼まれた。一一歳の子供たちが集まる彼のキャビンで、午後の時間を使ってイスラエルの歴史について話してくれないか、と。子供たちがどこまで知っているか、どこまで理解して吸収してくれるかはわからなかったが、やってみようと思った。私は初歩から始めることにした。それから数時間をかけて、子供たちと共に、何千年にも及ぶユダヤ人の歴史を大急ぎで駆け抜け、現在のイスラエルの状況を理解できる地点までたどり着いた。

本章の話題、つまり、シオニストとパレスチナへのユダヤ人大量移民の話題になったとき、ブランドンという子が口を開いた。「オッケー。ちょっと整理させて。つまり、こういうことかな。僕は生まれたときから、自分の土地にある自分の家で暮らしてきた。両親も、おじいさんおばあ

*——ここで「格闘する」という言葉を使うのには二つの理由がある。第一に、この問題とその複雑さに取り組むには、誰にとってもある種の闘いが必要になると思うからだ。第二に、ヘブライ語の「イスラエル」という名前は、「神と格闘する（あるいは取っ組み合う）」ことを意味するからだ。創世記の中で、イスラエル民族の祖であるヤコブがやったのがまさにそれだ。夜を徹して天使と格闘し、やがて夜が明けると天使から祝福され、「イスラエル」という新たな名前を授かるのである。

さんも、ひいおじいさんおばあさんも、ひいひいおじいさんおばあさんもみんなここで暮らし、僕と同じように土地を耕してきた。いつも誰かに家賃を払っていたけど、ずっとここで暮らしていた。ある日、畑に出て、夕方家に帰ってみると、この人（ここで彼は隣に座っていた子を指さした）とその家族が僕の家の半分で暮らしている。僕が『おい、僕の家で何をしてるんだい？』と言うと、彼は『僕たちはここから遠く離れた町を追い出されたんだ。近所の人は殺され、僕たちの家も焼かれた。ほかに行くところはないし、受け入れてくれるところもない。だからここに来たんだ。ひいおじいさんおばあさんの、ひいおじいさんおばあさんの、そのまたひいおじいさんおばあさんが、はるか昔に暮らしていた場所にね』――というわけで、どちらも正しいが、どちらもほかに行くところがない。こんな感じでいい？」。

私はブランドンにこう言った。「君は、世界で最も複雑で解決困難だと言う人もいる問題の本質を簡潔に言い当てたんだ。私がこれまで話をしてきた大人の九割より、この紛争の核心をよく理解しているね」と。

イスラエルの作家で平和運動家の故アモス・オズは、その代表作『イスラエルに生きる人々（*In the Land of Israel*）』の中でこう書いている。シオニズムは「正当性を備えている。それは、溺れる者が唯一しがみつくことのできる板にしがみついているという正当性だ。この板にしがみついている溺れる者は、自然的、客観的、普遍的な正義のあらゆる法則によって、板の上に自分のスペースを確保することが許される――そうすることで、他人を少しばかり押しのけざるを得ないとしても。たとえ、板の上に座っている他人が、力ずく以外の手段を彼に残さないとしても。だが彼にも、板に乗っている他人を海に突き落とす自然権はない」。イスラエルの最も偉大な作家とイーストベイに住む一一歳の少年にとって、要するに、これが問題のすべてなのだ。

＊＊＊

では、ブランドンの言った、ずっと家で暮らしていた人びととは誰だったのだろうか？

3章

ちょっと待て、ここには人がいる Wait, There Were People Here

パレスチナ人はどうなる？ What About the Palestinians?

もちろん、ヨーロッパのユダヤ人が経験した歴史や不幸は、一九世紀にユダヤ人移民が到着しはじめた頃のパレスチナの住民には何の関係もない。一九世紀のシオニストは、そこへの「帰還」を切望していたパレスチナを「土地なき民のための民なき土地」と表現した。この有名な言葉の唯一の問題は、それが間違っていることだった。パレスチナには、われわれが現在パレスチナ人と呼ぶ人びとがすでに住んでいたのだ。新たにパレスチナにやってきた人びとに祖国を奪われたことは、忘れがたい悲劇である。それは依然として開いたままの傷口であり、こんにちまでパレスチナ人を、そしてイスラエル人を苦しめている。

パレスチナ人の起源は複雑で、少々わかりにくく、この物語に関わるほかのあらゆる事柄と同様、論争や異論にさらされている。一説によれば、現代のパレスチナ人は、聖書時代のカナン人やペリシテ人（「パレスチナ」という名称はここに由来する）の直系の子孫とされる。この説は、エルサレムの地に対して、より「正統な」権利を持つのはユダヤ人かパレスチナ人かという果てしない論争に、ある種の攻撃材料を提供する。パレスチナ人がカナン人の子孫だとすれば、当然ながら、パレスチナ人はユダヤ人より長くその地に住んでいることになるからだ。というのも、聖書によれば、ユダヤ人はカナン人を侵略して征服したとされているのだ。しかし、パレスチナの大義の信奉者の中には、この説を批判する者もいる。なぜならこの説を認めるということは、ユダヤ人は大昔からこの地と関わりを持っており、最近ヨーロッパからやってきた入植者ではないというシオニストの物語を認めることになるからだ。こうして、この説はパレスチナ人が拒否する考え方、つまり、ユダヤ人とパレスチナ人は、この国の支配権をめぐって何千年も争ってきたという考え方にお墨付きを与えてしまうのである。

より最近の本格的な研究によって、次のことが明らかになっている。パレスチナ人は、何世紀にもわたってパレスチナに存在してきたさまざまな民族や文明が混ざり合って生まれたのであり、そうした民族には聖書に登場する古代の住民も含まれているのだ。この土地に住む人びとは、時と共に、最も支配的な集団の宗教(土着の宗教、ユダヤ教、キリスト教、そして最後はイスラム教)や言語(ヘブライ語、アラム語、最後はアラビア語)を選んできた。お気づきのように、ここには一つの皮肉がある。現代のパレスチナ人の一部はおそらく、少なくともある面で、彼らが対立している当の人びと、つまりユダヤ人の子孫なのである。

キリスト教国であるビザンティン帝国〔東ローマ帝国〕がこの地を統治していた期間、つまり四世紀から七世紀にかけて、パレスチナの住民の大半はキリスト教徒になった。ところが、六三八年に新興のイスラム帝国がパレスチナを征服すると、一九世紀までにほとんどの住民がイスラム教に改宗した。アラビア語が主要言語となり、それ以降、パレスチナの住民の多くは基本的に自らをより大きなアラブ世界の一部と見なすようになった。

エルサレムがキリスト教の支配下にあった数世紀のあいだ、ほとんどのユダヤ人はその地から追放されていたが、アラブ人の統治者は彼らの帰還を許した。**エルサレム旧市街**の「**神殿の丘**」、つまりユダヤ第二神殿（ローマ人はそれを破壊し、キリスト教徒の統治者はゴミ捨て場として使っていた）があった場所に、イスラム教徒のアラブ人征服者は、初期イスラム建築としては世界屈指の重要性を持ち、驚くほど美しく、おそらく現在までエルサレムの最もわかりやすいシンボルとなっている「岩のドーム」（六九二年完成）を建設した。

このドームは、実はモスクではない（八世紀に建てられたアル＝アクサ・モスクがすぐ隣にある）。そうではなく、聖堂なのだ。ユダヤ教、キリスト教、イスラム教の伝統では、このドームの下にある岩は「礎石」であり、世界有数の神聖な場所だと考えられている。そこでは、神がアダムを創造し、アブラハムが息子のイサクを危うく生贄にしかけ、「契約の箱（十戒が刻まれた石板が納められた櫃《ひつ》）」が安置され、ムハンマドが「夜の旅」で天に昇ったとされている（さまざまな説が

岩のドーム

ある)。一つの小さな岩なのに、ずいぶんたくさんの聖なる営みがなされたものだ! こんにち、パレスチナ人は「岩のドーム」のイメージを利用して、自分たちとエルサレムとのつながりを示そうとしている。エルサレム旧市街のイスラム地区にあるアラブ人民家のドアの上には、このドームが描かれているのが見られる。

一六世紀までに、コンスタンティノポリス(のちのイスタンブール)を首都とする強大なオスマン帝国が、パレスチナを含むアラブ世界の大半を支配するようになった。スルタンであるスレイマン一世は、エルサレム旧市街にいまも残る城壁を築いた。だが、一九世紀後半には、オスマン帝国は急速に衰退しつつあった。パレスチナはと言えば、開発の遅れた無法地帯であり、辺境のへき地だった。人びとは貧しく、識字率も低く、都市部はほとんどなかった。最大の都市エルサレムでさえ、人口は二万人程度にすぎなかった。大半の土地は不在地主の所有で、貧しい小作人によって耕されていた。地元の有力なアラブ人家庭出身の少数のエリートが、貧しい大衆を牛耳っていた。中流階級と呼べるような人びとはほとんどいなかった。シオニストの移民が押し寄せはじめる直前の一八八〇年、パレスチナ全体の人口はわずか六〇万人足らずで、その九五パーセントがアラブ人だった。

パレスチナの状況が好転しはじめたのは、改革に熱心だったオスマン帝国当局が、ヨーロッパのライバルに大きく後れをとっていた自国の近代化に本気で取り組んだおかげだった。一八八〇年代、オスマン帝国はパレスチナの無法地帯を取り締まり、道路や鉄道といったインフラを整備した。これによって農業が発展し、それが今度は、食糧の増産、人口の増加、生活水準の向上につながった。パレスチナでなされたような近代化の努力は、数十年にわたる衰退を反転させるべく、帝国全土で実行されていた。

実際には、オスマン帝国による近代化の努力は、その衰退に拍車をかけることになった。生活水準が向上し、社会のあり方に関するヨーロッパ的な思想が持ち込まれたせいで、オスマン帝国の支配下にあったさまざまな地域で民族主義的な感情が高まり、自治への渇望が強まったからだ。ギリシャ人、マケドニア人、ブルガール人、アルバニア人は、オスマン帝国による支配の終焉を望んでおり、パレスチナを含むアラブ世界も例外ではなかった。パレスチナのアラブ人の中には、アラブの政治的統一を目指してますます盛んになっていた汎アラブ・ナショナリズム運動に加わる者もいた。一方で、より局地的な運動を支持する者もいた。こうしたナショナリズム運動が領土全体で勢いを増すにつれ、すでに「ヨーロッパの病人」と呼ばれていたオスマン帝国は、さらに弱体化しはじめた。

パレスチナのアラブ人は、自らのナショナリスト的思想を発展させると同時に、パレスチナの海岸にやってくるシオニストの移民と接してもいた。シオニストの野望がどれほど大きいかを理解するにつれ、アラブ人は、自分たちの希望に対する脅威はオスマン帝国の領主だけではないことを悟った。シオニストおよび、ユダヤ人移民と施設建設を進める彼らの運動に反対することが、パレスチナのアラブ・ナショナリズムの本質的要素となっていった。パレスチナのアラブ人ナショナリストは、シオニストと同じように、新聞を創刊し、政治的な団体や組織を設立し、自らの大義を推進するために会議を開催した。要するに、こういうことだ。またしても皮肉なことに――この物語は皮肉に満ちている――パレスチナのアラブ・ナショナリズムの一部は、ユダヤ・ナショナリズム、すなわちシオニズムの帰結として、またそれに対抗するものとして形成されはじめたのである。

＊＊＊

ここまで、ユダヤ人とパレスチナ人が地図上の同じ場所で結びつくに至った経緯について、別々の物語を見てきた。いまや、この二つの物語は一つになる。ここから先、この土地に暮らすユダヤ人とパレスチナ人の物語は、絡み合い、分離不能で、錯綜したものとなる。本書の残りの部分は、そうした現実を反映している。

4章

イギリス人がやってくる
第一次世界大戦、バルフォア宣言、イギリス委任統治領の創設（一九一七〜三九年）

The British Are Coming World War I, the Balfour Declaration, and the Establishment of the British Mandate (1917–39)

第一次世界大戦が勃発したため、ユダヤ人のパレスチナへの移住の波は一時的に中断した。戦後の廃墟から立ち上がった世界は、シオニストにとってもパレスチナのアラブ人にとっても、前進していくうえで以前とはまったく異なる世界だった。一九一七年には、ボルシェヴィキ革命によってロシア帝国が倒され、その後ソヴィエト連邦が成立した。多くのユダヤ系ロシア人がソ連に残り、新生の共産主義社会で指導的役割を果たす者もいた。一方で国を去る者も少なくなく、新たな移民の波がパレスチナへ押し寄せた。パレスチナを含む中東の大半を支配していたオスマン帝国は瓦解《がかい》し、いくつかの新しい国民国家に分裂した。こうした帝国の崩壊を受けて、創設されたばかりの国際連盟（国際連合の前身）は、パレスチナとトランスヨルダン（のちのヨルダン）の統治をイギリスに委任した。第一次世界大戦中にイギリスがこの地を征服し、連合国側にもたらした見返りである。世界の国々は、運営すべき植民地をまた一つイギリスに与えたわけだが、その統治はやっかいなものとなる。

これはシオニストにとっては吉報に思えた。大戦のさなかの一九一七年、彼らはイギリス政府から強力な後押しを受けていた。シオニストによる長年のロビー活動に応え、イギリスの外務大臣アーサー・ジェイムズ・バルフォアは、ユダヤ系イギリス人の指導者であるライオネル・ウォルター・ロスチャイルド男爵に書簡を送った。書簡は短いものだった。実質的にその核心をなす段落は、たったの一文にすぎなかった。

イギリス政府は、パレスチナにユダヤ人の民族的郷土を建設することを好ましいと考え、その目的の達成を促すべく最大の努力を払う、ただし、パレスチナにすでに居住している非ユダヤ人コミュニティの市民的・宗教的権利、ならびに他国においてユダヤ人が享受している権利や政治的地位を害することは、一切なされてはならないものと解される。

バルフォア

のちにバルフォア宣言として知られるようになるこの書簡は、民族的郷土とは正確にはどんなものであるべきか、いかなる政治形態をとるべきか、それはパレスチナ全域に建設されるのか、それとも一部だけにかといった詳細には踏み込んでいない。この文章の後半は、「ユダヤ人の民族的郷土」の建設が、パレスチナの先住民であるアラブ人や、別の地域で暮らすユダヤ人にとってどんな意味を持つのかと心配する人びとを安心させようとするものだった。バルフォア宣言はイギリス人にとっては理にかなっていた。彼らは、パレスチナを大英帝国のために獲得し、自国による中東支配が確立されることを心待ちにしていたからだ。パレスチナにおけるユダヤ人の民族的郷土の建設を支持することは、優れた国際的政略だと考えていた。とりわけ、アメリカが連合国側に味方して第一次世界大戦に参戦することへのアメリカのユダヤ人の反対を、バルフォア宣言によって抑えたいと願っていた。*

シオニストにとって、イギリスの支援は頼みの綱だった。自分たちのプロジェクトに正統性を与えてくれるし、パレスチナ支配をもくろむ強大な国家の庇護も期待できるからだ。ところが、こうした支援はすぐに尻すぼみになった。パレスチナのアラブ人コミュニティが、バルフォア宣言および、その地域へのユダヤ人移住にますます強硬に反対したためだ。その後三〇年にわたり、イギリス人は、アラブ人とユダヤ人の対立する二つの陣営のあいだでバランスをとるという難題に向き合う羽目に陥った。その結果、ユダヤ人の民族的郷土の建設、ユダヤ人のパレスチナ移住、パレスチナで暮らすユダヤ系住民とアラブ系住民の関係、領土の最終的な処理といった重要問題に関するイギリス人の立場は絶えず変化することになった。イギリス人の腰の定まらない姿勢は、あらゆる陣営を混乱させ、怒らせ、相互不信を増幅し、すでに切迫して不安定だった緊張状態をますます悪化させた。

第一次世界大戦は、シオニストにとってと同じように、パレスチナのアラブ人によるナショナリズム運動にとっても転機となった。オスマン帝国は同盟国の一員として、ドイツ帝国やオーストリア＝ハンガリー帝国と共に参戦し、協商国、すなわち連合国のイギリス、フランス、ロシア（ボルシェヴィキ革命で離脱するまで）を相手に戦った。アメリカは（日本やイタリアと同じく）のちに連合国側についた。戦争中、オスマン帝国が崩壊に近づくと、イギリスは連合国を代表してパレスチナに侵攻した。

バルフォア宣言がシオニストに希望と勇気を与えたのに対し、パレスチナ人をはじめとするアラブ人は、それ以前に交わされた一連の書簡に意を強くしていた。一九一五年から一六年にかけて、イギリスの高官とアラブの指導者のあいだでやりとりされたフサイン－マクマホン書簡だ。サー・ヘンリー・マクマホンはイギリスの駐エジプト高等弁務官であり、フサイン・イブン・アリーはメッカのシャリーフ〔イスラム教の預言者ムハンマドの流れをくむ太守〕だった。両者のあいだで交わされた書簡では、（やや曖昧に定義された領土における）アラブの独立をイギリスが支持し、それと引き換えにアラブはオスマン帝国と戦うイギリスを支援することが約束されていた。

ところが、戦後、イギリスは国際連盟からパレスチナの統治を委任されるや、フサイン－マクマホン書簡に記されたアラブ独立の約束は、実はパレスチナには当てはまらないと言い出した。イギリスの言い分によれば、パレスチナ以外の中東地域に適用されるというのだ。案の定、パレスチナのアラブ人は激怒し、裏切られたと感じた。イギリスはその後もパレスチナに関してさまざまな約束をするが、それから長い時間を費やしては約束を再解釈し、考えを変えてしまうのだった。

さらに悪いことに、共産主義革命を経たロシア（当時は「ロシア・ソヴィエト社会主義共和国」）が、かつて連合国として共に戦った二つの資本主義国家、すなわちイギリスとフランスを困らせてやろうと、戦時中に両国とのあいだで結んだ秘密協定を暴露したのだ。いわゆるサイクス－ピコ協定（協定の交渉

*――いまにして思うと不思議だが、二〇世紀初めの数十年間、アメリカのユダヤ人コミュニティの指導者層は大半がドイツ出身だったのに対し、アメリカのユダヤ人の庶民層は帝政ロシアから逃れてきた東欧の人びとだった。両者とも、アメリカがロシア側についてドイツと戦うことに乗り気ではなかった。

に当たったイギリスとフランスの高官にちなんだ名称）の目的は、戦後に中東をフランスの支配地域とイギリスの支配地域に分割することにあった。アラブの指導者はこれを、フサイン＝マクマホン書簡で結ばれた約束への裏切りであり、違反であると見なした。

こうしたごたごたに、さらにバルフォア宣言が加わるのだから、第一次世界大戦が終わる頃には、パレスチナに関するイギリスの意図についてアラブ人がきわめて懐疑的になっていた理由もわかる。当然ながら、こうしたあらゆる事情によって、パレスチナにおけるアラブ人、イギリス人、シオニストの三者間の緊張が戦後になって急速に高まった。

パレスチナのアラブ人がシオニストの企てに反対した理由を理解するのは難しくない。アラブ人は、ユダヤ人のコミュニティが拡大し、さらに領土を獲得し、組織を創設し、ユダヤ人による新たな独立国家の建設という野望を明確にする様子を、恐怖におののきながら見守っていた。こうした事業は、ことごとくアラブ人の犠牲のもとに成立するように思われた。アラブ人は自らの祖国でますます居場所を失い、権利を奪われ、周辺に追いやられ――板の上から海に突き落とされそうになっていると感じていた。パレスチナのアラブ人やユダヤ人の中にも、パレスチナにおける両者の平和的共存や、アラブ人とユダヤ人が共有する未来はどんなものかを想像しようとする者もいたが、ほとんどの人びとは物事をゼロサムゲーム〔参加者の利得の総和がゼロになるゲーム〕として、つまり一方が勝てば他方は負けるものととらえていた。

一九二一年、パレスチナの主要な港町であり、多くのユダヤ人移民が到着したヤッファで、アラブ人によるユダヤ人への暴動や襲撃が起こると、イギリスはのちに首相となるウィンストン・チャーチルの手になる白書（政府の政策文書であり、白い表紙の色は一般公開用であることを示している）を発行した。

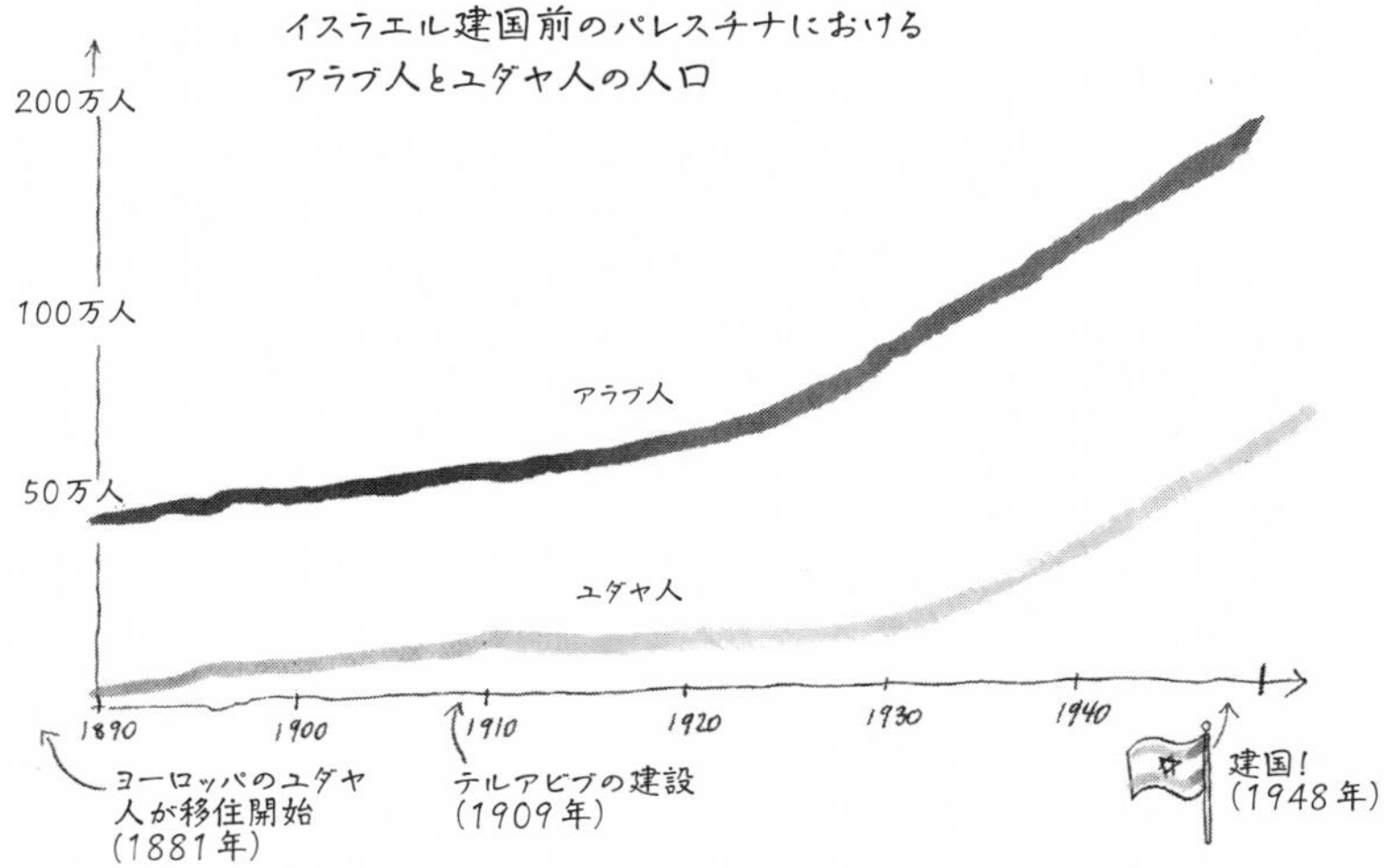

チャーチルはユダヤ人の民族的郷土という考えへの支持を改めて訴え、イシューヴの勤勉さと秩序を称賛し、ユダヤ人によるパレスチナへの継続的な（ただし無制限ではない）移住という考えに賛同した。同時に、チャーチル白書として知られるこの文書は、イギリスがシオニストの大義を全面的に支持しているわけではないことを、アラブ側に保証しようとするものでもあった。

だが、ユダヤ人とアラブ人のあいだの暴力はやまず、イギリス当局はそれを抑え込めなかった（あるいは、抑え込もうとしなかった）。国中に散在するユダヤ人コミュニティを襲撃から守るため、ユダヤ機関はハガナ（ヘブライ語で「防衛」の意）を創設した。一九四八年以前の民兵組織としては最も重要なものだ。その指導者層と戦闘精神は、イシューヴの指導者層の左派的な労働シオニズムを反映していた。たとえば、ハガナでは、「武器の高潔さ」（武器は防衛だけに用い、市民に向けてはならないという考え）という理想と「抑制」政策（イシューヴの指導者層はアラブ側の攻撃に対する反撃と報復を禁じていた。ここでも軍事行動は防衛に限られていた）が、少なくとも建前上は堅持されていた。ハガナはパレスチナのユダヤ人コミュニティの主力軍へと発展し、一九四八年の独立後はイスラエル国防軍（ＩＤＦ）の中核となった。

イルグン

イスラエル国防軍は「武器の高潔さ」という概念を継承した。これが、よく言われる「世界一道徳的な軍隊」という主張の根拠になっている。当然ながら、多くの非イスラエル人にとっては少々馬鹿げて聞こえるだろう。一九六七年以降のイスラエルによるパレスチナ占領を実行したのがイスラエル国防軍だったこと、二一世紀のガザ地区におけるイスラエルと**ハマス**の度重なる衝突で民間人の死傷者があまりにも多いことを考えればなおさらだ。とはいえ、こうした初期の段階では、ハガナは自らを特別な軍隊と見なしていたのだ。

一九二九年、ユダヤ人が「神殿の丘」の支配を企てているという噂が広まった。神殿の丘はエルサレム旧市街において最も尊い場所であり、岩のドームとアル＝アクサ・モスク（イスラム教徒にとって第三の聖地)、嘆きの壁(ユダヤ人にとっての聖地)がある。現在に至るまで、紛争全体における最も危険な火薬庫である。この噂を受けて、アラブ人の暴徒がエルサレム中で暴れはじめ、やがてパレスチナのほかの地域にもなだれ込んだ。古くからあるヘブロンのユダヤ人コミュニティでは約七〇人が殺害された。イギリス当局は遅まきながら介入すると、暴動を止めて生存者を避難させた。

こうした暴力の激化に対して、イギリスは再び白書を刊行した。その提言の一つは、ユダヤ人のパレスチナ移住を制限することだった。この動きに刺激された右派のユダヤ人活動家グループが、イルグン(「民族軍事機構」の意)と呼ばれる民兵組織を創設した。イルグンはイギリス当局との協力というハガナの目標に縛られる気はなく、現在であればテロリズムと表現される戦術を展開した。それから一五年にわたり、イルグンはハガナと競い、衝突すらして、アラブ人やイギリス兵を襲撃した。一九四〇年代の一時期には、ハガナはイギリスと手を組んでまでイルグンに対抗した。イルグンのリーダーであるメナヘム・ベギンはその後、右派政党のヘルート(のちに「リクード」と改名)を創設した。一九七七年、ベギンはイスラエル初のリクード出身の首相となる。

アラブの大蜂起

一方、パレスチナがアラブ人とユダヤ人の紛争によって荒廃するなか、ヨーロッパのユダヤ人、また実際には西洋文明にとって新たな脅威が増しつつあり、イシューヴのユダヤ人は危機感を募らせるばかりだった。この脅威が高まり、ついに爆発すると、世界の体制は破壊され、初期のシオニストの恐ろしい予測が現実となり、歴史の流れが変わることになる。ファシズムが台頭し、第一次世界大戦後の脆弱な秩序は崩壊寸前だった。一九三三年、反ユダヤ主義者で人種差別主義者のアドルフ・ヒトラーがドイツの首相に就任した。ヒトラーの当面の目標は、ヨーロッパ全土を征服し、ドイツ人という「支配者民族」のための「レーベンスラウム（生存圏）」をつくることだった。レーベンスラウムとは、ユダヤ人、社会主義者、同性愛者、労働組合支持者、その他「望ましくない者」が存在しない領域だ。ヒトラーがこの悪夢のようなビジョンを追求するにつれ、再び戦争が近づいてきた。ヨーロッパのユダヤ人を根絶やしにするという企てが目前に迫っていた。

ヒトラーの不吉な脅威は、ユダヤ人のパレスチナ移住を加速させた。パレスチナのアラブ人は警戒を強め、一九三六年には、ユダヤ人移民とイギリス当局両方に抗議する大規模なゼネストを行なった。パレスチナにおけるアラブ人とユダヤ人の関係は、それまでもけっして良好ではなかったが、パレスチナのユダヤ人コミュニティが拡大するにつれてさらに悪化していった。アラブ人は新参者のユダヤ人を、自分たちの土地を奪い、労働を搾取し、自らの祖国で自分たちをよそ者にしようとする侵略者と見なしていた。ユダヤ人のパレスチナ移住はヨーロッパにおける憎悪に満ちた反ユダヤ主義の結果であるという事実も、アラブ人からすれば、自分たちが国を失うことを正当化するものではなかった。

こうした不安の高まりを受けて、決着がつかないアラブ人とユダヤ人の紛争に対処すべく、ロバート・ピール卿のもとにイギリスの調査委員会が招集された。パレスチナ王立委員会、別名ピール委員会は、領土を二つの国家に分割し、一方をアラブ人国家、もう一方をユダヤ人国家とすることを初めて勧告し、いずれイギリスの委任統治を終わらせることも提言に盛り込んだ。パレスチナのユダヤ人指導者層はピール委員会の提言があまり気に入らなかった——パレスチナ全土を手に入れたかった——が、あらゆる事情を考慮すると、原則としてそれを受け入れること、また受け入れたと見なされることは、自分たちに有利だとわかっていた。一方、パレスチナのアラブ人指導者層は、分割という提案を即座に拒絶した。アラブ人の住民が昔から正当に所有してきた土地だというのに、イギリス人は何の権利があって分割するなどと言うのだろうか？　こうして、ピール報告書の勧告はあっさり拒否され、アラブ人のゼネストは武装蜂起へと発展していった。

一九三六年から三九年まで続いたアラブの大蜂起は、パレスチナ人に芽生えつつあった民族意識とアイデンティティの強化には役立ったものの、アラブの大義に貢献したというより、むしろ害を与えた面のほうが大きかったようだ。大蜂起を鎮圧した時点で、イギリス軍は何千人ものアラブ人戦士の命を奪い、武器を多数没収して、アラブの戦力をすっかり弱体化させていた。対照的に、ハガナは、蜂起の鎮圧のためにイギリスの軍・警察と数年間にわたり連携・協力した経験を経て、有能で強力な戦闘部隊に成長した。一方イルグンは、アラブ人に対して爆弾テロを次々に実行し、ユダヤ人指導者層から非難された。こうした展開が、パレスチナのアラブ人とユダヤ人のあいだでやがて起こる対立に大きな影響を与えることになる。

とはいえ、アラブの大蜂起はそれとは別に、アラブの大義にとって望ましい結果（と当時は思われた）をもたらしたのも間違いない。領土の分割（ピール委員会の勧告のように、ユダヤ人とアラブ人のために別々の国をつくる）はうまくいかないことを、イギリスに思い知らせたのだ。第二次世界大戦前夜の一九三九年、ヨーロッパのユダヤ人に災厄が降りかかろうとしていたとき、イギリスはまたしても白書（マクドナルド白書）を発行すると、分割に関する立場を転換し、従来に代わる新政策を公表した。その構想は、ユダヤ人の民族的郷土――この時点でパレスチナにはすでに約五〇万人のユダヤ人が、約一〇〇万人のアラブ人と共に暮らしていた――を、アラブ人とユダヤ人が共同統治する独立パレスチナの一部とするというものだった。現在、巷で言われている「二国家解決」のようなものだ。「マクドナルド白書」はまた、パレスチナにおけるユダヤ人の土地購入に制約を課したうえ、きわめて重要なことに、パレスチナへのユダヤ人の移住を厳しく制限すると表明した。それは、ユダヤ人の歴史上おそらく最も危険で絶望的な時期のことだった。六〇〇万人のユダヤ人を殺害したナチスのホロコーストがすぐにも始まろうとしていたのである。

第二次世界大戦、ホロコースト、国家建設へ向けた競争（一九四〇〜四九年）

こうして、パレスチナのユダヤ人がヨーロッパのナチズムと戦うべくイギリス軍に志願しているというのに、ヨーロッパのユダヤ人はパレスチナへの避難をイギリスによって禁じられることになった。こうした苦境の恐るべき皮肉を見て取ったベン＝グリオンは、パレスチナのユダヤ人コミュニティは「白書（つまり、イギリスによる移民規制）など存在しないかのように戦争ではイギリス軍を支援し、戦争など存在しないかのように白書に抵抗しなければならない」と言った。だが、パレスチナのユダヤ人全員が同じ意見だったわけではない。戦争が終わりに近づいた一九四四年、好戦的なイルグン（別の右派民兵組織のレヒが合流。レヒのリーダーだったイツハク・シャミルものちにイスラエル首相となる）は、ユダヤ人コミュニティの指導者層と決別し、イギリス当局に対して反乱を宣言した。こうして、ユダヤ人同士の対立が始まり、ハガナはイギリスに協力して過激派の反乱を鎮圧した。こうした対立は形を変えて、イスラエルの歴史の中で現在まで繰り返されている。

アラブ世界の多くの人びとと同じく、パレスチナのアラブ人はイギリスとフランスに憤っていた。

両国は中東を植民地にしようと野心を燃やしていたし、イギリスはあからさまにシオニズムを支持し、ユダヤ人移民の流入を後押ししていたからだ。アラブ人は、自分たちの祖国にいるにもかかわらずユダヤ人に取って代わられてしまうのではないかと恐れていた。こうした事情が、枢軸国（ドイツ、イタリア、日本）に対して何がしかの共感を呼び起こすことになった。極端な例が、エルサレムの大ムフティー（エルサレムのイスラム教聖地を監督するためにイギリスが創設した地位）にして、パレスチナの有力アラブ人一族の御曹司だったムハンマド・アミーン・アル＝フサイニーのケースだ。アル＝フサイニーは、好戦的な反イギリス主義者・反シオニストだったばかりか、強烈な反ユダヤ主義的心情を抱いてもいた。彼はイギリス当局から逃れるためにパレスチナを脱出し、やがてナチス政権下のベルリンに流れ着くと、そこでヒトラーと手を組んだのだ。

第二次世界大戦とホロコーストがすべてを、とりわけシオニズムの道筋を変えた。ヨーロッパのユダヤ人がほぼ全滅したことが明らかになるにつれ、世界の同情は絶望に打ちひしがれた生存者へ向けられた。何十万人もの人びとが、難民キャンプで苦しい生活を余儀なくされていたからだ。こうした同情がいや増したのは、アメリカを含む連合国でさえ行動を起こさなかったことに、多くの西側諸国の人びとが罪の意識を感じていたからであるのは疑いない。ユダヤ人の移住に制約を課したことが、数百万人に及ぶヨーロッパのユダヤ人の運命を左右したのだ。ホロコーストが起こったことで、シオニストの計画を世界規模で支持する機運が高まった。こうした動きにもかかわらず、イギリスは、パレスチナのアラブ人の恐怖、怒り、反対に直面して、ホロコーストの生存者がパレスチナへ大量移住することを依然として認めなかった。ホロコーストの被害者を乗せた船がパレスチナの港に入るのを防ごうと、海上封鎖という手段まで講じたのだ。

これを受けて、イシューヴはユダヤ人をパレスチナへ移送する取り組みを強化した。第二次世界大戦で戦ったアメリカやカナダの退役軍人がボランティアとして乗り組んだ船が、イギリスの海上封鎖をかいくぐり、生存者をパレスチナのユダヤ人コミュニティへと運んだ。そこは、この人たちを必要としてくれる世界で唯一の場所だった。*

船はしばしば止められ、生存者はパレスチナやキプロスの収容所に連行された。当然ながら、終戦直後のイギリスにとって、これは体面のいい話ではなかった。あるとき、こうした船の一隻であるエクソダス一九四七号が、四五〇〇人を超える生存者を満載して航行中にイギリス軍に止められた。イギリス兵士が乗船してくると、乗客と乗組員は抵抗した。その後の衝突で数人が死亡し、ホロコーストの生存者はドイツの難民キャンプに送られた。こうしたあらゆる

エクソダス1947号

状況に関するイメージのせいで、必死にパレスチナを目指す生存者の苦境にますます同情が集まった。この事件に着想を得て書かれたのが、レオン・ユリスの一九五八年のベストセラー『エクソダス』であり（この作品は、きわめてロマンチックでやや偏向しているとはいえ、私を含む何世代ものアメリカ人にとって説得力あるイスラエル入門書となっている）、この作品を原作として一九六〇年には映画もつくられた（主役のポール・ニューマンがとてもハンサムなシオニストのエージェントを演じている。この作品を観賞することが、私を含む何世代ものアメリカのユダヤ人にとって、サマーキャンプの雨の日の午後の活動となった）。

救済と追放

第二次世界大戦後、六年におよぶ総力戦ですっかり疲弊したイギリスは、パレスチナからいつでも撤退するつもりだった。ユダヤ人とアラブ人の双方から向けられる怒り、暴力、反乱はますます深刻になり、パレスチナの統治をめぐって世界から寄せられる批判の声もますます大きくなった。次々と起こる抵抗運動を鎮圧する試みはうまくいかず、あらゆる方面で反英感情がさらに高まっていた。

＊——こうしたボランティアの一人が、私の大学時代の恩師の一人、レオン・ジック教授だった。教授は第二次世界大戦中はアメリカ陸軍航空隊に所属し、その後、フランス南部に赴いて生存者のパレスチナへの密航を手助けした。かつて、イギリスの海上封鎖をかいくぐる自身の冒険について語ってくれたものだ。語り終えると、椅子の背にもたれてこう言った。「めちゃくちゃな時代だったよ、ダニエル。めちゃくちゃな時代だった」。その後、本書の取材中に彼の追悼記事を読んで、ジック教授（ユダヤ教のラビでもあった）がマーティン・ルーサー・キング牧師と共にセルマを行進していたことを初めて知った。セントルイス出身者としては悪くない。ユダヤ人がよく口にする言い回しをすれば、彼の思い出が恵みとなりますように。

一九四五年、ユダヤ人の民兵組織は、それぞれの違いはひとまずおいて、団結してパレスチナからイギリスを追い出すべく反乱に打って出た。この統一戦線は長続きしなかった。ハガナが右派のテロ戦略を拒否したためだ。一九四六年七月二二日、イルグンはイギリスの委任統治政庁本部が入っていたエルサレムのキング・デイヴィッド・ホテルを爆破し、九〇人を超えるユダヤ人、イギリス人、アラブ人を殺害した。この襲撃は、イギリス人コミュニティにもユダヤ人コミュニティにも衝撃を与え、ユダヤ人民兵組織の束の間の結束も終わりを告げた。イルグンの主張は、爆破前にホテルに電話で警告してあったのだから、この大量殺人の責任はイギリス当局にあるというものだった。しかし、ユダヤ機関のトップであり、したがってパレスチナのユダヤ人の事実上のリーダーだったベン゠グリオンは爆破を非難し、イルグンの戦闘員を突き出すようパレスチナのユダヤ人に訴えて、過激派と決別した。

一九四七年には、パレスチナの人口は約一八〇万人になった。三分の一がユダヤ人、三分の二がアラブ人で、激しくいがみ合っていた。イギリスは、撤退してパレスチナに対する責任を一九四五年に設立された国際連合に譲るつもりだった。国連は初仕事の一つとして、パレスチナ特別委員会を創設した。同委員会はピール委員会と同じく、パレスチナを二つの国家――アラブ人国家とユダヤ人国家――に分割するよう勧告した。エルサレムは三つの一神教（ユダヤ教、キリスト教、イスラム教）の信仰にとって比類のない重要性を持つため、特別な地位を与えて国際機関によって管理するとされた。新しい国家は、委任統治が終了し、イギリスが撤退してから二カ月後に誕生することになっていた。

一〇年前にピール報告書が発表されたときと同様、パレスチナのユダヤ人コミュニティの指導者層はこの計画を受け入れた。彼らは現実的だったし、ヨーロッパの難民キャンプでつらい生活を送っているホロコーストの生存者に安息の地を与えたいと切望しており、国家建設という仕事をさっさと進めたかったからだ。パレスチナのアラブ人指導者層は、第二次世界大戦中に弱体化し、統制を失っていたものの、周辺のアラブ諸国政府と共にこの提案を拒絶した。パレスチナの領土を半分以上も放棄することで、他人（ヨーロッパ）の罪を償うよう求められていると感じたのだ。彼らは、パレスチナの正当な所有者は自分たちだと考えていた。

キング・デイヴィッド・ホテル爆破事件

それにもかかわらず、一九四七年一一月二九日、国連総会は三三票対一三票（棄権一〇票）で、分割を支持する決議を採択した。[*] パレスチナのユダヤ人は路上で踊り、アラブ人は抗議した。だが、国連の分割案が実行されることはなかった。代わりに、パレスチナは戦争に突入したのである。

＊――イギリスは棄権し、アメリカ、ヨーロッパ主要国、ソ連はすべて賛成に回った。

5章 イスラエルとナクバ　独立と大惨事（一九四七～四九年）

Israel and the Nakba　Independence and Catastrophe (1947–49)

ほどなくして、アラブ人とユダヤ人のあいだで戦闘が勃発し、二段階にわたる紛争が始まった。第一段階は一九四七年一一月から一九四八年五月までで、基本的にはパレスチナのユダヤ人とアラブ人による内戦だった。ハガナは、緩やかに組織されたパレスチナのアラブ人兵士や近隣のアラブ諸国からの志願兵と衝突した。アラブ側の兵士は、主要都市部から離れたキブツやユダヤ人コミュニティを攻撃した。彼らはまた、エルサレムをテルアビブや海岸平野といったユダヤ人の主要な人口密集地と結ぶ狭い山道を遮断して、エルサレムに住む一〇万人のユダヤ人を包囲しようとした。

一九四八年二月、パレスチナのアラブ人過激派が、エルサレム中心部のベン・イェフダ通りで自動車爆弾を次々に爆発させた。約五〇人の市民が命を落とし、数百人が負傷した。四月には、ハガナ軍がエルサレム包囲網の突破を試みる一方、イルグンとレヒの極右戦闘組織の過激派が、エルサレム近郊のアラブ人の町デイル・ヤシーンに侵攻した。彼らはそこで、一〇〇人とも二五〇人とも言われる住民を虐殺した。大半が女性、子供、老人だった。デイル・ヤシーン事件はパレスチナのアラブ人を震え上がらせ、「武器の高潔さ」を信条とするイシューヴに衝撃を与えた。この大虐殺は、ベン゠グリオンとユダヤ機関から激しく非難された。また、ユダヤ人兵士がこうした所業に及ぶとは思っていなかった世界中のユダヤ人コミュニティをも愕然とさせた。ノーベル賞受賞者のアルベルト・アインシュタインや、作家で哲学者のハンナ・アーレントをはじめとする著名なアメリカのユダヤ人は、「ニューヨーク・タイムズ」紙に寄稿して、イルグンの指導者（のちのイスラエル首相）であるメナヘム・ベギンを糾弾し、アメリカのユダヤ人にベギンと彼の過激派組織を支持しないよう呼びかけた。

のちにベギンが自慢げに語ったように、この大虐殺（あるいは、それが実際に起こったことを認めたくないベギンの言によれば、大虐殺の噂）に恐れをなしたほかのパレスチナ人が、迫りくるユダヤ軍を前にして自分たちの村から逃げ出したのは疑いない。デイル・ヤシーンで起こったことは、当時は大ニュースになった。ところがその後、多くのイスラエル人や世界中のユダヤ人コミュニティから都合よく忘れ去られている。この事件は、パレスチナ紛争に関する真剣に受け取られるべきあらゆる歴史の一部となっているにもかかわらず、こんにち、イスラエル支持者の多くにはほとんど知られていない。イスラエルのイメージを擁護する者の中には、事件があったことすら否定する者もいる。だが、パレスチナ人にとって、事件は彼らの歴史の重要な一部であり、忘れがたい心の傷であり、イスラエル人やパレスチナ紛争に関する彼らの見解にとって不可欠の要素だ。それは、パレスチナ人による

ハンナ・アーレント

ユダヤ人の虐殺が、この事件の以前も以後もユダヤ人にとってそうであるのと同じことである。*

イスラエル国家

一九四八年五月一四日、パレスチナ全土で戦闘が繰り広げられ、イギリスの委任統治が終わりを告げる頃、イシューヴの指導者ダヴィド・ベン＝グリオンは、テルアビブ美術館〔現独立記念館〕にシオニストの指導者を集め、イスラエルの独立を宣言した。アメリカ合衆国大統領のハリー・S・トルーマンはこの新生国家をすぐさま承認し、世界中のユダヤ人が祝杯をあげた。「ニューヨーク・タイムズ」紙はこう報じている。

午後四時、ユダヤ民族評議会議長で新生イスラエルの初代首相、ダヴィド・ベン＝グリオンによる新国家樹立宣言が、簡素ながらも荘厳な式典で発表された。国民に新たな生命が吹き込まれたものの、会場の外では銃声が響き、実現が容易ではなかったほかの独立宣言の記憶が呼び起こされた。

ベン＝グリオンはイスラエル国家建国宣言全文を高らかに読み上げると、こう言い切った。「われわれは、エレツ・イスラエル（イスラエルの地）において、イスラエル国家として知られるユダヤ人国家を樹立することを、ここに宣言する」。イスラエル建国の文書であるこの宣言は、この新しい国家が「流浪の民の集合」――つまりユダヤ民族――および、宗教や人種にかかわらずあらゆる国民の平

イスラエルの独立

＊――しかし、もちろん、事態を隠したところで実際にはけっしてうまくいかない。ときには思わぬ形でしっぺ返しを食うものだ。当然ながら、デイル・ヤシーン事件は、たとえ知っていたとしてもイスラエル支持者が進んで取り上げたい話題ではない。ほとんどのアメリカのユダヤ人の子供たちは、ユダヤ人コミュニティの教育施設で教わるイスラエルの歴史の一部として、そこで何があったかを教わることはない。彼らが教わるかなり美化したバージョンのイスラエルは、間違ってもそんなことをするはずがないのだ。そのため、彼らが大学に進み、怒れる反イスラエル主義者がデイル・ヤシーンでのシオニストの残虐行為を語るところに出くわすと、とっさに信じまいとする。わざわざ調べてみて、大虐殺は実際にあったと知るや、不完全で誤解を招くイスラエルの歴史を教えたユダヤ人コミュニティの教育施設に裏切られたという思いを抱く。アメリカのユダヤ人の若者たちが受けたイスラエルに関する教育に、ユダヤ人のテロリスト集団や、その運動をつぶそうと動いたイシューヴのユダヤ人組織の話題が含まれていたら、それがいかに不愉快で気まずいものであれ、彼らはデイル・ヤシーン事件の状況を理解できたかもしれない。

等のために尽くすとうたっていた。この瞬間がユダヤ人にとってどれほど心強いものだったかは、強調してもしきれない。ヨーロッパのユダヤ人がほぼ全滅してしまったあとで、二〇〇〇年ぶりに、ユダヤ人によって建てられ、築かれ、守られる国が誕生したのだ。

だが、ユダヤ人にとってのこの約束の瞬間は、パレスチナのアラブ人にとっては破局の瞬間だった。彼らの祖国が消滅した瞬間だったのだ。それはまた、この土地に住むあらゆる人びとにとって、危機と不安の時期でもあった。独立宣言の翌日、トランスヨルダン（現在のヨルダン）、シリア、エジプト、イラクの軍隊が、生まれたてのイスラエル国家を破壊すべく、イギリス委任統治領パレスチナだった土地に侵攻した。イスラエル国防軍（五月一四日からイシューヴの戦闘部隊がこう呼ばれるようになった）が、これらの軍隊を撃退しようと試み、最終的にはユダヤ人の支配地域の拡大に成功した。

戦争の第二段階は、イギリスのパレスチナ撤退とベン＝グリオンのイスラエル独立宣言のあとに始まった〔第一次中東戦争〕。だが、この紛争はアラブ人対ユダヤ人の対立に留まるものではなかった。独立後まもなく、ハガナ、イルグン、レヒは新イスラエル国防軍へと正式に統合された。ところが、これらの過激派集団は、自立性を失うことも強硬路線のイデオロギーを弱めることも嫌がった。彼らはそれぞれの過激な活動のために、秘密裏に兵器を入手しようとし続けた。ベン＝グリオンは、これをイスラエル新政府の権威に対する真っ向からの挑戦と受け止めた。一九四八年六月、ベン＝グリオンは軍司令官の一人であるイツハク・ラビンという若手将校に、テルアビブの沖合にいるアルタレナ号を砲撃するよう命じた。アルタレナ号はイルグンの武器を密かに運んでいたのだ。この衝突でイルグンの戦士一六名、イスラエル国防軍の兵士三名が死亡したが、過激派集団の新国家当局への挑発はやんだ。ユダヤ人同士の内戦の危機は去り、イスラエル国防軍が新生イスラエル唯一の軍事力となった。ベン

＝グリオンをはじめとするイスラエルの指導者層は、イルグンなどの過激派集団を、新しい国を守ろうとする努力を台無しにするならず者のユダヤ人テロ組織と見なしていた。イスラエルの指導者層は、戦争に勝って新しい国家を築くには、戦力の独占、つまりイスラエル新政府がしっかり手綱を握った統一軍が欠かせないことを身にしみて感じた。

　イスラエルのユダヤ人は、自分たちの新しい国を守り、安全にしたいという思いでは団結していたものの、パレスチナのユダヤ人コミュニティ内部に存在するイデオロギーの深い断層が完全に消滅することはなかった。ベン＝グリオンとその側近に代表される実利重視の社会主義的シオニズムの一派は、国家建設という最終目標の追求においてはきわめて頑強で、ときには無慈悲ですらあった。しかし、この一派はまた、完璧を求めるあまり利益を損ねることは望まず、妥協もいとわなかっ

アルタレナ号　1948年

た。たとえば、イギリスや国連が提案した分割案はすべて呑んだ。これらの実利主義者たちはその後も、ベギン、シャミル、彼らのイデオロギーの継承者らが率いる右派シオニストと、ときには激しく衝突し続けることになる。

一九九五年、イスラエル国防軍の司令官としてイルグン軍を砲撃してから五〇年後のこと、イスラエル首相となったイツハク・ラビンは、右翼過激派に暗殺される。イスラエルとパレスチナの平和的妥協を図ったためだ。ラビンはけっして反戦活動家ではなかったが、初期の労働シオニストとイスラエル指導者の断固たる実利主義を受け継いでいた。このために、その反対派である過激で拡張主義的なシオニズムの後継者に殺害されたのだ。

一九四九年七月二〇日、第一次中東戦争が終結し、新生イスラエルとイスラエルを攻撃したアラブ諸国のあいだで休戦協定が結ばれた。戦闘がやむと、侵攻してきたアラブ諸国軍の撃退に成功したイスラエルは、「歴史的パレスチナ」〔イギリス統治時代のパレスチナの領域〕の領土の七八パーセントを領有した。国連の分割決議で割り当てられた五〇パーセントをまたしても超えたわけだ。ヨルダンがヨルダン川西岸と東エルサレムを（ただし、ヘブライ大学のキャンパスがあるスコーパス山のイスラエル支配下の飛び地は除く）、エジプトがガザ地区を獲得した。パレスチナ人は何も得られなかった。

勝利の代償は高くついた。人口の約一パーセントに当たるほぼ六四〇〇人のイスラエル人が命を落とした。アラブ人の犠牲者も、少なくとも同程度にのぼった。約七〇万人のパレスチナ人が、現在のイスラエルにあった家を追われたり、逃げ出したりした。約一万人のユダヤ人が、アラブ諸国軍に占領された地域にあった家を追われたり、逃げ出したりした。イスラエル軍とアラブ諸国軍のあいだの休戦ラインが、公式の地図上に緑色のペンで引かれた。そこで、その名を「**グリーン・ライン**」という。

1947年の国連分割決議案(左)とその代わりに起こったこと(右)*

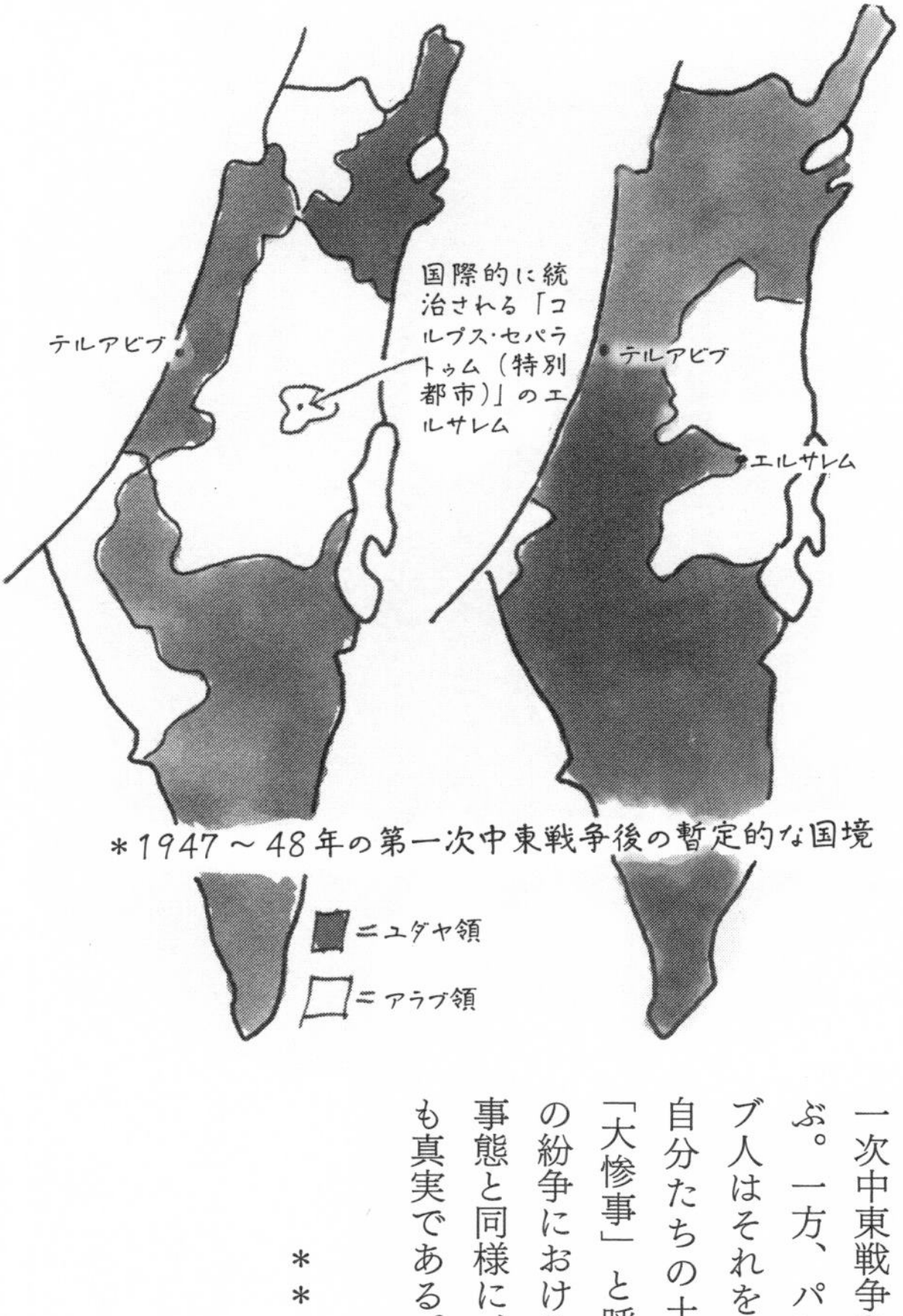

グリーン・ラインは国際的に認められたイスラエルの国境線となった。イスラエルは第一次中東戦争を独立戦争と呼ぶ。一方、パレスチナのアラブ人はそれを**ナクバ**、つまり自分たちの土地を奪われた「大惨事」と呼んでいる。この紛争におけるほかの多くの事態と同様に、どちらの物語も真実である。

＊＊＊

「ユダヤ人国家」は本当に必要か？

現代のユダヤ人は、アメリカやその他の国々で、イスラエルと同じように安全で充実した暮らしを送っているのでは？　二一世紀の現在、「ユダヤ人国家」という概念は差別的で時代遅れでは？　近隣諸国との関係や現地の人口動態を考えると、この「ユダヤ人国家」を現在のイスラエルに置いたことは、世界で最も優れたアイデアではなかったのではないか？　私はこうした問いをしょっちゅう耳にするし、言わんとしていることはわかる。本当にわかる。現代のリベラルなアメリカ人の視点からすると、イスラエルが存在する論拠は必ずしも明確ではない。歴史をきちんと知らなければなおさらだ。* しかし、イスラエルの存在が問題を抱え、複雑なものであり続けてきたとしても、イスラエルの建国が罪のない人びとに多くの不幸をもたらしてきたとしても、イスラエルがいいアイデアだったこと、少なくとも、何としてでも必要だという切実な思いから生まれたアイデアだったことは事実だ。

数年前、私は子供たちと一緒に、アムステルダムにあるアンネ・フランクの家を訪れた。訪問後、すべてを理解しようと頑張っている娘（当時一一歳）にこうたずねられた。アンネと家族はなぜ、アメリカでもカナダでもオーストラリアでも、「どこでもいいからほかのいい国」に行かなかったのか、と。私は娘に、ヨーロッパで恐ろしいことが起こっているとはっきりわかってもなお、ヨーロッパのユダヤ人を進んで受け入れてくれる国は世界のどこにもなかったのだと説明した。当然、娘は信じられない様子で、どうしてユダヤ人が安全に行ける国が世界に一つもないのかときいた。まさにそのときその場で、私はシオニスト意識の誕生を目の当たりにしたのだ。

というのも、ヒトラーが「最終的解決」を実行する前の数年間に、ヨーロッパのユダヤ人の多くに避難場所を提供する国が世界に一つでもあれば、言うまでもなくあなたが本書を読むこともなかっただろうからだ。シオニストの企てが始まった理由はホロコーストではなかったとしても、その企てが成功した理由はホロコーストだったはずだ。娘の願いをかなえてくれる「いい国」が一つでもあったとすれば、移民もおらず存在理由もないイシューヴ（「ユダヤ人共同体」）は孤立した小集団のままで、いずれ縮小して消滅した可能性がきわめて高い。

だが、そうはならなかった。シオニストは正しかった。つまり、ユダヤ人以外、誰もユダヤ人の面倒を見てくれることはなかったのだ。ヒトラーがヨーロッパのユダヤ人を根絶やしにしようとした時代に生き、それに気付いていた人が、いまでも世界中にいる。イスラエルが存在

*――これらの問いに対して、私はたいてい、まずはこう答えることにしている。そうは言ってもイスラエルはすでに存在するのだし、どこかに行ってしまうこともないのだから、イスラエルはそもそもいいアイデアだったのかどうかなどと思い悩むより、イスラエルができるだけいい国になれるよう手を貸すことに時間と労力を注いだほうがいいのではないか、と。

する根拠は、大昔の歴史ではない。あなたのすぐそばで暮らし、息をしているのだ。イスラエルは、文字どおり生きるか死ぬかの問題に対する複雑で不完全な答えだった。イスラエルが建国されたとき、ユダヤ人にとってそれ以上のものは手に入らなかった。イスラエルは、大海で彼らが唯一つかまることのできた板であり、唯一手にしていた救命筏《いかだ》だったのである。

6章 追い出された人びと The Dispossessed

アラブ＝イスラエル紛争を形づくった人口移動には、ぞっとするような対称性が見られる。その大半が追放と逃亡によって演出されたのだ。一九世紀から二〇世紀初めにかけて、東欧での迫害を逃れたユダヤ人がパレスチナにやってきた。続いて、ホロコーストやホロコースト後のヨーロッパ（そこには彼らの家も未来もなくなっていた）を逃れたユダヤ人が大挙して押し寄せた。こうした大量の人びとの移動が、一九四八年から四九年にかけて、パレスチナのアラブ人の大々的な追放と逃亡を引き起こした。その後、それに劣らない人数の中東のユダヤ人が、イラク、モロッコ、チュニジア、エジプトといった母国からイスラエルに逃げてきた。イスラエルの建国によって、アラブ世界における反ユダヤ主義と敵意が高まったためだ。

これらの大規模な人口移動――いまなら多くの人が民族浄化と言うだろうが――は痛ましいものだ。元イスラエル首相のイツハク・ラビンは自らの回想録で、ベン＝グリオンからこう命令されたと述べている。一九四八年、アラブ人の町であるリッダ（現在はイスラエルのロッドという町で、国際空港がある）

の数万人におよぶアラブ系住民を戦闘のさなかに家から追い出し、一一マイル〔約一八キロメートル〕先の国境の向こうのヨルダン川西岸まで歩かせるように、と*（興味深いことに、この出来事は、一九九五年にラビンが暗殺されて以降に出版された回想録にのみ書かれている。それ以前の版では、軍の検閲によって削除されていたのだ）。多くの場合、アラブ人の村や町は徹底的に破壊され、その住民が逃げるか追い出されるかしたのちに、基本的に地図から消し去られた。それ以外の場合、アラブ人の村の跡地にイスラエル人の新たなコミュニティが建設されることもあった。避難したアラブ人が故郷に帰ることは許されなかった。

追放の長い歴史が、特定の場所の名前の変遷を通じて、長きにわたって受け継がれている場合もある。歴史のある一時期が消され、別の一時期が記されている現代のパリンプセスト〔もとの字句を消した上に字句を記した古代の羊皮紙〕というわけだ。エルサレムへ続く道を見下ろす丘の上に、キブツ・

スバの遺跡

パルマッハ・ツバという美しいキブツがある。一九四八年に破壊されたアラブ人の村の廃墟の近くに建てられたものだ。エルサレム－テルアビブ間の道路を通行可能にしておくための戦いの際に、ハガナの突撃部隊（パルマッハ）が戦略的な立地にあるスバ（ヘブライ語で「ツバ」または「ツォバ」）を奪取したことにちなんで名づけられた。丘の頂上までハイキングすると、スバの廃墟を一望できる。住民が逃げ出し、戻るのを禁じられたあと、うち捨てられたままになっている。その廃墟のふもとには、十字軍のベルモント要塞の遺跡がある。一二世紀にエルサレムへ通じる西側の道を守るために建てられたものだ。ベルモントは、聖書に出てくる古代のユダヤ人村の跡地に建てられたもので、サムエル記ではこの村が、ご推察のとおりツバ〔ツォバ〕と呼ばれている。こんな具合に地名にも長い歴史が刻まれているのである。

民族浄化の犠牲になったのはパレスチナ人だけではなかった。約一万人のユダヤ人も、ヨルダンとの国境の向こう側にはみ出した家やコミュニティからアラブ人兵士によって追い出された。エルサレム旧市街の古くからのユダヤ人街に住んでいたさらに二〇〇〇人のユダヤ人も、家を追われ国境を越えて西エルサレムに追いやられた。その後、このユダヤ人街はほぼ壊滅した。

*――ラビンの記述によれば、彼ともう一人の司令官がリッダのアラブ系住民の処遇を繰り返したずねると、「ベン＝グリオンは手を振って『追い出せ！』というジェスチャーをした」という。ラビンは続ける。「『追い出す』は不快な響きを帯びた言葉だ。心理的に言って、これはわれわれが実行した軍事行動のうちでも格段にやりにくいものだった。ロッドの住民は喜んでその町を去ったわけではない。（ヨルダン）軍がいる場所まで、住民を一〇～一五マイル〔約一六～二四キロメートル〕行進させるには、武力の行使と威嚇射撃が避けられなかった。ラムレ（アラビア語ではアル－ラムラという近隣のアラブ人の町）はこの様子を見て教訓を学んだ。その町の指導者層は自発的に立ち退きに同意したのだ」（*The Rabin Memoirs*, 383）。

強制追放、逃亡、破壊といった事件は国中で起こった。こうした土地の強奪は、故郷を追われたパレスチナ人の増大と、イスラエル国内にある家に戻らせてほしいという彼らの要求が芽生える土壌となった（現在に至るまで、古い家の鍵はパレスチナ人の強力なシンボルであり続けている）。この紛争に見られる多くの悲痛な皮肉の一つは、言うまでもなく、こうした状況が、ユダヤ人は古来の故郷への帰還を許されるべきだというシオニストの要求の鏡像になっていることだ。

これはイスラエルとパレスチナの話なので当然かもしれないが、私がここで語った事実関係の歴史でさえ、いまだに論争の的となっている。長年、イスラエル側の公式見解は、アラブ人は無理やりに追い出されたわけではなく、ダマスカスやカイロからのラジオ放送によって、攻め込んでくるアラブ軍がユダヤ人を海に突き落としやすくするために一時的に退避するよう促され、自発的に立ち去ったというものだった。こうした主張の別パターンとして、次のようなものもある。リッダのような場所での強制追放は、アラブ人が新生国家を存亡の危機に陥れるのを防ぐため、残念ながら必要とされる軍事行動だったというのだ。対照的に、アラブ側の公式見解は、シオニストの軍隊が新生国家から非ユダヤ人を排除するため、アラブ人の住民に銃を突きつけて追い出したというものだった。

歴史的な証拠からは、もっと複雑な物語が浮かび上がる。長年にわたり、シリアやエジプトのラジオ放送に関する主張はイスラエルのプロパガンダとして片づけられてきたし、実際、こうした放送があったという確たる証拠も見つかっていない。だが、近年、新たな証拠が明らかになった。実はアラブの軍事指導者の一部が、パレスチナの地元アラブ人に一時的に家や村を離れるよう実際に指示したというのだ。とはいえ、それが、アラブ人が立ち去る決意を固めるのにどの程度影響したかはわかっていない。さらに、当時のシオニストの政策も一枚岩ではなかった。たとえば、アラブ人とユダヤ人が混在していたハイファという都市では、ユダヤ人の市長が怯えるアラブ人の住民に、逃げずに家に留まるよう懇願したことがある。高級官僚でのちに首相となるゴルダ・メイアは、パレスチナのアラブ人の苦境をナチス占領下におけるヨーロッパのユダヤ人のそれになぞらえていた。

イシューヴの指導者層と誕生したばかりのイスラエル国家が、新しく引かれた国境線の内側にいる膨大な数のアラブ人の存在を、安全保障上の潜在的脅威と見なしていたのは間違いない。だが、アラブ人の強制移住には基本計画《マスタープラン》があったのか、それとも現地の軍司令官が決定権を与えられ、「好機」が訪れた際にそれを利用する権限を持っていたのか、そのどちらだったのかで歴史家の意見は分かれている。強制移住がなければ、イスラエルが独立戦争後に結束した地政学的存在として現れることはなかっただろうと論じるイスラエルの歴史家もいる。いずれにせよ、結果として大量追放が起こったことに変わりはない。何十万という人びとが土地を奪われ、現在に至るまでイスラエルとパレスチナ人は深刻な問題に悩まされているのだ。

先へ進む前に、人口移動、民族浄化、時代背景について

ナクバ

一言触れておきたい。というのも、以上はすべてひどいことではあるものの、その背景を見ておく必要があるからだ。一九二〇年代から五〇年代初頭にかけて、人類史上最大規模の大量強制追放と人口移動が世界中で起こった。さまざまな国が、民族的、人種的、国民的に均質な集団を無理やりつくり出そうと試みた。一九二〇年代には何百万人ものギリシャ人とトルコ人が故郷を追われ、国境を越えて「正しい」国に行くようしいられた。第二次世界大戦中とその直後には、ユダヤ人だけでなく、ロシア人、ポーランド人、ゲルマン民族など数千万人もの人びとが、誤った民族や国民であるという理由で、家を追われたり祖国から放り出されたりした。スターリンの恐怖政治時代には、彼の怪物的で偏執狂的な気まぐれのせいで、数百万人のソ連国民が国内のある地域から別の地域へと強制的に移住させられた。インド独立闘争では、何百万人ものヒンドゥー教徒が、のちにパキスタンとバングラデシュになる地域から追い出され、何百万人ものイスラム教徒が、インドからこれらの新たな隣国へ追放された。

　これらの例からわかるのは、一九四八年のイスラエル／パレスチナで起こったことは、恐ろしくはあっても珍しくはないということだ。二〇世紀の初頭から中葉という悲惨な時代に、世界のいたるところでそうしたことが起こったのだ。そして、その後数十年のあいだに、こうした事態はおおむね終息した。こんにち、民族浄化――お察しのとおり（イスラエル／パレスチナの話題なので）、パレスチナ人に起こったことは実際には民族浄化ではないと言い張る者もいるだろうが、これは予想の範囲内だ――は人道に対する罪と見なされており、ひとたびそれが起これば、世界からごうごうたる非難を浴びる。とはいえ、現在の基準を一九四〇年代に当てはめるのは、不可能ではないにせよ難しい。当時のパレスチナのユダヤ人が、アウシュヴィッツからわずか五年で再び破滅の瀬戸際に立たされていると感じていたとしても、無理はないからだ。

　こうしたことはすべて過去の話だとして片づけたくもなるが、それはイスラエル人とパレスチナ人の未来に思いを馳せるわれわれにとって手の届かない贅沢だ。イスラエルとパレスチナの話になると、ウィリアム・フォークナーの言葉が頭に浮かぶ。「過去はけっして死なない。そもそも過去ですらない」。実際、強制移住の亡霊はけっして死んでいない。いまもイスラエルの極右の一部（権力の座に就いている者もいる）の中で元気に生きていて、イスラエルを支配するウルトラ・ナショナリストのあいだで広く受け入れられているふしもある。そしてそれは、パレスチナの一部のイスラム過激派集団（イランやヒズボラ内部における彼らの支援者は言うまでもない）が使う表現においても健在だ。彼らは、イスラエルという「がん」を地域から取り除き、「川から海に至るまでパレスチナを解放せよ」と要求している。

＊＊＊

　ところで、新生イスラエルから逃亡した、あるいは追放された七〇万人のパレスチナ人はどうなったのだろうか？　大半はトランスヨルダン（まもなくヨルダンに改名）、トランスヨルダン支配下のヨルダン川西岸、レバノン、シリア、エジプト、エジプト支配下のガザ地区に渡った。また、近隣のアラブ諸国やその先へと向かう者もいた。ユダヤ人の歴史の皮肉な再現であるパレスチナ人の離散民《ディアスポラ》——現在では「一九四八年の難民」の子孫が五〇〇万人を超えている——は、まさにユダヤ人の**ディアスポラ**のように、世界各地に散らばっている。

　そして、ユダヤ人と同様、亡命したパレスチナ人の経験はけっして楽なものではなかった。入国し

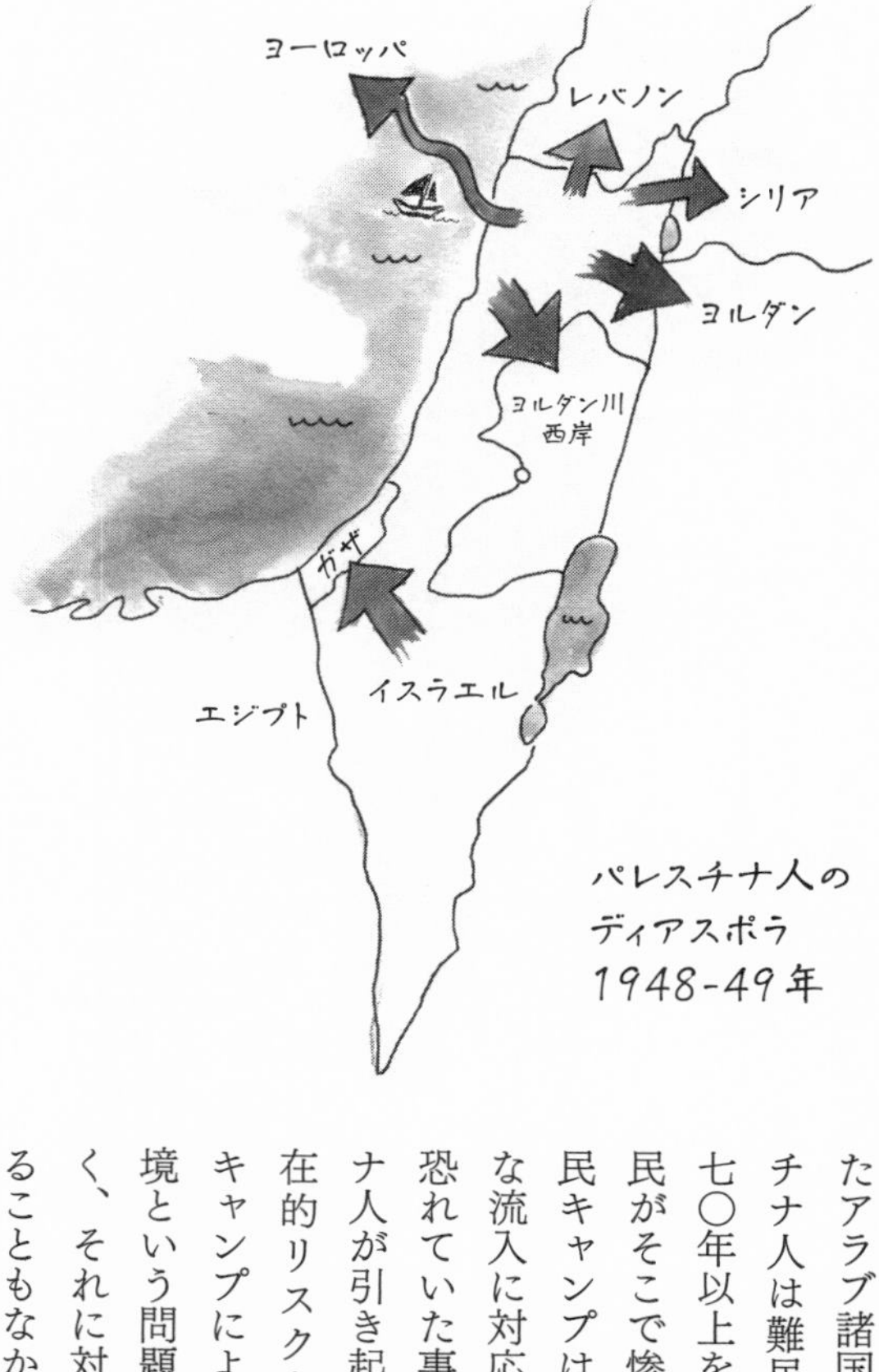

パレスチナ人の
ディアスポラ
1948-49年

たアラブ諸国のほとんどで、パレスチナ人は難民キャンプに収容され、七〇年以上を経た現在も、多くの難民がそこで惨めに暮らしている。難民キャンプは、パレスチナ人の急激な流入に対応しつつ、政府の役人が恐れていた事態、つまり、パレスチナ人が引き起こしかねない混乱の潜在的リスクを避ける手段だった。キャンプによってパレスチナ人の苦境という問題が解消されることはなく、それに対する民衆の怒りが収まることもなかった。たどり着いた国でパレスチナ人は歓迎されず、しばしば軽蔑され、差別され、（たいていの場合）市民権と（多くの場合）基本的な権利を認められなかった。受入国はイスラエルとの、あるいは受入国同士の紛争において、パレスチナ難民を政治的なサッカーボールとして利用した。何と言っても、アラブ諸国の独裁的な支配者が、シオニストの侵略とナクバという双子の亡霊を自国民に想起させることには利点があった。シオニストの侵略もナクバも、往々にして抑圧されている民衆を怒らせ、次の紛争に向けて準備させておく手段として有効だったし、これらの独裁的支配者や生活水準の低さに対する民衆の憤怒《ふんぬ》や不満を、内側、つまり政権自体に向かわせるのではなく、外側、つまりイスラエルへ向かわせる手段としても役立ったのだ。

一九四八年一二月、イスラエルとアラブ諸国の戦いが終わりを告げると、国連総会決議一九四号が採択された。一九四八年の戦争で生じた難民が、故郷に戻って隣人と平和に暮らしたいと望むなら、できるだけ早期にそれが許されるべきだとするものだ。これが、パレスチナ人はグリーン・ラインの内側のイスラエルへ「帰還権」を有するという主張の根拠であり、和平プロセスにおいて最もやっかいな問題の一つでもある。というのも、一九四八年の難民の生存者全員と、さらに重要なことだが、何百万人というその子孫が現在のイスラエル内にある故郷に帰ることが許されれば、それらの人数と、イスラエルとその占領地に住んでいるアラブ人の人口を合わせると、現在イスラエルで暮らしているユダヤ人の人口をはるかに上回ってしまうからだ。そうなれば、イスラエルでユダヤ人が多数派である状態が終わってしまいかねない。要するに、「帰還権」はユダヤ人国家に終止符を打つ可能性があるのだ。

一九四九年、国連は難民とその子孫を保護すべく、国連パレスチナ難民救済事業機関(UNRWA)を創設した。UNRWAに登録した難民は、難民としての地位を父方の子孫へ引き継ぐことができる。現在、UNRWAは約六〇カ所の難民キャンプで活動しており、これらのキャンプは、ヨルダン川西岸、ガザ地区、ヨルダン、レバノン、シリアで一四〇万人を収容している。

＊＊＊

聖都エルサレムの難民

エルサレムにも難民キャンプはある。シュアファトだ。旧市街から数キロ、パレスチナの都市ラマッラへ向かう道の途中に位置するシュアファトは、ヨルダン人が、エルサレム、リッダ、イスラエル国内のその他の都市から難民を受け入れるために設置したキャンプを起源としている。イスラエルは、一九六七年にヨルダン川西岸と東エルサレムを占領したあと、エルサレムの境界を北と東の土地へ広げ、そこにシュアファトも含まれることになった。その後、イスラエルは新たに拡大した東エルサレムを併合した。この併合を正式に認める者はいなかったが、イスラエルは併合した土地に巨大なユダヤ人地区を新たに建設した。いまでは二〇万人を超えるイスラエル市民がそこで暮らしている。こうして、一九四八年のヨルダン川西岸の難民キャンプは、七〇年を経て、事実上イスラエルが併合した東エルサレムのど真ん中に三万五〇〇〇人もの無国籍の人びとが暮らす地域となっている。隣り合っているのは、イスラエルが没収した土地に建設した一九六七年以降のいくつかの大規模イスラエル人地区だ（非イスラエル人はこれを**入植地**《セトルメント》と呼ぶ）。東エルサレムに住む多くのパレスチナ人と同様、シュアファトの住民はイスラエル市民ではなく、永住者である。

イスラエルによれば、このキャンプはエルサレム自治区の境界線の内側、つまりイスラエル国内にある。だが間違いなく、イスラエル人がそこに行くことはない。シュアファトにはイスラエル的なものはいっさいなく、アラブ系が多い東エルサレムの大半の地域よりもその傾向が強い。イスラエル警察がそのキャンプに足を踏み入れることはめったにない。だが、キャンプは「正式

シュアファト

には」エルサレムにあるため、パレスチナ自治政府の警察はそこで活動することを禁じられている。実のところ、そのキャンプで住民にサービスの大半を提供しているのは、イスラエルでもパレスチナ自治政府でもなく、UNRWAである。シュアファトでは建築許可を得るのが難しいため、人口過密なこの地域の住民はしばしば建築許可なしに建物を建ててしまい、その後、イスラエル当局がそれを取り壊すこともある。一方で、ピスガット・ゼエヴ、ラマト・シュロモ、フレンチ・ヒルといった巨大なイスラエル人地区（あるいは入植地）は、三方をシュアファト難民キャンプに囲まれた丘陵地帯に広がっている。

シュアファトは、最も重要な意味で、エルサレムがイスラエル支配下にありつつもアラブ人とユダヤ人の二つの都市のままであることを示す極端な例にすぎない。シュアファトの窮状は、非パレスチナ人の目にはほとんど映らない。シュアファトに足を踏み入れたことがあるイスラエル人は（警官、兵士、人権活動家を除いて）一人もいないし、エルサレムへの観光客や巡礼者は、そこに難民キャンプがあることを誰も知らないだろう。ここは、イスラエル旅行で目にするエルサレムではないのだ。

＊＊＊

結局のところ、紛れもなくイスラエル建国の父であるダヴィド・ベン＝グリオンは、パレスチナ（現在のイスラエル）のアラブ人の恐ろしい苦境と尽きることのない怒りを十分に理解していた。彼はかつてこう語っている。「たしかに、神はわれわれにその地を約束してくれたが、彼らにしてみればそれが何だというのだろう？　反ユダヤ主義、ナチス、ヒトラー、アウシュヴィッツなどが現れたが、それは彼らのせいだったのだろうか？　彼らが目にしているのはただ一つ。われわれがこの地にやってきて、彼らの国を奪ったということだ」。

7章 一九五〇年代 国家建設とスエズ危機

The Fifties State Building and Suez

一九四八年以降、イスラエルは国家を建設し、新たな国家意識《ナショナル・アイデンティティ》を形成するという仕事に取りかかった。ある意味で、このプロセスはそれ以前から数十年にわたって続いてきたと言える。イシューヴがインフラや社会制度の基盤を築いていたからだ。しかし、先駆的で集産主義的なイスラエル社会が本当に出現したのは、第一次中東戦争が終わったこの時期のことだ。たくましく、独立心旺盛で、日焼けし、誇り高い生粋のイスラエル人は、「サブラ」のイメージで表現された。外側は棘《とげ》だらけだが中身は甘いサボテンの実にちなんだ名前である。これこそ、欧米をはじめとする国々の多くの人びとに感銘を与えた共同体主義のイスラエルだった。闘志にあふれ、やる気に満ちた小さな新興国であり、想像を絶する悲劇のあと、自分の面倒は自分で見つつ、ジャッファオレンジを育て、砂漠に花を咲かせたのだ。

ベン=グリオンは、世界各地からの移民で構成され、ホロコースト後の一種の集団的ＰＴＳＤに苦しんでいるイスラエルが、国として団結する必要があることを理解していた。これを実現するための

手段として、彼は「マムラフティユート」、大ざっぱに訳せば「国家主義」という概念に訴えた。つまり、文化、宗教、イデオロギーではなく、イスラエル国家をつくりあげるプロジェクトこそすべての中心であり、ユダヤ人の再生と再建の原動力だと考えたのだ。国家とシオニストの企てへの忠誠が、第一の社会的価値だった。こうした考え方は、ある面で、二〇世紀初頭のキブツ運動の精神に基づいている。キブツ運動においては、個人の利益よりも公共の利益のほうが優先されたからだ。* 自分たちを襲った大惨事のあとで、全員が公益のために働く――新たな未来、新たなユダヤ民族を創造するために働く――という考え方は、強力なモチベーションとなった。

これは、北朝鮮のような国だったということではない。建国当初のイスラエルはそれでも民主主義国家だった。しかし、個人主義は社会の団結ほど重視されていなかった。これが、いくつかの愚策につながっていく。たとえば一九六四年、イスラエル当局はビートルズの国内ツアーを禁じた。ロックンロールの反体制的なメッセージがイスラエルの若者を堕落させ、ヒステリー状態と暴動を煽りかねないと恐れたのだ。テルアビブ大学のある歴史学教授はこう述べている。「一九六〇年代初めのイスラエルは、セックス、酒、ロックンロールという悪い風が西欧から吹いてくるのではないかと怯えていたのだ」。

だが、ベン＝グリオンがマムラフティユートを新生国家の指針とした理由は、集団主義だけにあったわけではない。彼はまた、シオニストのグループ間に衝突をもたらし、シオニストの企て全体を脅かす恐れのあるイデオロギー的緊張、対立、派閥主義を克服することにも余念がなかった。ラビンに命じて砲撃させたイルグンの武器運搬船アルタレナ号の亡霊が、ベン＝グリオンにつきまとっていた。マムラフティユートは、すべての新イスラエル人（少なくともユダヤ系イスラエル人）が団結し、この分断された歴史を乗り越えるための手段だった。

ベン＝グリオンのマムラフティユートの最優先課題は、イスラエル国内への移民だった。彼は独立宣言にある「離散民の集合」という考えを、いたって真剣にとらえていた。一九五〇年、イスラエル国会（クネセト）は帰還法を可決し、すべてのユダヤ人はイスラエルに移住し、市民権を得る権利を有すると宣言した。ホロコーストの終結から五年を経て、ここには一種の立法的な詩情があった。**

イスラエルが誕生して最初の一〇年間で、人口は二・五倍以上に増え、二〇〇万人を超えた。建国後の数年間は、何十万人ものホロコースト生存者がイスラエルにやってきた。死の収容所の亡霊が、初期のイスラエルに取りついていた。それは触れてはならない話題だった——タフで、たくましく、

*——キブツ運動は、その数では常に少なかったものの、初期のイスラエルにおいて不釣り合いに多くの指導者を輩出し、イスラエルの建国当初の性格に大きな影響を与えた。個人よりも集団を重視するというこの特徴もその一つである。

**——少なくともユダヤ系市民にとってはそうだ。アラブ系市民にとっては、帰還法の意味はまったく異なっている。彼らの多くが、一九四八年に故郷を去り、イスラエルに戻ることを禁じられている家族を持っていたからだ。帰還法は、建前では平等とされている彼らの地位が、ユダヤ系イスラエル人と同じではないことを思い知らせるものだった。

自分のことは自分でできる「新しいユダヤ人」というイスラエルの理想と衝突するためだ――と同時に、絶えず取り上げられる話題でもあった。一九五〇年代には、イスラエルのラジオ番組が毎日、到着したホロコースト生存者の氏名を読み上げ、家族の再会を願ったものだった。とはいえ、大勢のホロコースト生存者は新しい国になかなかなじめず、イスラエル生まれの国民は彼らをどう扱えばいいのかわからなかった。

同じく、典型的なサブラを自任する人びとの感性や自己イメージを不快にさせたのは、七五万人以上のミズラヒ（ヘブライ語で「東の」の意）系ユダヤ人の到来だ。イスラエル建国に伴い、彼らの祖国で反ユダヤ主義や不寛容な姿勢が高まったため、中東や北アフリカの故郷から逃げてきた人びとである。これらの新たな移民は、ヨーロッパ出身のユダヤ人とは外見も話し方もまったく違っていた。シオニズム運動を始めたのはヨーロッパ出身のユダヤ人であり、この新たな移民の波がやってくるまでは、彼らが新

マムラフティユート

生イスラエルの多数派を形成していた。新たな移民はアラビア語を話し、その食事、音楽、服装、文化は彼らの出身国のものだった。経済的にはかなり苦しかったにもかかわらず、イスラエルはこれらの新参者を受け入れたので、ほぼ一〇〇万人の新たなイスラエル人が誕生した。だが、いつもそれほど公平に遇していたわけではないし、ミズラヒ系ユダヤ人の移民が当時感じていた差別は、いまでもイスラエルの社会と政治に影を落としている。

ヨーロッパ系ユダヤ人とは異なり、ミズラヒ系ユダヤ人は、アシュケナージ系労働シオニストの主流派から、文明的で生産的な市民になるべく再教育と啓蒙が必要な粗野な人びとと見なされていた。歴史的に見れば、ヨーロッパの非ユダヤ人から、劣等で、垢抜けず、排他的だと扱われていた当のヨーロッパ系ユダヤ人が、今度は一転して、イスラエルに避難してきたミズラヒ系ユダヤ人に似たようなユダヤ的オリエンタリズムを向けるのは、何とも皮肉である。

イスラエルに到着すると、何十万人というミズラヒ系ユダヤ人移民は一時滞在キャンプに送られた。テントが密集し、近代的な設備はほとんどない場所だ。その後、彼らの多くは、比較的繁栄している中心地から遠く離れ、国の周縁部の都市や町、あるいは大都市部の危険な、もしくはあまり好ましくない地域に定住した。このように、イスラエルがイラク、モロッコ、イエメンなどから、しばしば劇的な空輸によってユダヤ人の移住を促進したときでさえ、イスラエルの支配者層は必ずしも、過半数を占めるアシュケナージ系ユダヤ人と同等の存在として彼らを歓迎したわけではなかった。ミズラヒ系イスラエル人は、到着時に受けた仕打ちに腹を立てていた。一九五〇年代には、ハイファなどあちこちで市民の不穏な動きが見られた。ミズラヒ系イスラエル人が、警察による手荒い扱いや公営住宅での差別に抗議するデモを行なったのだ。

こうしたやっかいな問題や、それらの解消できない負の遺産はあるものの、ミズラヒ系ユダヤ人の大量移住は新生イスラエルの性格を変え、現在のイスラエルを特徴づける新たな感性、新たな料理、新たな習俗を生み出した。フムス〔ひよこ豆のペースト〕やファラフェル〔ひよこ豆のコロッケ〕がイスラエルの郷土料理だと見なされているのは、ヨーロッパ系ユダヤ人がパレスチナのアラブ人やその伝統料理に出合った際に、文化を盗用したからだと主張する者もいる。そこにはいくばくかの真実もあるが、それが話のすべてではない。フムスやファラフェルは、ミズラヒ系ユダヤ人が、エジプト、レバノン、シリアなどで食べていて、それを新たな祖国に持ち込んだということもあるからだ。ミズラヒ系という背景を持つユダヤ人は、いまやイスラエルのユダヤ人の半分以上を占めているし、アシュケナージ系ユダヤ人との婚姻が数十年にわたって続いたおかげで、イスラエルならではの混合ユダヤ文化が生まれたのである。

イスラエル料理？

一九五六年スエズ危機　戦争と戦争のあいだの戦争

一九五〇年代、イスラエルが自国のアイデンティティを模索していたとき、アラブ世界は大きく変わりつつあった。一九五二年、カリスマ的人物のガマール・アブドゥル・ナセル率いるエジプト軍将校のグループが、王政を打倒して国の支配権を握った。二年足らずのち、ナセルは大統領に就任した。独裁主義者であり熱烈な汎アラブ・ナショナリズムの提唱者だったナセルは、フランスとイギリスがアラブ周辺の基地から軍を撤退させるのをその目で見たくて仕方がなかった。彼は過激な反イスラエル主義者でもあり、イスラエルを政争の具として利用すれば、自らの支持基盤を強化できることを理解していた。ナセルはたちまち、エジプトのみならずアラブ世界全体を象徴する存在となった。若く、現代的で、世俗的で、国境を超えた魅力を備えていた。その挑発的な反イスラエルのプロパガンダはアラブ世界を興奮させ、自国での圧政や失政から目をそらさせることさえあった。

ナセルのプロパガンダは、イスラエル国内の不安を煽った。エジプト軍の諜報部が反イスラエル過激派を支援したことへの報復として、イスラエル軍がエジプト支配下のガザ地区を急襲すると、ナセルはガザ地区を本拠とするパレスチナのテロリストに対して、イスラエル侵入にゴーサインを出した。彼はまたソ連に接近し、自国に武器を提供してもらった。こうして、ソ連がエジプトやシリアに武器を送る一方で、フランス、のちにアメリカがイスラエルに武器を提供するという、長きにわたる冷戦のパターンが始まったのだ。

その地位と名声が高まるにつれ、ナセルはアラブ世界で最も力があり、最も尊敬される指導者になった。同時に、多くの人びとにとって不倶戴天《ふぐたいてん》の敵となった。イギリスはナセルを中東における自国の権益を脅かす存在と見なし、フランスは彼の汎アラブ・ナショナリスト的な訴えを、アルジェリア植民地で続いているフランス支配への反乱をさらに焚きつけるものと考え、イスラエルはナセルを自国が直面している最大の脅威と見なした。三カ国とも、ナセルの退場を望んでいた。

一九五六年七月、ナセルがソ連に軸足を置いたのを受けて、イギリスとアメリカは、エジプトのアスワン・ハイ・ダム建設という大規模プロジェクトへの出資を打ち切った。このプロジェクトはナイル川の水資源を管理しようとするもので、エジプトの近代化を目指すナセルの計画にとって何より重要だった。ナセルはそれに対する意趣返しとばかり、スエズ運河を国有化した。スエズ運河は地中海と紅海、さらにはインド洋を結びつけている。スエズ運河の国有化によって、ナセルはイギリスとフランスにとって生命線となる水路を掌握した。両国はスエズ運河を建設し、運営していたのだ。この一手に加え、イスラエル南部のエイラート港に向かうイスラエル船とイスラエル行きの船をエジプトが海上封鎖したことで、アラブ世界におけるナセルの英雄的地位はますます高まった一方、イギリス、フランス、イスラエルはさらにパニックに陥った。三カ国は、団結して彼を止めるときがきたと判断した。

三カ国は、エジプトのシナイ半島に侵攻し、スエズ運河を支配して自由な航行を確保し、その過程を通じてナセルに恥をかかせ、あわよくば権力の座から引きずり下ろそうと密かにもくろんでいた。ベン゠グリオンとしては、この侵攻によってイスラエルの国境が拡大されるよう望んでいたが、新しい仲間たちはそこはあまり気にしていなかった。アメリカは、外交を通じてこの危機を解決しようと決めており、こうした危険な企てにフランスとイギリスが加わるのには反対だった。したがってこの秘密同盟は、シナイ半島への侵攻の際には、イスラエルが単独で行動しているように見せかけねばな

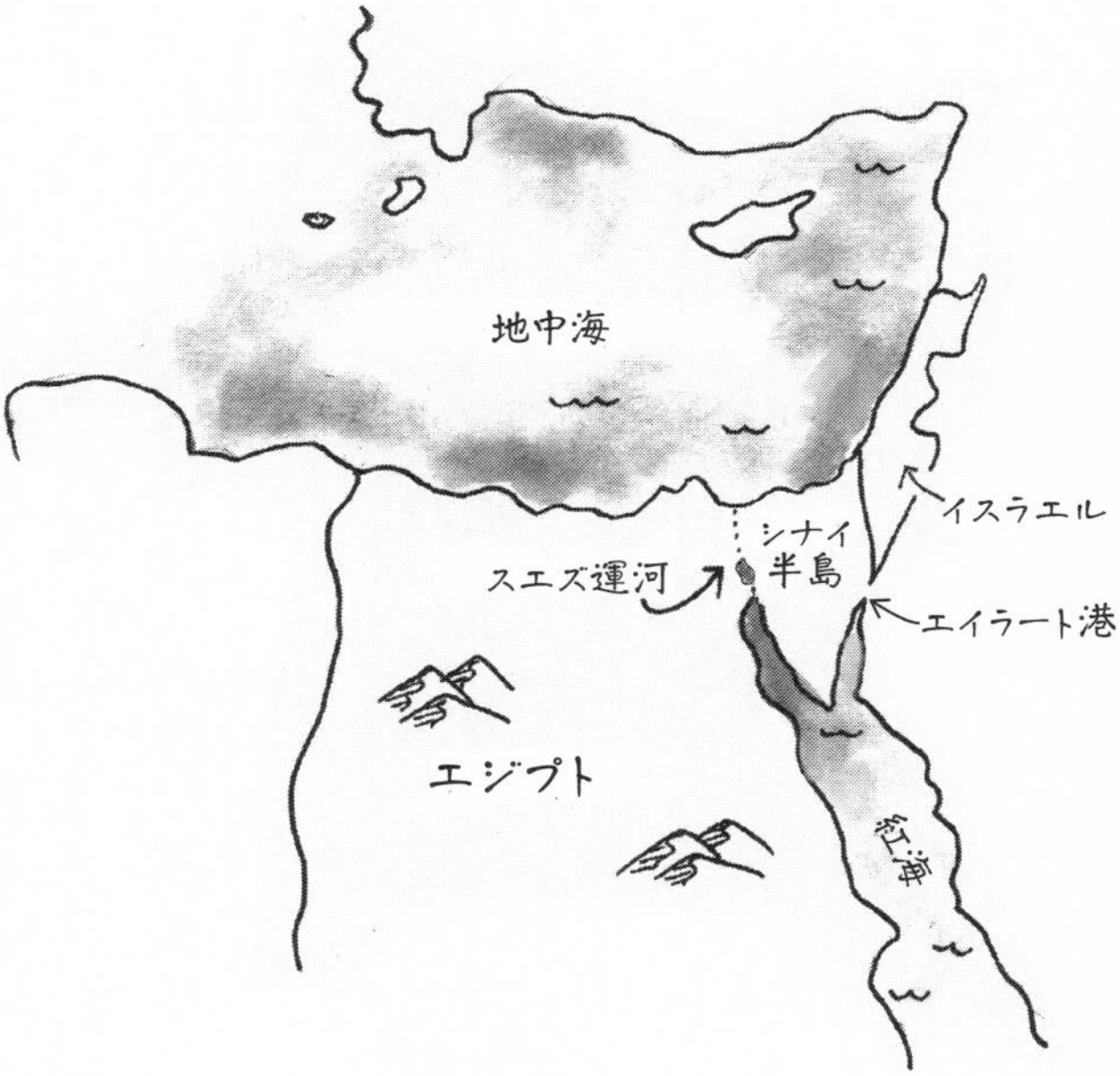

らないことを承知していた。その後、ナセルが撤退を拒んだら（そうなるだろうと予想していた）、英仏二カ国が停戦を求めて「平和維持部隊」として戦闘に加わるという寸法だ。

お粗末な計画だったにしては、秘密同盟にとって滑り出しは上々だった。一〇月二九日、イスラエルがシナイ半島に侵攻し、エジプトは（予想どおり）英仏の休戦の呼びかけを拒否した。そこでイギリスがエジプトの空軍基地を爆撃すると、ナセルがシナイ半島から軍を撤退させたので、イスラエル軍はすばやくスエズ運河に到達した。一一月五日には英仏軍も侵攻したが、そこまでだった。秘密だったはずの同盟が露見し――三カ国がぐるになっているのは誰の目にも明らかだった――イスラエルと落ち目の二つの植民地大国が中東の火薬庫で火遊びをしようとしたことに世界は激怒した。アメリカは怒りのあまり、イギリスとフランスに作戦を中止するよう圧力をかけ、国連においてこの攻撃への非難を主導した。

結局、秘密同盟は望んでいたものをほとんど手にできなかった。たしかに、軍事的な目標は早々に達成したが、勝利は束の間だった。アメリカの強い圧力のもと、イスラエルはシナイ半島から軍を撤退させた。「スエズ危機〔第二次中東戦争ともいわれる〕」はイギリス政府に屈辱と衰退をもたらす結果に終わり、中東の支配者という長きにわたるイギリスの役割が終わるきっかけとなった。また、フランスが望んでいた抑止力としても機能しなかった。一九六二年、アルジェリアは宗主国フランスを追い出し、独立を果たした。

ナセルにとって、スエズ戦争は軍事的には敗北だった。シナイ半島に駐留するエジプト軍はあっというまに秘密同盟に制圧された。しかし、政治的には大勝利だった。スエズ危機以降、ナセルはアラブ世界で以前にも増して名声を高めた。イギリス、フランス、そしてアラブ世界の最大の敵イスラエルの連合軍と戦った英雄と見なされた。だが、ベン＝グリオンは重要な譲歩を引き出した。その重要性は一〇年後に明らかになる。国連がシナイ半島に平和維持軍を駐留させることになり、エジプトがイスラエルの船舶の航行を再び阻止するようなことがあれば、イスラエルはそれを戦争行為と見なすと世界に通告したのである。

8章 ビッグバン 第三次中東戦争とそれが生み出した現実

The Big Bang The 1967 War and the Reality It Created

よろよろと六日戦争へ向かう 一連の不運な出来事

一九五六年のスエズ危機のあと、厳密に言えばエジプトは戦争に負けたにもかかわらず、勢いに乗ったナセルはアラブ世界の指導者としての地位を固めるべく動き出した。その後一〇年間、アラブ諸国は影響力や権力を得ようと競ったため、同盟関係や敵対関係を目まぐるしく変化させて疲弊する。世界の地政的要因のせいもあり、ヨルダンやサウジアラビアといった保守的な国々は（イスラエルと同じく）アメリカに近づき、シリアやイラクなど急進的な国々はソ連に接近した。二つの超大国はこれらの国々を中東の顧客や代理人と見なし、世界の頂点に立とうとする自らの戦いに役立てようとした。アラブで最大かつ最重要のプレイヤーだったエジプトは、米ソ両国に色目を使い、アラブの保守派と急進派の両陣営を支配しようとした。

一九六四年には、ナセルの後援を得て**パレスチナ解放機構**（ＰＬＯ）が創設された。ＰＬＯはパレスチナ人の苦境に再び注目を集めようとし、次のように主張することでアラブ世界をさらに混乱させた。イスラエルだけでなく、住民の大半がパレスチナ人であるヨルダンもまた、PLOが建国を目指す**パレスチナ国**の一部になる運命にあるというのだ。これがヨルダンの王族にどう受け止められたかは、想像にかたくない。

そうこうするあいだも、すべてのアラブ諸国が反イスラエルのプロパガンダを掲げていた。国民の士気を鼓舞し、自国における自由と機会の欠如から目をそらす手段として依然として有効だったからだ。こうしたプロパガンダはまた、アラブ諸国の各指導者が「シオニスト政体」（アラブの指導者が「イスラエル」と口にするのを避けるために使う名称）にいざ立ち向かうとなったとき、ライバルと比べて（ともかくレトリックのうえでは）どれほどタフであるかを証明しようとするものでもあった。とはいえ、スエズ危機後の数年間は、イスラエルと近隣諸国の実際の衝突に関するかぎり状況は比較的平穏だった。しかし、それもまもなく変わろうとしていた。

長年のあいだ、イスラエルとシリアは**ゴラン高原**のふもとの非武装地帯近くで砲火を交えていた。一九六〇年代には、戦闘の頻度と激しさが増していた。イスラエルはまた、ヨルダン川とその支流の流れを自国に有利に変えようとする互いの計画をめぐり、近隣諸国と衝突していた。一方で、シリアが支援する新たな過激派組織**ファタハ**のパレスチナ人戦闘員が、イスラエル国内への侵攻作戦を開始した。ファタハの創設者の一人で、パレスチナ人の両親を持つカイロ生まれの若者が、ヤセル・アラファトだ。

こうした侵攻は軍事目標を狙ったものもあったが、民間人を狙ったテロ攻撃もあった。ファタハの攻撃の背後にある古典的な反乱戦略の狙いは、イスラエルの過剰反応を引き出すことだった。ファタハの望みは、こうした過剰反応に刺激され、アラブ諸国がシオニストという敵に立ち向かうべく団結し、最後には戦争が起こり、イスラエルの敗北とパレスチナの解放に帰結することだった。

エジプトとヨルダンは、ファタハの戦略を認めていなかった。ファタハの目的を達成するための手段として、イスラエルを怒らせるという考えが気に入らなかった。だが、シリアのファタハ支持者は、ナセルの虚栄心を利用して自分たちが望むことをさせようとした。シリアは、ファタハの軍事作戦に反対しているという理由でナセルをあざ笑い、臆病者と非難した。また、ナセルが国連緊急軍（UNEF）の陰に隠れてイスラエルとの対立を避けているとも主張した。スエズ危機以降、平和維持を目的とする国連緊急軍が、シナイ半島でイスラエルとエジプトの「緩衝役」を担っていたのだ。

だが、中東では事態が急速に変化していた。一九六六年には、クーデターによってシリア指導者層が親ナセル派に代わった。エジプトとシリアは、より穏健なヨルダンのフセイン国王を打倒するようパレスチナの過激派を扇動しはじめた。フセイン国王は大変な苦境に陥った。この地域で激しさを増す混乱から距離を置いていたかったが、シリアとエジプトの強硬派、ヨルダンをイスラエル襲撃の拠点にしているパレスチナの過激派、そしてイスラエルのあいだで身動きがとれなくなっていたのだ。

一方、イスラエルとシリアがゴラン高原付近で衝突を続けるなか、ナセルは「革命的な方法で」パレスチナを解放することを目指すと宣言した。緊張が高まりつつあった。

アラファト

一九六六年一一月、ヨルダン領内からのパレスチナによるテロ攻撃への報復として、イスラエルはヨルダン川西岸の奥地の村に大襲撃をかけ、家屋を破壊して大損害を与えた。ヨルダン軍はこの侵略に対抗したものの、イスラエル国防軍に手ひどく痛めつけられた。パレスチナ人の臣民（ヨルダンの人口の優に六〇パーセントを占めている）の前で自らの正統性と威信を保つため、国王は強気の発言をしなければならなかった。そのために、彼はいまやおなじみとなった非難をナセルに浴びせた。イスラエルを怒鳴り散らしておきながら、いざイスラエルがアラブ人を攻撃すると国連緊急軍の陰に隠れてしまう臆病者だ、と。ナセルとシリアのナセル支持者は、お返しとばかりにフセイン国王をののしった。イスラエルからの防衛のために自分たちの軍を受け入れるべきだと提案したのに、それを拒否したのはフセインだというのだ。だが、国王を打倒しようという陰謀を考えれば、誰が国王を責められるだろう。

一九六七年初めには、地域の状況は急激に悪化し

ナセル

つつあった。イスラエル首相のレヴィ・エシュコルは、軍幹部からシリアに武力で対抗するよういっそうの圧力をかけられていた。こうした士官たちはイスラエル生まれの新しい世代を代表していた。生意気で、タフで、ぶしつけ。ヨーロッパ生まれでより節度のあるエシュコルとは対照的だった。四月初め、イスラエル軍とシリア軍の衝突が激化して空中戦になった。イスラエルの戦闘機はシリアの戦闘機六機を撃墜し、その後これみよがしにダマスカスの上空を低空飛行した。

導火線に点火　イスラエルと近隣諸国はもう引き返せないところに

その後、ソ連がひどい状況をさらに悪化させる決断をした。五月一三日、すでに緊張が高まっていたとき、ソ連はエジプトに、イスラエルがシリア国境に兵力を集結させ、攻撃を準備していると伝えた。それは事実ではなかったのだが、ナセルは額面どおりに受け取った。なぜソ連がそんなことをしたのか、理由はいまだに定かではない。おそらく、アラブ世界で自らの存在感を増すために危機感を煽りたかったのだろう。理由はどうあれ、もくろみは成功した。ナセルはエジプト軍を動員し、シナイ半島に戻るよう命じた。

その時点でも、ナセルは本気でイスラエルと戦争をしたいわけでも、戦争になると思っていたわけでもなかった。彼は瀬戸際政策をやっていたのであって、アラブ世界で最も偉大な指導者であり、イスラエルを恐れない男であるという名声を高めようとしていたにすぎない。ここで、われわれは現代中東史の転換点の一つに到達する。一連の出来事が、イスラエルにとってもアラブ諸国にとっても、すべてが一変する戦争へとつながっていくのだ。五月一六日、ナセルは国連緊急軍にシナイ半島から撤退するよう要請した。

ナセルが実際に、国連にシナイ半島から完全に手を引いてもらうつもりだったのかどうかはわからない。だが、国連事務総長のウ・タントはすぐさまナセルの要請に応じ、国連軍はエジプトの同意があるときのみエジプト領に駐留できると述べた。ウ・タントはすべての国連軍に撤退を命じ、国連軍が放棄した駐屯地にエジプト軍が入った。その後、国連はイスラエルに、シナイ半島から撤退する国連緊急軍がイスラエルのネゲヴ砂漠に移ってもいいかと打診した。ネゲヴ砂漠はシナイ半島に隣接している。だがイスラエルは、狭い国土に国連軍がいるのは、いざ戦争となった場合に効率的に対応する足かせになると懸念し、また、国境の脅威を排除する好機ととらえたのであろう、その要請を拒否した。

ナセルは火遊びをしていた。だが、依然としてこう信じていたようだ。大胆な手を打つことで、大きな代償を払わずともさらなる政治的勝利を収められるはずだ、と。イスラエルとの実際の戦争を避けながら、アラブ世界に感銘を与えるのだ。ナセルは、スエズ危機が去った際のベン＝グリオンの誓いを忘れていなかった。彼は、自国の船舶が海上封鎖されたら、イスラエルはそれを開戦の引き金と見なすと言った。だからこそ、エジプト軍がシナイ半島に入ってからも、ナセルは国連軍が去ったあとのシャルム・エル・シェイクを軍に占拠させようとはしなかった。そこは、紅海とアカバ湾を結ぶティラン海峡を一望する戦略上重要な町だというのに。ティラン海峡は、イスラエル最南部のエイラート港に船が達するための唯一の航路である。残念ながら、この自制的な行動はヨルダンとサウジアラビアから嘲笑された。両国とも、シャルム・エル・シェイクを占領してティラン海峡を封鎖することを恐れる臆病者だとしてナセルを非難した。嘲笑は功を奏した。五月二二日、ナセルはティラン海峡を封鎖し、イスラエルに向かう船やイスラエルから出航する船の航行を禁止した。

ナセル配下の将軍たちは彼に、エジプト軍はイスラエルのどんな攻撃にも対応できると語っていたし、攻撃がない日が続いたため、ナセルは危機は去ったと思ったらしい。エジプト軍はシナイ半島で腰を据えて足固めをしていた。モスクワに行っていた陸軍大臣が、素晴らしい知らせと共に戻ってきた。イスラエルと戦争になったら、ソ連はエジプトを支援すると約束したというのだ。ところが、信じがたいことに、これは陸軍大臣の嘘だった（理由はいまだに不明だ）。実際には、ソ連はエジプトの自制を力説していたのだ。ナセルはその後、エジプトが先制攻撃することはないが、もしイスラエルと戦争になれば、「一九四八年以前の状態」（つまり、イスラエルが存在しない状態）に戻すと宣言した。五月三〇日、かつての敵同士であるエジプトとヨルダンは和解し、ナセルとフセイン国王は共同防衛協定に調印した。好戦的な空気がますます強まるアラブ世界から取り残されてはいけないと、PLO議長〔初代議長アフマド・シュケイリ〕は、イ

六日戦争

スラエルはまもなく崩壊し、ユダヤ人は「海に投げ込まれる」と言い放った。

五月下旬から六月上旬にかけて、緊張と興奮のこうした日々が続いたものの、ナセルはうまくやったように見えた。文句なしにアラブ世界の英雄だった。アラブのライバルの一枚上を行き、彼らを団結させたように思えた。ティラン海峡を封鎖したが、脅威だったイスラエルの報復は実現しなかった。

イスラエルでは、政治・軍の指導者層は当初、ナセルの攻撃的な行動をはったりだと思っていた。だが、国連緊急軍が撤退して緩衝がなくなったあとに、エジプト軍がシナイ半島に駐留してティラン海峡を封鎖すると、戦争はありうるばかりか、必要だと思うようになった。この機会に、自分たちを脅し、包囲している敵軍を叩きのめしてアラブ諸国に打撃を与え、イスラエルを再び脅かそうという気が起こらないようにしてやろうというのだ。イスラエル軍は、近隣諸国相手のどんな戦争でも勝つ力があると自信満々だった。ソ連はアラブの同盟国に大量の武器を供給していたが、イスラエルがフランスやアメリカから受け取っていた武器のほうが、よほど品質がよかった。だが、イスラエルが意外性の要素を残しておきたければ、素早く動く必要があった。イスラエル軍の司令官は、イスラエル国境に駐屯する敵軍隊への先制攻撃を認めるよう政府を促した。

イスラエルは戦争の準備を始め、軍を動員し、ティラン海峡の封鎖後には予備部隊を召集した。イスラエルの予備部隊は、有事の際に常備軍を補強するという重大な任務を担っている。ユダヤ系イスラエル人男性の大半は、現役の兵務を退いたあとも数十年にわたり毎年、最長で一カ月間ほど定期的に予備役に就く。戦争に向けて国の体力を維持し、訓練し、準備を整えておくのだ。しかし、一九六七年のイスラエルは人口わずか二七〇万人の国であり、働き盛りの数万人の男性を仕事や家庭から長いあいだ召集することは、イスラエル社会にとって大きな負担となった。

イスラエル軍が迫りくる戦争に勝つ自信があったとしても、国民はそうでもなかった。毎日のニュースは重苦しいものだった。何カ月にもわたる近隣諸国との衝突、テロリストの襲撃、カイロをはじめとするアラブ諸国のラジオから吐き出されるヘイトスピーチやプロパガンダの絶え間ない攻撃によって、イスラエル国民は緊張を強いられていた。そしてついに、大規模な予備役の召集で状況は耐えがたいものとなった。さらに悪いことに、エシュコル首相も頼りにならず、自信がなさそうだった。イスラエル国内で高まる懸念に応えるべく、エシュコルは演説し、それは全国放送されたが、演説の途中で口ごもったりつっかえたりして、不安に駆られたイスラエル国民を安心させるのはとても無理だった。一方で、政府は市民に献血を呼びかけ、棺桶を集め、公園を墓地として使う準備をするよう指示した。イスラエル国防軍の幹部が自信満々であることなど知らない多くのイスラエル人には、新たなホロコーストが近づいているように思えた。

行動へのプレッシャーが高まっても、エシュコル首相はためらっていた。開戦するならアメリカの支持がほしかったが、ジョンソン政権はイスラエルに、アメリカがナセルにティラン海峡の封鎖を解くよう外交を通じて強く働きかけているから待つようにと求めていたのだ。

爆発　ひっくり返った世界

一九六七年六月一日、熱心な若手の軍司令官たちに譲歩して、エシュコルは新しい国防大臣を任命した。タカ派の戦争の英雄で、眼帯姿で有名なモシェ・ダヤンだ。エシュコルはまた、野党の党首であるメナヘム・ベギン（本書では建国前の過激派右翼組織イルグンの指導者としてすでに登場）を初めて、前

モシェ・ダヤン

例のない挙国一致内閣で無任所大臣に任命し、自らの緊急戦時内閣で議席を与えた。

六月二日、イスラエルは行動を起こす決意をした。ティラン海峡を再び開放させ、敵対する近隣諸国に目に物見せてやるのだ。自国の地位を向上させる好機を失うわけにはいかなかった。敵が引き起こした危機から生じたせっかくのチャンスなのだ。紛争を鎮めて体面を保つために、ナセルがアメリカへの副大統領の派遣に同意したことが戦時内閣に伝わると、エシュコルは好機到来と判断した。国防総省《ペンタゴン》と中央情報局《CIA》（アメリカ国務省ではないにしても）が、イスラエルの行動を支持しているという報告に意を強くして、イスラエルは行動に出た。六月四日、戦時内閣は、賛成多数で翌朝の先制攻撃を承認した。*

六月五日未明、イスラエルの戦闘機二〇〇機が基地から飛び立ち、南へと疾走した。早朝数時間足らずの攻撃で、エジプト空軍はほぼ全滅した。この初日が暮れるまでに、ヨルダンとシリアの空軍も同じ憂き目を見た。イスラエル軍の戦車と部隊がシナイ半島とガザ地区になだれ込み、エジプト軍に圧勝し（開けた広大な砂漠で、エジプト軍は上空援護を得られなかった）、スエズ運河に到達した。不倶戴天の敵であるエジプトとの戦争は、ほんの数日で事実上終了した。

一方で、イスラエルはヨルダンのフセイン国王に、参戦しないよう懇願していた。だが、国王はにっちもさっちもいかない状態に陥っていた。のちに自身で語っているように、参戦は間違いだとわかっていた。とはいえ、参戦しなければ、ヨルダンのパレスチナ人臣民、さらに広くはアラブ世界が、けっして許してくれないだろうと危惧してもいた。こうして六月五日、ヨルダンの砲兵隊がイスラエルの西エルサレムに向けて砲撃を開始した。

イスラエルは、旧市街とそこにある聖地、そして東エルサレムの残りの地域を手に入れるチャンスをみすみす逃すつもりはなかった。六月七日、旧市街の狭い路地での激しい戦闘の末、イスラエル軍は嘆きの壁と神殿の丘に達し、司令官に無線でこう伝えた。「神殿の丘はわれわれの手にあります」。その日、ダヴィド・ルビンゲルが撮影した有名な写真に、強者《つわもの》揃いの空挺部隊員が、ユダヤ教で最高の聖地である壁に初めて触れて感極まっている様子が収められている。

国防大臣のモシェ・ダヤンが近くの丘から双眼鏡でこの光景を眺めていると、イスラム教で三番目の聖地である岩のドームに、部隊がイスラエル国旗を掲げるのが目に入った。ダヤンは「中東に放火する気なのか?」と言って、すぐに国旗を降ろすよう命じた。戦後まもなく、ダヤンはイスラム教のワクフ(イスラム教の聖地を管理する宗教的権威)の指導者と会談し、次のように合意した。イスラエルが神殿の丘の警備に責任を負うが、ワクフは引き続き岩のドームの管理者の地位に留まる——そして、

*——開戦に唯一の反対票を投じたのは、宗教的シオニスト政党であるハト派の国家宗教党(マフダル)党首、ヨーゼフ・ブルクだった。皮肉なことに、ブルクが反対した一九六七年の戦争から数十年後、彼の率いていた穏健な政党は、過激な入植運動の支配する新たな国家主義的宗教共同体の政治基盤に変貌してしまった。マフダルは最終的に政党として消滅し、より極右的で極端に国家主義的かつ宗教的な新たな複数の政党に取って代わられた。これらの政党は、一九六七年に占領した土地をイスラエルに併合するよう主張した。

ユダヤ人も岩のドームを訪れてよいが、そこで祈ってはならないと。これはダヤンの独断であり、閣僚への相談はなかったが、当時の空気を考慮すればきわめて合理的で思慮深い内容だと言える。こうして一つの体制が確立されたものの、それは歳月を経るにつれ、地上で最も政治的に燃え上がりやすい場所の一つで蝕《むしば》まれてきたのだ。

イスラエル国防軍はアラブ側の東エルサレムの残りの地域をあっというまに征服し、ヨルダンが支配するヨルダン川西岸をヨルダン川へ向かって奥深くまで侵攻した。ヨルダン軍は崩壊し、イスラエル国防軍はヨルダン川西岸の古都を掌握した。ヘブロン、ナブルス（ヘブライ語では「シェケム」）、エリコといったそれらの名は、聖書の舞台であるかつての時代を思い起こさせる。イスラエルはついに、ユダヤ人の物語の発祥の地として聖書に記されている神話的な土地をすべて支配下に置いたのだ。

嘆きの壁の空挺部隊員

停戦交渉が激しさを増すなか、イスラエルはゴラン高原からシリアの脅威を排除すべく全力を尽くそうと決意した。あれこれの行動によって目下の危機を招いたこのアラブ国家の軍事力を壊滅させるチャンスを逃したくなかった。というのも、あらゆる挑発、プロパガンダ、大言壮語を発していたにもかかわらず、シリアはそれまでのところ、実際の武力戦争にはまったく加わっていなかったからだ。六月九日、イスラエルは攻撃に出た。戦車が高原を進撃し、シリア軍を粉砕し、六月一〇日には、ゴラン高原の中でもイスラエルとキネレト湖（ガリラヤ湖）を一望する地域からシリア軍を追い出した。

銃声がやむ頃には、アラブ－イスラエル紛争と中東の地図は一変していた。ちっぽけなイスラエルが突如として、エジプトのシナイ半島、ガザ地区、ゴラン高原、ヨルダン川西岸、エルサレム、さらには、そこで暮らす一〇〇万人のアラブ人を支配することになったのだ。敵国の連合した軍事力は壊滅状態だった。イスラエルばかりかユダヤ人世界の全体で、全滅の恐怖が一転し

六日戦争─開戦前と終戦後

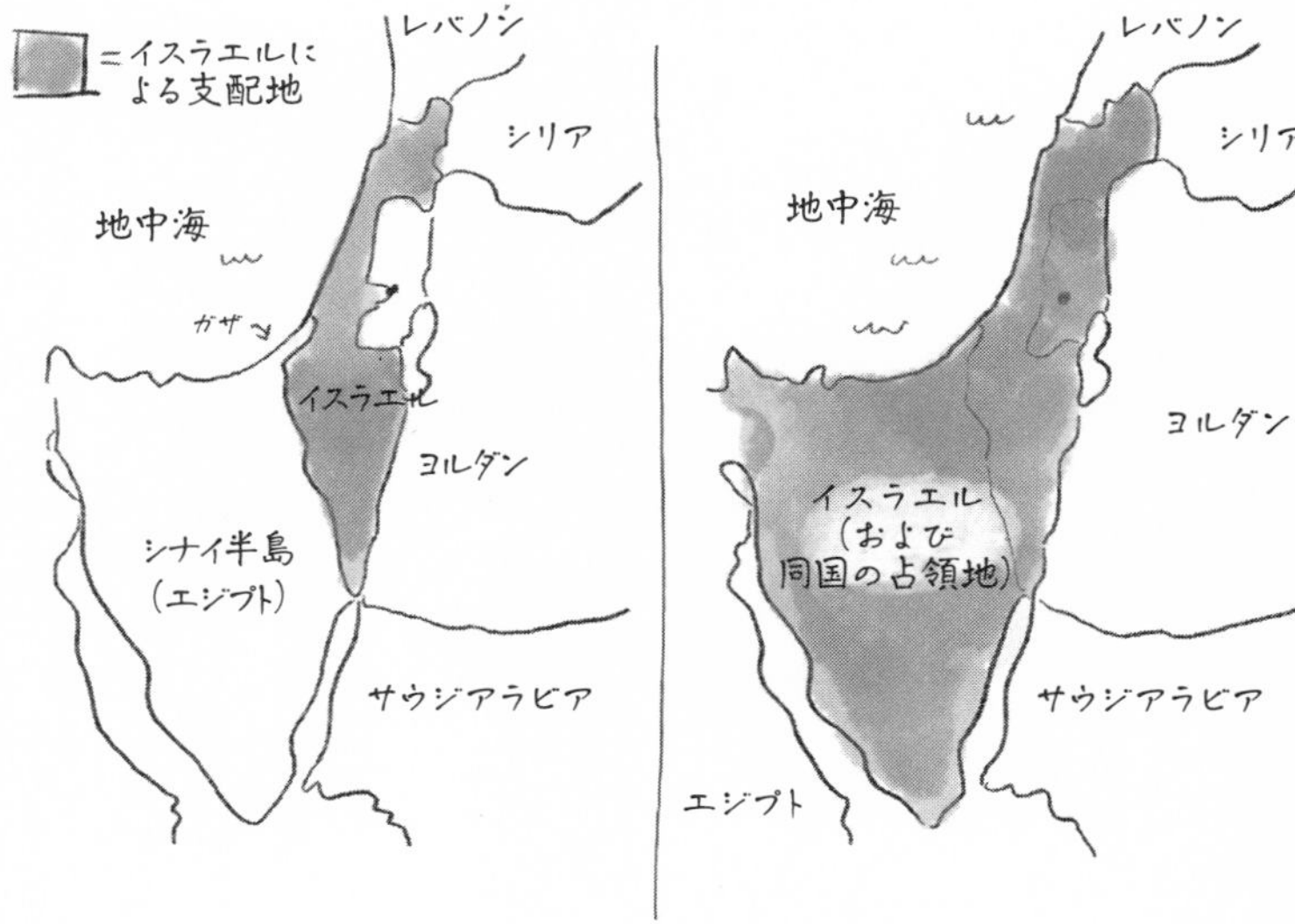

て歓喜に変わった。イスラエルは助かったどころか、危機を脱し、地域の誰も予想できなかったほど強力な国家になった。約二〇年で初めて、イスラエル国民は、旧市街、東エルサレムの市場、新たに占領したヨルダン川西岸の聖書の中心地に足を踏み入れることができたのである。

ほぼその直後、イスラエルの指導者たちは、アラブの近隣諸国との和平のために、獲得した土地の少なくとも一部（全部ではない）を交換すると宣言した。九月、アラブ連盟（一九四五年にアラブ各国が創設した地域同盟）が、スーダンの首都ハルツームで会合を開き、ハルツーム決議として知られる「三つのノー」という回答をした。すなわち、イスラエルと講和せず、イスラエルを承認せず、イスラエルと交渉せず、というものだ。だが当時、イスラエルはそんなことは大して気にしていなかった。自分たちの置かれた新しい状況を把握することで手いっぱいだったのだ。世界のほかの国々と同様、彼らも信じがたい勝利の大きさに驚いていた。

＊＊＊

写真に物語あり

大学時代、古本屋の商品箱に昔の「ライフ」誌の表紙が入っているのを見つけた。私はすっかり魅了された。その表紙は、イスラエルの美しく、希望に満ち、無垢で、おまけに少々誘惑的で

もある何かを要約しているように思えた。イスラエルが戦いたくもなかった——と、当時の私は理解していた——「驚くべき戦争」に勝利したあと、エジプトの海で体を冷やすハンサムな兵士。この写真を見て、イスラエルと、ホロコーストからわずか二十数年後にユダヤ人の歴史が遂げた驚くべき転換に、私はある種の誇りを覚えた。感動的で、ロマンチックだった。これこそ私が応援し、好きになりたい国だ。雑誌の表紙は、こうしたすべてを集約しているように思え、何年ものあいだ私の部屋の壁に飾られていた。

だが、年月が経つうちに、私はこの写真にもっと複雑な気持ちを抱くようになった。歳をとるにつれ、戦争や暴力に何らかの誇りや喜びを抱くことは、たとえそれがどれほど正当で不可避なものだったとしても、もう耐えられなくなった。幼稚なことに思えた。正直に言えば、そもそもこうした感情を抱いたことに少しばかり罪悪感を覚えた。

いよいよ、その写真は私にとって、まったく別の何かを表すようになった。この写真が撮影された直後、つまり戦争が終わった瞬間、パレスチナ人の土地の占領が始まったからだ。五四年を経ても、イスラエルは依然として何百万人というパレスチナ人を支配している。彼らは平等に扱われず、移動の自由もなく、市民権もなく、自分たちの生活と運命を支配するイスラエル政府への投票権もない。こうしたことはすべて、イスラエルが国際法を無視してヨルダン川西岸一帯に建設した入植地を守り、確保することを主たる目的とする措置なのだ。

一九六七年以降、イスラエルは国防軍に子供たちを送り込んでいる（国防軍への入隊は一五歳から可能）。外部の脅威から国を守るだけでなく、イスラエルの民主主義をさらに損ねかねない軍事占領を執行するという任務のためだ。半世紀以上にわたって数百万人の人びとに基本的な権利を認めなければ、彼らの精神を永遠に傷つけてしまうことは避けられない。長年のあいだに、この写真は私にとって最初に見つけたときと正反対の意味を持つようになったが、どうしても壁から剝がす気になれなかった。絶えず苛立ちや当惑を感じる一方で、どこか興味を惹かれる部分もあったからだ。私はいまや、新たな夜明けを迎えた無垢なイスラエルのスナップとしてではなく、無垢なイスラエルの終わりのスナップとしてそれを眺めていた。

数年前、イスラエルの友人が訪ねてきた。著名なＬＧＢＴＱ＋活動家で、エルサレムで大きな人権団体を運営している。彼は私のオフィスの壁に貼ってあるこの写真を目にして、眉をひそめた。彼もこの写真のことは知っていた。長年のあいだに象徴的な存在になっていたそれが、オフィスの壁に貼ってあるのを見て驚いたのだ。よりによってなぜ私が、軍事力とイスラエルの男らしさという時代遅れの概念を称える写真を持っているのか。この写真が撮影された直後に何があったかをよく知っているなら、なおさらだ。少々バツが悪い思いをしながら、私は、自分と壁の兵士との複雑な関係について説明した。

友人が帰国して数週間後、イスラエルから小包が届いた。中には友人からのメモと、別の写真

アディ・ネス『兵士たち』

が入っていた。イスラエルの著名な写真家アディ・ネスの作品だ。ネスは同性愛者《ゲイ》で、『兵士たち（*Soldiers*）』というタイトルの一連の写真で知られている。このシリーズは、イスラエル軍の男らしさを象徴するさまざまな画像を、同性愛のレンズを通して愉快に覆し、新たなイメージで表現したものだ。同封されていた写真は、「ライフ」誌の表紙の写真を新たなイメージで表現していた。

　ネスの一連の写真に暗示されている自由は、オリジナルの「ライフ」誌の表紙写真にも、もともと含まれている。オリジナルの写真とそれが表すあらゆるものがなければ、イスラエルという国は、もう一枚の写真――自国の最も神聖な自己認識を疑問視し、批判し、風刺したいというイスラエル人の願いを表すもの――が存在する余地さえなかっただろう。ネスが「ライフ」誌の表紙写真を新たなイメージで表現してくれたおかげで、私はそれを理解し、受け入れる新たな方法を学んだ。つまり、いまや異なるプライドをかきたてるイスラエル独自のイメージとして、それを受け取るのだ。イスラエルの武勇ではなく、自省、自己批判、風刺を培うイスラエルの文化、イスラエル人の多様性を認める文化に対するプライドである。

ネスの作品はいま、私のオフィスの壁でオリジナル版の隣に並んでいる。

＊＊＊

一九六七年の戦争の勝利とその余波のさなか、危険信号を察知したイスラエル人が何人かいた。国を覆っていた勝利の高揚感のなか、ほぼ伝説と化したある人物が、自ら選んだ隠居生活から再び姿を見せて、奇跡的な勝利に我を忘れないよう国民に釘を刺した。この人物曰く、国民は征服したばかりの土地を持ち続けるわけにはいかない。占領した地域は（東エルサレムとゴラン高原を除いて）できるだけ速やかに返還しなければならない。さもないと、必死で築いてきた国が崩壊する恐れがある。その人物が言うには、たとえ和平が実現できなくても、占領した地域は返さなければならない。さもないと、イスラエルは民主主義国家とユダヤ人国家の両立を果たせない。当時、彼の声に耳を傾ける者はいなかった。国中が喜ぶのに夢中だったのだ。

この人物が現在そんなことを言えば、強硬派のイスラエル人から、自己嫌悪者とか「美しい心の持ち主」（イスラエルでは「雪片」、つまり弱く神経質な人を示す表現）とか、さらには裏切り者というレッテルすら貼られかねない――それもやっかいな話だ。なぜならこの預言的な声の主は、誰あろう、イスラエルで最も偉大にして尊敬されている建国の父、イスラエルのジョージ・ワシントンともいうべき初代首相、ダヴィド・ベン=グリオンその人なのだから。

ベン=グリオンが当時語ったことは、いまでも真実である。六日戦争のあと、イスラエルのナショナル・アイデンティティには主要な三つの要素があった。私はこれを「ベン=グリオンの三角形」と呼んでいる。まず、イスラエルはユダヤ人が多数を占める国家である。次に、イスラエルは民主主義国家である。最後に、イスラエルはこの新しい占領地をすべて保有する。イスラエルはこのうち二つを選ぶことはできるが、三つ全部は選べない。そして、この選択によって、イスラエルはどんな国かが決まる。イスラエルが新しい占領地を併合し、支配下にあるパレスチナ人に完全な市民権を与えれば、多数派というユダヤ人の地位が脅かされる。イスラエルが占領地を正式に統合し、パレスチナ人に市民権を与えなければ、もはや民主主義国家ではない。ベン=グリオンに言わせれば、唯一にして第三の選択肢は、民主主義国家でありユダヤ人国家であり続けることだ。そのための唯一の方法が、占領地を手放すことだった。

ベン=グリオン

残念ながら、一九六七年のイスラエルに、「御老体」呼ばわりされていたベン=グリオンの言葉に耳を貸す者はほとんどいなかった。六日戦争で電光石火の勝利を収めてからほんの数カ月足らずで、ヨルダン川西岸に最初の入植地が建設された（何が起こったのか、そして、その結果イスラエルがどれほどひどい難題に直面しているかについては、18章で詳しく検討する）。

一九六七年一一月、国連安全保障理事会は決議二四二号を採択した。国家は戦争によって領土を獲得することはできないという考え方をいっそう強く打ち出したもので、「中東における公正かつ永続的な平和の確立」には次のことが必要だと述べている。

（一）最近の紛争で占領された領土からのイスラエル軍の撤退。
（二）あらゆる交戦の主張や交戦状態の終結、その地域に存在するあらゆる国家の主権、領土保全、政治的独立、および武力の威嚇や行使を受けない安全かつ承認された国境内で平和に生存する権利の尊重と承認。

要するに、平和と引き換えに土地を諦めろということだ。最終的に、すべての紛争当事者が決議二四二号を支持した。とはいえ、その意味についてはいまなお議論が続いている。現在に至るまで、中東をめぐるあらゆる和平交渉がこの決議を拠りどころにしている。簡単な話に聞こえるはずだ。しかし、われわれがこれまでに学んだことがあるとすれば、イスラエルに関するかぎり、簡単な話は一つもないということである。

六日戦争は、イスラエル建国以来のどのアラブ－イスラエル戦争よりも、中東の風景を一変させ、イスラエルの政治、社会、未来の軌道を変えた。それは歴史の転換点となった。その後、イスラエルと近隣諸国にとってすべてが変わった。この戦争を経て、イスラエルは力をつけて大胆になった。建国当初の三倍もの土地を支配し、地域の有力国になった。六日戦争は、イスラエル人と世界中のユダヤ人に新たなプライドを植えつけた。ヨーロッパのユダヤ人がほぼ壊滅してからわずか二〇年ほどで、イスラエルは強大な軍事国家になり、圧倒的な強敵から自国を防衛できるようになった。だが、イスラエルの最大の勝利はまた、最大の難問の種をまいたのかもしれない。それは、民主主義国家にしてユダヤ人の祖国であるイスラエルの未来にとって、どんな外敵よりも危険な未解決の内なる脅威だ。

アラブ人、とりわけパレスチナ人にとって、一九六七年は二度目の「ナクバ」、すなわち大惨事だった。ナセルはやがて、この惨敗に打ちのめされ、屈辱にまみれ、新しい世代の地域の独裁者に取って代わられて消えていくことになる。軍隊がぼろぼろになっていたアラブ諸国、とりわけエジプトは、イスラエルとの紛争への取り組み方を再考しはじめた。一九四八年に故郷を捨て、比較的安全なガザ地区とヨルダン川西岸に逃げてきた約一〇〇万人のパレスチナ人は、突然、二

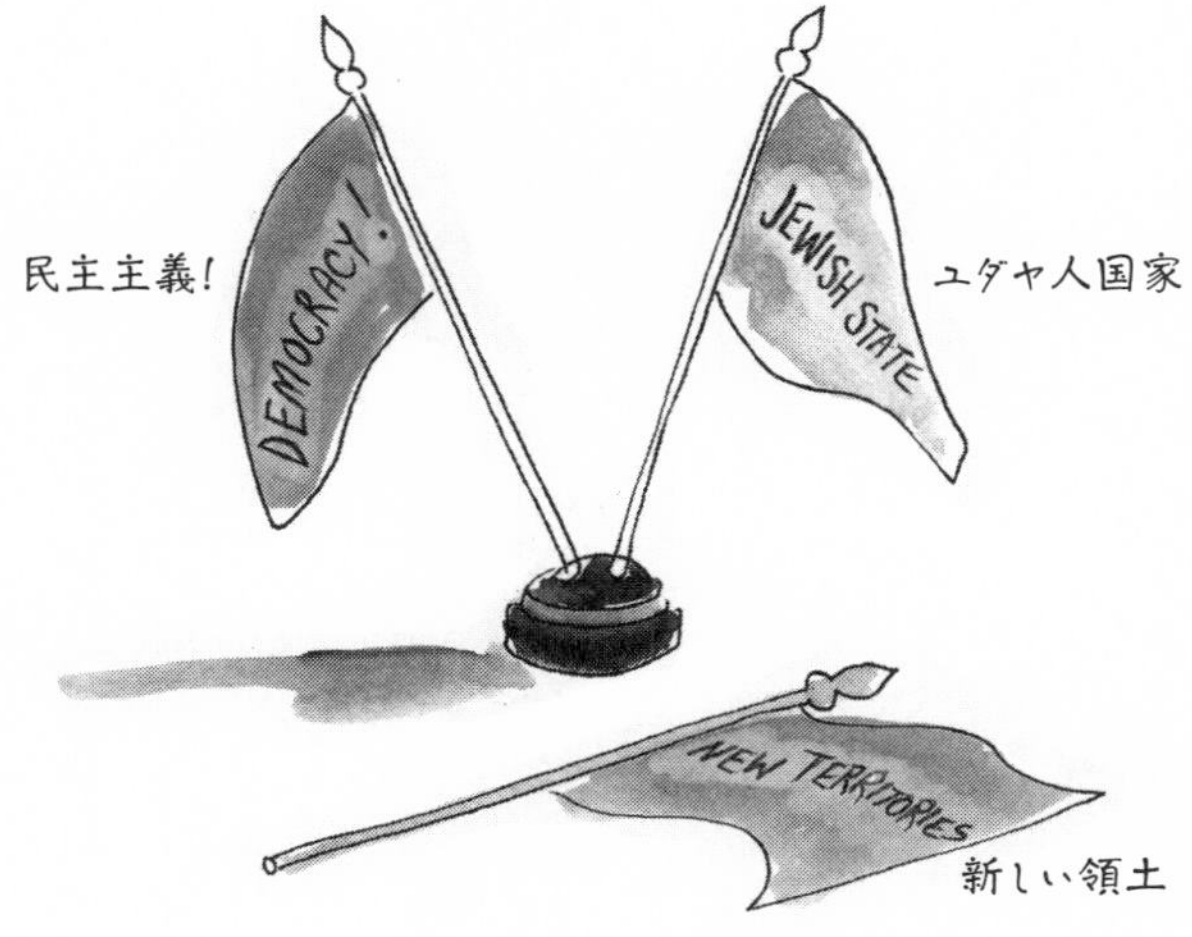

〇年前に逃れようとした敵であるイスラエルの支配下で暮らすことになった。さらに何十万人ものパレスチナ人が、迫りくるイスラエルから逃れて、近隣のアラブ諸国の親切とはいいがたい腕の中に飛び込んだ。

この地域の歴史、それどころか世界の歴史にとって、六日戦争が重要な意味を持ったことを考えれば、次の点は不可思議であり、少なからず皮肉でもある。つまりこの戦争は、参加した国々がほとんど後先考えずに迷い込んでしまった紛争だったのだ。時代を揺るがしたこの戦争は、何よりも一連の不手際、空威張り、瀬戸際政策、嘘の帰結だったのである。

9章 激動 ヨム・キプール戦争から第一次インティファーダ（一九六八〜八七年）

Roller Coaster From the Yom Kippur War to the First Intifada (1968–87)

六日戦争は、エジプトのナセルにとって終わりの始まりだった。一九六九年三月、ナセルは自ら「消耗戦」と呼んだイスラエルとの戦争を始めた。一連の過酷な衝突と戦闘で、イスラエルを消耗させ、スエズ運河を奪還して渡河し、シナイ半島を取り戻すことを狙ったのだ。この時期に、ＰＬＯはヨルダンからイスラエル国内へ攻撃を開始した。イスラエルは、ＰＬＯとヨルダンの両軍に報復攻撃で応じた。一九七〇年八月、戦闘に決着がつかない状態から一年四カ月後、エジプト、ヨルダン、イスラエルはアメリカが仲介した停戦に合意した。町が破壊され、多数の死者・負傷者が出たにもかかわらず、終戦時の状況は、エジプトにとってもイスラエルにとっても、開戦時の状況と大差なかった。

黒い九月事件（一九七〇年）

その頃ヨルダンでは、フセイン国王が台頭する脅威に直面していた。六日戦争のあいだ、何十万人という新たな難民が、イスラエル占領下のヨルダン川西岸からヨルダンに逃げ込んできた。* 一九六七年以降、難民の流入によってヨルダン王国は不安定となり、緊張が高まった。さらに、PLOの戦闘員がヨルダンに新たな活動拠点を設け、イスラエルを攻撃した。この攻撃を受けて、今度はイスラエルがヨルダンに報復した。一方で、PLOは政治的、軍事的、社会的なインフラを築いたので、国家内に別の国家があるような状態になりはじめた（念押しになるが、この時点でヨルダンの人口の半分以上はすでにパレスチナ人だった）。PLOの幹部と戦闘員は、ヨルダンの懸念と法律を踏みにじり、かなりやりたい放題だった。一部には、王政の打倒を求める者さえいた。PLOの戦士はヨルダン軍と衝突し、国王暗殺をもくろむいくつかの陰謀も明るみに出た。

一九七〇年九月、パレスチナ人のテロリストが民間航空機三機をハイジャックしてヨルダンに着陸させると、乗客を人質にとって飛行機を爆破し

ヨルダン内戦前のハイジャック事件

た。これにはフセイン国王も堪忍袋の緒が切れ、PLOを壊滅させるよう軍に命じた。それに対し、シリアがPLOを支援すべく介入した。ヨルダンに潜入者を送り込み、ヨルダンとの国境に戦車を向かわせたのだ。フセイン国王はアメリカに助けを求め、ニクソン大統領は海軍第六艦隊を地中海東部に派遣した。イスラエルはアメリカの承認を得て、公式には交戦状態にあったヨルダンに対し、必要とあらばイスラエル空軍はヨルダンを支援してシリアと戦う用意があると伝えた。

激しい戦闘が数カ月続き、PLOは敗北した。指導者層と戦士は国境を越えてシリアに、さらにレバノンに逃げ込んだ（詳しくは後述する）。のちに「黒い九月事件」と呼ばれるようになるこの事件後、ヨルダン国内のパレスチナ人の状況は悪化し、ヨルダン生まれの国民とパレスチナ系国民との対立がますます目立ってきた。一方で、アメリカとイスラエルの同盟関係は、黒い九月事件危機以降ずっと強固になり、現在われわれが知っているこの二国間の特別な関係の始まりとなった。

一九七〇年九月、ヨルダンとPLOの停戦に尽力して疲れ切り、エジプトのガマール・アブドゥル・ナセルが心臓発作で亡くなった。六日戦争におけるアラブ側の破滅的な敗北にもかかわらず、ナセルは英雄として称えられた。五〇〇万人がその死を悼み、カイロでの葬列に参加した。

＊——PLOがパレスチナ人の唯一の代表だという同機構の主張を認め、フセイン国王がヨルダン川西岸とエルサレムの領有権の主張を取り下げた一九八八年まで、ヨルダン川西岸に残ったパレスチナ人はヨルダン国籍を保持していた。

エジプトのサダトの台頭とヨム・キプール戦争（一九七三年一〇月）

ナセルのあとを継いだのが副大統領だったアンワル・サダトだ。サダトはナセルの取り巻きをすぐさま政府から追放し、エジプトをソ連から遠ざける一方アメリカに接近し、自国と世界を驚かせた。ソ連の軍事顧問にエジプトからの退去を命じさえしたのだ。シナイ半島がエジプトに返還されるのをその目で見たい、祖国に安定と繁栄をもたらしたいというのが、彼の願いだった。そのためには、イスラエルとの終わりなき戦いを終わらせる必要があることはわかっていた。

そこでサダトは、少々わかりにくい話だが、エジプト軍にイスラエルとの新たな大規模衝突への準備をさせはじめた。彼は、アラブ諸国がイスラエルに奪われた土地を武力だけで取り戻すのは無理だろうと考えていた。だが、とてつもない衝撃、イスラエルが敵のアラブ諸国を再評価せざるを得ないくらいの衝撃を与えれば、交渉の席に着くときだとイスラエルを納得させられるかもしれない。サダトはシリアの新たな独裁者、ハーフィズ・アル＝アサド大統領に話をもちかけた。アサドは、サダトがシナイ半島を取り返したいと願っているのと同じくらい、ゴラン高原をシリアに取り返したいと願っていた。こうして、サダトはマスタープランを練りはじめた。

イスラエルに関するサダトの読みは間違っていなかった。六日戦争が終わり、なお自信満々だったイスラエル人は、エジプトを含めたアラブ諸国との戦争については特に心配していなかった。彼らは新たに占領した土地に気をとられており、テロへの懸念をますます深めていた。一九七二年には、パレスチナのテロリストがミュンヘン・オリンピックでイスラエル選手一一人を殺害していた。それにもかかわらず、イスラエル人は地域の地政学的情勢を楽観視しており、ゴルダ・メイア首相と彼女の率いる政府に対しては、国連安保理決議二四二号へのイスラエルの支持を撤回せよという圧力が強まりつつあった。以前にも述べたように、この決議は、平和および国家としての全面承認と引き換えに、一九六七年に占領した土地の返還をイスラエルに求めるものだった。実際的な理由（イスラエルにとってヨルダン川西岸の戦略的重要性がいっそう高まっていること、シナイ半島の油田とスエズ運河へのアクセスを確保できること）から、また、それにも増してイデオロギー上の理由（獲得した土地、とりわけヨルダン川西岸は、ユダヤ人の歴史の中心地だというのに、どうしてイスラエルが手放すことができようか）から、多くのイスラエル人はいまや、国は獲得した土地の返還を性急に誓約すべきではないと感じていた。ヨルダン川西岸、シナイ半島、ゴラン高原ではイスラエル軍基地が建設されており、そのうちのいくつかは民間人の入植地になっていた。

そのため、一九七三年一〇月が巡ってくる頃には、イスラエル人は戦争ではなく、まもなくやってくるユダヤ教の大祭日の準備に余念がなかった。大祭日の幕開けを告げるユダヤ教のローシュ・ハシャナ（新年祭）に、海や公園に繰り出して家族でバーベキューを楽しむのは、イスラエルの伝統のようなものだ。だが、一年で最も神聖な日であるヨム・キプール（贖罪《しょくざい》の日）には、国全体が動きを止める。ほとんどのユダヤ系イスラエル人は、たとえ世俗的な人間であっても、シナゴークや自宅で過ごす。一九七三年一〇月六日のヨム・キプールの日もそうだった。するとそのとき、サイレンが鳴り響いた。エジプトとシリアが、シナイ半島とゴラン高原のイスラエルの軍事拠点を奇襲攻撃したのだ。イスラエルはほぼ不意を突かれた格好だった。

これは、少なからずイスラエル首脳陣の失策が原因だった。その数日前にイスラエル情報部が、エジプトに潜伏しているスパイの一人から、近いうちに攻撃があるとの知らせを受けたと報告していたにもかかわらず、政府はその報告を無視した。信じられないかもしれないが、そのスパイとは、ほかならぬ故ナセル大統領の義理の息子だという話だ（まるで映画の筋書きのようだが、まさにそのとおり。「コードネームエンジェル（*The Angel*）」は二〇一八年に公開された）。

当初、事態はアラブ側に有利に運んだ。エジプト軍と装甲部隊がスエズ運河を渡って突進し、イスラエルの要塞を制圧して、シナイ半島の奥深くに進出した。シリア軍はイスラエルをゴラン高原南部まで押し戻した。イスラエルが最初の攻撃で浮足立ったところで、ソ連がシリアとエジプトに船で武器を供給した（サダトはまだソ連から軸足を完全に移してはいなかった）。

メイア

だが、ニクソン大統領がイスラエルへの武器の空輸を許可すると、イスラエルは反撃に転じた。イスラエルは数日足らずでシリアをゴラン高原から追い出した。史上最大規模の戦車戦の末、再びエジプトをシナイ半島から駆逐し、スエズ逆渡河作戦を成功させた。イスラエル国防軍が、シリアとエジプトの首都の砲撃可能距離内にまで侵攻すると、ソ連は軍事介入すると威嚇した。米ソ間の緊張が高まり、核対決の恐怖が頭をもたげた。アラブの産油国は、イスラエルの同盟国に対して原油禁輸措置をとると発表した。最終的に、国連安保理決議三三八号によって停戦と決議二四二号の実施が求められ、数度にわたるシャトル外交が行なわれ、アメリカが停戦に応じるようイスラエルに圧力をかけてようやく、一〇月二六日に戦争が終わった。イスラエルが勝利を収めると、ゴラン高原の占領地をさらに拡大し、エジプトをスエズ運河の対岸に追い返した。

こうした勝利にもかかわらず、イスラエルは、このヨム・キプール戦争〔第四次中東戦争〕によってひどく動揺していた。敵を見くびっていたせいで、高い代償を払う羽目になったのだ。死傷者は数千人に及び、首相のゴルダ・メイアはまもなく辞任した。イスラエルに武器を空輸し、戦況を好転させたアメリカは、占領地を返還したがらないイスラエルに対するアラブ側の不満を、より真剣に受け止めるようになった。サダトは、自軍の敗北にもかかわらず、戦後はちょっとした英雄になった。彼は、この戦争をエジプトの偉大な勝利だと宣言した。スエズ運河を渡ってイスラエルに手ひどい痛手を負わせ、一九六七年以来失われていたプライドの一部を、アラブ世界に取り戻したのだ。彼の計画は奏功した。ソ連に背を向けてアメリカに近づいたサダトは、新たに手に入れた名声を利用して、シナイ半島を再び交渉のテーブルに載せようと決意した。

キャンプ・デイヴィッドに向けて（一九七三〜七九年）

イスラエルでは、ヨム・キプール戦争のもたらした衝撃、犠牲者、大惨事寸前の事態のせいで、権力機構が根底から揺らぐことになった。この国の顔、未来、ことによると運命をも変えてしまう政治的激震の走る条件が整ったのだ。一九七七年五月、メナヘム・ベギンとリクード党の率いる政治的右派が、ベン＝グリオンの愛弟子であるシモン・ペレスと彼の率いる左派のアラインメント党（労働党の前身）を総選挙で破った。アラインメント党とその先駆である労働シオニストの諸政党は、建国以来イスラエルを導いてきた。だがついに、社会主義シオニズムの頑迷な批判者にして強硬派の擁護者であるベギンが、右派として初めてイスラエル首相の座についたのだ。イスラエルでは、この選挙は「大波乱《マハパク》」として知られている。ヘブライ語の「マハパク」は同じヘブライ語の「革命」を意味する言葉と近い関係にあり、一九七七年の選挙はその呼称にふさわしいものだった。

ベギンの首相就任で、労働シオニズムがイスラエルの政治権力を独占した三〇年間に終止符が打たれた（建国前の数十年に及ぶ支配を含めれば、実際はもっと長い）。台頭目覚ましいリクードが虎視眈々と狙っていたのは、政治権力だけではなかった。一九〇〇年代にユダヤ人によるパレスチナ移住の初期の波が起こって以降、シオニズムの物語《ナラティヴ》は、基本的に労働シオニストによる左派の物語であり続けた。シオニストの企ては社会主義の企てだった。ユダヤ人がイスラエルに戻って祖国を再建する際には、労働を通じて自分自身をも再建するというのだ。ベギンにとって、労働シオニズムの社会主義は疑わしいものであり、根絶し、別の何かに取り替えるべきものだった。彼とリクードの仲間たちは、ブルジョワ資本主義者にして領土最大化主義者であり、ユダヤ人はイスラエルの地の唯一の正当な継承者だと信じる保守的ナショナリストだった。彼らにとって「大波乱」は、シオニズムの究極の負け犬が勝ったということであり、国家の性格を改めるだけでなく、シオニズムそのものの物語を変える好機でもあった。ベギンが初勝利を収めて以降の数十年間、権力は、左派、中道、（いっそう傾いていく）右派のあいだを行ったり来たりしてきた。だがその始まりの一九七七年からしばらくは、労働シオニズムによる独占的なイスラエル支配は、途絶えることになった。

リクードの勝利は、連立与党への信頼が失われたことの表れだった。多くのイスラエル人が、戦争への備えが不十分なことはわかっていたはずだとして、連立与党の責任を問うたのだ。だが、リクードの勝利にはもう一つの大きな要素があった。ベギンが勝ったのは、人口動態変化を背景にした政権交代の表れでもあったのだ。勝利をもたらした重要な要因は、ミズラヒ系の有権者だった。アラブ・イスラム圏出身のユダヤ人であるミズラヒは、左派の指導者層に反感を抱いていた。イスラエル国家による数十年にわたる手ひどい仕打ちは、彼らの仕業だと思っていたからだ。ミズラヒ系イスラエル人は、近隣のアラブ諸国からやってきた際に、同じイスラエル人から受けた差別や見下したような扱いを忘れていなかった。イスラエルに到着したときに〔ヨーロッパからの移住者とは違い〕難民キャンプに収容されたこと、そして〔ヨーロッパからの移住者とは違い〕寂れた町やへき地の村に最終的に定住させられたことを、いまだに怒っていた。ベギンはキブツの住民を「スイミングプールの周りでくつろいでいる大金持ち」と痛烈に批判した。これはアシュケナージ系ユダヤ人のエリートを表す比喩だ。こうして、ベギンはイスラエルのミズラヒ系イスラエル人の支持を勝ち取ったのである。

事実、ミズラヒ系イスラエル人が「アシュケナージの左派エリート」に向けた怒りはいまなお尾を引いている。ミズラヒ系有権者はネタニヤフ現首相の政権基盤の重要な構成要素だ。アシュケナージ系ユダヤ人であるネタニヤフは、エリート一族出身だ。一族は長年にわたって自由市場経済政策を支持してきたが、この政策は、主にアシュケナージからなる一パーセントの国民に利益をもたらしている。それにもかかわらずネタニヤフは、選挙の時期が近づくと、必ずといっていいほど「アシュケナージの既存エリート」とされる人びとへの長年の不満を口にする。熱心な聴衆には事欠くことがない。ミズラヒ系有権者は、彼らが権力の座につけた政党を熱烈に支持し続けてきた。「大波乱」から三〇余年を経ても、西エルサレムの迷路のような青果市場で、ミズラヒ系の店主が出している露店には、セファルディ〔スペイン・ポルトガル系のユダヤ人〕系のラビや聖人、ミズラヒ系のポップシンガーと並んで、ダー

メナヘム・ベギン

クスーツ姿で怖い顔をした東欧出身のアシュケナージ系ユダヤ人、メナヘム・ベギンの写真が飾ってある。

ベギンが権力の座に就いたのを機に、ヨルダン川西岸で始まった入植事業に対するイスラエル政府の姿勢も大きく変化した。労働シオニスト政権の一〇年間は、占領地にユダヤ人の入植地を建設しようとする人びとの初期の努力を無視したり容認したりと、方向性が定まらなかった。ところがベギンの右派連立政権になると、入植活動は全面的な賛同を得た。新政権は入植地に政治的・財政的支援を惜しみなく注いだ。ベギンにとって、また右派の後継者たちにとって、征服した土地を保持し、そこに入植することは最優先事項であり、聖書に登場するイスラエルの地への支配をできるかぎり広げるための意図的政策にして中心的戦略だった。そこに住むパレスチナ人に関しては、ベギンは現地のアラブ人と考えており、とりたててパレスチナ人とは見なしていなかった。こうした人びとは公正な扱いを受けるに値すると思いつつも、ユダヤ人の民族自決という夢の実現に生涯を捧げてきた人物としては皮肉なことに、彼ら自身の国家を持つに値する存在だとは考えていなかった。

とはいえ、ベギンの代名詞であるユダヤ民族主義のおかげで、パレスチナ人の野心については盲点が生じた一方で、ベギンは自分同様の民族主義的指導者、たとえばイスラエルの不倶戴天の敵であるエジプトのアンワル・サダト大統領の野心は理解できた。ベギンにはサダトが望んでいることがわかった。イスラエルが一九六七年に占領したシナイ半島の返還だ。その地に建設した入植地を戦後一〇年にして手放すのは気が進まなかったが、エジプトとの和平によって、イスラエルが直面している唯一にして最大の脅威を取り除ける可能性があることもわかっていた。ベギンはイスラエルのニクソンを自任していた。ニクソンはタフで、明敏で、中国に行くのに誰よりふさわしい人間だ。すなわち、この場合、エジプトと交渉するのに誰よりふさわしい人間ということになる。以下で述べるように、こうした自己認識が、サダトがまもなく申し出る和平案へのベギンの対応のきわめて重要な要素だった。

一方アメリカでは、新政権が（それ以前とそれ以後の多くの政権と同様に）中東和平を何より優先していた。カーター大統領は壮大な地域和平案を思い描いていた。イスラエルと近隣諸国、特にエジプトとのいさかいを、さらにはイスラエルとパレスチナ人との紛争を解決しようというのだ。サダトにとって、これはヨム・キプール戦争以来待ち望んでいた機会だった。一九七七年一一月、サダトは世界に衝撃を与え、イスラエル人を驚愕させた。エルサレムを訪れると、アラブの指導者として初めてイスラエル国会のクネセトで演説し、占領地の返還と引き換えにイスラエルに和平を申し入れると宣言したのだ。一筋縄ではいかない交渉と威嚇の数カ月を経て、カーターはベギンとサダトをキャンプ・デイヴィッドに招待することに成功した。キャンプ・デイヴィッドは、メリーランド州カトクティン山公園にあるひなびた大統領別荘だ。そこで三者は、イスラエルとそのアラブ最大の隣国との戦争状態に終止符を打ち、シナイ半島をエジプトに返還し、かつては敵同士だった二国の関係を正常化しようとする平和条約について交渉した。

だが、パレスチナ問題を解決しようというカーターの壮大な計画は、キャンプ・デイヴィッドでは結実しなかった。ベギンはエジプトとの和平を望んでいたが、ヨルダン川西岸でのパレスチナ国家建設につながりかねないプロセスは何が何でも阻止するつもりだった。代わりに、何らかの形での限定的な自治を支持していた。サダトはといえば、パレスチナの大義を擁護したいのはやまやまだったが、苦労して手に入れたイスラエルとの和平をパレスチナのために犠牲にする気はなかった。カーターは部分的な勝利で手を打つしかなかった。

　さらに皮肉なことに——私見によれば、とりわけ不公平な皮肉だが——故郷を追われたパレスチナ人に寄せるカーターの同情のせいで、多くのイスラエル人とアメリカのユダヤ人がカーターに疑いの目を向けることになった。だが現実には、彼の不断の外交努力の結果、イスラエルとその最も危険な敵とのあいだで和平が結ばれたのだ。それからほぼ五〇年が経つが、エジプトと戦って命を落としたイスラエル兵は一人もいない。アラブ‐イスラエル紛争の解決というカーターの大局的な構想が一九七九年に実現していなければ、いま頃どうなっていたか、ちょっとでも想像してみればいい。*

　一九七八年、ベギンとサダトは、自国の戦争を終結させた功績によってノーベル平和賞を受賞した。カーターは、パレスチナ人の苦境に最も心を痛めていたアメリカ大統領

サダト、カーター、ベギン

だったかもしれない。だが、キャンプ・デイヴィッドでパレスチナ問題を解決できなかったせいで、実際にはこの問題はアメリカでますます脇へ追いやられ、イスラエルによるヨルダン川西岸とガザ地区の支配が拡大する結果を招くことになった。

その後数年にわたり、イスラエルがやったのはまさにそれだった。占領して分断するという一九六七年以前のヨルダン戦略を継続し、ヨルダン川西岸のパレスチナ人がイスラエルのアラブ系住民と強く結びつくのを防ぎながら、ヨルダン川西岸の経済をイスラエルの経済に転換すべく力を尽くしたのだ。その間、イスラエルはヨルダン川西岸とガザ地区における入植地建設を劇的に拡大した。入植を中心となって後押ししたのは、当時の農務大臣（のちの首相）アリエル・シャロンだった。タカ派で抜け目のない元軍司令官のシャロンは、何かと物議を醸す人物で、「ブルドーザー」の異名を持ち、六日戦争とヨム・キプール戦争両方の英雄だった。後者の戦いにおいては、シャロン率いる機甲部隊がシナイ半島からエジプト軍を一掃し、さらにスエズ運河を逆渡河してエジプト本土に侵攻することによって、土壇場で勝利を収めたのだ。だが、彼はその冷酷さで、また自らの目的にかなえば事実の歪

*――二〇〇六年、カーターは『カーター、パレスチナを語る――アパルトヘイトではなく平和を（*Palestine: Peace, not Apartheid*）』を刊行した。同書でカーターは、ヨルダン川西岸におけるイスラエルの入植事業が、パレスチナとイスラエルの紛争を平和に解決する際の最大の障壁だと述べている。同書、特にそのタイトルは、アメリカのユダヤ人の一部指導者からごうごうたる非難を浴びた。和平の実現が進展しないこと、また、ヨルダン川西岸のイスラエル支配はアパルトヘイトも同然だと示唆することで、カーターはイスラエルに責任を負わせすぎている（この問題については19章を参照）と多くの人が感じたのだ。一方で、不都合で不人気な真実を指摘しているだけだとして、元アメリカ大統領を擁護する者もいた。だがカーターの論旨、つまり、国を追われた何百万というパレスチナ人をイスラエルが永久に支配するよりも、二国家解決のほうが好ましいという点は、私にはしごくもっともな話に思われる。

曲もいとわないことでも有名だった（彼の師であるベン＝グリオンはかつてシャロンにこうたずねたという。「真実を語らないという不愉快な癖は直ったかな？」と）。

ベギンは、戦争の英雄をめぐるこうした問題を知っていた。だが、シャロンのような入植支持者は、イスラエルがシナイ半島をエジプトに返還する際、入植地の解体をリードするのに打ってつけの人物だとも思っていた。こうして「シャロン・ザ・ブルドーザー」は、シナイ半島の入植地をまさにブルドーザーのごとく取り壊す一方で、ヨルダン川西岸とガザ地区における入植地建設を先頭に立って拡大した。そこには整然たるプロセスがあった。こうした占領地のイスラエル軍行政官が、パレスチナ人の私有地を「軍事目的」で取得したのち、シャロンの農務省に入植用地として移管したのだ。こうして、入植地は拡大の一途をたどったのである。

エジプトとの和平合意は、イスラエルでは国民に受けがよかったものの、エジプトではそうでもなかった。アラブ世界では、サダトは対イスラエル統一戦線を崩

入植地

壊させ、ナセルをはじめとするエジプトの過去の指導者たちの遺産を放棄し、パレスチナ人を見捨てたとして非難を浴びた。一九八一年一〇月、ヨム・キプール戦争におけるエジプト軍のスエズ渡河を記念する軍事パレードを観閲していた際、サダトは過激派組織エジプト・イスラム・ジハード団（当時はジハード団）のメンバーによって暗殺された。そして、副大統領のホスニー・ムバラク（攻撃で負傷）が後継者となった。ムバラクはエジプトを約三〇年間統治したが、二〇一一年のアラブの春で大統領の座から引きずり下ろされ、裁判にかけられて、刑務所に収監された。

レバノン侵攻へ（一九七九～八五年）

イスラエルとエジプトが和平へと動いていたとき、レバノンは崩壊しつつあった。PLOをはじめとするパレスチナの武装組織は、一九七一年にヨルダンを追い出されたあと、レバノン南部に拠点を構えていた。一九四八年のイスラエル建国や一九六七年の六日戦争で国を追われた何十万人ものパレスチナ難民が暮らしていた地域だ。パレスチナの指導者たちは、ヨルダンでやったように、事実上の国家内国家の建設に着手した。パレスチナの武装組織は戦略や目標をめぐって互いに競い合っていたが、ヤセル・アラファトは自ら率いるPLOに権力を集約しようとした。PLOの憲章には、イスラエルの打倒とそれに代わる世俗的民主主義国家の建設が公式にうたわれていた。ヨルダン川西岸のパレスチナ人の声を代弁する権限はヨルダン国王からPLOに移り、パレスチナの過激派集団はレバノン南部の新たな拠点から国境を越えてイスラエルにテロ攻撃を開始した。

PLOはレバノンの有力プレイヤーとなり、キリスト教、イスラム教スンニ派、イスラム教シーア派、ドゥルーズといった宗派コミュニティ間の複雑でまごつくような権力闘争に関与した。* レバノンの政治は危ういバランスのうえに成り立っていた。一九四六年にフランスから独立して以来、キリスト教徒が大統領、スンニ派が首相、シーア派が国会議長を務めることになっていたのだ。ところが、このバランスが崩れはじめた。** 一九七〇年代半ばまでは、それぞれの宗派コミュニティに強力な支持者がいた。PLOはスンニ派コミュニティと手を組んでいた。イラクとリビアもスンニ派コミュニティを支持していた。シリアと（特に一九七九年のイスラム革命以降の）イランはシーア派を支持し、イスラエルはキリスト教徒を支援していた。

なかでもキリスト教コミュニティの指導者たちは、レバノンにおけるパレスチナ人の存在を、自らの権力にとっても、国家の安定にとっても脅威だと見なしていた。首都ベイルートを拠点とするレバノン政府は、事実上、南部の支配権をPLOとシーア派の民兵組織に委譲していた。この両者はお互いを味方と見なすこともあったが、たいていはライバル視していた。一九七五年、キリスト教系民兵組織の有力指導者の暗殺未遂事件が起こると、この組織に属する民兵がパレスチナ人で満員のバスを待ち伏せして襲撃し、二十数名を殺害するに至った。ベイルートでキリスト教徒とパレスチナ人の戦闘が勃発すると、まもなくほかの宗派集団も戦闘に加わった。集団間の同盟関係は二転三転し、戦いは激しさを増し、レバノンは多方面にわたる全面的な内戦に突入した。

一九七六年、アラブ連盟の賛同を得て、数万に及ぶシリアの軍勢が国境を越えてレバノンに侵攻した。表向きは平和維持活動ということになっていたが、実際には、小さな隣国に対するシリアの影響力を維持し、レバノンがいっそうの混乱に陥るのを防ぐためだった。しかし、戦闘、爆撃、暗殺、転変する同盟関係といった事態はすぐに元に戻り、シリアが全面的に参戦することになった。パレスチナの戦闘員は、イスラエル北部で攻撃を激化させた。一九七八年三月、テロリストが密かにレバノン国境を越え、バスを乗っ取り、イスラエルの湾岸道路で車列に発砲して三七人を殺害した。その数日後、イスラエル国防軍はレバノン南部への全面侵攻を開始し、その地域に陣取るPLOをこてんぱんにした。イスラエルの部隊はまもなく退却したが、イスラエル国防軍は国境から北に延びる幅一二マイル〔約二〇キロメートル〕の「安全保障地帯」を設定した。そのパトロールに当たったのは、イスラエルが支援し、キリスト教徒が支配する――一部のシーア派も関与していた――南レバノン軍（SLA）と呼ばれる民兵組織だった（だから「まごつくような」と言ったのだ）。

一九八一年、ベギンは首相に再選されると、アリエル・シャロンを国防相に指名した。イスラエル政府では伝統的に二番目に重要な職務だ。ベギンとシャロンは、ヨルダン川西岸におけるイスラエルの軍政を民政に変えようと動いた。この措置が、パレスチナ人と世界に、ヨルダン川西岸のパレスチナ人により大きな自治権を与える一歩と受け止めてもらえればと願ったのだ。実際には、イスラエル国防軍が引き続き民政を担ったため、イスラエルによる占領地の支配拡大を招き、そこに暮らすパレ

＊――スンニ派とシーア派はイスラム教の二大宗派である。世界に一八億人いるイスラム教徒のうち、圧倒的多数はスンニ派（約八〇～八五パーセント）で、シーア派が残りの大半を占める。レバノンではスンニ派とシーア派はほぼ同数だ。イランとイラクではシーア派が多数派である。大規模なシーア派コミュニティは、湾岸諸国の一部、インド、パキスタンにも存在する。

＊＊――現在のレバノンの人口のうち、イスラム教徒が六一パーセント（スンニ派が三〇・五パーセント、シーア派が三〇・五パーセント）、キリスト教徒が三四パーセント（ほとんどがカトリックの一派であるマロン派）、ドゥルーズが五パーセントを占めると推定される（出典　アメリカ中央情報局「ザ・ワールド・ファクトブック――レバノン」https://www.cia.gov/the-world-factbook/countries/lebanon/）。

スチナ人には何の恩恵もなかった。パレスチナ人の苛立ちと怒りはますます募り、それに呼応して、イスラエルの支配はいっそう過酷になった。占領地の緊張が高まりはじめた。

一方国境の北側では、レバノン内戦が激しさを増していた。アメリカの仲介役が来ては去り、状況を落ち着かせても、さまざまな対立陣営のあいだで次の虐殺が起これば元の木阿弥だった。PLOとそのライバルの武装組織は、共にイスラエルへの攻撃を続けているときでさえ、互いに戦った。

イスラエルでは、新国防相となったシャロンが、三つの主要な目標を達するための計画づくりに着手した。この計画がうまくいけば、(a)イスラエルが支配するヨルダン川西岸のパレスチナ人に対するPLOの影響力の高まりを断ち切り、(b)レバノンに陣取るPLOの脅威をイスラエルから一掃し、(c)レバノンにおけるシリアの影響力を排除し、友好的なキリスト教政府をベイルートに樹立できる。シャロンはレバノンを、北部で国境を接する混沌とした脅威と危険の源から、政情の安定した親イスラエルの同盟国に変貌させようとした。大胆な、荒唐無稽とすらいえる計画だ。シャロンの知るかぎり、計画を達成する方法は一つしかなかった。全面的な侵攻だ。第一次レバノン戦争は、イスラエルにとってPLOに対する決定的な軍事的勝利であったと同時に、目を覆いたくなるほどの犠牲を伴う大惨事でもあった。レバノン、とりわけ集中砲火に巻き込まれた市民にとっては、長い悲劇の書の新たな一章となった。

シャロンは例によって――彼の虚言癖に関するベン゠グリオンの批判をご記憶だろうか?――ベギン、ほかの閣僚、さらにはイスラエルの最も重要な後援者にして同盟国であるアメリカに対し、自分の意図を正直に伝えなかった。一九七八年の侵攻の際と同じく、イスラエルに対するPLOの攻撃をやめさせるための限定的な侵攻が目的であり、対象はレバノン南部に限られると説明したのだ。ところが実際には、イスラエル軍を首都ベイルートまで進軍させる計画を練っていた。理由のない侵攻は認めないというシグナルがアメリカから伝わると、イスラエルは一九八二年六月三日の事件、つまり、パレスチナ人のテロリストによる駐英イスラエル大使の暗殺未遂を口実に利用した。だが、ベギン首相とイスラエル内閣が承認した軍事侵攻（レバノン南部の拠点からPLOを追い出すべく、レバノン国内へ二五マイル〔約四〇キロメートル〕攻め込むという限定的な侵攻）は、シャロンが実行しようとしたものとは違っていた。

六月六日、シャロンはベイルートへ向けてイスラエル国防軍を進撃させた。「〔事前の〕許可よりも〔事後の〕容認を求めるほうがいい」という古いことわざに新たな意味を加えたシャロンは、ベギンや閣僚に計画の規模について故意に誤った情報を伝え、自分の目的を誤解させ、命令に背いてシリア軍を攻撃した。シリア軍を挑発して戦闘に巻き込むためだ。月の半ばには、イスラエル国防軍はベイルートの目と鼻の先まで迫っていた。史上初めて、イスラエル軍がアラブの国の首都を事実上包囲したのだ。シャロンはベイルートへ地上部隊を送り込み、PLOの拠点とその近傍への空爆と砲撃を命じた。その結果、市民とPLOに多くの犠牲者が出た。かつて「中東のパリ」とうたわれた優雅な都市は、長年の内戦ですでに荒廃していたが、イスラエルの猛攻撃によってさらに打ちのめされた。

どうにか戦いを終わらせようと、アメリカは手ひどくやられたPLOに、レバノンから全軍を引き揚げるよう圧力をかけた。六月末になって、PLOは同意した。シャロンもまた、自らが属する内閣とアメリカから圧力をかけられ（PLOが遁走《とんそう》するのを見逃すよりも、徹底的に叩きつぶしたいのが本心だったが）、しぶしぶ休戦に同意した。多国籍平和維持軍が派遣され、パレスチナ軍がレバノンから安全に撤退できるようにした。九月にはPLOがレバノンを去り、チュニス〔パレスチナの独立国家建設を支持するチュニジア共和国の首都〕に新たな拠点を設けた。パレスチナ人によるレバノン南部からイスラエルへの攻撃の脅威は格段に低下した。レバノンにおけるイスラエルとPLOの戦争はこうして幕を閉じた。

PLOが視界から去ると、シャロンは、思い描いていた親イスラエルのキリスト教政府をベイルートに樹立することに目を向けた。ところが、九月一四日、シャロンのもくろむ新生レバノンの大統領に就任予定だったキリスト教系民兵組織の指導者が、シリアのナショナリストに暗殺されてしまった。翌日、シャロンはベイルートを包囲していたイスラエル国防軍の地上部隊に、西ベイルートに突入して占領するよう命じた。このときも、この行動に対する内閣の承認を求めもしなければ取りつけもしなかった。九月一六日夕方には、イスラエルはベイルートを掌握し、暗殺された指導者が率いていた民兵組織の何百人というキリスト教戦士が、ベイルート郊外のサブラーとシャティーラにあるパレスチナ難民キャンプに向かった。そこには、多くのPLO戦士がいまだに潜伏していると信じられていた。自国政府の承認を得たイスラエル国防軍がこの難民キャンプを包囲し、照明弾を放って民兵たちに周囲が見えるようにすると、キリスト教民兵組織の戦士はサブラーとシャティーラに突入した。難民キャンプに入ると、彼らは住民を虐殺した。九月一九日に民兵たちがキャンプをあとにしたときには、少なくとも八〇〇人の老若男女が亡くなっていた。ほぼ全員が一般市民だった。PLOの戦士は一人も殺されなかったようだ。虐殺が行なわれているあいだにも、キャンプのすぐ外側にいたイスラエル兵、ジャーナリスト、その他の人びとが、イスラエル国防軍の上級司令官に事態を知らせていた。エルサレムの政府高官も報告を受けていた。だが、襲いかかるキリスト教系民兵の三日間にわたる虐殺劇を止めようと、イスラエルが動くことはなかった。

イスラエルの国際的な評判は、イスラエル国防軍がレバノン内を北上してベイルートへ向かった際の破壊の痕跡のせいで、すでに傷ついていたが、サブラーとシャティーラの惨事のニュースが世界中に広まると、さらに悪化した。イスラエル本国でも、虐殺のニュースをきっかけにイスラエル史上最大の抗議活動が起こった。九月二六日、四〇万人の怒れるイスラエル人がテルアビブに集結し、事件の責任者である政府高官にけじめをつけるよう要求した。追い詰められたベギン首相は、高等法院（イスラエルの最高裁判所）の裁判長イツハク・カハンをトップとする調査委員会を設置した。一九八三年二月、カハン委員会は報告書を発表した。それによると、イスラエル軍は虐殺に直接の責任はないものの、軍と政府の指導者はサブラーとシャティーラの事件を認識しており、したがってそこで起こったことに責任を負うとされた。とりわけシャロンは、残虐行為を防ごうとも止めようともしなかったとして、個人的に責任があるとされた。同委員会はシャロンの辞任を勧告し、彼は国防相の職を辞した——しかし、閣僚には留まった。

1982年9月26日、テルアビブ

イスラエル国民は、かつてはレバノン

侵攻をおおむね支持していた。国の北部に平和をもたらすと聞かされていたからだ。それがいまや、圧倒的な反対に転じていた。サブラーとシャティーラの事件に衝撃を受け、レバノン内戦という大混乱に自分たちを引きずり込んだ政府に憤っていた。内戦では何百人ものイスラエル兵が命を落とし、何千人ものレバノンとパレスチナの一般市民が殺された。イスラエル人は初めて、自国が必要に迫られたからではなく、進んで戦争を始めたのだと感じていた（一九五六年のスエズ戦争は都合よく忘れていたのだろう）。彼らが政府や公的機関、とりわけイスラエル国防軍にかねてから置いていた信頼は大きく揺らいだ。一九八三年九月、心身共に疲弊したベギンは、任期半ばで首相の職を辞して政治家を引退した。後任は外相のイツハク・シャミルで、彼もまたリクード出身のタカ派だった。本書で前回登場したのは、建国前に存在した超好戦的な民兵組織レヒの指導者としてだった（64ページ参照）。レヒはベギンのイルグンと共に、一九四八年四月に起きたデイル・ヤシーン村の虐殺に加担している。

イスラエル軍は、戦闘と流血が続くなか、ベイルートをはじめとするレバノンの占領地から撤退しはじめた。一九八五年までに、イスラエル国防軍の大半はレバノン南部に設けた安全保障地帯まで後退した（二〇〇〇年までそこに駐留していた）。PLOは完膚《かんぷ》なきまでに敗れ去り、脅威として排除された。ところが今度は、イスラエルの最も危険な敵であるシリアが、侵攻と撤退によって生じた権力の空白にずかずかと乗り込んできて、惨状にあるレバノンへの影響力を強めるようになった。「意図せざる結果の法則」の典型例を見るようだが、レバノン南部におけるPLOの脅威はすぐさま新たな脅威に取って代わられた。PLOが去ると、強力で、重武装し、イランを後ろ盾とするイスラム教シーア派原理主義の過激派組織が台頭してきたのだ。それはやがて、レバノン有数の軍事的・政治的勢力となり、最終的にはイスラエルの最もしぶとい敵の一つとなった。当初から、この民兵組織はイスラエルを不倶戴天の敵と見なし、レバノン南部で続くイスラエルの占領に立ち向かうと明言していた。その目的を達するため、イスラエル国防軍に――さらにはイスラエル国内に――戦いを仕掛けるという。この組織は「神の党」、すなわちヒズボラと呼ばれていた。

イスラエルでは、不評のレバノン内戦のせいで政治の分断が進み、それが一九八四年の勝者なき選挙に反映された。二大政党のいずれも、連立政権を組めなかったのだ。このため、シモン・ペレス率いる労働党とシャミル率いるリクードの「挙国一致内閣」が成立した（同じことが四年後にも起こった。一九八八年の選挙がまたしても勝者なき選挙となったからだ）。最初の一年半はペレスが首相、シャミルが外相を務め、その後、職を交換した。労働党幹部でペレスの長年のライバルであるイツハク・ラビン（六日戦争の英雄）が国防相に就任した。

＊＊＊

レバノンから帰還する部隊

モーセ作戦

一九八〇年代半ば、エチオピアを恐ろしい飢饉が襲い、最終的に一二〇万人の死者を出すに至った。飢餓に苦しむ人びとの映像が世界に衝撃を与えた。そこにはティーンエイジャーだった私も含まれる。私は一九八五年のライブ・エイドのコンサートを観て、その苦難を終わらせようとできるかぎりの寄付をした世界中の一九億人の一人だった（私見だが、音楽が実現した社会的正義としては依然として史上最高の公演であるこのコンサートは、飢饉救済に数千万ドルの寄付を集めた。なかでもクイーンのパフォーマンスは後世に語り継がれるだろう）。奇妙に聞こえるかもしれないが、エチオピアの飢饉は、イスラエルと私の愛情の絆にも少なからぬ役割を果たした。一九八四年から八五年にかけて、私が初めてイスラエルを訪れた頃、時を同じくして史上まれに見るユダヤ人救出作戦物語が展開されたからだ。

一九八四年、エチオピアの飢饉がひどくなると、同国北部の古くから続くユダヤ人コミュニティのメンバーが、ぽつぽつとイスラエルに到着しはじめた。砂漠を抜け、山を越え、国境を渡り、考えられないほど困難なエチオピアからの道のりを徒歩で踏破したのだ。エチオピアのユダヤ人コミュニティの起源ははっきりしないが、数千年にわたって存続している。エチオピアのユダヤ人は、自らをベタ・イスラエル（イスラエルの家）と称し、聖書に登場するダン族の末裔だと信じている。ダン族は「失われた一〇支族」の一つで、伝説によれば、紀元前七〇〇年頃にイスラエルから追放されたという。エチオピアのユダヤ人は、ラビ派〔ラビ・ユダヤ教。現在のユダヤ教〕以前のユダヤ教を実践していた。つまり、アフリカにおける彼らの起源は、タルムード〔ユダヤ教の口伝律法文書群。モーセ五書に次ぐ聖典とされる）が書かれる前に遡る。何世紀にもわたり、彼らは自分たちこそが世界で唯一残っているユダヤ人だと思っていた。別のユダヤ人世界と接触したのは、ようやく一九世紀になってからことだった。にわかには信じがたい話である。

イスラエル建国後、不安定な政情、貧困、自国での差別に直面していたエチオピアのユダヤ人の多くが、移住を望んでいた。一九七〇年代、イスラエル政府は彼らにも帰還法が適用されると宣言した。彼らもイスラエル市民になれるということだ。とはいえ、そのユダヤ教のしきたりがほかのユダヤ人コミュニティとあまりにもかけ離れていたので（彼らの肌の色がたまたま黒かったことは言うに及ばず）、イスラエルの正式なラビが、イスラエルの法律のもとで彼らをユダヤ人と認め、最終的に彼らを「正式な」失われたダン族だと宣言するまでには、しばらく時間がかかった（まあ、うまくいけば何でもいいのだが）。

だが、エチオピアで飢饉が深刻になり、国境をよろよろと越えてイスラエルに入国したユダヤ人が、エチオピアのユダヤ人コミュニティに飢餓が差し迫っていることを訴えると、イスラエルの諜報機関モサドは救出計画を練った。イスラエルはアメリカのCIAと協力し、八〇〇〇人を超えるユダヤ人をエチオピアからイスラエルに空輸した。これは「モーセ作戦」と呼ばれる。この作戦初期の頃に、私は「移民受け入れセンター」を訪問した。そこでは、エチオピアのユダヤ人（その多くは電灯も屋内トイレも見たことがなかった）がヘブライ語を学び、イスラエルでの暮らしに向けて準備していた。私はエチオピアのユダヤ人の若者たちに会い、話をした。みんな私くらいの年齢だった。彼らは、自分たちの暮らし、イスラエルに来るという夢、戦争と飢餓の恐怖、空輸によってやってきたことなどについて語ってくれた。私にとってモーセ作戦は、そもそもイスラエルという国が存在する根本的理由の美しい例だと思えたし、いまもそう思っている。ほか

エチオピアからのユダヤ人の移住

には誰もこうした人びとを救出しようとしなかった。ほかには誰も彼らを助けようとしなかった。恐ろしい飢饉の真っ只中で、彼らは二重に罰せられていた。「よそ者」だからだ。ユダヤ人だからだ。すると出し抜けに、イスラエルの航空機が舞い降り、彼らを安全な場所へと運んだ。一九九〇年代を通じて、さらに数千人のエチオピアのユダヤ人が同じように空輸された。つまるところ、そのためにこそイスラエルはつくられたと言っていい。ユダヤ人に生まれたことと死刑宣告を同義にしてはならないのだ。

現在、イスラエルには、エチオピア出身、またはエチオピア出身者の子孫のユダヤ人が約一二万五〇〇〇人暮らしている。これまでの道のりは、彼らにとって平坦なものではなかった。一世代前にアラブ諸国からやってきた肌の黒いミズラヒ系ユダヤ人の場合と同様、移民受け入れのプロセスは欠陥があり、恩着せがましく、往々にして無神経であり、このコミュニティに古くから伝わる慣習、伝統、文化を尊重していなかった。イスラエルに暮らすエチオピアのユダヤ人は経済階層の最下位に位置し、現在アメリカの黒人が受けるような差別待遇や人種差別に遭うことが多い。二〇一九年には、警察が黒人のイスラエル人に暴行を働いたことへの抗議デモが発生した。目下、エチオピア系イスラエル人の人権活動家が、自分たちのコミュニティに正義と平等を求める長期間のキャンペーンを組織し、展開している。それでも、だ。エチオピアのユダヤ人が差別や死と向き合っていたときに、彼らがイスラエルに安寧を見出したいと心底願っていたときに、あのイスラエルの航空機が空から舞い降り、彼らを救ったのである。

＊＊＊

ヨルダン川西岸問題をＰＬＯ抜きで何とか解決したいと願っていたペレスは、アメリカの支援により、ヨルダンのフセイン国王に和平交渉を申し入れた。イスラエルとアメリカは共にＰＬＯをテロ組織と見なしており、交渉を拒否していた（世界の大半の国々がＰＬＯをパレスチナ人の正当な代弁者と認めていたにもかかわらずだ）。両国からすれば、ヨルダンと取引するほうがよほどましだった。ご記憶だろうが、一九四八年から一九六七年までヨルダンはヨルダン川西岸を統治していたのだ。ところが、シャミル外相はこうした外交的方策に反対した。占領地に対するイスラエルの支配権を一切手放したくなかったのだ。挙国一致内閣と言われていたイスラエル政府は、当時最大の課題のいくつかについて、とりたてて意見が一致していたわけではなかった。

ヨルダン国王はといえば、ヨルダン川西岸の失われた領土の支配権を少しでも取り戻そうと、かつては敵だったＰＬＯのアラファトに接触した。アラファトとＰＬＯの幹部は話し合いに応じた。ＰＬＯの指導者層は、自分たちがパレスチナ人の唯一の代表だと、国際社会に認めてもらうことには成功したかもしれない。だが、彼らはパレスチナから遠く離れたチュニジアのチュニスを拠点としていた。そのため、イスラエル占領下のヨルダン川西岸で実際に暮らしている何百万人というパレスチナ人の日々の現実とは、あっというまに関係を失ってしまった。アラファトとフセイン国王は、ヨルダン川西岸に東エルサレムを首都とするパレスチナ国家の建設を求める計画について話し合った。この国家はヨルダンと同盟を組み、その後ヨルダンは、イスラエルがヨルダン川西岸から撤退するのと引き換えに、イスラエルと和平を結ぶ。しかし、その計画が実現することはなかった。実のところ、一九八〇年代半ばに行なわれたこうした必死の外交活動は、どれも大した成果を生まなかった。敵意と不信、強硬姿勢、あらゆる妥協に反対する各方面の関係者などといったものが、あまりにも多すぎたのだ。

一九八六年、シャミルが首相の座に就いた。ペレスと結んだ職位交代の取り決めに従ってのことだ(ペレスは外相になった)。予想どおり、シャミルはすぐさまヨルダン川西岸の入植地建設を拡大した。レーガン政権はこれには渋い顔をした。レーガンは(ドナルド・トランプ以外のアメリカ大統領はすべてそうだが)入植地はひどい考えだと思っていた。国際法違反だし、和平の障害だ。それでも、両国間の強い絆が著しく弱まることはなかった。冷戦主義者の大統領であるレーガンの関心は、ヨルダン川西岸におけるイスラエルの政策よりも、中東におけるソ連の利権に対する緩衝としてイスラエルが果たす役割のほうにあった。こうして、イスラエル軍はレバノン南部の安全保障地帯までほぼ撤退し、入植事業は新たに活気を帯び、シャミルが反対していた外交努力は尻すぼみになった。万事、シャミル首相の望みどおりに運んでいるように思われた。だが、そのすべてが一変しようとしていた。

10章 振り落とす 第一次インティファーダ

Shaking It Off The First Intifada

一九八〇年代、イスラエルは占領地の締めつけを強化しはじめた。一九七七年にリクードが権力の座に就くと、入植地の建設は急速に進んだ。パレスチナ人は、自分たちの村の近くの土地が奪われ、イスラエル人の入植者に引き渡されるのを見ているしかなかった。ユダヤ人しか住めない新たな入植地が、ヨルダン川西岸とガザ地区全体に広がりはじめると、パレスチナ人が住む町や村は相互に分断され、耕作地は食いつぶされた。イスラエルがヨルダン川西岸の地下帯水層を支配していたため、この地域で最も希少かつ貴重な資源である水が、パレスチナ人ではなく、これらの新たなイスラエル人入植者に偏って分配されることになった。パレスチナ人にとってもイスラエル人にとっても、次の点がますます明白になっていた。つまり、六日戦争から二〇年が経ったが、イスラエルによるヨルダン川西岸の占領はけっして暫定的なものではなかったのである。

パレスチナ人は、苛立ちと怒りをますます募らせていた。日々侮辱され、差別され（ヨルダン川西岸でもガザ地区でも、そしてイスラエル本国でも同じだった。イスラエルでは、低賃金の肉体労働者として大勢のパレスチナ人が日々通勤していた)、占領地の安全を守るためにパトロールしているイスラエル人の入植者や兵士から暴力を振るわれていたからだ。占領地のイスラエル人に対するパレスチナ人の抗議、デモ、暴力事件が増えていた。それに対し、イスラエル国防軍は抗議したり暴動を起こしたりした多くの若者を逮捕した。イスラエルの刑務所に服役することは、若いパレスチナ人活動家にとっては名誉のしるしとなり、刑務所は一種の大学となった。彼らはそこで、パレスチナのナショナリズムと解放の教義を学んだ。イスラエルは、かつてのイギリス委任統治領時代の懲罰的家屋破壊という慣行を復活させた。暴徒や活動家の家族を罰することが目的なのだが、こうした形の集団処罰はジュネーヴ条約で禁じられている。

一九八七年には、イスラエルの支配がますます乱暴になり、パレスチナ人の反発がますます激化していたにもかかわらず、ヨルダン川西岸は依然として比較的平穏だった。だが、徐々に怒りがくすぶりつつあった。

ヨルダン川西岸がくすぶっていたとすれば、ガザ地区は炎上しはじめていた。ミシガン州デトロイトほどの面積しかない細長い土地に詰め込まれた一八〇万人のパレスチナ人は、彼らの町をイスラエ

懲罰的家屋破壊

ル軍がパトロールしたり、赤い屋根が整然と並ぶイスラエルの入植地が現れては、彼らの農地をのみ込んだりする様子を見つめていた。ヨルダン川西岸と比べると、常に貧しく、敬虔で、保守的で、好戦的なガザ地区は、怒り、絶望、敵意が渦まく火薬庫だった。

一九八七年一二月八日、イスラエル国防軍の戦車輸送トラックが、ガザ地区に帰るパレスチナ人の日雇い労働者で満員のワゴン車と衝突した。四人が死亡した。衝突は意図的だったという噂が野火のように広がり、その晩、亡くなった労働者の葬儀は占領に反対する大規模デモに変わった。イスラエル軍がデモ参加者数人を射殺すると、それから数日で、ガザ地区とヨルダン川西岸は大規模デモで埋め尽くされた。やがて、市民的不服従、ゼネスト、暴動などが占領地全体に広がった。数万人のパレスチナ人がデモに参加した。彼らは占領がもたらした軍の支配、日々の屈辱、延々と続く土地収用を振り落とそうとしていた——これこそ、彼らが自分たちの大蜂起につけた呼称、すなわち**インティファーダ**だった。アラビア語で「振り落とす」という意味だ。

やがて、騒動は東エルサレムにも広がり、グリーン・ラインの内側にいるイスラエル人も、占領地で起こっていることに注意を払わざるを得なくなった。一九六七年以降、エルサレムはイスラエルの「永遠にして不可分の首都」であるという政府が繰り返してきた宣言を信じはじめていたイスラエル人は、けっしてそうではないことを即座に悟った。エルサレムは分断された都市だったのだ。デモ、炎上するタイヤ、投げつけられる石が、嫌というほど暴力的に、その事実を明らかにした。エルサレムに住むユダヤ人は、旧市街のキリスト教徒街やイスラム教徒街の市場に行くのをやめた。東エルサレムのアラブ・レストランで食事するのをやめた。実際、圧倒的多数がエルサレムのアラブ人街をすっかり避けるようになった。三〇年後も、彼らは依然としてそうしている。

心象地図

イスラエルのユダヤ人は、エルサレムをどう思っているのだろう。一九九九年、私はエルサレムに滞在し、イスラエル人がこの街に抱いている「心象地図」を調べてみた。心象地図という言葉は、イスラエルのユダヤ人が実際にその街をどう認識し、どう理解し、どう経験するかを意味している。「公式の」イスラエルがこの街についてどう語るかとは対照的な意味だ。こうした心象風景が、和平交渉で解決すべき最もやっかいな問題の一つであるエルサレムの地位について、パレスチナ人と妥協できる可能性にどんな意味を持つかを知りたかった。当時、私にはこんなふうに思えた（いまでもそう思える）。交渉による和解を考えた場合、イスラエル人は、エルサレムの中でも自分たちがつながりを感じておらず、「利用」してもおらず、足を踏み入れたことさえないかもしれない地域については、手放してもよいと思っているのではないだろうか、と。私はイスラエル人がエルサレムをどう理解しているのかを知りたかった。

一九六七年にイスラエルがエルサレムの東半分を一方的に占領して併合し、その後境界線を拡大して、占領しているヨルダン川西岸の広大な土地を取り込んで以来、ユダヤ系イスラエル人は「永遠にして不可分の首都」をめぐる政府のスローガンをおおむね支持してきた。だが、アラブ側の東エルサレムはパレスチナ国家の首都だというパレスチナの主張を考えると、エルサレムの問題は解決不可能に思われた。それでも、私はこんな疑問を抱いていた。イスラエルの平均的なユダヤ人は、この街を政府が言うようなものと感じているのだろうか？　エルサレムが不可分の首都だと本当に思っているのだろうか？

一九九〇年代半ばに私がエルサレムで暮らしていた頃は、そうした実感がなかったことは間違いない。イスラエルの友人たちは、エルサレムの東側を探検する私を変わり者だと思っていた（彼らが手に入れ損ねたもの：イスラエルで最高のフムス。旧市街のアラブ人街にあるアブ・シュクリの店で食べられる。次点がキリスト教徒街にある店、リナだ。さらに、クナーファを私に語らせたらもう止まらない。これは、パレスチナのきわめて中毒性の高い甘くて温かいチーズのペストリーで、説明から想像されるものよりずっと美味しい。お勧めはダマスカス門近くのジャファー・アンド・サンズだ）。インティファーダによる混乱と一九九〇年代のテロ攻撃のあと、彼らはパレスチナ側の市場やレストランにぴたりと足を運ばなくなった。旧市街のユダヤ人街以外では、東エルサレムでユダヤ系イスラエル人を見かけることはめったになかった。ユダヤ人街はいまやほぼ完全に正統派と超正統派のユダヤ教徒で占められており、タルムード学院〔ラビ養成の神学校〕、遺跡、観光客相手の店でいっぱいだ。

　実際、旧市街を除き、西エルサレムから東エルサレムに行くのは容易ではない。しかも、それは意図され

たことなのだ。かつてイスラエルの西エルサレムだった地域とヨルダンの東エルサレムだった地域のあいだの「継ぎ目」には、以前は国境があったが、いまでは車の往来が激しい六車線の道路、事実上のハイウェイが走っており、簡単に越えられる障害ではない（最近は横切るのがさらに難しくなった。新しい路面電車も同じルートを走っているのだ）。道路は偶然に敷設されたわけではない。世界中の分断された都市同様、ハイウェイや線路は反目しあう人びとを引き離しておくのに便利な手段なのだ。

旧市街

　イスラエル人がエルサレムについてどう思っているかを知ろうと、私は一九九〇年代に実施された一連の調査に目を通した。その調査で、ユダヤ系イスラエル人はエルサレムの各区域を重要な順にランク付けするよう指示された。当然かもしれないが、西側のユダヤ人地区、旧市街のユダヤ人街（嘆きの壁などの聖地も含む）、「六七年以降」の最も古く最も発展した地域が最上位にランクされた。エルサレム東部のアラブ人地区は、旧市街のアラブ人街を含め、イスラエルのユダヤ人が体感し、意識していたエルサレムにとって、一体だともきわめて重要だとも見なされていなかった。イスラエル人が強い思い入れのある「統一されたエルサレム」とは、実のところ「エルサレムの統一されたユダヤ人地域」のことらしい。

　こうした認識、もしくは認識の欠如は、イスラエル人が日々目にする最もありふれたエルサレムの視覚的表現、つまり、エルサレムの街中にあるバス停に掲示された路線図によって示され、強化されていた。イスラエルの大手バス会社エゲッドは、西エルサレムには縦横無尽にバスを走らせていたが、アラブ側である東エルサレムの大部分でサービスを提供していなかった。この地域でサービスを提供していたのは、パレスチナの民間バス業者だけだった。

結果として、エルサレムに住むユダヤ人がバスを待っているときに必ず目にする路線図は、街の西側（ユダヤ側）に網の目のように張り巡らされた通りとバス路線の複雑なネットワークを表示していた。だが、東に行けば行くほど、ますます未開の空白地帯のようになってくる。街区も少なければ、バス停はもっと少なかった。この路線図は、混雑して活気のある通りや地域のネットワークをとらえようとすらしていなかった。そこには三三万人を超えるアラブ系住民が暮らし、働いていたのだ。いびつで不完全なこれらの路線図は、ユダヤ系イスラエル人のエルサレムについての感じ方やイメージを形成するのに一役買った。彼らの日常生活に関するかぎり、また彼らがエルサレムという街をどう理解し、どう経験していたかという点では、東エルサレムは存在しないも同然だった。

だとすれば、パレスチナとの真剣な和平プロセスにおいて、イスラエル人がめったに訪れず、大切だとも思わず、ほとんど知らない地域について進んで妥協するかもしれないと想定するのは、無理なこじつけとは思えなかった。それらのアラブ人地域は、パレスチナ人の経験やアイデンティティと本質的な結びつきを持つにもかかわらず、ユダヤ系イスラエル人には見向きもされない。だが、理論的には、パレスチナ人が東エルサレムに要求する首都の中心となれるはずだ。ある人にとっての空白のバス路線図が、別の人にとっては活気ある故郷の街なのだ。公式の地図と心象地図を重ねてみれば、両陣営とも満足できるかもしれない。実際、この方向でエルサレムを分割するという案は、アメリカが仲介したイスラエル－パレスチナ間の最後の主要な和平交渉でクリントン政権によって提示され、イスラエルのエフード・バラク首相は基本的に受け入れたのだ。

だが、こうした交渉はバラクが退任したときに頓挫し、当時は可能と思われたことが、いまやとてもそうは思えない。ここ数十年で、イスラエルは東エルサレムの新たな地域に、何十万人ものユダヤ系イスラエル人のために何万軒もの住宅を建設してきた。そこは、都心部に近い昔からのパレスチナ人地区を囲む地域だ。アラブ側である東エルサレムは、かつてはヨルダン川西岸に住むパレスチナ人の生活の文化的・経済的中心だったが、いまでは新たなユダヤ人地区によって、ヨルダン川西岸のほかの地域とほぼ分断されている。政治的な理由で推進されたこの都市計画が、イスラエルのユダヤ人が描くエルサレムの心象地図をまんまと変更し、エルサレムをめぐる創造的妥協の可能性を大きく低下させ、皮肉な話だが「不可分のエルサレム」が分断されたままであり続けるよう保証することになったのも当然である。

＊＊＊

一九八七年の民衆蜂起は、中心となる指導者層なしに自然発生的な抗議運動として始まったが、まもなく、パレスチナ人のさまざまな武装組織の代表者からなる地下グループが共闘しはじめた。そのまとめ役によれば、インティファーダの目標は、入植地建設の中止、土地没収の中止、パレスチナ人だけに適用される特別税や制約の廃止だった。彼らはＰＬＯ主導のもと、パレスチナ独立国家の建設を訴えつつ、ゼネストを呼びかけ、商店を閉め、税金の支払いを拒否し、イスラエル製品をボイコットして、イスラエルに経済的圧力をかけることを狙った。いつもは混雑している旧市街のアラブのスーク（市場）のくねくねした路地を歩く観光客は、シャッターが閉まった物音一つしない店が並んでいる、がらんとした寂しい光景に出くわした。インティファーダのまとめ役は、ナイフや銃の使用を認めなかった。これは市民的不服従と石による民衆蜂起であるべきなのだ。* チュニスとエルサレムでは、それぞれパレスチナとイスラエルの指導者層が事態に気づいた。そして気をもんでいた。

インティファーダ

イスラエルは、予想されたとおり圧倒的な兵力で民衆蜂起に対抗した。当時のラビン国防相は、イスラエル国防軍に、パレスチナ人投石者の「骨を折れ」と命じたと言われている。イスラエルはヨルダン川西岸の住民に罰を与えようと、学校や大学を閉鎖し、街に二四時間外出禁止令を出し、電気と水道を止め、オリーヴの木を引き抜き、何千人というパレスチナ人の若者を逮捕した。イスラエルの国際的イメージは、レバノンでの大失策ですでに大いに損なわれていたが、重武装のイスラエル国防軍の兵士が丸腰のTシャツ姿のティーンエイジャーを殴打する映像が世界中で流されると、さらに地に堕ちた。そして、世界は注視していた。

*――もっとも、常にそうだったわけではない。後年は、イスラエル軍に対して、火炎瓶や銃器が使用されることが増えた。

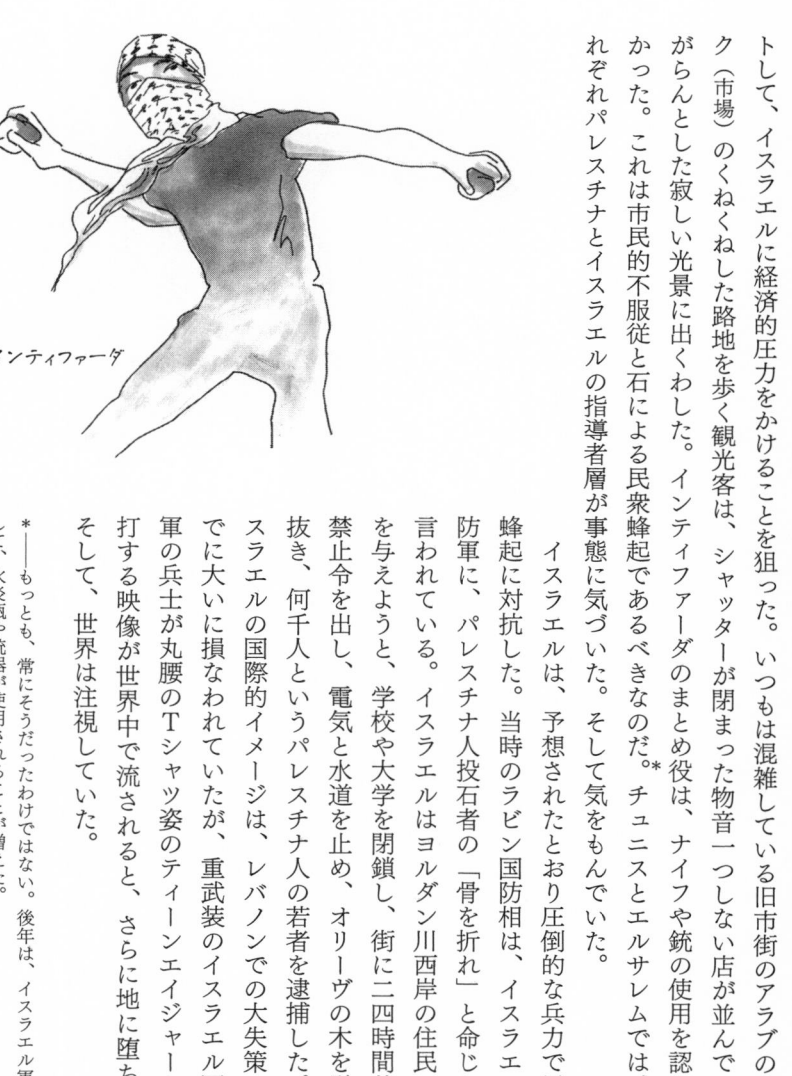

「ユダヤ人がベルファストのバーに足を踏み入れたら……」

誰もがそうだったが、私もまた、一九八七年の民衆蜂起へのイスラエルの対応の一部始終を注視していた。前にも述べたように、私はかつて兄から、「ニューヨーク・タイムズ」紙の記事で自分が責められているように感じていると言われたことがある。実は、兄がそう言ったのはこのときだった。大学の寮の部屋に座っていた私は、ヨルダン川西岸の街での出来事を報じる夕方のニュースの映像を脳裏から拭い去ることができなかった。イスラエル軍の兵士（私と同年代の若者であり、彼らの勇気とユダヤ人への献身を私は尊敬していた）が、催涙ガス、ゴム弾、ときには実弾を撃っていた。しかし、彼らは敵の兵士に向けて撃っていたわけではない。一般市民を撃っていたのだ。タイヤを焼いたり石を投げたりしていた市民――あるいは石など投げてもいなかった市民を。一部はただ抗議し、声を張り上げていただけだった。兵士が武器を向けていたのはティーンエイジャーだった。

まるで世界がひっくり返ったような感じだった。これは私が知っていたはずのイスラエルではなかったし、私が訪れたことのあるイスラエルでも、私がアイデンティティのほとんどを託してきたイスラエルでも、幼い頃から信じるよう言われてきたイスラエルでもなかった。私は眠れなかった。そして、その一年前の、北アイルランドの首都ベルファストでの光景を何度も思い返していた。

一九八六年、大学一年の春休みに、友人と私はアイルランドを巡るバックパックの旅に出た。私はアイルランドと熱烈な恋に落ちてしまい、それ以来気持ちは変わらず、何度も足を運んでいる。アイルランド系アメリカ人の友人は、訪れるにはいい場所だと思っていたが、二度と足を向けることはなかった。何とも不思議な話だ。ともかく、ダブリンのユースホステルで、われわれ二人はバスに乗って北アイルランドに行ってみることにした。当時は北アイルランド紛争の真っ只中であり、何が起こっているのかを自分の目で確かめたかった。

私にとって、ベルファストは困惑させられる土地だった。美しいが、少々みすぼらしく、どことなく地味なありふれた街で、居心地がよく活気があった。イギリス諸島のあちこちで見られるような街だ。だが、ある種の軍事占領下に置かれているような雰囲気があった。

カトリック系の共和派・民族派が優勢な地域では、アイルランド分断への反発は根強かった。北アイルランド紛争の当時、北アイルランドの警察である王立アルスター警察隊の装甲車両が通りをパトロールし、イギリス陸軍の装甲車両が付き添っていた。戦闘服姿の兵士が混雑した通りを見渡し、銃を振りかざしている脇で、子供はサッカーに興じ、母親は目抜き通りのフォールズ・ロード沿いの店へと歩いていた。市民は自分たちに銃を向ける兵士をたいてい無視していたが、私はショックだった。アイルランド共

和軍（ＩＲＡ）支持の壁画やあらゆる縁石に塗られたアイルランド国旗からわかるように、明らかに歓迎されていない地域の商店街をパトロールするなんて、いったいどういうことなんだ？

それは警察隊というより、占領軍のようだった。そもそも、平和を維持し、テロリスト予備軍を阻止するために、そこに兵士がいるのだとはとても思えなかった。少なくとも、それが主要な理由ではなかったはずだ。地元の人びとを怯えさせ、力を誇示し、プロテスタント系統一主義者《ユニオニスト》〔イギリスと北アイルランドの連合王国関係の継続を主張する人びと〕のコミュニティが享受している特権や利益が、脅かされも疑われもしないようそこにいるのだとしか思えなかった。こんな状態が続いているのが信じられなかった。一九八〇年代半ばにもなって、イギリスのような「文明」国が、自国民をこんなふうに扱うとは。西ベルファストのとあるパブで、一人の男がこんな話を聞かせてくれた。ティーンエイジャーの頃、パトロールしている兵士に向かって友達と一緒に石を投げたら、その兵士たちに追いかけられて殴られたというのだ。

ちょうど一年後の一九八七年、私は同じような光景を目にした。正直に言えば、さらに動揺させられる光景が、ベツレヘム、ラマッラ、東エルサレムの通りで繰り広げられていたのだ。私は両者の違いを理屈をつけて説明しようとした。だが、重武装の治安部隊が威嚇行為やいつまでも続く暴力の脅威によって、北アイルランドの不公平な協定や構造的な差別を維持することは間違いだと感じているのに、イスラエルが占領している地域の似たような状況を正当化することなどできるだろうか？　この問いに悩まされたせいで、眠れないひどい夜が数週間も続いたが、ついに答えが出た。シンプルな答えだった。正当化などできるはずがない。

余談だが、西ベルファストのパブで出会った例の男は、私にジョークも披露してくれた。領土紛争などどれも五十歩百歩だという不条理と、彼は知ってか知らずか、世界の中でユダヤ人でいることの不条理――たとえ別の誰かの紛争の渦中にあっても、けっして安全ではない――を、ぎゅっとひとまとめにしたジョークだった。私がアメリカ訛りで話すのを聞くと、彼は身を乗り出して「一族はどこの出身だい」とたずねてきた。シンシナティと答えると、彼は「そうじゃない」と言う。「もっと昔の話だよ。アイルランドのどこ出身だい?」。私は彼に説明した。一族はベラルーシとラトビア出身で、自分はユダヤ人であり、アイルランド系ではないと。驚いたことに、相手の顔がぱっと明るくなった。「なんてこった、ユダヤ人なのかい? フォールズ・ロードのお仲間のユダヤ人の話を知ってるかな? あるユダヤ人が、夜中にフォールズ・ロードを歩いていた。すると突然、背中に銃が押し付けられた。背後から声がした。『お前はプロテスタントか、それともカトリックか』。お仲間はほっとしてため息をついた。『どちらでもない。ユダヤ人だ』。すると背後の声が答えた。『そうか! それなら俺は、アイルランド一運のいいパレスチナ人だ』」。

＊＊＊

一方、イスラエル国内と占領地でインティファーダが激化するなか、外の世界も急速に変わろうとしていた。一九八九年にベルリンの壁が崩壊し、ソ連がぐらつきはじめた。一九九〇年八月にはサダム・フセイン率いるイラクが、小国ながら石油資源の豊富な隣国クウェートへ侵攻した。アメリカが主導してアラブ諸国も参加した多国籍軍が、第一次湾岸戦争でイラクを駆逐した。フセインは欧米とアラブ諸国の反イラク同盟を壊そうと、イスラエルに向けてスカッドミサイルを発射した。イスラエルを挑発したのだ。だが、アメリカが自制を求め、イスラエルは餌に食いつかなかった。

一九九一年、ついにソ連が崩壊した。クウェートは解放され、アメリカは並ぶもののない超大国として君臨していた。ジョージ・H・W・ブッシュ大統領は、アメリカの中東地域における並外れた権力と影響力を利用して、中東地域の紛争、とりわけイスラエル－パレスチナ紛争を今度こそ解決しようとした。ブッシュは和平会議を開いた。シャミル首相は出席したくなかったが、彼に何ができたというのだろう？　初期の会議はスペインのマドリードで開催され、イスラエル、パレスチナ、シリア、ヨルダン、レバノンの代表と、アメリカの仲介役が出席した。これらの会談はやがてオスロ和平交渉に取って代わられたが、マドリードの会議は第一次インティファーダの終わりを告げ、この一見解決困難な紛争を解決しようとする、いまにして思えば黄金の一〇年の始まりを画するものだった。

だが、民衆蜂起は終結したものの、その二次的影響はやっと感じられるようになったばかりだった。インティファーダはイスラエルの自意識を揺さぶった。それは、敗北寸前に追い込まれたヨム・キプール戦争や、大惨事に終わったレバノン戦争以来のことだったかもしれない。インティファーダのおかげでイスラエル人は、イスラエル社会と世界でのイスラエルの地位に対して占領が負わせるコストに初めて向き合わざるを得なくなった。ヨルダン川西岸とガザ地区に住むパレスチナ人は、自分たちの新たな力と主体性を意識するようになった。とりわけガザ地区では、強硬なイスラム過激派組織であるイスラミック・ジハード〔イスラム聖戦機構〕の存在感が大きくなった。

ところが、やがて、別のイスラム過激派組織であるイスラム抵抗運動がガザ地区に現れた。アラビア語の頭文字をとったハマスという名で知られている。ハマスはすぐにイスラム聖戦機構を押しのけ、より大きな大衆的人気を得た。ハマスが市民へのテロ攻撃を含めた対イスラエル武力闘争を呼びかけていたにもかかわらず、イスラエルは当初、ハマスの台頭をＰＬＯへの対抗上有益だと見ていた。ハマスの目標は、歴史的パレスチナの地――そこにはイスラエルも含まれる――にイスラム国家を樹立することだった。ハマスは、インティファーダやPLOを主導していた世俗的なパレスチナ人に批判的で、敵意さえ抱いていた。彼らがイスラエルに進んで妥協していると考えたからだ。とはいえ当面は、ライバルであるパレスチナ人の各組織と、占領に対抗する共闘で手を組むことに前向きだった。ハマスは闘争にデモ参加者や戦士を送り込んだだけでなく、包囲されて四面楚歌のガザ住民に社会奉仕や支援を提供した。こうしてハマスは人気を獲得し、パレスチナ政治の主導権を握り、PLOの対抗勢力になった。

PLOはと言えば、チュニジアに亡命した守旧派はインティファーダにショックを受け、このままでは時代から取り残されかねないという危機感を抱くようになった。ヤセル・アラファトは、PLOの優位を確保するには、占領地の新興指導者層と協力する必要があると判断した。彼らに追随し、イスラエルの打倒ではなく、ヨルダン川西岸とガザ地区でパ

インティファーダ

レスチナ独立国家を樹立することを求めるのだ。一九八八年一二月、アラファトは、ＰＬＯは「この地域の国家としてのイスラエルの存在を受け入れ」、テロを放棄すると宣言した。「われわれは二つの国家を受け入れる。パレスチナ国家とイスラエルのユダヤ人国家だ」と彼は述べた。イスラエル政府はこれを一蹴したが、何かが変わりつつあるのは明らかだった。一九九二年のイスラエルの選挙後、世界はその変化がどれほどのものかを知ることになる。

11章 イスラエルはラビンを待っている

Israel Is Waiting for Rabin

シャローム、ハヴェール。さようなら、わが友。

――ビル・クリントン大統領、一九九五年一一月六日

〔ヘブライ語でシャロームは「平和」を意味する挨拶の言葉、ハヴェールは「友」の意〕

一九九二年はイスラエルでもアメリカでも選挙の年だった。イスラエルが選挙期間に入った六月、シャミル首相とブッシュ大統領のあいだでは緊張が高まっていた。マドリード中東和平会議への出席を迫られて苛立ったシャミルは、占領地での入植地建設をさらに進めた。それがパレスチナ側の失望と暴力、ひいてはアラブ世界の怒りに拍車をかける結果を招いた。このなりゆきにブッシュ大統領は業を煮やし、イスラエルに対する制裁措置を突きつけた。イスラエルの入植地建設費用に相当する債務保証額を減らすというのだ。* 最大の支援国・同盟国であるアメリカとのあいだに亀裂が生じたため、イ

ラビン

スラエルの有権者は深い不安に陥り、ほどなく、シャミルの強硬でアメリカの意向に配慮[**]しない姿勢に厳しい審判を下すことになる。前国防相イツハク・ラビン率いる中道左派の労働党がシャミルのリクードに圧勝し、過去八年間の政治的膠着状態を打ち破ったのだ。

ラビンの人物像は、イスラエル政界で異彩を放っていた。ぶっきらぼうで無口、話は単刀直入、チェーンスモーカーでウイスキーを好み、屈強さで名高い元軍人で、建国以前のパレスチナで生まれた初のイスラエル首相。要職を歴任し、きわめて経験豊富だった。イスラエル独立戦争〔第一次中東戦争〕では若き軍司令官、一九六七年〔第三次中東戦争〔六日戦争〕〕の劇的な勝利の際は参謀総長、一九七〇年代には駐アメリカ大使から首相に転じ[***]、一九八〇年代には国防相、そしていま、齢《よわい》七〇にして再び首相となった。イスラエルの民衆とは強い絆で結ばれ、選挙キャンペーンのスローガン「イスラエル・メハカ・レ・ラビン〔イスラエルはラビンを待っている〕」にもそれが表れている。[****]多くの人びとにとって、彼はイスラエルで最も敬愛される組織である国防軍の権化だった。戦争と平和という問題に関して、普通のイスラエル人はほかのどの指導者よりも彼を信頼していた。

*――債務保証によってアメリカは基本的にイスラエルの連帯保証国となり、イスラエルが債務不履行に陥らないことを銀行に対して再保証する。一九九二年、イスラエルは一〇〇億ドルの債務保証を求めた。その大半は旧ソ連からやってきたユダヤ人の入植を支援するためだった。ブッシュはその額からおよそ四億ドルを減らすと脅した。はっきりさせておくが、債務保証は過去も現在も、アメリカからイスラエルへの年間援助パッケージのごくわずかな部分にすぎない。イスラエルはアメリカの援助の最大の受け手であり、一九四八年以降、一四〇〇億ドル以上を受け取っている。現在の援助パッケージでは、軍事援助が一〇年間で三八〇億ドルに達している。

**――こんにちでは、アメリカの、しかも共和党の大統領がイスラエルの入植政策にこのような圧力をかけるのは想像しにくい。しかし、この種の愛のムチはキャンプ・デイヴィッドでも振るわれた。シナイ半島の入植地からの撤退を渋るメナヘム・ベギンに対し、ジミー・カーターは、エジプトとの和平協定への署名をベギンが拒否するならば、記者会見を開いて彼の所業とその理由を世界に知らしめ、対イスラエル援助パッケージの再考をアメリカ議会に促すと告げたのだ。ベギンはアメリカ大統領の断固たる姿勢と圧力に抗しきれずに引き下がった。その見返りに得たのが、イスラエル外交史上最大の快挙、すなわちイスラエルの最大かつ最も危険な敵、エジプトとの全面的和平である（Thrall, *The Only Language They Understand*, 25-26）。

***――一九七三年のヨム・キプール戦争〔第四次中東戦争〕が原因でゴルダ・メイアが辞任したあと、ラビンは一九七四年から一九七七年まで首相を務めた。

****――友人のイスラエル人が一九九二年に家族揃ってラビンに票を投じた理由を説明してくれたとき、こう言っていた。「うちは労働党一家でもリクード党一家でもない。ラビン党一家なんだ」。ラビンは従来型のカリスマ政治家ではなかったものの、一般のイスラエル人との絆は深く情緒的でさえあった。一九九四年の冬、ラビンが進めていた和平運動をめぐって議論が激化し、イスラエル国内の分断が深まりつつあったある日、別の友人とエルサレムを歩いていて、バルフォア通りの首相官邸近くまで来た。すると、点滅するライトと、警官たちのバイクが首相の車列を先導して官邸の門に近づくのが見えた。武装警護官が手を挙げて立ち止まるよう合図をしたので、私たちは、ラビンの黒い車がゆっくりと敷地内に入っていくのを見ていた。後部座席に見えたラビンは疲労困憊した様子でタバコを手にうつむいていた。友人はその姿を見て深いため息をついた。「まあ、ずいぶん疲れているみたい」とつぶやくと、彼女の目は涙でいっぱいになった。

ラビンは労働党主導の政府を、左派のメレツ党、超正統派でミズラヒ系のシャス党と共に迅速に組織した。* 外相には自身と労働党の主導権争いを長年続けてきたシモン・ペレスを任命した。国防相は自身が留任した（イスラエルでは首相が国防相を兼任することは珍しくない）。

一九九〇年の湾岸戦争とソヴィエト連邦崩壊——そして、それらの出来事が幕開けを告げた新たな時代——、数年に及ぶ熾烈なインティファーダを経て、占領地に固執するのは割に合わないと結論づけるイスラエル人が増えつつあった。旧ソ連から何十万人ものユダヤ人がやってきたことと、西洋式の自由民主主義が全体主義に勝利したように見えたことにより、イスラエル人は高揚していた。和平の実現に向かう新たな可能性が開けたように見えた。

新移民の到着

＊――超正統派政党が中道左派政権に参加するのは奇妙に見えるかもしれないが、以下の三点を頭に入れておいてほしい。第一に、一九九二年当時、シャス党は戦争と平和の問題に関しては、ライバルだったアシュケナージ系超正統派政党よりもやや穏健だった。第二に、イスラエルでは、右派、左派、中道を問わず、ほぼすべての連立政権に正統派政党が最低一つは参加してきた。一見、違和感を与えそうだが、実は理にかなっている。イスラエルの政界では、大政党は連立政府をつくるために小政党を必要とし、超正統派の小規模政党の関心は伝統的に、戦争と平和の問題よりも国から受け取る政治資金と、イスラエル社会で支配できる領域の維持にあるからだ。それゆえに両者は手を結ぶ可能性があったし、実際に結んできた。第三に、まもなく述べるとおり、ラビンの連立政権においてシャス党の参加は長続きしなかった。

ロシア人がやってくる

一九八九年にソ連最後の指導者ミハイル・ゴルバチョフが出国の自由を宣言してから一九九五年までのあいだに、六二万三〇〇〇人余りのユダヤ人が旧ソ連からイスラエルに移住した。その後、さらに数十万人がイスラエルに移住した。新たにやってきた人びとの大半はアシュケナージ系ユダヤ人で、彼らはおおむねイスラエル社会に受け入れられ、溶け込んだ。しかし、一世紀前にロシアからイスラエルに移住したユダヤ人とは異なり、旧ソ連出身のユダヤ人は理想主義的社会主義者ではなかったし、ましてや労働シオニストではなかった。彼らは抑圧、腐敗、恐怖の上に築かれたおぞましい独裁政治体制に育まれてきた。自由民主主義とはまったく、あるいはほとんど無縁だが、権威主義の専制的指導者の文化には慣れ親しんでいた。イスラエルに隣接するアラブ諸国に不信感を抱き、譲歩と交渉を唱えるリベラル派を疑った。一九九二年の選挙（彼らはほかの多くの有権者と同様にシャミルを拒み、ラビンに票を投じた）のあとは強硬路線の右派政党に引き寄せられ、独自の政党さえ結党した。やがて、旧ソ連出身のユダヤ人はイスラエルで政治的右派の連立に欠かせない存在となっていく。

とはいえ、そのような連立のほかの構成員とは大きく異なる部分が、彼らにはあった。旧ソ連出身の移民の大半は世俗的で、帰還法のもとではイスラエル市民権を認められるものの、イスラエルの宗教的権威からは（ユダヤ法《ハラハー》に照らして）真のユダヤ人とは見なされない人が多かった。その結果、結婚できる相手、埋葬可能な場所、子供たちのユダヤ人としての立場（そして、その子供たちが成人後に結婚できる相手等々）といった、イスラエルの国家主任ラビ庁が権限を握る事柄すべてに関して制限に直面した。旧ソ連出身の移民はそれに反発し、ラビが彼らの生活に影響力を及ぼしたり、公共交通の運行を制限または停止したり、ユダヤ教の安息日である土曜日に商店を閉めるよう求めたりすることに苛立った。移民たちは抜け道も山ほど見出した。私がエルサレムに住んでいた頃には、旧ソ連出身の移民が営む市場の一つに行けばバサール・ラヴォン（「白い肉」）すなわち豚肉が買えることが公然の秘密だった。豚肉はユダヤ教徒とイスラム教徒には禁じられているため、聖都エルサレムではなかなかお目にかかれない。

近年、旧ソ連出身の移民から生まれた若者世代が成年に達している。彼らの考え方、政治的活動、投票パターンは、移民だった両親よりも、同じ年齢群のほかのイスラエル人に近い傾向がある。旧ソ連出身の移民の子供たちはイスラエル国内において独特な集団ではなくなり、ほかのイスラエル人にますます近づいている。とはいえ、過去三〇年間に押し寄せた大量の移民は、この国の経済を強化し、人口動態の様相を変え、社会組織と従来の政治的連合を再編して、イスラエルに絶大な影響を及ぼした――ときには思いがけない形で。
二〇二〇年前半、テルアビブおよび周辺のいくつかの自治体は、ついにユダヤ教安息日の公共交通の運行に踏み切った。案の定、政治的右派である超正統派やナショナリストの宗教系入植者政党の議員からは、この動きに反対する激しい抗議の声が上がった。ただし、ロシア人コミュニティと、旧ソ連出身の最も有力な政治家アヴィグドール・リーベルマンは違った。元国防相、元外相で右派のイスラエル・ベイテイヌ(「イスラエル我が家」)党首のリーベルマンは、アラブ系イスラエル人への反感を嬉々として煽り、左派を弱腰の裏切り者と嘲笑したが、安息日の公共交通に関しては、運行に大賛成だった。リーベルマンは、テルアビブのリベラルな市当局によるこの措置を「一条の光」「こんにち必要とされる重要な一歩」と評した。

オスロ

ラビンは、イスラエルにとってとてつもない好機が訪れたと感じた。ラビン政権樹立を宣言した日、彼は自らの意図を明確にした。「目下の状況では、選択肢は二つしかない。安全な和平を実現すべく真剣に努力するか……あるいは、永久に剣によって生きるか」。ラビンは、何百万人ものパレスチナ人の生活をイスラエルがいつまでも支配し続けることはできないと考え、この国の未来を守る唯一の方法は和平によると信じていた。その理念を追求する覚悟で権力の座に就いたが、助けが必要だった。

五議席を持つ超正統派シャス党は、パレスチナ人との合意を嫌って連立から離脱しかねないことに、ラビンは気づいていた。労働党とメレッツは合わせて五六議席を擁する。[*] たしかに強力な和平推進勢力ではあったが、シャス党が離脱すれば、支配的過半数に五議席足りなくなる。ただ、あと五議席をどこで調達すればいいかはわかっていた。イスラエルに二つあるアラブ系政党の議席数が、まさにその数だった。

そんなことはいまだかつてなかった。イスラエル政界では、それまで（いまでも）アラブ系が牛耳る政党を連立政権に組み入れるのはタブーだった。その表向きの理由は、（十分に理解できることだが）アラブ系政党が自らを「シオニスト」と称さないことだった。しかし、同様に自らシオニストと称さない超正統派政党が連立政権の常連であるという事実から、真の理由がうかがえる。それは、イスラエルの政治家たちが、ユダヤ系国民はアラブ系政党との政権の共有を受け入れないだろうと考えていたことだ。また、アラブ系政党の側も、連立政府には参加したがらなかった（参加を要請されたわけではないが）。なぜなら、政府は当然ながら占領地での軍政と入植事業を監視する責任を負うが、それらはアラブ系政党が反対する政策だったからだ。

ラビンはその伝統を打ち破ろうと決意していた。アラブ系政党を政権に引き入れることはなかったものの、次善の策を実行した。アラブ系政党に和平プロセス再開の意志を伝え、連立政権との協調と協働を呼びかけたのだ。アラブ系政党もこれを受け入れた。いわゆる閣外協力という形で、ラビンが和平の実現を目指すあいだ、彼の政権が倒れないように支える役割を引き受けた。[**] 同様に重要な条件として、ラビンはそれらの政党をパートナーとして処遇することにした。

ラビンは実際にそうした。一九九二年から一九九五年まで、政府はアラブ系イスラエル人のためのインフラ、教育、保健、アファーマティヴ・アクション〔積極的差別是正措置〕計画の予算を飛躍的に増やした。アラブ系政党は初めて実権を行使できた。パレスチナ人が所有するエルサレム市内の土地を警察署新設のために収用する計画の撤回を、アラブ系政党が政府に求めた際、ラビンは緊急閣議を招集し、計画の中止を発表した。束の間の輝かしい時期、ユダヤ系とアラブ系の政党は共通の未来のために力を合わせた。

就任後まもなく、ラビンは占領地内の入植地建設の凍結を命じた。それが明確なシグナルとなって彼の意図がアメリカとパレスチナおよびアラブ世界に伝わり、ブッシュ政権はシャミルの下で凍結されていた債務保証にただちに同意した（イスラエルが旧ソ連から来た新移民の住宅を建設できるようにした）。ラビンは和平の実現に力を注いだが、マドリードの多国間協議が最善の方法だとは考えていなかった。アラブ側に直接近づきたかったのだ。アメリカの支援を得て、ラビンはシリアに最初の和平交渉を持ちかけたが、当初は手応えがあったものの、大きな成果は得られなかった。シリアがリスクを取りたがらなかったからである。

そして、一九九三年一月、ラビンはパレスチナのPLO幹部との非公式ルートによる直接交渉を正式に承認した。それまで、イスラエルの指導者たちはPLOとの対話を拒むばかりか、そもそもPL

*――イスラエルの政局が過去四半世紀でどれほど激変したかを感じてもらうために付記しよう。二〇二〇年三月の選挙で労働党とメレツが獲得したのは合わせて七議席だった。

**――やがてアラブ系政党は必要とされることになる。一九九三年、シャス党が和平プロセスに抗議して政権から離脱したからだ。

Oの合法性を認めようとしてこなかった。ラビンもアラファトを信じておらず、軽蔑し、嘘つきのテロリストと見なしていたが、それでもアラファトとPLOだけがパレスチナ人のために交渉して和平を実現できるということは理解していた。ラビンはアメリカのある外交官にこう語っている。「そうするしかないだろう？　和平は友人とではなく、まったく共感できない敵と結ぶものだ」。細心の注意を要する交渉だったため、詮索好きな目や、報道機関と政治家と民衆の憶測を避けて、会談は秘密裏に行なわねばならなかった。隠し通すために、中東ではなく世界の反対側の、これ以降永遠に彼らについて回ることになる都市、ノルウェーのオスロで話し合いが行なわれた。

実を言えば、ラビンの承認以前にも、交渉が進められていた時期があった。一九九二年、ノルウェーの当局者たちがイスラエル-パレスチナ間の非公式ルートでの交渉開始を提案していた。双方共に関心を寄せた。PLOとの公式の接触はイスラエルの法律で禁じられていたため、外務官僚と密接なつながりを持つイスラエルの学者たちが選ばれてPLOの上層部と秘密裏にオスロで会った。ペレス外相はこの動きに見て見ぬ振りを続け、一九九三年前半になってラビンに知らせ、ラビンが承認したのだ。話し合いはまだ内密だったが、いまや公式のものとなった。

オスロの交渉団は、パレスチナ暫定自治政府の枠組みを構築する原則宣言（DOP）に向けて努力することで合意した。宣言によれば、ヨルダン川西岸とガザ地区に自治政府を一定期間置き、期限は全面的な和平が成立して懸案事項がすべて解決するまでとする。イスラエル軍は占領地から撤退し、その手始めとしてガザ地区――暫定期間中は入植地を残す――とヨルダン川西岸の古都エリコから撤兵する。ヨルダン川西岸の占領地はA、B、Cの三地域に分けられ、それぞれ異なる体制でパレスチナとイスラエルが管理する。*　五年間の暫定期間は共存のための実験の役割を果たし、最終的和平合意で解決すべき最大の難問である「恒久的地位」問題（エルサレム、境界、パレスチナ難民の処遇）への取り組みに必要な信頼を構築する期間とする。

このプロセス全体の裏には、原則宣言に明白に述べられてはいないものの、交渉者間で理解されていた**オスロ合意**の最終目標があった。それは、イスラエル人が安全を確保して隣人たちとの争いに恒久的に終止符を打ち、パレスチナ人は自らの独立国家を獲得することである。オスロで始められた和平プロセスのゴールは、二国家解決だった。**

とはいえ、これらすべてを達成するためには、まずイスラエルとＰＬＯが相互の承認に同意しなければならない。つまり、イスラエルがＰＬＯをパレスチナ人の公式の代表として正式に認め――この時点まではイスラエル人がＰＬＯと話すことさえ違法だったことを思い出してほしい――、ＰＬＯがイスラエルを正式に承認して暴力とテロ行為を断つということだ。そして、一九九三年九月九日、ＰＬＯのアラファト議長とイスラエルのラビン首相は、互いを承認する書簡を交わした。彼らは、ルビコン川を渡ったシーザー同様、後戻りできない重大な決断をしたのだった。

その四日後、アラファトとラビンはビル・クリントン大統領を挟んでホワイトハウスの芝生の上に

*――いまこそ巻末の「紛争に関する用語集」の〈ヨルダン川西岸〉の項で詳細の確認を。

**――イスラエルではこの時点まで、二国家解決という発想そのものが、左派の急進的かつ完全に非現実的な考えと見なされていた。オスロ合意後、二国家解決はイスラエル国家の（そして、言うまでもなくパレスチナ自治政府、アラブ連盟、アメリカ、ＥＵ、国連の）正式な見解となり、こんにちに至っている。ベンヤミン・ネタニヤフのような右派の政治指導者でさえ、不本意ながらも二国家への支持を表明している。

立ち、合意文書に署名した。ラビンは顔に嫌悪と決意をにじませながら手を伸ばし、長年の宿敵アラファトと握手した。* その瞬間がどれほど強い力を及ぼしたか、言葉ではとても言い尽くせない。ある意味で、その握手はその時代にとてもふさわしかった――南アフリカのアパルトヘイト廃止、ソ連の崩壊、北アイルランド紛争の終結を見た九〇年代の、健全さと進歩へ向かう世界的行進の新たな一歩だった。ただ、ホワイトハウスの芝生での握手は奇跡のようにも感じられた。世界に残された最後の難題の一つ、聖地で一〇〇年続いたアラブ人とユダヤ人の紛争の終わりを告げるように見えた。私はNPR（ナショナル・パブリック・ラジオ）でこの調印式の模様に耳を傾けながら独りごちたことを覚えている。あそこへ行かなくては。数カ月後、私はそこへ行った。

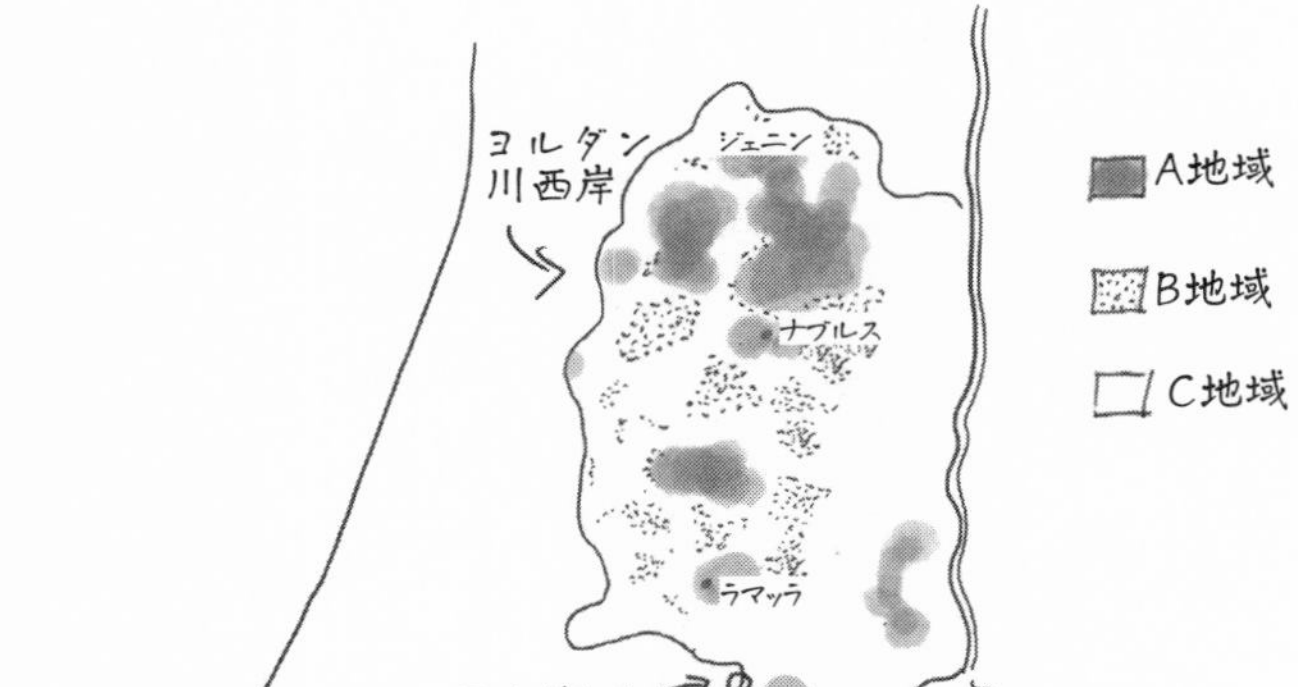

ラビン、クリントン、アラファト

いまや交渉の焦点は、ガザ地区とエリコの管轄権をイスラエルから移管されるパレスチナ自治政府の設立だったが、あるテロ事件によって交渉は中断され、ほとんど頓挫してしまう。それは、和平プロセスの中止を熱望する双方の過激派によるテロ襲撃の長い連鎖の口火を切る事件だった。一九九四年二月二五日、イスラエル国防軍の予備役の軍服を着た極右のユダヤ人入植者が、軍支給品のM16突撃銃を携え、ヘブロンの「父祖たちの洞穴〔別名「マクペラの洞穴／洞窟」〕」内のイブラヒム・モスクに歩み入った。ユダヤ教とイスラム教の伝承によれば、この洞穴には旧約聖書で民族の父母とされるアブラハムとサラ、イサクとリベカ、ヤコブとレアの墓がある。どちらの宗教にとっても神聖な場所である。その日はイスラム教徒にとって聖なる月であるラマダンの最中で、モスクは祈りを捧げるパレスチナ人のイスラム教徒でいっぱいだった。銃を持った男

＊——ラビンはアラファトの手を握ったあと、ペレスのほうを向き、しかめ面で言った。「さあ、君の番だ」（Ephron, *Killing a King*, 30）。

はニューヨークのブルックリンからイスラエルに移住した医師で、洞穴内に入るやいなや礼拝者たちに発砲し、二九人を殺害、一〇〇人以上に怪我を負わせたあと、生き残った人びとに撲殺された。

イスラエルはこの殺戮行為を激しく非難した。殺害犯が属していた過激派入植者コミュニティに対して、ラビンはこう呼びかけた。「堕落した殺人者がわれわれになすりつけた不名誉を、私は恥辱と感じている」。* イスラエル人はこの虐殺に戦慄したが、パレスチナ人は怒り心頭に発し、街頭に繰り出した。デモは激しさを増し、対抗策としてイスラエル政府が外出禁止令を発すると、パレスチナ人の怒りはさらに燃え上がった。PLOは、殺害犯の居住地を含むヨルダン川西岸の入植地からの撤退という課題への取り組みを、原則宣言が定めた二年後ではなく、ただちに始めるよう求めた。イスラエルは拒絶した。

一時期は状況が悪化し、すべてが水泡に帰して和平プロセス全体が瓦解の瀬戸際にあるかのように見えた。それでも、アメリカの必死の外交努力により、両者は交渉のテーブルに戻った。話し合いは続けられた。ようやく一九九四年五月四日、イスラエルとPLOは協定に調印し、その結果、パレスチナ自治政府が設立され、イスラエル国防軍はガザ地区とエリコから撤退した。イスラエルは、パレスチナの町や都市の管轄権をパレスチナ自治政府とパレスチナ警察に移譲しはじめた。ヤセル・アラファトはチュニスからパレスチナに帰還し、ガザ市に本部を構え、パレスチナ自治政府の大統領に選出され、イスラエルが撤退したパレスチナの都市や町を意気揚々と訪問した。交渉チームは恒久的地位問題の協議に移る準備をしていた。数カ月後、ラビン、ペレス、アラファトはノーベル平和賞を受賞する。

ところが、和平プロセスへの攻撃は頻度を増していった。過激派のユダヤ人入植者と同様に、パレスチナ人の原理主義派グループ、ハマスとイスラム聖戦機構も、オスロ合意プロセスを抹殺したがっていた。ハマスとイスラム聖戦機構はその後数カ月間、イスラエルのバスやショッピングモールで一連のテロ攻撃を実行し、多数の民間人の命を奪い、何百人もに怪我を負わせた。ラビンは揺らぐことなく、こう語った。「われわれは、あたかも和平プロセスが存在しないかのようにテロと戦わなければならない。そして、あたかもテロが存在しないかのように、和平達成の努力をしなければならない」。**暴力の激化にもかかわらず、プロセスは再び軌道に乗った――その時点では。

アンマンの呼びかけ

軍ＩＤ番号三〇七四三、イスラエル国防軍退役将軍である私は、こんにち、自らを平和軍の兵士と見なしております。

兵士として二七年間を祖国に捧げてきた私は、ヨルダン国王陛下に、そして、アメリカの友人たちに、申し上げます。

こんにち、われわれは、死者も負傷者もない、流血も苦悶もない闘いに乗り出そうとして

*――ラビンはこう続けた。「あなたたちはイスラエルのコミュニティに属さないし、この国のわれわれ皆が属する国民民主主義陣営にも属さない。多くの国民の軽蔑の的だ。シオニズム事業のパートナーではない。移植された外来種だ。根無し草だ。良識あるユダヤ教徒から駆逐されるのだ。自らユダヤ法の壁の外に身を置いたのだ。シオニズムの恥、ユダヤ教のやっかい者だ」。

**――眼力の鋭い読者は、これがラビンの政治上の師ダヴィド・ベン＝グリオンの言葉をそのまま繰り返したものだと気づくだろう。確認するためには64ページに戻ってみよう。

おります。遂行するのが喜びである唯一の闘い、すなわち平和のための闘いであります。
——イツハク・ラビン首相によるアメリカ連邦議会上下両院合同会議における演説、一九九四年七月二六日

セム族の二民族、アラブ人とユダヤ人は、苦い試練と辛苦に耐える歴史をたどってまいりました。この苦しみを永遠に終わらせることを、また、民を率いる者としての責任と、人間として人類に対して負う義務を果たすことを、決意しようではありませんか。

こんにち、皆様の前に立つ私は、アブラハムのすべての子に平和を確保する必要性を痛感しております。われわれの土地は、神への信仰が生まれ、天から全人類への教えが育まれた土地であります。

こんにち、皆様の前に立つ私は、祖国の防衛のためにのみ武器を携えようと思う兵士であり、隣人たちの恐れを理解し、彼らと平和に暮らすことのみを望む人間であり、国民のために民主主義、政治的多元主義、人権を守りたいと願う人間であります。
——フセイン国王によるアメリカ連邦議会上下両院合同会議における演説、一九九四年七月二六日

イスラエル国家建設以前から、ヨルダン王室とパレスチナのユダヤ人指導者は、表には出さないながら有益な関係を保ってきた。ヨルダンとイスラエルが衝突したときでさえ——一九四八年も一九六七年も——意思疎通の手段のみならず、ときには協力の可能性さえ残されていた。預言者ムハンマド

の子孫とされるヨルダンの君主は、六日戦争でイスラエルに明け渡したヨルダン川西岸、ことに東エルサレムと密接な結びつきを保ち続けた。一九八〇年代後半、アラブ世界から圧力をかけられたフセイン国王は、ヨルダン川西岸の領有権の主張を取り下げてPLOに譲歩した。それでも、ヨルダンとイスラエルの指導者は対話を続けた。両者共に、一九四八年以降続いてきた正式な戦争状態を終わらせたかったのだ。

小国ヨルダンは、近隣のより大きく急進的なアラブ諸国よりも穏健で、王室の基盤を成すベドウィン族と少なくとも同程度の割合のパレスチナ人を抱え、きわめて困難な地域できめ細かく慎重な舵取りをせざるを得なかった。一九九〇年代前半、フセイン国王はイスラエルとの正式な和平を結ぶ用意ができていたものの、ヨルダン国内の微妙な人口バランスゆえに慎重になった。イスラエルとの交渉に入ったパレスチナ人を出し抜きたくはなかったのだ。

フセイン国王

そのようなわけで、ホワイトハウスの芝生での握手のまさに翌日、イスラエルとヨルダンの交渉団は二国間の協定に向けて動き出した。ちょうど一年あまり後の一九九四年一〇月二六日、再びホワイトハウスの芝生に注目が集まった。クリントン大統領、フセイン国王、ラビン首相が和平協定に署名したのだ。イスラエルはいまや前線の隣国のうち二カ国、ヨルダンおよびエジプトと正式に和平を結び、パレスチナとの調整も進行中だった。ラビンがアメリカの後ろ盾を得てシリアのアサド大統領に持ちかけた予備交渉の打診は手応えがないままだったものの、進展は時間の問題と思われた。シリアとの和平が実現すれば、シリアの支配下にあるレバノンとの和平もほぼ確実となるはずである。中東に新たな夜明けが訪れつつあるように感じられた。

＊＊＊

ようこそ新しい中東へ？

一九九五年、イスラエルとヨルダンの和平協定が発表されて数カ月後、私はバックパックを取り上げ、南の砂漠へ向かうバスに乗った。私がエルサレムに住んでいたその頃は、オスロ和平プロセスが進み、そこから生まれた希望に満ちた穏やかな時期だった。イスラエルからヨルダンへの旅行が許可されるとすぐに、自らヨルダンへ赴いて見られるだけのものを見てこようと決めた。

砂漠の真ん中にある寂れた検問所で国境を越えた。イスラエル最南端の港湾都市エイラートのすぐ北の場所だ。そこはまったく無人だった。イスラエルの監視小屋にいた兵士が、ヨルダンで何をする予定かたずねるので、古代世界の驚異の一つである（そしてインディ・ジョーンズの映画の舞台にもなった）ペトラ遺跡に行きたいのだと答えた。彼は「行けるといいね」と言い、頭がおかしい人でも見るように首を振りながら、私が土埃まみれの中間地帯を横断して反対側のヨルダンの監視小屋へ向かうのを見送った。ヨルダン側の衛兵も、あまり頼もしいことを言ってはくれなかった。「バスはないよ」と彼は言った。「ときたまタクシーが来るだけだ」。

　それで、パスポートにスタンプを押してもらい、国境を越えてヨルダンに入国すると、そのまま進んで人気《ひとけ》のない砂漠の道の傍らで縁石に座った。しばらくすると、おんぼろタクシーが来て停まった。行きたい場所を運転手に告げると、彼はギョッとした。「いやあ、そこまで行くとずいぶん高くつくよ！」と言う。いくらかたずねると、おおよそ二〇ドル相当かかると答えた。懐は寂しかったものの、二〇ドルくらいなら何とかなる。

　運転手はオマールという名で、いい人だった。タクシー代があまりに高くなるのを気の毒がり、ペトラへ向かう途中で自分の家に寄っていけとしきりに勧めた。家へ着くと、彼と家族は驚くほどたくさんの食べ物を並べ、素晴らしい食事をご馳走してくれた。親切と歓待の伝統の見事なお手本に、私は感激した。彼らの住む小さな町を外国から訪れる人は多くない（というか、いない）ため、ほどなくオマールの近所の人たちが私に会うためにやってきはじめた。どこから来たかとたずねられて、私はアメリカからだと答えた。「でも、君はイスラエル人なんだろう？」と向こうは聞いてくる。ヨルダンとイスラエルのあいだでほんの数カ月前まで戦争状態が続いていたことを踏まえて、私は用心深く、違うと答えた。自分はアメリカ人であり、イスラエル国民ではないと言った。「でも、イスラエルに住んでいるだろう？」と彼らは食い下がる。私もしまいには、たしかにイスラエルに住んでいる、と認めた。それこそ彼らが期待していた答えだった。「よくぞ来てくれた、われらがイスラエルの兄弟よ！　俺たちのあいだにようやく平和が訪れた。俺たちには似ているところが山ほどあるんだよ!」。安堵し、感動して、そのとおりだと、私も同意した。「そうさ」と彼らはいう。「俺たちはどちらもアブラハムの子供たちだ! どちらも平和を望み、どちらも普通に生活して、家族を養って、幸せになりたい! そして、俺たちはどちらも汚いパレスチナ人が嫌いなんだ!」。

ショックだった。いまでも、それに対して何か言わなかったことを恥じている。しかし、それこそ、この紛争の解決は思っていたよりもはるかに難しく、はるかに込み入ったものになるだろうと私が悟った瞬間だった。

＊＊＊

暗殺

大勢のイスラエル人と世界の多くの人びとが、もはや止まらないように見える中東の和平への動きを喜ぶ一方、平和の敵たちはその動きを止めようと躍起になっていた。彼らが成功するとは思えなかった。彼らが成功したことが、われわれの時代の最たる悲劇の一つである。

当初から、和平プロセスに反対する強力な集団が双方にいた。イスラエルのリクードの保守派指導者たちと、対するパレスチナ解放運動のナショナリスト指導者たちのように、イデオロギーの面から、進行中のプロセスに強く反発する人びとがいた。リクードの指導者たちは占領地のどの部分からの撤退にも、占領地のユダヤ人入植地の解体にも、反対した。パレスチナの強硬派は、パレスチナ側の譲歩に反対した。彼らは共にこう語った。もちろん和平は重要だが、それはわれわれの条件どおりの和平であればの話だ、と。このプロセスは欠陥があり危険だと、双方が主張した。譲歩がすぎるというのだ。彼らは共にそれぞれの世論を背景に組織を固めると、権力者たちは間違いを犯している、信用できない、人民を災厄へ導いているとまくしたてた。

しかし、いかなる形であれ平和的解決という考えそのものに真っ向から反対する人たちもいた。ハマスとイスラム聖戦機構の原理主義者は、イスラエルに対するいかなる譲歩にも反対した。パレスチナ人の生得権を交渉によって放棄する権利はPLOにはないと、彼らは感じていた。生得権とは、歴史的パレスチナの地すべての所有権を意味する。イスラエルは撲滅すべきがんなのだ。連呼されるスローガンのとおり、パレスチナは「川から海まで〔ヨルダン川から地中海まで〕自由」でなくてはならない。

一方、ナショナリストの宗教陣営に属する過激派入植者とその支持者は、パレスチナの過激主義者の鏡像だった。彼らの目には、ラビンとペレスは「大イスラエル」の国土の一部について譲歩しようとする裏切り者だった。大イスラエルは神が「イスラエルの子ら」〔ユダヤ人〕だけに約束した土地であり、世俗のいかなる指導者にも、イスラエルの敵に屈服する権利はない。過激主義者のラビはファトワ〔イスラム教の宗教令〕に似た宗教的裁定を下し、ラビンがユダヤ法の「ロデフ（〔追跡者〕）」だと宣告した。ロデフは殺すために誰かを追跡している人のことであり、したがって合法的に殺害する対象となる。イスラエルの治安部隊は脅威の大きさをめぐって意見が分かれており、当初はそうした非主流派のラビをあまり気にかけなかった。しかし、気にかける人たちもいた。

双方の過激主義者は、いずれもこの紛争を、解決できないだけでなく解決すべきでないゼロサムゲームと見ていた。勝負がつくまで続けるべき闘いであり、いずれの側も勝利を確信していた。どちらも神は自分たちに味方していると固く信じていた。和平反対派が頼ったのは古来のテロリストの戦略、つまり衝撃を与え、暴力をふるい、恐怖を抱かせることだった。信頼を損なうのは信頼を築くよりもはるかに容易であること、そのための最善の方法は殺戮と破壊だということを、彼らは心得ていた。和平プロセスを頓挫させてしまえば、あとは果てしない聖戦に戻り、やがて勝利に至ることができる。

和平を目指す活動を再開した当初から、ラビンは、オスロ合意の目標に反対するグループの反発が激しく、暴力的にさえなることを予測していた。ハマスとイスラム聖戦機構によるテロ行為の増加ばかりでなく、自分と意見を異にするイスラエル人の抵抗も覚悟していた。パレスチナ人との和平は入植事業の打ち切りを意味すると考える多くの信心深い入植者とその支援者から自分が嫌われていることも、知っていた。それでも、イスラエルの治安部隊が事態に対処できると信じていた。しかし、治安部隊は次第に不安を募らせていく。

一九九四年と一九九五年を通じて、右派は和平プロセスに抗議した。抗議の論調は敵意と過激さを増す一方だった。デモ参加者が掲げるプラカードには、ラビンとペレスがケフィエ（パレスチナの伝統的な被り物）やナチス親衛隊のヘルメットを着けた姿が描かれた。ラビンの顔を銃の照準器の中央に描いたプラカードが掲げられた。ラビンを裏切り者と呼び、彼の手は血まみれだと断じるパンフレットが配られた。

リクードの指導者の一部は、騒然とした気配の高まりを助長、あるいは少なくとも黙認しているように見えた。一九九四年三月、野党指導者ベンヤミン・ネタニヤフが反オスロ行進を主導し、抗議者たちは「ラビンはシオニスト運動を葬る」と大書した棺の模型を担いだ。一九九五年一〇月、エルサレム中心部で開かれた大規模集会ではバルコニーに立つネタニヤフの指揮のもと、支持者たちがラビンの絵を燃やし、「われわれは血と炎の中でラビンを追放する」と大書されたプラカードを揺らし、「ラビンに死を！」と唱和した。* ネタニヤフは何も言わなかった。イスラエルの治安当局者たちは、こうした空気とラビンの安全を憂慮していた。彼の命を狙う複数の計画についての情報も得ていた。ラビンに防弾チョッキの着用を強く勧めたが、老兵ラビンは頑として従わなかった。自らが建設に手を貸してきたこの国にいるかぎり、安全だと思っていたのだ。

オスロ合意をめぐって辛辣さを増す世論、威嚇と扇動、和平プロセスの妨害を目的とするテロ行為の急増により、状況は悪化の一途をたどりつつあった。超正統派のシャス党は和平交渉の方向に異議を唱えて、すでに一九九三年に連立政権から離脱していた。ラビンはいまや少数与党の政権を率いており、政権に留まるためにアラブ系政党の閣外協力に頼っていた。イスラエルの国会であるクネセト

*——ラビンの暗殺に至る数カ月の扇情的な雰囲気に寄与した責任が多少なりともあるという考えを、ネタニヤフは長年はねつけてきた。彼は当時の自らの発言について言及し、ラビンが裏切り者であるという考えには同意していないと述べている。しかし、煽る意図はなかったにせよ、指導者が言うこと、言わないことは影響力を持つ。一九九三年九月五日付「ニューヨーク・タイムズ」紙に掲載された論説で、ネタニヤフはオスロ合意が「イスラエルにとって致死的脅威」であると述べ、ラビンのアラファトとの交渉を、イギリス首相ネヴィル・チェンバレンのヒトラーに対する懐柔策に比している。また、前述のような反ラビン集会の際、ネタニヤフは、自分の支持者たちがラビンをナチとして描いたり彼の死を求めたりするのをやめさせようとしなかった。抗議者たちが棺の模型を担いだ集会のあと、イスラエルの国内治安機関長官カルミ・ギロンはネタニヤフに面会し、反ラビンを訴える文言を和らげるよう求めた。ネタニヤフはそれを拒んだ（Savir, *The Process*, 255）。

ラビン、「シル・ラ・シャローム」を歌う

は最初のオスロ合意を圧倒的多数で支持したものの、その後の合意は議会をかろうじて通過するのがやっとだった。和平プロセスは「恒久的地位」をめぐる交渉の段階に向かっており、ラビンには交渉が難航することがわかっていた。和平賛成派にてこ入れしてプロセスへの熱意を鼓舞する必要を感じたラビンは、テルアビブでのオスロ合意支持の大規模集会で演説することを承諾する。集会は一九九五年一一月四日に予定されていた。

会場はテルアビブ市庁舎前の「イスラエル王の広場」という広大な広場だった。集まったイスラエル人の数は一〇万人を超えた。過去のどの反オスロデモをもはるかに凌ぐその人数が、合意支持が多数派であることを示していた。壇上のラビンも、集会の盛況ぶりに感激しているのが見てとれた。普段は口数が少ない彼が、群衆にこう語った。「私は二七年間、軍人でした。和平の見込みがない中で戦ってきました。今日、和平の見込み、大きな見込みがあると、私は信じます。われわれはこの機会を、ここに立っている人びとのために、そして、ここに立っていない人びとのために活かさなくてはなりません」。

そして、ラビンは壇上のほかの指導者や著名人たちと共に、非公式の準国歌ともいえる「シル・ラ・シャローム（平和の歌）」を歌った。そして壇上から去り、複数の護衛に伴われて階段を下りて、警護車の待つ駐車場へ向かった。

二五歳の宗教系大学の法学生イガール・アミルは駐車場でラビンを待っていた。アミルは右翼の過激主義者で、オスロ合意にも、パレスチナ人に対するいかなる譲歩にも反対だった。ラビンがイスラエルとユダヤ人に脅威をもたらしているというラビたちの裁定を深刻に受け止め、彼を止めることが自分の義務だと心に決めていた。専用車の開かれたドアに近づくラビンに、アミルは三発の銃弾を発射し、そのうち二発がラビンの背中に命中した。警察官がアミルに飛びかかり、護衛がラビンを車に押し込んで、車は病院へと急いだ。

ラビンは手術台の上で息絶えた。上着のポケットにはパーラメントが一箱と、「シル・ラ・シャローム」の歌詞が書かれた紙が入っていた。紙は血でぐっしょりと濡れていた。

ラビンと共に集会に参加していた外相シモン・ペレスは明らかに動揺しながらも、ただちに首相の座に就き、ラビ

ラビンのポケットの中は……

ンと共に切り拓いた道を歩み続けると誓った。暗殺の二日後に営まれたラビンの葬儀には、アメリカの元大統領二人、エジプトの大統領、八人の国家元首を含む何百人もの要人が参列した。フセイン国王とビル・クリントン大統領が弔辞を述べた。クリントンは、無愛想だった歴戦の勇士を称え、敬意を表した。生粋のイスラエル人だったラビンがネクタイの着け方を知らなかったことを、クリントンは述懐した。「私たちが最後に会ってからまだ二週間も経っていません。黒い蝶ネクタイの正装が必要な催しに、彼は時間どおりに現れましたが、ネクタイを着けていませんでした。それで、彼は蝶ネクタイを借り、光栄にも私がそれを真っ直ぐに直しました。その思い出を、私は生涯大切にするでしょう」。クリントンはユダヤ教の哀悼の祈り「カディッシュ」から引いた言葉で弔辞を締めくくった。最後の言葉は「シャローム・ハヴェール。さようなら、わが友」だった。

＊＊＊

弔辞

疑問の余地なく、ラビン暗殺は私にとっての「ケネディ暗殺の時〔非常に衝撃的で、そのとき何をしていたか誰もが覚えているような出来事〕」だった。私はほんの数週間前、ロースクールに入学するためにイスラエルからアメリカへ帰国したばかりだった。そのニュースを聞いたときどこにいて何をしていたか、けっして忘れないだろう。車を路肩に停めたのを覚えている。運転できなかったからだ。その後、イスラエルに住んでいるいとこと話した。彼は幼い息子たちを連れ出し、ラビンを乗せた霊柩車がテルアビブからエルサレムへ向かう途中、彼らのキブツのそばを通るのを見送ったそうだ。

私は打ちのめされ、呆然と葬儀の模様を見ていた。私の心に最も強く訴えかけた弔辞は、ラビンの孫娘でまだ一八歳のノアのものだったと思う。その中にこんなくだりがあった。「申し訳ありませんが、和平の話はしたくありません。祖父について話したいのです。……私よりもずっと偉い方々が、すでに弔辞を述べてくださいました。でも、その中の誰よりも、私は幸せでした。あなたの温かく柔らかい手で撫でてもらい、家族だけに与えられた温かい抱擁を覚えているからです。あるいは、私にとっては常にとても雄弁だった、あのかすかな微笑みを知っているからです。その微笑みはもはやなく、あなたと共に凍りついてしまいました。復讐したいとは思いません。痛みと、失ったものがはるかに大きく、大きすぎるからです。足元の地面が滑り落ちて、それでも残された空っぽな場所に、私たちはどうにかして座ろうとしているけれど、いまのところ、あまりうまくいきません……」。

私は彼女の言葉に非常に心を動かされた。そして、あとでわかったことだが、私が数年後に出会い、結婚することになった女性も同じくそれに心を動かされた一人だった。ある日、ラビンの葬儀が二人のあいだで話題になり、私たちはすぐさまその場でこう決めた。もしも将来、子宝に恵まれて、そのうちの一人が女の子だったら、ノアと名づけようと。そして、まさにそのとおりになった。私たちのノアはいま、一八歳だ。

ヤセル・アラファトは、身の安全が危ぶまれるという警告をイスラエルの国内治安当局者から受け、葬儀には参列しなかった。それでも密かにラビンの未亡人レアを弔問した。報道によれば、アラファトは暗殺の知らせを聞いて涙を流したという。

ラビンの暗殺は、あとにも先にもないほど大きな衝撃をイスラエル国民に与えた。大勢のイスラエル人がイスラエル王の広場——いまではラビン広場と改称されている——に集まった。広場はにわかに慰霊の場となり、落命した首相を祀る聖地の様相を呈した。指導者たちは、国家の魂を省察すること、イスラエルの魂を蝕んだ共同体間のおぞましい嫌悪と暴力に向き合うことを約束した。しばらくのあいだ、この国はまとまりそうに見えた。苦い教訓を糧に、新たな道を進もうとしているかに思われた。しかし、事はそのようには運ばなかった。

12章

賢明な希望が潰えて　オスロ合意の終焉

As the Clever Hopes Expire　The End of Oslo

　ラビン暗殺の直後、ペレス首相はシリアとの和平手続きを進めようとしたが、実を結ばなかった。彼は選挙を一九九六年五月に前倒しすることを決めた。イスラエルを根底から揺るがせた痛恨と哀悼の念を味方につけるためである。イスラエルの民衆がラビンの和平プロセスを前進させるために信任票を投じてくれると、ペレスは感じていた。しかし、またしても、平和の敵が残酷なまでに効果的な妨害をした。ハマスとイスラム聖戦機構のテロリストたちが一週間半のあいだに一連の残忍な自爆テロを実行し、大勢のイスラエル人の命を奪った。襲撃事件の一つは、ユダヤ教の祭日プリムを祝うために仮装した子供たちで賑わうテルアビブの大規模ショッピングモールで起きた。すでに暗殺事件で動揺していたイスラエルは、いっそう怖気づいた。

　さらに、選挙運動真っ最中の四月、イスラエルとレバノン南部に陣取るヒズボラのあいだで一九九三年以来結ばれていた休戦協定が破られた。戦闘は数週間に及び、何十万人ものレバノン人が南部からの避難を余儀なくされた。その間、イスラエルは空爆と集中砲撃を繰り返してヒズボラに圧力をかけ、イスラエル北部へのロケット弾攻撃をやめさせようとした。四月一八日、イスラエル国防軍は南レバノン県カナ村近くの国連施設の敷地を砲撃したが、その施設には南レバノンから何百人ものレバノンの民間人が戦闘を避けて避難していた。死者は一〇〇人を超えた。戦闘はまもなく終わったものの、イスラエルとペレスの評判はまたも大きな打撃を被った。また、イスラエル国内の（伝統的に労働党の基盤の一部だった）アラブ系コミュニティでも、ペレスの支持者になりうる層の多くがレバノンでの大失策に失望し、労働党への投票意欲がそがれた。

ペレスと労働党の選挙運動は活気を欠いていた。国民的トラウマが国全体を覆っているいまなら勝利は確実との思い込みがあったからだ。一方、ペレスのライバルであるリクード党首ベンヤミン・ネタニヤフは、神経過敏に陥った民衆の不安を利用して恐怖心をかき立てる選挙運動を繰り広げた。リクードは、ペレスが「エルサレムを分断する」というスローガンを掲げた。ビビ（ネタニヤフの広く知られた愛称）だけがイスラエルの安全を守れるというのだ。世界中の数多の国々における数多の例に漏れず、恐怖心と同族意識への訴求が功を奏した。選挙期間中の世論調査ではペレスが終始優位だったにもかかわらず、投票の結果、ビビが紙一重で勝利を収めた。ペレスは倒され、ラビンは死に、オスロ合意は終わったと思われた。

ビビ登場

それでも、ビビが初めて首相になったとき、オスロ合意への国際的支持と、和平交渉へのイスラエル人の支持は依然として強かった。それまで和平交渉を痛烈に批判し、実際に反対運動までしてきた新首相に対して、クリントン大統領は、交渉を尊重し継続させるために圧力をかけようとした。ある時点までは、それが効果を発揮した。まもなくネタニヤフとアラファトは会談し、一九九七年七月、イスラエルとパレスチナ自治政府は「ヘブロン合意」に調印する。この合意により、パレスチナの最大都市ヘブロンからイスラエル国防軍部隊の大半が撤収し、民政の権限がパレスチナ自治政府に移譲された。ヨルダン川西岸のA地域とガザ地区の大部分において、いまやパレスチナ自治政府が日常的な行政を担い、パレスチナ自治政府の治安部隊が治安を維持していた。一九九八年、クリントンはアラファトとネタニヤフをメリーランド州ワイ・リヴァーに迎え、和平交渉の再開を試みた。交渉は「ワイ・リヴァー覚書」に結実し、中東の二人の指導者は、ラビンとアラファトが一九九五年に調印した暫定協定を更新した。

ネタニヤフはある意味でイスラエル初の「アメリカ流」の政治家だった。テレビ映りがよく、メディア対応に長け、尊大で、自信とある種のカリスマ性が滲《にじ》み出ていた。そのうえ英語を流暢に話し、アメリカを熟知しているとの自負があった。一〇代の頃、父の仕事の都合でフィラデルフィアの高校に通っていたからだ。父は右派シオニズムの創始者ゼエヴ・ジャボティンスキーの弟子で、フィラデルフィアの大学で教えていた。ビビはマサチューセッツ工科大学で学び、その後、イスラエルに帰国して政治家としての道を歩みはじめた。このリクードの新星の素晴らしい経歴は、比類なき家族の物語によってさらに輝きを増していた。父がジャボティンスキーの秘書役を務めたのみならず、兄ヨナタンは国民的英雄だったのだ。一九七六年、エールフランス機がハイジャックされ、ウガンダのエンテベでイスラエル人とユダヤ人の乗客一〇〇人弱が人質になった際、ヨニ（ヨナタン）・ネタニヤフはイスラエル軍による奇襲を指揮し、戦死した。奇襲は成功し、人質は救出されて無事にイスラエルへ送り届けられた。

二一世紀に入ってからも、二〇一〇年から一〇年間にわたりイスラエル政治を完全に支配してきた〔二〇二〇年、首相としての在任期間はイスラエル史上最長となったが、二〇二一年六月退陣。二〇二二年一二月、またしても首相に選出された〕ベンヤミン・ネタニヤフだが、一期目の指導者としては格別優れていたわけではない。彼は困難な立場にあった。入植地建設を進め、イスラエルの社会福祉制度の解体を加速させる自由市場政策を実施した。だが、彼自身の支持基盤も含め、大半のイスラエル人から信頼されていなかった。ラビン暗殺前には険悪な空気の醸成に一役買い、いまは和平プロセスを停滞させているために、国内左派からの大規模な抗議に直面していた。クネセトでは圧倒的多数で承認されたにもかかわらず、ワイ・リヴァー合意は行き詰まっていた。

同時に、オスロ合意の路線を継続してA地域の行政権をパレスチナ自治政府に移譲することを不本意ながらも決断したために、ネタニヤフは自身の右派内の支持基盤からも信頼を失いつつあった。かつてはアラファトと交渉するラビンとペレスを攻撃した、その同じネタニヤフが……いまはアラファトと交渉している。その間、テロ攻撃はやまず、南レバノンではヒズボラとイスラエル国防軍の消耗戦も続いていた。そのうえ、ビビには、一〇年あまり後に政権に返り咲いたときと同じく、一連の腐敗の嫌疑とさまざまな政治スキャンダルがつきまとっていた。

バラク登場

一九九九年五月、ネタニヤフ政権への不信任投票の結果、イスラエルでは再び選挙が行なわれた。

ビビの今回の対立候補は、労働党党首エフード・バラクである。バラクはラビン暗殺後のペレス政権で外相を務めた。有能で頭脳明晰、クラシックピアノの腕は名人級で、とっつきにくく、傲慢だという評判さえあった。それでも、ラビンと同様に軍の英雄にしてイスラエル国防軍の元参謀総長であり、イスラエル史上最多の勲章を授けられた軍人であった。さらに、軍人時代には精鋭特殊部隊の司令官としてネタニヤフの上官の地位にあったのは、興味深いめぐり合わせだ。

バラクが選挙期間中に掲げた公約は、和平プロセスの再開と遂行、すなわちラビンの遺産の完成だった。また、二二年間占領してきた南レバノンの安全保障地帯からイスラエル国防軍部隊を撤退させることも公約した。イスラエル人にとって、バラクはラビンと同様に、安全を守り、かつ和平交渉を進めてくれると信じられる指導者だった。この選挙で、バラクはネタニヤフに圧勝した。

エフード・バラク

当選後すぐに、バラクはアラファト、ヨルダンのアブドラ国王（一九九九年二月に死去したフセイン国王の息子）、エジプトのムバラク大統領と会い、和平プロセスの再開を優先することを印象づけた。和平への期待が高まった。まだ確信はできなかったものの、和平への道は、ラビン暗殺の悪夢とビビの短い右派政権という大きな障害にもかかわらず、行き止まりではないと思われた。

バラクは就任するや迅速に動いた。彼は先輩のラビンと同様に、シリアとの和平の可能性に熱い期待を寄せていた。和平が実現すれば、情勢は一変するはずだ。シリアとの協定により、シリアが支配するレバノンとも和平が成立し、イスラエルは敵対する国家と国境を接することがなくなる。その目標を達成するためにゴラン高原の大半をシリアに返還しても構わないと、バラクは考えていた。ところが、またもや、期待の高まりとアメリカの熱心な調停にもかかわらず、交渉は突破口を見出せなかった。両者はどうしても合意に達することができなかったのだ。それでも、二〇〇〇年五月、バラクは選挙公約を守り、イスラエル国防軍を南レバノンから撤退させた。

パレスチナに関しては、バラクはオスロ合意の核心に一歩ずつ迫るという漸進的なアプローチには批判的だった。最終的地位をめぐる話し合いへ一気呵成《いっきかせい》に向かいたいと望んでいた。和平の可能性はいつまでも開かれているわけではない。ビビの在任中にパレスチナ人に対するイスラエルの信頼が損なわれたことを知っていただけに、平和の敵による避けがたい暴力に対してイスラエルの世論が非常に敏感であることを懸念したのである。一九九九年九月、イスラエルとパレスチナの交渉団がエジプトで会し、和平会談を再び軌道に乗せるという合意にこぎつけた。両者は恒久的地位交渉を同月内に再開し、一年後の二〇〇〇年九月には合意に至る予定だった。

出だしが順調だったにもかかわらず、パレスチナ側との話し合いは遅々として進まなかった。バラクはシリアとの交渉に的を絞っていたが、イスラエル国民はあまりにも大きな変化、あまりにも多くの譲歩を、あまりにも急に受け入れることができないのではないかと懸念していた。これがパレスチナ側を苛立たせた。彼らは、なおざりにされたと感じ、シリアが主役で自らが脇役に甘んじるのを承知しなかった。シリアとの交渉が決裂すると、バラクは再びパレスチナとの交渉に目を向けた。しかし、こちらの話し合いも、詳細をめぐる不一致のためにすぐに頓挫し、信頼は傷つき、期限は守られなかった。

バラクが漸進的アプローチを嫌ったのは、オスロ合意に従って段階的に譲歩すれば、和平プロセスに対するイスラエル国民の支持が次第に弱まっていくという懸念からだった。ところが、それまでの話し合いでイスラエルが約束していたいくつかの仮合意をバラクが撤回したために、パレスチナ側は彼の意図を信じられなくなった。バラクのやり方のせいで、パレスチナ側は、彼が何を優先するのか、信頼できるのか、最終的合意を達成する能力があるのか、疑いはじめたのだ。バラクは苛立った。アラファトはやる気をなくした。交渉は行き詰まった。

ここには恐るべき危険が潜んでいた。七年を経ても交渉が実を結ばず、パレスチナ国家の実現の可能性はない、占領は際限なく続くとパレスチナ側が思い込めば、その結果、占領地で再び大規模な混乱と暴力が生じかねない。そうなれば、すでに動揺しているイスラエル国民はたちまちパレスチナとの合意を受け入れられなくなり、和平プロセス全体を拒否するかもしれない。

キャンプ・デイヴィッド、二〇〇〇年

それらの危険を認識し、和平プロセスが頓挫すれば首相の座が危うくなると考えたバラクは、最終的地位の交渉を一挙に終わらせるための首脳会談の開催を強く求めた。つまり「オール・オア・ナッシング」の和平会議である。パレスチナ側はバラクの性急さを警戒し、パレスチナとの交渉を二の次にした扱いに憤慨し、彼の意図を把握しかねて、参加を渋った。準備が整っているとも、首脳会談開催の機が熟しているとも感じられなかったのだ。

それでも結局、どちらの側にも選択肢はなかった。任期切れが迫ったクリントンは和平調停者としての遺産を完成させたい思惑と、バラクを政治的に支援したいという熱意から、二〇〇〇年七月、双方をキャンプ・デイヴィッド首脳会談に招いた。アラファトの懸念に気づいていたクリントンは、何が起きても責めることはしないと彼に約束した。キャンプ・デイヴィッドでは、かつて一九九三年に原則宣言でうたわれた恒久的地位という大問題、すなわちエルサレム、国境、パレスチナ難民、治安、入植地、あらゆる要求の決着について話し合われる。そして、紛争を永久に終わらせる協定につながる合意に、双方が署名する計画だった。

バラク、アラファト、クリントンとそれぞれの交渉チームはメリーランドの森で二週間を過ごし、最終的地位に関する合意に向けた努力を続けた。イスラエルはパレスチナに、それまでで最も大胆な提案をした。ガザ地区の国家を認め、ヨルダン川西岸の九二パーセント、東エルサレムの一部を譲るなどといったものだ。しかし、結局、どの案件に関しても、特にエルサレム、難民、国境の問題について大きな溝が埋まらなかった。アメリカは双方の隔たりをどうしても解消できなかった。

キャンプ・デイヴィッドから二〇年のあいだに、合意できなかった責任は誰にあるかをめぐって多くのことが書かれ、論じられてきた。提案が書き留められていないことを考慮すれば、議論は一筋縄では行かない。実際に何があったかを語る参加者の言葉に頼るしかないからだ。イスラエルとアメリカの言い分は、バラクはパレスチナが合理的に望みうる最も広範で寛大な申し入れをしたのに、パレスチナ側は対案すら出さずにそれを却下したというものだ。この話によれば、アラファトには取引をまとめる気がまったくなかったという。イスラエルには、和平を結ぶ真のパートナーはいないことがキャンプ・デイヴィッドで証明されたというバラクの言葉は、よく知られている。さらに、アラファトはそもそも和平プロセスの破壊をもくろんでいたという主張さえあった。それで、イスラエルが受諾するはずのないパレスチナ難民の無条件の帰還権——この主張によれば、それは国内の人口バランスを逆転させる——に固執したのであり、その後、激しい暴動を起こしてイスラエルを打倒するつもりだったというのである。

一方、パレスチナの交渉者と、アメリカ（のみならずイスラエル）の一部の主な関係者の話は異なる。バラクの提案は画期的ではあったものの、領土に関するパレスチナ側の要求に十分に応えるものでは到底なかった。エジプトは和平と引き換えにシナイ半島を一〇〇パーセント返還されたし、半島内のイスラエル入植地はすべて解体された。バラクはゴラン高原の九九・九パーセントをシリアに返還することを提案した。ところが、パレスチナに対する領土の提案は大胆ではあったものの、かなり問題があった。まず、ヨルダン川西岸の九二パーセントが真に意味するのは、歴史的パレスチナの二二パーセント（残りの七八パーセントはすでにイスラエルに組み込まれている）の九二パーセントということだ。一部のパレスチナ人が言うように、パレスチナは譲歩の上にさらなる譲歩を求められたというわけだ。パレスチナ人から見て最悪だったのは、将来のパレスチナ国家の首都とすべき東エルサレム、あるいは旧市街のイスラム教とキリスト教の聖地についてのパレスチナ側の要求を、イスラエルの提案が十分に認めなかったことだ。それが問題の核心だった。さらに、アメリカがこのエルサレム問題についてアラブの主要国に意見を求め、話し合いに参加させたのは会談も半ばになってからだった。アラブ世界全体の後押しも得ないまま、エルサレムに関する譲歩をアラファトが承諾すると見込んだのは、控えめに言っても、現実的でなかった。

この紛争のほぼすべての側面と同様に、どの関係者の言い分にも真実はある。しかし、協定の締結に至らなかったとはいえ、キャンプ・デイヴィッドで和平プロセスの道が行き止まりになったわけではなかった。首脳会談を終えた双方は、最終的地位協定には至らなかったものの、地道な交渉を続けるという声明を発表した。そして、その公約どおり、少人数の交渉団が会合を持ち、話し合いを続けた。ところが、二〇〇〇年九月二八日、イスラエル野党の新たな指導者がエルサレムの「神殿の丘」を訪れることを決めた。その訪問が、すべてを変えることになる。

ブルドーザーの復帰

一九九九年の選挙でネタニヤフがバラクに大敗を喫したあと、後任としてリクード党首となったのは、見慣れたいかつい顔の男だった。ビビ政権の外相を務めたアリエル・シャロンは、レバノンでの大失策とサブラーおよびシャティーラのパレスチナ難民キャンプ虐殺事件の汚名から数年間、混乱した政界をさまよったが、いまや完全な復帰を果たした。ブルドーザーが戻ってきたのだ。

入植運動の主唱者、レバノン侵攻の首謀者であるシャロンは、例によって、キャンプ・デイヴィッドにおけるバラクの和平への取り組みと交渉にまったく賛同しなかった。領土の移譲に反対し、イスラエル−パレスチナ紛争地図上で最大の議論の的である場所でイスラエルの主権を主張しようと決めた。その場所とは、エルサレム旧市街のアル・ハラム・アッ＝シャリーフ（高貴な聖域）〔イスラム教徒による呼称〕／ハーバイッツ（神殿の丘）〔ユダヤ教徒による呼称〕である。* 実際、岩のドーム、アル＝アクサ・モスク、嘆きの壁を含む神殿の丘の管理権が誰のものかをめぐる意見の不一致は、キャンプ・デイヴィッド後も未解決の主要な問題の一つだった。** 政治情勢を考えれば、その時期に神殿の丘を訪問するのは乾ききった焚き付けの小山の隣でマッチを擦るのに等しいと、シャロンは承知していた。それでも、彼には主張すべきことがあった――そして、挑むべき首相がいた。

シャロンは火薬庫のようなエルサレムの政情を知らないわけではなかった。それどころか、その政情に彼自身が一役買っていた。彼が所有する家は大きなイスラエル国旗を何枚もはためかせ、毎日二四時間体制で警護され、旧市街のイスラム教徒地区のど真ん中、つまりアラブ・エルサレムの中心に位置していた。パレスチナ人が将来の首都の一部と主張する場所である。家をそこに構えるということは、この都市のアラブ地区をイスラエルが管理するという声明であり、意図的挑発行為と見る人もいただろう。シャロンはイスラエルで最も著名な右派政治家で、入植を推進する強硬派と評されていたからだ。神殿の丘がイスラム教徒とパレスチナ人の大義にとってどれほど大切かを考えれば――覚えているだろうか? 六日戦争でイスラエルがこの丘を手中に収めたあと、モシェ・ダヤンは、第三次世界大戦の引き金にならないよう、イスラエル国旗を岩のドームから降ろせと命じたのだ――、そして、シャロンがどんな人物かを考えれば、パレスチナ人が神殿の丘への訪問をさらに大きな挑発と

*――シャロンには、リクード党首の座を再び狙いかねないネタニヤフの動きを牽制し、次の選挙でバラクに対抗するために右派内の支持基盤に活を入れるというもくろみもあった。

**――ちょっと復習しよう。イスラエルは一九六七年の六日戦争で、旧市街の神殿の丘を含む東エルサレムを手に入れた。神殿の丘は、かつてユダヤ教のエルサレム神殿が建っていた広大な高台である。古来の高台の西側の擁壁が嘆きの壁で、ユダヤ人にとって神聖な場所だ。現在、岩のドームとアル＝アクサ・モスクが建っているため、神殿の丘はイスラム教の第三の聖地となっている。イスラエルは神殿の丘の主権を主張しながらも、パレスチナのイスラム教当局がこの丘のイスラム教の聖地を支配・管理することを許可している。

さえ受け取るのも道理である。この訪問が激しく暴力的な反発を引き起こすことは予測できた。それでもなお、挑発的な振る舞いをしてみせることが肝要だったのだ。

二〇〇〇年九月二八日、イスラエル国防軍の何機ものヘリコプターが上空で羽音を響かせるなか、一〇〇〇人近いイスラエルの護衛スタッフに囲まれ、シャロンと側近たちは嘆きの壁の広場上方にある観光客用の門を通り、神殿の丘の広場へ入った。シャロンは(神殿の丘を管理するイスラム教当局とイスラエルとの合意により、すでにユダヤ人の訪問が許可されていたにもかかわらず)ユダヤ人がこの丘を訪問する権利を守るため、そして、神殿の丘が恒久的にイスラエルの主権のもとにあることを確認するために来たと宣言した(その主張の誤りは、シャロンがその訪問にさえ途方もない規模の警備を必要としたことからも明らかだと、エルサレムのある有力なパレスチナ人指導者が述べている)。* イスラエル警察は抗議者たちを

アリエル・シャロンの家

押し戻したが、それに対して石が投げつけられ、さらにそれに応戦すべくゴム弾が発射された。数時間のうちに暴動は東エルサレム全域に広がった。イスラエルの対応はやはり熾烈で、まもなく抗議活動と暴動はヨルダン川西岸全体とガザ地区にまで広がった。三三年間の占領と入植地建設の果てにキャンプ・デイヴィッド会談が決裂したことで不満を募らせ、シャロンの挑発的な訪問に憤り、イスラエルの過酷な対応に腹を立て、パレスチナ人の過激派に扇動されて、パレスチナの市街は一触即発の状態となった。

第二次インティファーダ

パレスチナ人のデモと暴動が激化するにつれて、イスラエルの対応もさらに厳しくなった（われわれはこうした光景を前にも見たことがある）。騒乱の最初の数週間でイスラエル国防軍の銃により多数のパレスチナ人が射殺され、さらに何千人もが負傷した。パレスチナ人もイスラエル人も同じように、新たなインティファーダすなわち蜂起について言及しはじめた。イスラエル人はそれを「第二次インティファーダ」と呼んだ。パレスチナ人は、神殿の丘へのシャロンの訪問が導火線に火をつけたことから「アル＝アクサ・インティファーダ」と呼んだ。第一次インティファーダと同様に、初期のデモはおおむね連呼と投石のみだったが、次第にパレスチナの過激派集団がイスラエルの治安部隊と銃撃戦を起

＊――その指導者ファイサル・フセイニはこう言った。「イスラエルはここでは主権を持たない。軍事力を持ち、占領する力を持つが、主権は持たない」。

こすようになる。暴動は武力衝突と化した。騒乱の最初期の最も痛ましい映像の一つが、怯え切って父親の背後にうずくまるパレスチナ人の一二歳の少年が射殺される瞬間のもので、複数の報道機関のカメラにより撮影された。親子はガザ地区の街路でイスラエル国防軍と武装したパレスチナ人の衝突に巻き込まれ、必死で逃げ場を探していたのだ。*

この少年への銃撃の映像や、占領地内のデモ参加者に対するイスラエル国防軍のむごい仕打ちのさまざまな映像は、世界中から非難を浴び、イスラエルのアラブ系コミュニティを怒りに満ちた抵抗運動に駆り立てた。一〇月前半、イスラエル警察は非武装のアラブ系イスラエル人と衝突し、発砲して一二人を殺害した(一三人目はガザ地区在住のパレスチナ人の抗議者で、やはり非武装だったが、殺された)。アラブ系イスラエル人の的確な指摘によれば、非武装の抗議者がユダヤ人なら、そんな事件はあり得なかっただろう。その後、イスラエル政府の委員会により、実弾の発射に正当な理由がなかったことが明らかにされたものの、この出来事で罰せられたイスラエルの警察官は一人もいない。

一〇月半ば、イスラエル国防軍の予備兵二人が道を間違え、エルサレムからわずか数キロメートルのパレスチナの都市ラマッラの真ん中に迷い込んでしまった。二人はパレスチナ自治政府警察に逮捕されたが、勾留中の警察署に押しかけた群衆によって殺されてしまった。殺害犯の一人が血まみれの両手を勝ち誇って突き上げる映像が報道機関のカメラでとらえられ、世界中で放送された。時代のおぞましい表徴がまた一つ加わったのだ。この殺戮への報復として、イスラエルはヨルダン川西岸およびガザ地区のパレスチナ自治政府施設に空爆を仕掛けた。暴力沙汰は秋のあいだ中、増加の一途をたどった。事態は収拾不能になっていった。

タバ

暴力の激化をよそに、和平交渉は続けられた。キャンプ・デイヴィッドの首脳会談のあと、クリントン政権は最終的地位協定に向けて独自の案を準備していたが、インティファーダの勃発を受けて発表を延期した。二〇〇〇年一二月二三日、任期が終わる一カ月前に、クリントンはワシントンＤＣでその案をイスラエルとパレスチナの交渉担当者に提示した。退任間近の大統領は会合の席上、アメリカ、パレスチナ、イスラエルの交渉団が詰めかけた部屋で全員が注視するなか、自らの提案を読み上げた。そして、自分が退任すれば、その提案は効力を失うと明言した。

クリントン指針と呼ばれるこの案は、ガザ地区全域とヨルダン川西岸の九七パーセントにパレスチナ国家を建国することを提案するものだった。イスラエルは入植者人口の八〇パーセントが住むヨルダン川西岸の占領地を併合し、その見返りとして、新たなパレスチナ国家に同等の領域を与える。新国家の国土は切れ目なくつながる。エルサレムに関するクリントンの「大まかな方針」では、東エルサレムの（神殿の丘を含む）アラブ地区の主権はパレスチナが、東エルサレムの（嘆きの壁を含む）ユダヤ地区の主権はイスラエルが持つ。新たなパレスチナ国家は非武装化される。イスラエルは「早期警

＊――イスラエル国防軍はこのムハンマド・アッ＝ドゥラー少年の死に対する責任を認めたが、のちに撤回した。命取りになった銃弾を発射したのがイスラエル軍かパレスチナ側かを問う声が上がったからだ。どちらにしても、一連の映像はこの時期の最も悲痛な映像に数えられる（William A. Orme Jr., "Israeli Army Says Palestinians May Have Shot Gaza Boy," *New York Times*, Nov. 28, 2000, https://www.nytimes.com/2000/11/28/world/israeli-army-says-palestinians-may-have-shot-gaza-boy.html）。

報基地」をヨルダン川西岸に持ち、国際部隊が国境警備を担う。難民に関しては、パレスチナはイスラエルに対する帰還権の要求を撤回し、イスラエルは一九四八年にパレスチナ人民に苦痛を味わわせたことを認め、難民への補償のための国際的基金に寄与する。新たなパレスチナ国家は移住を望むすべてのパレスチナ難民を歓迎する。双方は関連する国連安保理決議のすべてを実行し紛争を終わらせることを宣言する。

　イスラエルはクリントン指針を受け入れたが、わずかな留保[*]があった。アラファトは明確な回答をしなかった。イエスと言う準備はできていなかったが、ノーと言いたくもなかったのだ。[**]結局、アラファトは最終的には留保付きで指針を受け入れたものの、イスラエルの留保とは異なり、パレスチナの留保は明らかに「クリントンが提案した指針から外れていた」（たとえば、アラファトは嘆きの壁をイスラエルの主権下に置くというクリントンの提案も、難民問題の解決案も、拒絶した）。

　それでも、和平交渉団は努力を続けた。二〇〇一年一月後半、交渉チームはイスラエル国境に近いエジプトの保養地タバに集まった。あらゆる観点から、話し合いは前向きで生産的であり、イスラエルとパレスチナの交渉団はクリントン指針に基づいて（さらにその枠さえ超えて）、最終的地位協定に向けて大きく前進した。しかし、当時イスラエルは二月の選挙を控え、クリントンはすでに退任していた。タバ会談を終えて、交渉団は以下の共同声明を発表した。「両者はかつてないほど合意に近づいており、イスラエルの選挙後に交渉を再開すれば残っている溝を埋められると互いに信じていることを宣言する」。これが、交渉団が相まみえた最後の機会となる。

＊――外交用語では、「わかりました、しかし、しかし……」ということを意味する。

＊＊――アラファトとパレスチナ側は、ジョージ・W・ブッシュ次期大統領の新政権が父親のジョージ・H・W・ブッシュの政権と同様に、パレスチナの立場にもっと寄り添い、イスラエルにもっと譲歩を迫ると信じていたのかもしれない。アメリカ側の和平交渉者だったアーロン・デイヴィッド・ミラーによれば、それがアラファトの曖昧な回答の理由だったとすれば、二人目のブッシュ大統領の優先順位を根本的に読み間違えていたことになる（二〇二一年三月、著者との談話におけるアーロン・デイヴィッド・ミラーの発言）。

＊＊＊

和平プロセスの殺し方

一九四八年に誕生したイスラエルは、建国以来一〇年ごとに大きな戦争（あるいは一連のたちの悪い小さな戦争）を戦ってきたが、例外的な時期が一つだけある。一九九〇年代だ。それは偶然ではない。一九九一年のマドリード和平会議に始まり二〇〇〇年後半のタバに終わる約一〇年間が、イスラエルにとって、パレスチナおよび広範なアラブ世界との和平交渉の黄金時代であり、その間、すべての当事者は紛争に勝つことよりも紛争の解決に照準を定めていた。オスロ合意のほかにも、この期間にはイスラエル－ヨルダン間の和平協定の調印や、シリアとの和平の試みがあったし、中東全体におけるイスラエルの存在を正常化するプロセスが、イスラエルとモロッコ、カタールなどの国々との公式の接触によって始まった（そうした初期の接触がまいた種が成長したおかげで、数十年を経た二〇二〇年、アラブ諸国の一部はイスラエルを正式承認している）。そして、一九九〇年代以降も交渉のテーブルに戻ろうとする誠実な取り組みがいくつかあったものの、オスロ合意の一〇年間のような勢いは生まれなかった。

オスロ合意プロセスへのもっともな批判は枚挙にいとまがないし、いずれ最終合意に至ったはずだという確証もない。とはいえ、先のことはわからない。結局、オスロ合意が失敗したのはプロセスに欠陥があったからでも、二国家解決という最終目標が達成不能だったからでもない。実際、オスロ合意は失敗したのではない。失敗する機会さえ与えられなかった。代わりに、殺されたのだ。

イツハク・ラビンの暗殺は、現代の政治的暗殺では稀有な例と言えるかもしれない。目的を実際に果たした暗殺だからだ。マーティン・ルーサー・キングの暗殺は、アメリカの公民権へ向かう行進を止めなかった。アンワル・サダトの暗殺はエジプトとイスラエルの和平を破壊しなかった。しかし、ラビンの暗殺は、国を先導しながらパレスチナとの取引をまとめることができたかもしれない唯一のイスラエルの指導者を、消し去ってしまった。彼がいたらどうなっていたかは永遠にわからない。それが喪失の悲劇をよけいに大きくする。

さらに、暗殺犯だけではなかった。ラビン殺害犯と、ヘブロンのユダヤ人テロリスト〔181ページ参照〕と、彼らを生んだ過激派の運動は、まるで申し合わせたかのように、ハマスや、イスラム聖戦機構や、その他の平和の敵たちの自爆テロ犯と協働した。双方の和平反対派に助けられ、そそのかされて、彼らは首尾よく和平プロセスを殺した。共に歴史を変えた。

戦争と、テロと、増長する同族意識と、半世紀にわたってこの土地を蝕んできた占領により、双方の心は頑なになってしまった。それでも、平和的解決の大まかな輪郭は残っている。タバで垣間見えた光に至るまでの主な障害は、政治的想像力の欠如ではない。本書ですでに述べたように、政治的意志の欠如である。とはいえ、イスラエル人とパレスチナ人のあいだにある「現状」は、それ以前の問題だ。現地の状況が変わるにつれて、イスラエル人とパレスチナ人の精神的な紛争地図も変化する。相手を悪魔呼ばわりする言説と暴力の応酬が続けば、心はさらに頑なになる。入植地が増大し続ければ、実現可能な二国家解決はますます遠ざかってしまう。イスラエルとパレスチナの指導者が紛争を終わらせる政治的意志を取り戻すことはあるのか？　それはいつなのか？　もう遅すぎるのか？　それが問題だ。

13章 ブルドーザーの最後のサプライズ

The Bulldozer's Last Surprise

二〇〇一年二月六日、イスラエルはまたもや選挙を行なった。バラクの政治力は弱まっていた。キャンプ・デイヴィッド会談の決裂、第二次インティファーダの暴力の激化、一〇月に起きた非武装のアラブ系イスラエル人抗議者への銃撃（アラブ系コミュニティにおけるバラクへの支持低下につながった）がその原因である。バラクはシャロンに大敗を喫した。いまやブルドーザーがイスラエルの首相である。オスロ合意は終わった。

二〇〇一年から二〇〇二年を通じて、占領地での暴力は激しさを増していく。イスラエル国防軍はパレスチナの過激派とデモ参加者を殺し、パレスチナの過激派はイスラエルの兵士と民間人――ヨルダン川西岸とガザ地区の入植者が多かった――を標的にした。ハマスとイスラム聖戦機構、それにアラファトの政党ファタハと連携する組織を含むパレスチナの過激派が、武力攻撃の頻度を増していった。アラファトも、パレスチナ自治政府も、そうした攻撃をほとんど防ごうとしなかった。むしろ騒乱を利用して交渉の立場を有利にしようとし、パレスチナ人を軽んじるべきでないことをイスラエルに示そうとした。真剣に鎮静化を図ろうとしなかった。それどころか、騒ぎに乗じようとした。そうなると、好ましい結末は訪れそうにない。シャロンは神殿の丘を訪問して第二次インティファーダの導火線に火をつけたかもしれないが、アラファトは暴力の増大を止めようとしなかったことで、炎にガソリンを注いだ。

アリエル・シャロン

二〇〇二年五月一九日、自爆犯がイスラエルの都市ネタニヤのショッピングモールを攻撃し、六人が死亡した。自爆テロ犯がイスラエルの民間人を狙ったことは以前にもあったが、ネタニヤの事件は、イスラエル国内で民間人を狙う一連の凄惨な自爆テロの皮切りとなった。インティファーダを通じて、バスや、駅や、ピザ店や、レストランや、ショッピングモールで何百人ものイスラエル人が殺された。なかでもとりわけ悪夢のような攻撃は、海辺のホテルで行なわれていた過越の祭りのセデルという儀式の最中にテロリストが自爆し、三〇人が死亡した事件だ。通学やファラフェルの立ち食いが、突如、リスクの高い行動と感じられるようになった。どのイスラエル人にも、暴力の被害にあった知り合いがいた。第二次インティファーダのあいだに自爆テロなどのテロ攻撃で命を奪われたイスラエルの民間人は、総計七〇〇人以上にのぼる。

自爆テロの波状攻撃に対抗し、シャロンは「防衛の盾作戦」として、ヨルダン川西岸を徹底的に再占領した。またもやイスラエル国防軍がナブルス、ジェニン、ヘブロンその他のパレスチナの都市の街路を巡回した。イスラエル兵とパレスチナの武装集団の戦闘が占領地全域で起きたが、最も高い代償を支払わされたのはパレスチナの民間人である。蜂起のあいだにイスラエル治安部隊に殺されたパレスチナの非戦闘員はおよそ二二〇〇人にのぼった。*イスラエルは分離壁（おおよそイスラエルとヨルダン川西岸の境界線に沿っているが、ヨルダン川西岸内の占領地に大きく食い込む）の建設を始めた。目的の一つは、テロリストによるイスラエル襲撃を防ぐことだった。シャロンは暴力の責任がアラファトにあると非難し、イスラエル国防軍に命じて、ラマッラのパレスチナ自治政府本部を包囲させた。アラファトは一九九六年に（ガザ地区の中心都市の）ガザ市からラマッラへ拠点を移していたのだ。イスラエルの治安部隊は本部敷地内の多くの建物を破壊し、アラファトは長くそこに留まることになるが、二〇〇四年一〇月、深刻な病状に陥り、退避してフランスの病院へ搬送された。そして、翌月、亡くなった。

その間、外の世界では暴力の中止と和平プロセスの復活を図る試みがなされていた。二〇〇二年、アラブ連盟は和平案を公表し、イスラエルに対して和平とアラブ諸国との関係正常化を提案した。関係正常化の条件は、イスラエルの占領地からの撤退、難民問題の正当な解決、ヨルダン川西岸およびガザ地区にパレスチナ国家を建設して東エルサレムをその首都とすることだった。シャロンはこの申し出を言下に拒んだ。理由は、この案が（パレスチナ難民のイスラエルへの帰還を求めた）国連総会決議一九四号に言及していたことと、イスラエルに一九六七年の国境まで撤退するよう求めたことだった。

そして、二〇〇三年、ブッシュ政権とEU、ロシア、国連（いわゆる「カルテット（四者）」）が和平行程表《ロードマップ》を提示した。二国家解決に至る道筋を示したもの（キャンプ・デイヴィッドとタバの案よりも大幅にイスラエル寄りの内容）である。この行程表は詳細には踏み込んでいないが、あらゆる暴力の停止、入植の凍結、イスラエルの安全、実現可能なパレスチナ国家建設を求めていた。シャロンは大筋でその構想を受け入れたが、留保もあり、とりわけ入植の凍結を拒んだ。パレスチナ自治政府の新たなトップ〔初代首相〕マフムード・アッバス（オスロ合意に深く関わった穏健主義者）はこの案を受け入れた。最終的にブッシュ政権の関心はイラクでの戦争に集中し、この行程表は両者を泥沼から救い出すには至らなかった。パレスチナ自治政府は暴力を止めず、イスラエルは入植地建設の停止を拒んだ。

これら二つの和平の試みの失敗にもかかわらず、イスラエル首相の内面には変化が生じていた。第二次インティファーダの仮借ない暴力と、自爆テロ作戦の恐怖と、イスラエル国防軍兵士をパレスチナの大都市へ再配備する必要性が相まって、何かを変えざるを得ないと確信するに至ったのだ。二〇〇三年に、シャロンはリクードの議員グループに向かってこう述べた。「このまま占領を続けて――これは占領だ。その言葉は嫌いかもしれないが、これはまさに占領である――、三五〇万人のパレスチナ人を占領下に置いたままにできるという考えは、私の見解では、われわれにとっても彼らにとっ

＊――イスラエルの人権団体ベツェレムの報告によれば、第二次インティファーダではイスラエルの民間人七一九人と、イスラエルの治安部隊員三三四人が死亡した。ベツェレムの報告では、「戦闘に加わらなかった」パレスチナの民間人二二〇四人と、実際に戦闘に加わったパレスチナ人一六七一人（および戦闘における役割が明確でない八七〇人）が第二次インティファーダ中にイスラエルの治安部隊によって殺されたという。ベツェレムはまた、紛争中に五七七人のパレスチナ人がほかのパレスチナ人に殺され、そのうち一〇〇人以上はイスラエルへの協力者と疑われたことが殺害の理由だったとしている（"Fatalities Before Operation 'Cast Lead,' Data by the date of event, 29 September 2000-26 December 2008," https://www.btselem.org/statistics/fatalities/before-cast-lead/by-date-of-event）。この紛争の多くの面と同様に、統計数値にさえ賛否両論がある。死傷者の基本的な数は大半の情報源で一致するものの、死傷者の分類（戦闘員か否かなど）については相違がある。私がこれらの統計数値を選んだのは、（a）ベツェレムが国際的に定評のある人権団体であり、（b）ベツェレムがパレスチナ自治政府ともイスラエル政府とも無関係であるからだ。全面的開示として、ベツェレムは新イスラエル基金（New Israel Fund）から補助金を受ける団体の一つであることを明記しておこう。

ても、非常に悪い。永遠には続けられない。君たちは、ジェニンや、ナブルスや、ラマッラや、ベツレヘムにずっといたいか？　そうするのは正しくないと、私は思う」。占領という言葉についてはこんにちでも、一部の保守派イスラエル人と親イスラエル派の中に賛否両論がある。その言葉を二〇〇三年に、イスラエル首相で入植事業の立案者である人物が使ったのだ。一体どういうことだろう？

シャロンは二〇〇三年に、あるイスラエル人ジャーナリストとの会話の中でその答えを明らかにしている。「私は真の合意に達するために、真に努力することを決意した。私は七五歳だ。いまある地位よりも上を目指す政治的野心はない。この民族に安全と平和をもたらすことを目的、目標と考えている。そのために非常に大きな努力をするつもりだ。自分のあとに残すべきもの、それは合意に達するための努力だと思っている」。シャロンは権力の座に就いた途端に、先任者のラビン、ペレス、バラクと同じく、かつて一九六七年にベン＝グリオンが達したのと同じ結論に至ったように見える。つまり、六日戦争で得たすべての土地（およびそこに住むパレスチナ人）に固執したままでは、イスラエルは民主主義のユダヤ人国家であり続けることはできないという結論である。どの土地を手放すか、それをどう実行するかをめぐるシャロンの考えは労働党の先任者たちと大きく異なっていたにしても、彼もまた、イスラエルをパレスチナ人から切り離さなければならないと信ずるに至った。そのためには、少なくとも一部の領域からは出ていかざるを得ない。

二〇〇四年六月、ガザ地区とヨルダン川西岸に点在する入植地の一部からイスラエルの入植者と部隊をすべて一方的に退去させる計画を、シャロンが発表した。これは基本的に、パレスチナ人と、入植者と、イスラエル国防軍のあいだの大きな争点の一つを取り除く（あるいは少なくとも軽減する）ことになる計画だ。その発表は、政界を大きく揺るがしたどころではなかった。入植事業の立案者が、その事業のかなりの部分を解体すると決断したのだ。パレスチナ人に占領地を少しでも譲ることに反対していた右派の批評家たちは戦慄し、裏切られたと感じた。左派の批評家たちは、一方的退去は得策でないと主張した。空白地帯ができれば、ガザ地区でいまだ強い力を保つ強硬派ハマスがそこへ入り込むから、イスラエルとパレスチナ自治政府が協調してそれを防ぐべきだというのだ（案の定、懸念されたとおりのことが起きた）。しかし、シャロンは、パレスチナ自治政府には協調できる分別あるパートナーがいないと考え、自分なりのやり方で事を運びたがった。

二〇〇五年二月、シャロンとアッバスはエジプトで会談し、イスラエル-パレスチナ間の暴力を終わらせることを約束した。アラファトが亡くなり、シャロンのガザ退去計画が動き出して、第二次インティファーダは終結した。イスラエルの部隊はA地域から撤退し、数カ月後には、シャロンが挙国一致政府を発足させた。ガザ地区からの撤退を実行するために連立政権に労働党を加え、支配力の強化を図った

ガザ地区から入植者を立ち退かせる兵士

のだ。二〇〇五年九月、「ブルドーザー」はガザ地区へブルドーザーを送り込んだ。イスラエルはガザ入植地を解体し、ユダヤ人入植者（八〇〇〇〜九〇〇〇人）全員と、彼らを保護していたイスラエル国防軍の部隊をすべて引き揚げた。

一一月、入植活動とそれを支持する政治的右派にとって大きな痛手となった入植地解体をめぐり、ネタニヤフがリクード党内で反乱を起こした。この反乱に直面したシャロンは党首を辞任し、中道派の新政党カディマ（「前進」の意）を結党する。二〇〇六年三月に予定されていた選挙を前に、世論調査ではカディマが最有力政党と見られた。二〇〇六年一月四日、シャロンは脳卒中で倒れ、昏睡状態となって、回復することはなかった（彼は八年後に死去する）。イスラエル建国世代が生んだ最後の指導者が、世を去った。

シャロンの最終目標はいまだに不明だ。ガザ地区（在住する入植者以外のほとんどのイスラエル人にとって、必死で抜け出さねばならないタール坑）に加えて、ヨルダン川西岸の少なくとも一部から撤退するつもりだったのは疑いがない。さらに、パレスチナ国家は絶対に必要なものであるとの結論に達していた。シャロンが次にどんな動きをするつもりだったか、正確にはわからない。わかっているのは、彼が、パレスチナ人とある程度離れること――そして、いかにつらくとも、そのために必要な土地を放棄すること――が、イスラエルの存続のために必要だとまで考えるに至ったことだ。執務不能になった時点で彼がイスラエルの有権者に圧倒的人気を誇っていたことから、イスラエル人は彼の導きに従っただろうと推察できる。皮肉に満ちた物語に、また一つ、皮肉が加わった。獰猛なブルドーザーが国父のような指導者に転じ、愛されるまでになった。入植事業の立案者が、自らの創造物を破壊しはじめた。もしかしたら、シャロンはイスラエルを紛争から救い出したかもしれない。それは誰にもわからない。

戦士から調停者に転身したイスラエル人がまた一人、仕事を完成させる前に斃《たお》れた。

オルメルトと第二次レバノン戦争

シャロンの後任は首相代行で財務相、元エルサレム市長のエフード・オルメルトだった。オルメルトは筋金入りのリクード党員として頭角を現したが、党首と同様に中道へ移り、シャロンに従ってカディマに入党した。首相になってまもなくオルメルトが発表した「再編計画」では、イスラエルは必要とあらば一方的に、五大入植地区を除いたヨルダン川西岸の全域から撤退し、五大入植地区はイスラエルが併合することになっていた。ところが、またもや障害となる事件が発生する。二〇〇六年七月、イランの支援を受けた南レバノンのヒズボラ戦闘員がイスラエルの複数の町にロケット弾を発射し、その後、越境攻撃でイスラエル国防軍の兵士数人を殺害したり、捕虜にしたりしたのだ。イスラエルが空爆で対抗すると、ヒズボラはイスラエルにミサエルを撃ち込んだ。イスラエルはヒズボラの攻撃を許可したレバノン政府に責任があると宣言し、南レバノンへの本格的な侵攻を開始した。

第二次レバノン戦争はイスラエルにとってほぼ惨敗だった。イスラエルのメディアは政府のやり方を激しく非難した。レバノンへの軍事補給線は滞り、小さな町々やハイファなどの大都市に雨あられと降り注ぐミサイルやロケット弾を避けるために、何十万というイスラエル人が北部から避難したためである。国際社会でもイスラエルのイメージに新たな傷がついた。イスラエルはベイルートのヒズボラの拠点のみならず、国際空港をはじめとするレバノンのさまざまな公共インフラに空から猛攻撃を仕掛け、一〇〇万人近いレバノンの民間人がイスラエルの武力侵攻を避けて避難したからだ。なぜヒズボラ側からの意図的な挑発にオルメルトがやすやすと乗ってしまったのかと、批判者たちは問うた。レバノンの過激派武装集団ヒズボラは、多大な犠牲を伴う勝者なき戦争において、規模と力ではるかに勝るイスラエルに善戦したことにより、国内外で力を増し威光を高めた。

一カ月間の戦闘のあと、国連安全保障理事会は戦争終結を求める決議を可決し、休戦が成立した。何百人ものレバノンの民間人と、何百人ものヒズボラ戦士が、この紛争で死亡した。イスラエルの民間人四四人がロケット弾やミサイル攻撃により死亡し、イスラエル国防軍兵士一一二人が戦死した。ヒズボラと後ろ盾のイランは力を誇示し、南レバノンのどの基地からもイスラエルを攻撃できることや、地上の戦士たちも侮れない敵であることを証明した。イスラエルは圧倒的な武力で応じたものの、オルメルトはひどい痛手を被った——彼の支持率は一時期、三パーセントだった。政府の公式な委員会はオルメルトの采配が間違っていたと非難し、彼の辞任を求める大規模な抗議行動が相次いだ。

そうした状況にもかかわらず、オルメルトは自説を曲げず、イスラエルが民主的ユダヤ人国家として存続するためには二国家解決が必要だという信念を強めていった。アラブ連盟が二〇〇二年の和平案を更新し再確認した際、オルメルトは前向きに応じ、二〇〇七年一一月、ブッシュ大統領がオルメルトと、このときパレスチナ自治政府大統領となっていたアッバスをメリーランド州アナポリスでの和平会談に招いた。いま一度、双方は七年前にキャンプ・デイヴィッドとタバで提示されたものに近い条件での合意に近づいた。ところが、当時オルメルトは政争に加えて法的係争を抱えていた。汚職により起訴されたのだ。さらに、ガザ地区が妨げとなった。

パレスチナの二大派閥、ファタハ（オスロ合意を支持）とハマス（オスロ合意を拒絶）のあいだの緊張は、二〇〇四年にアラファトが死去して以来、ガザ地区で高まっており、二〇〇五年にイスラエルがガザ

地区から一方的に撤退してからはさらに高まる一方だった。イスラエルは退去後、ガザ地区の全面的支配権をパレスチナ自治政府に移譲し、二〇〇六年の合法的選挙で、ガザ地区ではハマスがファタハを破った。アメリカやイスラエルなどの国々はハマスをテロ組織と見ており、選挙ではファタハを支援した。それらの国々が、ガザ地区の支配権を取り戻そうとするファタハの取り組みを支援していた。政治的合意に達することができない両者のあいだで、まもなく戦闘が始まった。流血の抗争が数カ月続いたあと、二〇〇七年六月にハマスが優勢となってファタハを駆逐し、ガザ地区の支配権を握った。* いまやパレスチナの政治組織体は実質的に二つ存在していた。ハマスが支配するガザ地区と、パレスチナ自治政府およびファタハが支配するヨルダン川西岸である。

*——二〇〇七年以降、和解の試みは多数あったものの、いずれも成功していない。それが災いして、和平交渉再開の構想が難しいものになっているのは明らかだ。

ハマスの実権掌握後、イスラエルはガザ地区を全面的に（空路も、海路も、陸路も）封鎖し、この狭く貧しい人口密集地帯に入れるのは人道支援を目的とする場合のみだと宣言した（ガザ地区とのもう一つの地上境界線を管理するエジプトも、同地区への人と物資の出入りを厳しく制限した）。ガザ地区は世界最大の屋外監獄と称されるに至った。実際、ハマスは脱獄と同じ手法で境界のフェンスの下にイスラエルとエジプトへ通じるトンネルを掘り、そのトンネルを通じて武器を含むあらゆる物資を密かにガザ地区に持ち込んだ。

ガザ地区のハマスとイスラム聖戦機構の過激派は、近隣のイスラエルの町や村にロケット弾の発射を執拗に繰り返し、イスラエル国防軍はそれに砲撃と空爆で応じていたが、ようやく休戦に至り、この地域にある程度の平穏が訪れた。しかし、二〇〇八年一二月、再び戦闘が始まり、そして、すぐに激化した。翌年一月前半にオルメルトは近隣のイスラエルの町々への攻撃を止めるため、ガザ地区への地上侵攻を命じた。三週間の戦闘を経て休戦が宣言されるまでに、およそ一四〇〇人のパレスチナ人が死亡し、そのうち九〇〇人ほどは非武装の民間人だった。イスラエルの民間人三人がイスラエルに撃ち込まれたハマスのロケット弾で死亡し、イスラエル国防軍の兵士一〇人が戦死した。

イスラエルは、ガザ地区で不相応な武力を行使して民間人にとてつもない犠牲を生じさせたことで、またもや強い国際的非難にさらされた。ガザ地区からの一方的なロケット攻撃から民間人を守るあらゆる権利があるというのが、イスラエル側の言い分だった。ハマス側は、イスラエルの挑発と包囲の継続に対抗しているのだと主張した。人権団体と国連は、戦争犯罪を犯したとして両者を非難した。*

レバノンとガザ地区の紛争で深手を負い、汚職により刑事訴追され、人気が地に堕ちたオルメルトは、二週間後、辞意を表明する。カディマ党の党首を引き継いだツィピ・リヴニ外相は連立工作のために六週間を与えられたものの組閣できず、二〇〇九年二月に前倒しで選挙が行なわれる運びとなった。リヴニが率いるカディマが勝利したが、またもや組閣に至らなかった。そのため、イスラエルの選挙規定に従い、次点者に組閣のチャンスが回ってきた。右派政党の得た総議席数が中道と左派の議席数を上回ったため、第二位の党が連立政権樹立に成功した。かくして、リクードのビビ・ネタニヤフが政権に復帰することになった。

*――二〇〇八～九年のガザ紛争は、イスラエル人から「鋳造された鉛作戦」、パレスチナ人から「ガザ虐殺」と呼ばれた。これはイスラエル-ハマス間の一連の短い流血の戦いの第一ラウンドにすぎなかった。巻末「紛争に関する用語集」の〈戦争（とその呼称）〉の《二〇〇六年～現在》の項を参照のこと。

14章 民主主義の後退

The Democracy Recession

ネタニヤフの最高位職への復帰は、イスラエル史に新たな時代を画した。それをビビ時代と呼ぶことにしよう。ビビは二〇〇九年以来、首相の座に留まり、一〇年余のあいだにさらに五回、接戦となった選挙で勝利への道をこじ開けてきたが（イスラエルには任期制限がない）、その間に私的・政治的スキャンダルが増え、二〇一九年には三件の刑事告発に至った（彼の裁判は二〇二〇年に始まり、本書執筆中の現在、継続中である）。イスラエルの指揮官としてガザ地区でのハマスとの短く激しく決着のつかない戦いを何度も率い、入植地建設を加速し、イランをめぐってアメリカのバラク・オバマ大統領と衝突し、アメリカのキリスト教福音派および共和党との距離を縮め、リベラルなユダヤ人コミュニティや民主党からは次第に遠ざかってきた。友人のドナルド・トランプの台頭を喜び、トランプも彼に政治的贈り物の数々を惜しまなかった。すなわち、二〇一五年のイラン核合意からの撤退、ゴラン高原におけるイスラエルの主権の承認、アメリカ大使館のエルサレムへの移転（それがなぜ重大なのかを知るには「紛争に関する用語集」の〈エルサレム（東・西）〉の項を参照のこと）、ヨルダン川西岸の三〇パーセントをイスラエルに併合するアメリカの和平案、ペルシャ湾のあまり民主的でない二つの裕福な小国、アラブ首長国連邦とバーレーンとの関係正常化の仲介などである。

二〇二〇年三月、またしても結論の出ない選挙が終わり、ネタニヤフは再び首相の座にかろうじて留まった（そして、在任中は刑事訴追を免れることを期待した）。コロナウイルスのパンデミックと闘うためと称して、最大のライバルである中道の「青と白」党と連立政権を組んだおかげである。ビビの政治的手腕の鮮やかさは、イスラエル史上並ぶものがない。ただし、それらすべてには代償が伴った。イスラエルの民主主義の質と性格という代償である。

ネタニヤフ

過去一〇年ほどにわたり、エコノミスト・インテリジェンス・ユニット（「エコノミスト」誌の調査部門）の「民主主義指数」では、イスラエルは完全な民主主義ではなく「欠陥のある民主主義」と評価され続けている。イスラエルは自由民主主義的な建国理念から逸脱しはじめた。過去一〇年にわたりネタニヤフが率いた右派政権が、イスラエルの「民主主義の後退《デモクラティック・リセッション》」＊を招いている。新しい法律や法案や政策が超正統派宗教権力者の力を強め、イスラエル国内のアラブ系少数派をますます周縁化し、言論と異議申し立ての自由に新たな制限と規制を課し、占領について報告する人権団体を黙らせて休止させようとし、そして、もちろん、入植事業を劇的に強化したのだ（これらの問題については本書第2部でさらに掘り下げて論じる）。

＊――政治学者ラリー・ダイアモンドの造語。

このような民主主義の空間の縮小はイスラエルに限ったことではない。「非自由民主主義」とも呼べる波が地球全体を洗い、トルコ、ロシアからハンガリー、ポーランド、ブラジルへ、そして、EUを離脱したイギリス、トランプのアメリカにまで及んだ。しかし、イスラエルにおける右派ポピュリズムの台頭は、いわばイスラエルならではのものだ。右派ポピュリズムのせいで、この国は、イスラエルを支持してきた人の多くがもはやイスラエルと認識できない場所になりかねない。一体、地中海東岸の小さいながら勇ましい西洋式民主国家に何が起きたのだろう?

イスラエルの変化の核心は、右派連立政権が権力の座に就き、間断なく一〇年間君臨し続けたことだ。ビビの指揮下、連立政権にはナショナリスト、宗教者、ロシア系、入植者の政党が集った。たしかに、過去にもイスラエルには右派連立政権が存在したが、今回は違った。この新しいイスラエル右派政権は、自由民主主義の価値観と制度の維持や擁護への関心が前の右派政権よりも低かったうえに、有力な政治的反対勢力が存在しなかった。かつて勢力を誇った労働党の建国者たちは、和平プロセスの頓挫と第二次インティファーダのテロと暴力を経て急速に力を失い、ほとんど存在感を失った。労働党に投票していた人たちは、一連の大きな中道政党か小さな左派政党へ鞍替えしたため、反対勢力が弱体化した。新たなナショナリスト−入植者−ロシア系−宗教者連合の構成は選挙のたびに少しずつ変わり、ときには中道政党さえ参加することがあったものの、連続した六期〔議会期(クネセト議員の任期満了、または解散までの期間)の数〕のネタニヤフ政権はイスラエルの政治と政策をかなり右寄りに動かしていった。強力な反対政治勢力がないために、新たなウルトラ・ナショナリスト連立政権は、イスラエルの有権者のほぼ半分しか代表していないにもかかわらず(どこかで聞いたような話では?)、かつてないほど制約が少ない状況を利用して、共有する目標を追求した。それらすべてが相まって、すでに分断された社会はさらに分断されていった。

＊＊＊

ガザ地区、ゴールドストーン報告書、人権擁護者への攻撃

二〇〇八〜〇九年にガザ地区で起きた三週間の戦争のあと、国連は、戦闘員による国際人権法・人道法違反の容疑を捜査するため、事実調査団を派遣した。調査団のリーダーは（ユダヤ人で）元南アフリカ最高裁判事リチャード・ゴールドストーンである。イスラエルは、イスラエルの視点から見た「国連による不公平な処遇の歴史」を挙げ、捜査への協力を拒んだ。[*] それでも、二〇〇九年九月に発表されたゴールドストーン報告書では、イスラエルとハマスの両方が戦闘中に人権を侵害し、戦争犯罪を犯したとされた。

＊――公平を期するために言えば、イスラエルにも一理あった。一九四七年の国連総会決議一八一号はイスラエル建国の土台をつくったものの、それ以降、ことに国連総会は、しばしばイスラエルの敵と批判者がイスラエルを名指ししてもっぱら批判と非難を浴びせる場となってきた。その一例が悪名高い一九七五年の（一九九一年に撤回された）「シオニズムは人種差別に等しい」とする決議である。とはいえ、安全保障理事会はアメリカが常任理事国の一つであるため、反イスラエル的偏見をあからさまに示してはいないし、国連総会決議は国連加盟国が従うべきものと見なされている。決議のなかには六日戦争後に可決された二四二号と三三八号もあり、これらは土地と和平の交換という発想に基づき、占領地からのイスラエルの撤退と紛争の平和的解決を求めている。

イスラエル政府および同盟国はこの報告に憤慨し、ゴールドストーン・チームが報告書作成の際に利用したデータと報道の出所であるイスラエルの人権団体に怒りをぶつけた。政府高官と右派の政府系NGO（政府の政策と戦略を推し進めるために政府が組織した非政府組織）は公的、政治的、法的な威嚇キャンペーンを開始し、もっぱら政府の仕事を進めるために、人権団体の非合法化と排斥を目指した。人権団体はガザ地区の戦闘とヨルダン川西岸の占領の継続的執行における人権侵害を記録することで兵士の士気をくじき、イスラエル国防軍の名声を汚し、イスラエルに対して活発な反対活動をしているというのが、政府側の言い分だった。そのような行為は、軍が（少なくとも多くのユダヤ系イスラエル人の目には）最も信頼され敬愛される組織である国では、危険だというのだ。

右派の政府系NGOは手始めに新イスラエル基金（私が現在代表を務める組織であり、人権団体を含むイスラエルの市民団体への有力な資金提供者である）を攻撃し、ゴールドストーン報告書の「黒幕」として指弾した（それは濡れ衣である）。また、クネセトの右派議員は国会で新イスラエル基金を調査すると脅した。実際には調査は行なわれなかったが、もっと効果的で危険な攻撃があとに続いた。議員たちは議論を後回しにし、人権団体の活動を制限するための法案を可決したのだ。政府系NGOはインターネット上で動画を使ったキャンペーンを展開し、テロリストを支援する裏切り者として著名な人権活動家たちの画像と自宅の住所を公開した。入植賛成派の団体は占領反対派と人権活動家に対して戦略的訴訟を起こし、根拠のない告訴による恫喝と活動の妨害を試みた。イスラエルの人権・市民権活動に対するイスラエル右派からの攻撃は、この国の民主主義を後退させた後ろ向きの第一歩と見なされる。そして、いまだに民主主義の後退を象徴するものの一つだ。一〇年後のいまも攻撃は続いているからだ。

＊＊＊

この一〇年、ネタニヤフの連立政権のレトリックと政策、さらにとりわけ大量の法案が目的としてきたのは、アラブ系マイノリティの犠牲によるユダヤ系マジョリティの力の強化、連立政権の権力に抑制と均衡《チェック・アンド・バランス》を働かせる司法や市民社会といった民主的制度の抑制と縮小、入植地の保護と拡大、そしておそらくは併合に向けた下準備である。成立した法律（第2部でその多くについて詳しく見ていく）には以下のようなものがある。

- イスラエル人がイスラエルおよび入植地のボイコットを呼びかけることを民事犯罪とし、同様の行為をした外国人のイスラエルへの入国を禁止する法律。そう、理屈の上では、ヨルダン川西岸入植地のイスラエル産品の不買を公に呼び掛けたことがある人は、イスラエルへの入国を拒否されうる。
- アラブ系の自治体および機関が一九四八年の（イスラエル人が「独立戦争」と呼ぶ）戦争をナクバすなわち「大惨事」として記念すれば、罰として国からの資金を断つという法律。いわばアメリカ政府が、アメリカ先住民に対してコロンブス記念日に嘆いたり抗議したりするなと命じたり、アメリカの黒人にマーティン・ルーサー・キング牧師の誕生日を祝うなと命じたりし、違反したら連邦補助金を打ち切るようなものである。

・（アラブ系などの）「好ましくない人」の転入を拒むことを一部のコミュニティに許可する法律。

・社会の監視者、政府の行為のお目付け役として機能する人権・市民権団体の活動を制限する法律。実際、ウルトラ・ナショナリストかつ入植推進派の政党「ユダヤ人の家」――党名がすべてを物語っている――の幹部で当時の司法相アイェレット・シャケッドが一時期求めていたのは、アメリカやEU加盟国などの外国から資金を受け取っているNGOの代表が「外国の代理」という身分を示すバッジをクネセト内で着用するよう、この法律で義務付けることだった。想像がつくだろうが、身元を示す特別なバッジを衣服に着けるよう強制するという考えは、イスラエルではあまり受けがよくなかった。

・賛否両論を巻き起こした二〇一八年の国民国家法。民主国家としての性格よりもユダヤ人国家としてのイスラエルの性格を恒久的に優先し、イスラエル国ではユダヤ人だけが民族自決権を持つと定めた。

さらに、反民主的な法案と法律で終わりではなかった。ビビ時代には、イスラエルの公共生活のさまざまな面で宗教機関の力を拡大しようとする取り組みも見られた。長年、超正統派ユダヤ教徒は公共の場で男女が交ざり合うことに反対し、宗教施設の多い地区の公営バスでは女性が後部座席に座ることを求めてきた。そして、そうしたバスの前部座席を男性専用にすることに成功した。二〇一一年には、新たな非自由主義的時代精神に後押しされて、超正統派ユダヤ教徒はキャンペーンを一歩前進させ、女性の画像を街路や公共交通機関の看板や広告から排除させた。宗教的な地区ではスーパーでも通りでも、性別による隔離が民間の警備員により徹底されていった。その間、連立政権は沈黙を守った。しかし、民衆は違った。市民団体の連合が立ち上がり、高等法院でそのような規制に異議を申し立てた。市民団体連合は勝訴したものの、女性初の裁判長（首席裁判官）ドリット・ベイニッシュはそれらの事案がイスラエル社会の不気味な変化の前兆であると警告し、性別による隔離が「バスに始まり、スーパーマーケットに広がり、街路にまで及んだ。なくなるどころか、その逆である」と述べた。

ビビ時代の最初の年、イスラエルがポピュリズムや、エスノナショナリズム（自民族の優位と他民族の排斥を強調するナショナリズム思想）や、非自由主義の傾向を強め、連立のパートナーの一部や仲間のリクード党員のなかにさえ、いかなるパレスチナ国家の建国も絶対に認めない姿勢が広まるなか、ネタニヤフは入植事業を強力に支援し続けながらも、パレスチナとの二国家解決に対する表向きの支持を（形だけは）守っていた。しかし、右寄りの非自由主義的ポピュリズムが世界中で台頭するにつれて、入植、占領、二国家解決の問題に対する国際社会の雰囲気はイスラエルの強硬派の姿勢に寄り添っていった。アメリカではドナルド・トランプが当選し、イスラエルの最大の貿易相手で入植事業を批判してきたEUはイギリスの離脱と域内の複数の危機への対応にかかりきりだったため、アメリカ・EU二大勢力によるイスラエルのヨルダン川西岸政策への最終チェックが働かなくなった。

そして、二〇一九年四月九日のイスラエル総選挙のわずか数日前、トランプ政権の暗黙の支持らしきものも得たうえで、ネタニヤフは五一年に及ぶ首相としての慣例を破り、当選したらヨルダン川西岸のユダヤ人入植地全域にイスラエルの主権を拡大するつもりだと、インタビューで答えた。言い換えれば、ヨルダン川西岸の少なくとも一部を併合するということである。総選挙の結果は実質的に引き分けで、ネタニヤフは組閣できなかった。二〇一九年九月、イスラエルは再び選挙を行ない、国民は半年で二度目の投票をし、ネタニヤフは、当選したら入植地を併合すると改めて公約した。彼はこの選挙で惜敗したが、彼もライバルも連立政権を樹立できなかったため、イスラエルは政治的混迷に陥り、結局、三度目の総選挙が行なわれることになった。

この混迷の最中に、すでにイスラエルのゴラン高原併合を認めて国際社会の合意を反故にしていたトランプ政権は「ヨルダン川西岸にイスラエルの民間人の入植地を建設すること自体は国際法に違反しない」と表明し、何十年も続いてきたアメリカの外交政策を覆した。EUはただちに、ヨルダン川西岸へのイスラエル入植はまさに違法だという姿勢を改めて示した。

数カ月後の二〇二〇年一月、トランプ政権はイスラエルとパレスチナの「繁栄に至る平和」案を発表した。この案は、イスラエルがヨルダン川西岸の土地を併合することに青信号を出したと見られる内容だった。二〇二〇年三月、イスラエルは三度目の結論の出ない選挙を実施した。またもや、ビビは当選したら併合を開始すると公約した。二〇二〇年四月、ネタニヤフと野党党首ベニー・ガンツは、世界を席巻するコロナウイルスのパンデミックに直面し、挙国一致内閣をつくって二人が交代で首相を務めるつもりだと表明した。彼らは手を携えて二つの事柄に専心すると約束した。すなわちウイルスとの闘いと、ヨルダン川西岸の土地の併合の開始である。

八月、石油が豊富な湾岸の小国家アラブ首長国連邦とイスラエルは、関係正常化を発表した。その発表に続き、やはり石油が豊富な湾岸の小国家バーレーンも同様の発表をした。その合意と引き換えに、イスラエルはヨルダン川西岸の土地の併合計画を少なくとも当面は断念することに同意した。実のところ、それらのアラブ二カ国とイスラエルは（交戦の経験はないことを指摘しておくべきだろう）長年粛々と、しかし密かにというわけでもなく、距離を縮めてきた。関係の「正常化」が互いにとって経済的に有利であるのみならず、これらの国々には共通の敵がいた。イランである。アメリカが、まずオバマの「アジア回帰」計画のもとで、次いでトランプの「アメリカ第一《ファースト》」の孤立主義のもとで中東への関心を失いはじめるにつれて、イスラエルと、保守的でスンニ派が主流のアラブの国々は事実上の便宜的同盟を結んだ。それらの国々すべてにとって脅威であるシーア派の地域大国イランに対抗するためである。まさに中東に古くから伝わることわざ「敵の敵は味方」の現代的実例だ。

二〇二〇年秋、大所帯でまとまりを欠くイスラエルの挙国一致内閣は分裂し、麻痺状態にあった。パンデミックの抑え込みに悪戦苦闘し、内紛に引き裂かれ、リーダーたる首相が起訴されて刑事裁判に直面していたからだ。そして、一一月、アメリカの大統領選挙でジョー・バイデンがドナルド・トランプを破った。それは、イスラエルのきわめて強硬な政策をアメリカが無条件に支持したトランプ－ネタニヤフ時代の終わりを告げ、なじみ深いアメリカ－イスラエル関係への回帰を予想させる合図となった。一二月には挙国一致内閣が崩壊状態となり、イスラエルの選挙はまたもや振り出しに戻って、前例のない四度目の総選挙が二〇二一年三月に行なわれた。

その選挙でも、前の三回と同じように結論が出なかった。ネタニヤフのリクードが最も多くの議席を勝ち取ったものの、またもや連立政権を組むことができなかったのだ。次に組閣を委ねられた中道政党イェシュ・アティド（「未来がある」）党首ヤイル・ラピドは、右派、中道、左派、アラブ系政党を結集し、もっぱらネタニヤフ排除を目的とする連合を目指した。五月前半、ラピドは大方の予想に反し、目標を達成したように見えた。しかし、彼が「変革の連立」をイスラエル大統領に提示しようと準備していた矢先、ビビ（とトランプ）が必死に抑え込もうとしていたイスラエル－パレスチナ紛争がまたもや勃発した。

今回引き金となったのは、イスラエル人入植者によってアラブ系の数家族が東エルサレムの自宅からの退去を迫られたことに対するパレスチナ人の怒りだった。これらのアラブ系の家族は一九四八～四九年の戦争中にイスラエルの自宅を失ってヨルダン領に避難して以来、ずっとその家に住んでいた。この一件はイスラエルの法制度をかろうじてくぐり抜け、二〇二一年五月に高等法院で審理を受けることになったが、当日はまさにラマダンの真っ最中であり、また、イスラエル人が東エルサレムの獲得と併合を記念する祝日「エルサレムの日」であった。過激派ナショナリストの若いユダヤ教徒たちは挑発的な「旗の行進」で旧市街のイスラム教地区を練り歩く計画だった。祝日が近づくと、東エルサレムの「街の広場」である旧市街のダマスカス門前広場にパレスチナ人が集まるのをイスラエル警察が阻止し、彼らの怒りをいっそうかき立てた。まもなく聖都ではパレスチナ人の若者とユダヤ人の若者がデモ行進をし、警官隊と衝突し、さらに互いを攻撃し合う事態となった。エルサレムは煮えたぎっていた。事態が収拾不能と判断した警察はダマスカス門の封鎖を解き、法務長官は立ち退き問題に関する審理を延期するよう高等法院に申し立て、ネタニヤフは「旗の行進」のルートがイスラム教地区を通らないように変更することを命じた。しかし、命令はあまりに不十分で、あまりに遅かった。

ガザ地区のハマスはエルサレムでの緊張の高まりを注視していた。専制的なハマスは支配下に置くガザ地区の住民のあいだで人気が低下し、存在感を高めようと躍起になっていた。ところが、一五年ぶりに実施されるはずだったパレスチナ自治政府の選挙をマフムード・アッバス大統領が四月に中止したため、パレスチナ政界の首位の座を目指して打って出る機会を失ったと感じていた。エルサレムは騒乱の渦中にあり、イスラエル警察とパレスチナの若者がアル＝アクサ・モスクの敷地で衝突している。ハマスはこの状況を、エルサレムの守護者、パレスチナの大義の擁護者として名乗りを上げる好機ととらえた。ハマスがエルサレム西方のイスラエル人居住地域にミサイルとロケットの集中砲撃を浴びせると、イスラエルは懲罰的空爆で応じ、戦いは惨烈をきわめた。二週間に及ぶ空爆とロケット攻撃で二四〇人を超えるパレスチナ人と一二人のイスラエル居住者が死亡し、ガザ地区のあちらこちらが瓦礫《がれき》の山と化した末に、イスラエルとハマスはエジプトの仲介で休戦に合意した。

ただし、今回の戦闘は異色だった。この紛争における従来の戦闘はエルサレムでの騒乱と、イスラエル国防軍とハマスの交戦に留まっていたが、今回は違った。パレスチナ人と、入植者と、兵士の衝突がヨルダン川西岸の占領地全体で起きたのだ。さらに不吉なことに、武力衝突が引き金となって、イスラエルのユダヤ系コミュニティとアラブ系コミュニティのあいだで過去数十年見られなかった深刻な集団暴力が起きた。民族が交ざり合うイスラエルの都市の街路に、怒りと、暴力と、破壊が流れ込み、渦巻いた。

今回の戦闘はほかの面でも異色だった。アメリカ政府の長年の公式見解は、ハマスの攻撃に対する自衛はイスラエルにとってしごく当然の権利だというものだった。しかし、今回、そのメッセージが弱まった。政界（ことに民主党内部）から別の声が従来よりもかなり強く上がったのだ。それは、ヨルダン川西岸とエルサレムにおけるイスラエルの政策を問い、ハマスへの対応の過酷さと、戦闘に巻き込まれて死んだ罪もないガザ地区の人びとの多さを批判し、アメリカからイスラエルへの援助を、イスラエルの対パレスチナ政策と行動に応じて制限することを強く求めるものだった。

二〇二一年五月の二週間の戦争によって、今度こそネタニヤフを退陣させようとする野党の試みは頓挫するかと思われた。しかし、そうはならなかった。分裂を招く尊大な首相がイスラエル史上最長の一二年間在任したあと、六月一三日にクネセトは新政府を成立させ、ビビを退任させた。ネタニヤフ時代は、少なくとも当面は、終わった。

以上が、これを書いている現時点までに起きたことだ。われわれが理解しようとするもっと大きな物語にどう組み込まれるかは、現在に近い出来事ほど、わかりにくい。一つだけ確かなのは、過去と同じようにイスラエルの未来も、玉虫色の書き方で綴られ続けるだろうということだ。

第2部 イスラエルについて話すのがこれほど難しいのはなぜか？

Why is it so hard to talk about Israel?

第1部では、ここへ至った経緯を見てきた。いくつかのキーワードを定義し、イスラエルの物語を、地理、歴史、紛争の概略と共にひもといてきた。第2部では、イスラエルを定義する最も重要で、しばしば論争を呼び、感情が絡むいくつかの論点について、また、こんにちイスラエルが直面する難題について、さらに深く掘り下げてみよう。多くの非ユダヤ人少数派を抱える国が、ユダヤ人国家であると同時に民主国家であると自らを定義できるのか？　イスラエルの膨大な規模の入植事業は、イスラエル人およびパレスチナ人の未来と、二国家解決の可能性にどんな意味を持つのか？　世界の二大ユダヤ人コミュニティであるイスラエルとアメリカのコミュニティの関係はどんな状態にあるのか？　イスラエルとその政策をめぐる会話や批判には、なぜこれほど多くの地雷が埋め込まれているのか？　キリスト教福音派がイスラエルに固執するのは、どういうことなのか？　これらの（また、さらにいくつかの）疑問が少しでも解ければ、普段は分別ある人たちがこの話題になるとなぜ平静を失うのか、わかるかもしれない。

15章 地図は領土ではない

The Map Is Not the Territory

一九九〇年代後半、私はイスラエルの（ほとんどはエルサレムの）、改変や汚損の跡がある道路標識を撮影しようと決めた。被写体のほぼすべてで二〜三カ国語表記からアラビア語の地名が削除されていた。そういう標識が何百もあった。写真を見ると、アラビア語の地名がペンキで黒く塗りつぶされたり、ウルトラ・ナショナリズム的なヘブライ語のバンパー用ステッカーが貼られたりしているのがわかる。この国とパレスチナ人とのつながりと、この国におけるパレスチナ人の存在を（文字どおり）隠蔽し、ここは彼らが属する場所ではないというメッセージをアラブ人に送ろうとするその試みは、政治と人口動態に関する願望的思考への傾倒を如実に示す一つの例にすぎない。

イスラエル人もパレスチナ人も多大な労力を費やし工夫をして、相手方の領有権を否定することで自らの領有権の主張を強化しようとしてきた。認識をめぐるこの戦争の主な戦場は歴史、地理、地図作製、考古学だ。二〇〇一年に、イスラム法学の最高権威の一人であるエルサレムの元ムフティーが「エルサレム旧市街にはユダヤ人のものは石ころ一つない。ユダヤ人がエルサレムにいた証拠は何一

つない」と言い放った。また、パレスチナの指導者ヤセル・アラファトは、こんにち岩のドームが建っているエルサレムの神殿の丘にかつてユダヤ神殿が建っていた証拠はないという、完全に誤った主張をした。一方、3章で見たように、パレスチナのアラブ人の起源は七世紀およびそれ以前のイスラム教徒によるパレスチナ征服にあるが、親イスラエル派の一部はそのつながりを否定し、パレスチナ人というものはなく、あったとしても、パレスチナのアラブ人は皆、過去二世紀のあいだにやってきたと強弁している。

特に地図は、しばしば双方でプロパガンダのテコ入れと視点形成の武器とされ、その手口は滑稽なまでに酷似していた。イスラエルやパレスチナ自治政府による公式の領土地図は、たいがいグリーン・ラインも、相手方がその土地に実在する事実も示さず、代わりに不可分の国という夢想を描いている——全部イスラエル、あるいは全部パレスチナなのだ。しかし、そのような公式の地図は、正確さを眼目としてはいない。ありのままの世界ではなく、望ましい世界を提示することを意図している。それだけに、役に立たないどころか有害であり、危険な代物になってしまっている。地図（たとえばエルサレムのバス路線図）は、それが必ずしも現実を反映していないにもかかわらず、領土に対する一定の視点を形成する可能性がある。パレスチナ人とイスラエル人の子供たちは、何世代にもわたって自分たちだけが国土の正当な所有者だと教える地図を見て育ってきた。そのような深く根づいた意識と思い込みが現実と食い違うときは、要注意だ。それこそが、新たな世代の紛争と嫌悪を生み出す大きな要素だからだ。争いの的であるこの地域に関しては、地図は領土ではない。

考古学もまた紛争地帯だ。ユダヤ人もパレスチナ人もこの土地と結びついていることを明示する実際の歴史的・考古学的根拠は豊富であるにもかかわらず、その多くが、説得力に富む歴史的主張を裏づけるためだけでなく、「相手方」の結びつきを否定するためにも利用されてきた。一九九〇年代にイスラエルは、パレスチナ領域である東エルサレムの人口密集地シルワン（シロアム）地区の真ん中で、考古学的遺跡群をイル・ダビデ（ダビデの町）国立公園として公開した。シルワンとイル・ダビデはグリーン・ラインの東、一六世紀にオスマン帝国が建築した旧市街の城壁のすぐ外側に位置し、かつて古代ユダヤの都市エルサレムが築かれていた場所の一部を占め、神殿の丘の南の傾斜地にかかっている。イル・ダビデのプロジェクトを手掛けた右派ナショナリスト宗教団体イル・ダビデ財団は、エルサレムの領有権はユダヤ人だけのものだと強く主張している。とりわけこの施設が目指すのは、ダビデ王の王宮と、彼の息子ソロモンが建てた神殿の痕跡の発掘だ。ソロモンの神殿に取って代わったのがヘロデ王による神殿の丘の建築群（嘆きの壁を含む）だが、それもやがてローマ帝国に破壊され、最終的に岩のドームが建てられていまに至っている。

現場での発掘作業をイスラエル考古学庁が行なう一方、イル・ダビデ財団は発掘による成果を利用し、聖書を根拠にユダヤ人がエルサレム全域の権利を持つという彼らの物語を裏付けようとしている。同財団はこの物語を実践に移し、イル・ダビデ近辺のパレスチナ人の住宅を買い上げてユダヤ人家庭に提供している。そうやって、東エルサレムのパレスチナ地区の真ん中にユダヤ人の新たな入植地をつくり出しているのだ。アメリカの元駐イスラエル大使ダン・シャピロは、東エルサレムの人口構成を変えようとするイル・ダビデ財団の動きには「イスラエルの恒久的支配を決定的にするという明確な政治的意図がある。それは、いまでも解決の望みを持つ者にとっては、いいことではない」と述べている。しかし、財団側から見れば、二〇〇〇年余の一時的不在を経て、ユダヤ人を神殿に近い地区に帰還させているだけだ。そのような同財団の活動は、公園も、考古学的遺跡も、入植地も、すべて政府の後援と政府との連携によって運営され、政府は毎年、財団の最新式のビジターセンターを見学させるために大勢の学童や兵士を送り込んでいる。

地政学的な争点以外にも、一つだけ問題がある。考古学者たちは古代エルサレムの理解に役立つ驚異的な発見をいくつもしてきたものの、ダビデ王の宮殿やソロモンの神殿の存在を証明する実際の考古学的証拠は見つかっていないのだ。たしかに、古代エルサレムにユダヤ人が存在したこと、エルサレムがまさにユダヤの王国の首都だったことを示す考古学的証拠には事欠かない。まっとうな歴史家や考古学者でそれに異議を唱える者はいないし、パレスチナの指導者やその支援者が異なる主張をすれば、根本的な侮辱となる。しかし、パレスチナ人が将来の首都だと主張する地域の真ん中にイスラエルが巨大な考古学施設を建設してエルサレム全域の領有権の主張を補強しようとするのも、パレスチナ人に対する同様の侮辱だ。

それでも、こんにち、観光客や、イスラエルの学童や、イスラエル国防軍の兵士たちがこの考古学施設を見て回り、ガイドは、実際の証拠がまったくないにもかかわらず、目の前の遺跡が実際にダビデの王宮だったかもしれないという考古学的には疑わしい説明をしている。実はイスラエルの考古学者たちも、エルサレムの豊かな考古学的記録を操作して政治的に利用する試みを憂慮し、エメク・シャヴェというNGOを設立して、イル・ダビデが提示する「もう一つの事実」と願望的思考の一部を訂正しようとしている。

現代のイスラエルの町がつくられた場所は、イスラエル独立戦争中に放棄され、住民がいなくなり、根こそぎにされたアラブ人の町や村の廃墟だった所が多い。また、そうしたアラブ人の町や村は、中世や聖書の時代のユダヤ人居住地に建てられたものだ。したがって、ユダヤ人もアラブ人も、この土地に対してつながりと所有の強い意識を持っている。その意識に関しては相手方よりも自分たちのほうが正しいのだと、双方共に主張しようとする。実際、それぞれの物語の擁護者は、この土地に対する相手方のつながりや歴史の証拠をむきになって否定したり

エルサレム

無視したりしがちだ。本章の冒頭で述べた、改変された道路標識はその好例である。

争いは地名の変遷にも表れる（ヘブライ語の地名がアラビア語の地名に取って代わるのだが、そもそもアラビア語の地名が聖書中のヘブライ語の名前を想起させる）が、相手の存在を抹消しようとする双方の試みがいつも成功するとはかぎらない。一九五〇年代には、西エルサレムに残存するアラビア語の地区名をヘブライ語に変える大規模な計画が実施された。それをシオニズム運動の重要な事業と見る当局者もいたが、この都市の実際の歴史への冒瀆《ぼうとく》だという見方もあった。結局、各地区にヘブライ語の名称がつけられたものの、その名称は定着しなかった。私が一時期住んでいたエルサレムのユダヤ人地区には、一九五〇年代にモラシャという立派なヘブライ語の名前が付けられていた。ただし、誰もその名で呼ばなかった。誰もが依然としてアラビア語の旧名「ムスララ」と呼んでいた。一九世紀後半にその地区が建設されたとき、基礎を築いたアラブ系キリスト教徒がその名をつけたが、数十年後の一九四八年、独立戦争／ナクバの最中に、彼らの子孫はグリーン・ラインの東側の地区への避難を余儀なくされた。それでも、記憶、歴史、地理をめぐる闘いは続く。二〇一一年には右派のクネセト議員二人が、エルサレム当局にヘブライ語の地区名の使用を義務づける法案を提出した。法案は否決されたものの、エルサレムの地名をめぐる長い戦争がこれで終わるとは思えない。

言語や、歴史や、その土地における「相手方」の存在や土地との関係の現実を消し去ろうとするこうした試みは、成功したためしがない。また、歴史を変えようとする試みも、（しばしば疑問符のつく）考古学や地図製作や地名の命名（と改称）に基づいて歴史的優位性を主張する試みも、成功したためしがない。ユダヤ人とパレスチナ人がこの土地に感じるつながりはあまりに深いがゆえに、消えることはけっしてない。結局のところ、ユダヤ人は何千年ものあいだ、異国で暮らしながら祖先が失った土地への帰還を祈り続け、パレスチナ人は前世紀の大半を、先祖が逃げたり追い出されたりした家の鍵を比喩的に、ときには文字どおり持ち続けて過ごしてきたのだ。

煎じつめれば、ダビデ王が本当にシルワンに王宮を建てたのか、あるいはパレスチナ人がペリシテ人の子孫なのかは、あまり重要ではない。事実は、歴史や神話や信仰や実体験によって築かれた強い絆が、ユダヤ人やパレスチナ人と、両者が領有権を主張する土地のあいだにあるということだ。それを否定する証拠を探すのは、はた迷惑だし骨折り損である。自分はいい気分になるかもしれないが、相手が感じていることを感じなくさせることはできない。それならば、双方が感じている深いつながりを認め合うことこそ、紛争の解決法を探る第一歩として有効かもしれない――少なくとも、シャピロ元大使の言うように「いまでも解決の望みを持つ者にとっては」。

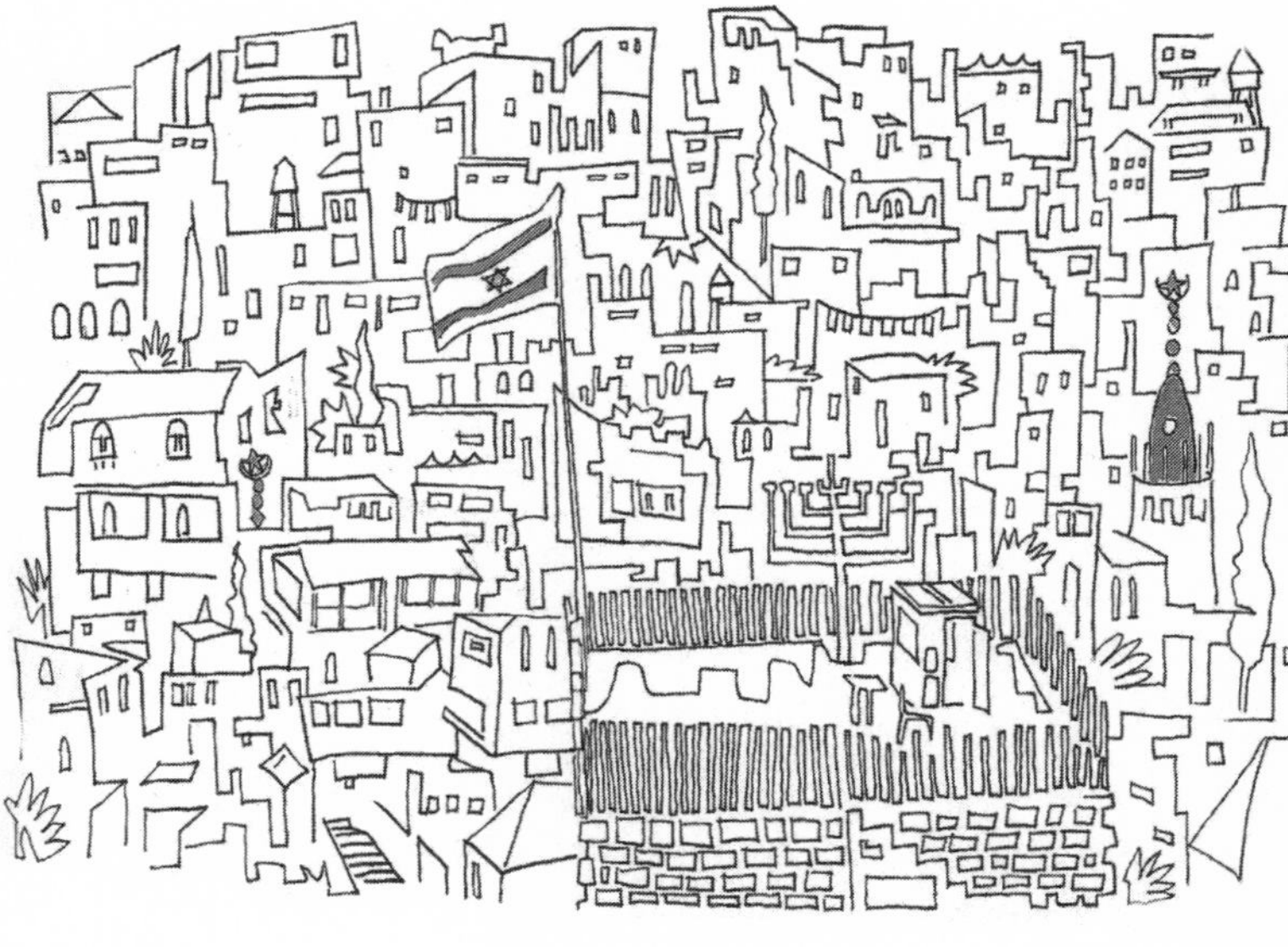

16章

イスラエルのアラブ系国民　共生社会か、隔離か？

Israel's Arab Citizens Shared Society or Segregation?

ユダヤ人国家を自称する国にとって、非ユダヤ系マイノリティが国民の優に五分の一を占めるとはどういうことか？　そして、あらゆる国民に平等を保障する民主国家を自任する国が、特定の集団のためだけに存在する国家だと公言できるのはどうしてだろう？　これらの疑問こそ、建国以来イスラエルが直面してきたアイデンティティのジレンマの核心である。また、民主国家であると同時にユダヤ人国家でもあろうとすれば、イスラエルはどんな綱渡りを試みることになるかを表すものでもある。そして、そのようなイスラエルの実験の犠牲となり負担を背負いながら、問題解決の最大の希望を与えてくれるかもしれないのが、イスラエルのアラブ系国民だ。

一九四八年に現在のイスラエル国家に留まった一五万六〇〇〇人ほどのアラブ人は市民権を与えられたが、国家は彼らをどう遇すべきか確信が持てなかったようだ。彼らは、イスラエルの建国者たちが真剣に考えなかったように見える問題を顕在化させた。イスラエル社会におけるアラブ系国民の立場の難しさは、イスラエルのあるべき姿はどういうものかという、決着のつかない問題の核心を突くものだ。

一方で、それはきわめて明快なことのように思える。イスラエル建国時に作成された文書「イスラエル国家建国宣言」は以下のように、ユダヤ民族を守るという目的を述べているだけでなく、平等、自由、正義、国際法遵守をはっきりと約束する文言を含んでいる。

> イスラエル国家は、ユダヤ人の移住と亡命者の参集のために門戸を開き、すべての住民の福利のために国家を発展させ、イスラエルの預言者たちが目指した自由、正義、平和を土台とし、宗教と人種と性別にかかわらず、すべての住民に社会的・政治的権利における完全な平等を保障すると共に、信教、良心、言語、教育、文化の自由を保障し、すべての宗教の聖地を守護し、国連憲章の方針を遵守する。

イスラエルの建国目的はユダヤ民族の避難所や祖国となることだけでない。同様に大切なのが、「すべての住民の福利」（傍点筆者）のために発展する国となることである。

他方で、一九四八年にイスラエルの新しい政府は、かなりの規模のマイノリティ人口が国内に存在することに気づいた。政府にとっては信用のならない、ほんの少し前まで戦争の相手だった人びとである。独立後のイスラエルは、国内の土地と資源の権利を主にユダヤ系国民の福利のために確保することを目指す政策を実施し、法律を制定した。一九四八年以後、イスラエルは国内に残ったアラブ人にイスラエル国籍を与える一方、アラブ系人口を最も多く抱える地域にまで戒厳令の範囲を広げた。対象は北部のガリラヤと、ヨルダン川西岸中央部に隣接し、いわゆる「トライアングル〔三角形〕」を成すアラブの町々〔ほぼ、現在のグリーン・ライン沿いに点在する〕と、南部のネゲヴ砂漠の複数の部分である。

表向きは地理に基づくとされたが、実際には外出禁止令、旅行規制、当局への適正な登録がない場合の国外退去が適用されたのはアラブ系国民のみで、ユダヤ人は対象外だった。アラブ系イスラエル人は戒厳令下で生活していたが、一九六六年一一月にあらゆるイスラエル国民と同じ権利と特権を認められた。ところが、一九六七年六月の勝利以後、イスラエルは何百万人ものパレスチナの民間人を支配下に置いてきた。また、ヨルダン川西岸のパレスチナ人は国民ではなく、投票権を持たず、現在もなおイスラエルの軍法下に置かれるため、イスラエルが真の民主国家だったのはわずか七カ月にすぎないと指摘する人もいる。

ユダヤ国家と公称する国でアラブ系国民であることが意味するものの曖昧さは、そのような国民が自らを呼ぶさまざまな名称に表れている。「パレスチナ系イスラエル人」、「イスラエルのパレスチナ系国民」、「イスラエル在住のパレスチナ人」、「イスラエル国籍を持つパレスチナ人」、「イスラエルのアラブ系国民」、「アラブ系イスラエル人」、「イスラエルのアラブ人」(ユダヤ系の同胞は最後の二つの呼称で彼らを呼ぶことが多い)。こんにち、イスラエルのアラブ系国民は約一九〇万人を数え、同国の人口の二〇パーセント強を占める。これはかなりの割合である。比較のために挙げれば、アメリカ合衆国の全人口に占める割合は、アフリカ系アメリカ人がおよそ一三パーセント、ユダヤ系アメリカ人は三パーセント未満だ。

そして、ユダヤ人の祖国にして、全国民に平等を保障する民主社会というイスラエルの二極のアイデンティティのあいだでバランスをとろうとする綱渡り(格闘というほうがふさわしいかもしれない)は、緊張と難題を生み続けている。一方で、イスラエルのアラブ系国民は、表向きはユダヤ系国民と同じ正式の権利と特権を持つとされる。専門職や、裁判官や、クネセトの議員として仕事をしている。他方で、ユダヤ人の安全と福利のためにつくられた国で非ユダヤ人であることは、非常な困難を伴う。アラブ系国民は（彼らにとってはアラビア語が第一言語である場合が多いにもかかわらず）ヘブライ語を話し、すべてのイスラエル人と同様に、ユダヤ暦に従って生活する。圧倒的多数は忠実な国民であるが、シオニストを自称する人はほとんどいない。そんなことをするいわれがないからだ。彼らの物語は、ユダヤ人の物語ではない。大半のアラブ系国民は、ただ自分の国で平等な国民として扱ってもらいたいだけだ。

ところが、公式には平等であるにもかかわらず、多くの面で、彼らは平等ではない。アラブ系もユダヤ系も含めたイスラエル人の大半は、統合を市民的美徳と見なしていない。アラブ系とユダヤ系のイスラエル人はおおむね別々の社会圏で、別々の学校制度を持ち、しばしば別々の地域とコミュニティで、別々に暮らす（ハイファ、ヤッファ、アッコのような混合都市はこの法則の素晴らしい例外である）。イスラエルで最貧の部類に属する自治体の大半はアラブ系だ。なぜなら、アラブ系イスラエル人はおおむねイスラエル国防軍での兵役に就かない（ユダヤ人は、超正統派以外の大半が兵役に就く）ため、兵役によって得られる（特にハイテク分野の）人脈と機会を得ることができないからだ。*

さらに悪いことに、アラブ系国民は公私両面で多種多様な差別にさらされる。草創期のイスラエルでは国家が土地収用権を行使し、建国前はアラブ人のものだった土地の所有権を奪い、アラブの村々は新たにユダヤ人の町をつくるために根こそぎにされた。新しい国の中でアラブ系が多い地域を「ユダヤ化」するために、南部のネゲヴ砂漠と北部のガリラヤにユダヤ人の新しい町をつくるという目標

*——また、それは差別の口実にもなりうる。「軍務経験者のみ」と記されている求人広告は珍しくない。

を、当局者は隠そうともしなかった。

　近年、イスラエルの盛んな公民権運動により法廷に持ち込まれた訴訟の勝訴のおかげで状況の一部は改善されたものの、悪化した差別もある。マイノリティが多くの国で直面する冷遇（賃貸を拒む家主、雇用と昇進の機会の制限等々）に加えて、アラブ系イスラエル人は民主国家の国民としては特異な（あるいは、少なくとも稀な）困難に直面している。人種に基づく犯罪捜査《レイシャル・プロファイリング》は議論の的であり、大半の西側諸国では正式に禁止されているのが普通だが、イスラエルのアラブ系国民にとっては日々の生活の一部にすぎない。イスラエルが誕生以来直面してきたテロ攻撃を考えれば、多くのユダヤ系イスラエル人はそれを（不幸であるにしても）必要なことと見ている。しかし、イスラエルのアラブ系国民は、何気ない差別、侮辱的な待遇、尋問、空港のような場所での拘束を日常的に受けており、その種の扱いに何十年も不満を表明し続けても、状況は変

アラブ系イスラエル人

わらない。*

もっとやっかいなのは、イスラエルのアラブ系国民の耳に届く国の最高指導者からのメッセージだ。二〇一五年の選挙の直前、ネタニヤフ首相は自らの支持者を動員しようとしてフェイスブック（イスラエルで政治的コミュニケーションをするための主要な手段）に「右派政権は危機に瀕している。アラブ人が群れをなして投票所にやってくる」と投稿した。これは人種差別的当てこすりなどではない。昔ながらの人種差別そのものだ。同じ年、当時の外相で、アラブ系国民に「忠誠の誓い」をさせる制度を提唱するアヴィグドール・リーベルマンは、「不忠な」アラブ人は斬首されるべきだと述べた（本当だ。あなたの読み間違いではない）。

そして、イスラエルの極右連立政権が近年可決したいくつかの法律の目的は、まさしく、自国の政府からどう見られているかをイスラエルのアラブ系国民に知らしめることのようだ。たとえば、二〇一一年の予算団体法は別名「ナクバ法」とも呼ばれ、独立記念日すなわち建国の日を哀悼の日として記念するいかなる組織（学校や地方自治体など）も罰せられるとするものだ。その日を「ナクバ（大惨事）

*――そのような差別は、イスラエルの非ユダヤ系国民のほぼすべてにとって日常茶飯事である。二〇一九年にイスラエルの駐パナマ大使を務めるドゥルーズのイスラエル人が、国家の正式な代表であるにもかかわらず、空港で拘束され嫌がらせを受けたと述べた。この一件の直後、彼はフェイスブックの自分のページにこう投稿した。「飛行機に乗っているあいだ、私は心の中で、くたばれベン＝グリオン空港、と毒づいていた。三〇年間、侮辱し続けて、いまだにやめないとは。昔なら、われわれをターミナルで殴っただろう。いまでは（空港の）入り口の検問所で容疑者扱いをするまでに進歩した」。この悲しい話を要約すれば「イスラエルならでは」の状況ということになる。つまり、公式には平等なはずなのに、この国では常にイスラエルの非ユダヤ系国民が容疑者扱いされ、困惑するような体験が少なくないということだ。出世して政府の要職に就くことはできても、アラブ人（あるいはドゥルーズ）であるがゆえに空港で嫌がらせを受けるのだ。

の日」として追悼しようとすれば、いかなるアラブ系コミュニティであれ、国家からの資金を失うことになる。二〇一一年には転入委員会法も成立した。転入希望者がコミュニティの「社会的・文化的組成」にふさわしいかどうかを決定する委員会の設立を、小規模なコミュニティに許可する法律である。この法律の文言は宗教や民族を理由とする差別を禁じているものの、公民権活動家に言わせれば、目的は差別を合法化し、アラブ人（およびLGBTQ＋など、その他の「望ましくない人」）を、彼らを歓迎しないコミュニティから締め出すことである。ある極右のクネセト議員（妻をアラブ系女性と同じ産科病棟で出産させたくないと発言したことで知られる人物）は、転入委員会法の適用範囲をより大規模なコミュニティにまで広げようとしている。

しかし、最も懸念されるのは、二〇一八年に国民国家法が成立したことだ。イスラエルには成文憲法はない。その代わりに一連の基本法があり、それらが憲法と同等の地位を持ち、改正には議会の圧倒的多数の賛成が必要だ。現行の一四の基本法のほぼすべてが、イスラエルにおける制度の構築（政府、司法、軍、経済について定めた初期の基本法など）か、イスラエル国民の権利の拡大と保護（人間の尊厳と自由に関する基本法、職業の自由に関する基本法など）のいずれかに関するものだ。

国民国家法は最も新しい基本法で、右の範疇には入らない。同法は、公式にはイスラエルのユダヤ人国家としての地位を保障することを目的とする。しかし、この国を近年（この国が誕生して以来七三年のうちのいつでも）訪れた人は、イスラエルのユダヤ的性格――ヘブライ語の隆盛、現役であるユダヤ暦、宗教的なコミュニティ、風習、食物、芸術、文化の活況――は脅かされていないし、特別な保護を必要としないことを目の当たりにしただろう。むしろ、ドナルド・トランプが提案した「イスラム教徒禁止令」と同様に、ネタニヤフとイスラエルの右派が支持した国民国家法は、実際には存在しない問題の過酷な解決策である。この法律の真の目的は、ある種のユダヤ至上主義を憲法に近い形で法制化することだ。このユダヤ至上主義は、イスラエルのアイデンティティのユダヤ的な面と民主的な面のあいだで何十年間も慎重に保たれてきた均衡を崩し、ユダヤ側を決定的に重くする恐れがある。さらに、この法律は、イスラエルのアラブ系国民に対して、彼らがイスラエルに真に属してはいないこと、少なくともユダヤ系国民の属し方とは違うことを、これ見よがしに思い知らせる。国民国家法は、その法案を考案し推進した右派連立政権が信奉する排外的なエスノナショナリズムに沿うものだ（この種のナショナリズムは、もちろんイスラエル独自のものではなく、現在、世界中を席巻するウイルスであり、わがアメリカも含む多くの国々で自由民主主義の健康を脅かしている）。

結局、この法案は僅差で可決されたが、イスラエル内外で反対した多くの人からは、反民主的でイスラエルのアラブ系国民に対する差別と見なされた。しかも、反対したのは政治的左派だけではない。イスラエルの現大統領ルーヴェン・リヴリン〔二〇二一年七月退任、現大統領はイツハク・ヘルツォグ〕はリクードに属するが、思慮深い民主主義信奉者でもある。彼は、この法案が議会を通過して自分の机に載せられたら、職務として署名はするが、不賛成の意を表明するためにアラビア文字のみで署名すると言明した。そして、その言葉どおりにした。*

国民国家法は実際に何をするのか？　同法はまず、イスラエルにおける民族自決権はユダヤ民族に「独自」のものだとうたう。つまり、（イスラエルの全国民ではなく）ユダヤ人だけがイスラエルの社会

*――イスラエルの大統領は議会によって選出され、イスラエルの公的国家元首の職務を担う。おおむね儀礼的な役職だが、強い発言力を伴う地位でもある。

と国のあり方を決める権利を持つということだ。非ユダヤ人（アラブ人の意）の国民は、その権利を共有しない。投票権は持つかもしれないが、国民国家法は、彼らが異なる階級の市民であることを公式に定めているのだ。同法はまた、ユダヤ系・非ユダヤ系国民に対するイスラエル国家の見解のそうした再定義を強化するために、ヘブライ語を唯一の公用語と定め、従来ヘブライ語と共に公用語の栄誉に浴していたアラビア語を格下げして「特別な地位」の言語とした。また、ユダヤ人の入植を「国家的価値」として明らかに優先している。民主主義という言葉には一度も言及していない。

それでも、政府高官の扇動的で分裂を招く物言いと反民主的法律の成立にもかかわらず、過去一〇年間には、イスラエルのアラブ系国民にとっても、アラブ系とユダヤ系のイスラエル人が真に共有する社会と将来という構想にとっても、大きな前進があった。二〇一五年、政府は決議九二二号を可決した。無味乾燥な名称ではあるが、この決議は大きな意味を持つ。決議九二二号は複数年に及ぶ計画で、一五〇億シェケル（約四三億ドル）をイスラエルのアラブ系コミュニティの住宅、都市計画、教育、雇用、交通などのインフラに投資し、アラブ系国民とユダヤ系国民の経済格差の縮小を目指すものだ。この計画はアラブ系指導者、市民社会団体、官僚らの一致団結した取り組みの賜物であり、イスラエル史上最も右寄りの政府によって採択された。人種差別的当てこすりを臆面もなくしてきた政治家たちがこのような法案を通過させたのは、なぜだろう？

たとえば、人口の二〇パーセントがイスラエルへの脅威となっているとほのめかしたり、イスラエルのアラブ人は忠誠心に欠ける第五列（敵に協力する人）だと警告したりするのは、右派勢力を煽るにはよい作戦だ。しかし、人口の五分の一があまりに差別され、あまりに経済的に恵まれず、あまりに周縁化されているために、まさに第五列と化してしまうような状況を許したりつくり出したりするのは、あまり得策ではない。実のところ、ネタニヤフをはじめとする連立政権の指導者たちが多用してきた非常に反アラブ的な暴言は、膨大な社会問題に取り組む際、財務よりも政治家の言葉に敏感な支持者を怒らせないための隠れ蓑として役立ってきたのかもしれない。それでも、イスラエルのアラブ系国民にとって、九二二号と、この決議の通過と実施を可能にした先例のない同盟は大勝利であり、巧みな連携による成果の好例だった。

政界の土壌も変わりつつある。イスラエルのアラブ系国民が何十年間もおおむね支持してきたアラブ系政党は、ラビン時代の意義深い例外を除いて、常に野党側に甘んじていた。多数派のユダヤ系政党はアラブ系政党を連立政権に組み入れることを拒んだため、アラブ系の政治力は、国内のアラブ系人口の規模に反してかぎられていた。真の権力から常に締め出されて不満を募らせ、また、占領地のパレスチナ人とのあいだに続く紛争や、イスラエルにおけるアラブ系の周縁化と二級国民扱いを法律によりさらに強化しようとする右派のもくろみに意欲を削がれて、アラブ系イスラエル人の投票率は一九六七年以降、低下の一途をたどった。アラブ人のなかには、選挙をボイコットし、抗議のためにイスラエルの政治制度と縁を切るよう呼びかける人もいた。投票しても無駄だと決め込んで棄権する人もいた。それは右派の政党と政治家たちの思う壺だったかもしれないが、イスラエルのアラブ人のためにはならなかった。

二〇一三年に、ネタニヤフ首相と当時のリーベルマン外相（イスラエルの「不忠な」アラブ人の斬首をほのめかした人物）が提出しクネセトが通過させた法案では、国政選挙の閾値《いきち》――政党がクネセトに一議席を得るために必要な得票率――が二パーセントから三・二五パーセントに上げられた。批評家たちはすぐさま、その法案の真の意味を読み取った。小規模政党、とりわけアラブ系政党に対し、クネセトの門戸を完全に閉ざそうとしているのだ。一見すると無作為にも思える閾値の新しい数値にさえ、からくりが垣間見える。前回の選挙で、ハダシュ（「新」）党（かつては共産主義、いまは進歩主義で、イスラエルで唯一、アラブ人とユダヤ人が真に混在する政党）は総得票数の三パーセントを得た。同党も、ほかのアラブ系主体の政党も、新たに設定された三・二五パーセントの閾値には届いていない。リーベルマンとネタニヤフはアラブ系国民から有権者としてのなけなしの力も奪い去ったかに見えた。

しかし、そうはならなかった。新たな法律に対抗して、アラブ系の小政党が寄り集まってより大きな連合政党「ジョイント・リスト」を結成し、混合都市ハイファ出身のアラブ系イスラエル人議員アイマン・オデーが党首の座に就いたのだ。二〇一五年の選挙ではネタニヤフが薄氷の勝利を収めたが、大勢のアラブ系国民が投票した。そして、ジョイント・リストはイスラエル第三位の政党として頭角を現し、歴史に名を残した。*

アイマン・オデー

二〇一九年の選挙は、ネタニヤフと彼の最大のライバル、青と白党のベニー・ガンツとの実質的な引き分けに終わった。オデーはガンツに組閣権を与えるよう大統領に進言し、またしても歴史に名を残した――アラブ系政党がシオニストの候補者を正式に推薦したのは一九九二年以来のことだった。

オデーはイスラエルにとって新しいタイプの政治家であり、そのせいで生じるトラブルは枚挙にいとまがない。彼はイスラエルの誇り高きパレスチナ系国民であり、アラブ人としてのアイデンティティを愛し、制度化された差別への抗議とアラブ系国民の権利のために飽くことなく闘い続けている。分離主義と過激主義を拒み、テロを糾弾する。イスラエルの未来は、アラブ人とユダヤ人の両方を含む、共有された未来でなければならないと力説する。アラブ系イスラエル人のリーダーとして平等のために闘うのではなく、すべてのイスラエル人のリーダーとして平等のために闘いたいと語る。課題はイスラエルで民主主義を擁護することではなく、民主主義を築くことだと、支持者に説く。「何十万人もの人びとが通りを埋め尽くし、二つの言語で声を一つにし、『民主主義をすべての人に!』と叫ぶ日、それが、われわれが共に築く未来の最初の日となる」と彼は言う。イスラエル人であることの意味と、イスラエルの将来像についてのそうした複雑な新解釈に恐れをなす人は、アラブ人にもユダヤ人にも少なくない。オデーが物静かでどちらかといえば控えめな男であり、革命とは最も縁遠く見えるにもかかわらず、多くの人を不安にさせるのは、まさに彼の構想があまりに包括的だからだ。一方、イスラエルでも有数の政治的発言者としての彼の登場を、待ち望んでいた大きな希望の光と感じる人びともいて、私もその一人だ。

イスラエルのアラブ系国民の置かれた状況をユダヤ系国民と比べて論じるとき、しばしば耳にするのは「でも、アラブ系イスラエル人は、大半のアラブ諸国にいるよりもずっと恵まれている」という主旨の言葉だ。たしかにそうかもしれない。イスラエルは多くの欠点を抱えているにしても、シリア、

*——正直に言って、私には痛快な皮肉に見えるのだが、リーベルマンのイスラエル・ベイテイヌ（イスラエル我が家）党は二〇一五年の選挙で大敗し、七議席を失って、国政選挙の閾値をかろうじて超えた。そして二〇二〇年現在、ジョイント・リストは依然として国内第三位の政党の座に留まっている。

エジプト、サウジアラビアなどの近隣諸国よりは民主的な社会で、国民の権利と自由が守られている。けれども、そう考えるのは的外れだ。イスラエルは自ら民主主義国と称し、また、民主主義国であろうと望んでいる。したがって、非民主的な近隣の国々との比較ではなく、その呼称がどれだけ実態に合致しているかによって判断されるべきなのだ。

17章 ラブ・ストーリー？ イスラエルと、アメリカのユダヤ人コミュニティ

A Love Story? Israel and the American Jewish Community

これは長いロマンスの物語であり、本当はもはや互いを知りもしなければ理解もしておらず、ことによると過去にもしていなかったパートナー同士の恋の物語だ。何世代ものあいだ、アメリカのユダヤ人コミュニティはシオニスト事業とイスラエル建国に貢献してきた。そして、その関係を戦後のアメリカのユダヤ人のアイデンティティにおける中心的な組織化原理として利用してきた。何世代ものあいだ、イスラエルの指導者たちはイスラエルをアメリカの外交政策の最優先事項としてもらうため、アメリカのユダヤ人コミュニティに頼ってきた。つまり、世界の二大ユダヤ人集団は互いを「保険」と見なしてきたのだ。この共生的連携は長年うまく機能してきたが、もはやその機能を失っている。アメリカのユダヤ人（圧倒的にリベラルで民主党を支持する）とイスラエル（右傾化し、キリスト教福音派と共和党に支援を請う傾向を強めつつある）との隔たりがいよいよ拡大するにつれて、この歴史的関係は変わりつつあり、その主たる守護者を長年務めてきたアメリカのユダヤ系団体・機関の幹部もこの流れを止められないようだ。こうした溝がアメリカのユダヤ人コミュニティを引き裂いている。それはイ

スラエルの将来にとってどんな意味を持つのだろう?

こんにち、イスラエルはアメリカのユダヤ人同士の会話の主要な話題であり、アメリカの多くのユダヤ人団体にとっての優先事項である。しかし、これまで常にそうだったわけではない。アメリカのユダヤ人の多くも、彼らが設立した機関も、シオニストのプロジェクトにとりたてて魅了されていたわけではないし、支援さえしていない時期もあった。

一九世紀後半から二〇世紀前半、アメリカのユダヤ人の大半は、「約束の地」へのユダヤ人の帰還の支援を義務とは感じていなかった。実のところ、自分たちはすでにその地にやってきたと感じていたのだ。一八七〇年にサンフランシスコに設立されたシナゴーグである会衆シェリス・イスラエルのドーム型をした聖堂内部のステンドグラスの窓には、モーセとイスラエルの子らが十戒を授けられる場面が描かれている。ただし、イスラエルの民はシナイ山に立っているのではなく、紛れもなくヨセミテ国立公園のハーフドームとエル・キャピタンの輪郭を背景

カリフォルニアのモーセ

に集まっている。つまり、サンフランシスコのユダヤ人にとって、イスラエルではなくアメリカ（特にカリフォルニア）こそが約束の地だったということだ。

それも道理である。ユダヤ人は現在のアメリカ合衆国に植民地時代の初期から存在したのであり、この地に初めてやってきたのは一七世紀前半のことだった。アメリカのユダヤ人もときには差別と反ユダヤ主義を経験したものの、ヨーロッパのユダヤ人が受けたような、政府とキリスト教会の後押しによる恐ろしく暴力的な仕打ちではなかった。アメリカが建国以来負っている罪は人種差別であって、反ユダヤ主義ではない。ここでは、ユダヤ人はたいがい安全だった。ここでは、歴史上のどの場所よりもユダヤ人が受け入れられた。生き延びたのみならず、繁栄したのだ。

こうした状況は共和国の最初期からのものだった。一七九〇年八月、ジョージ・ワシントン大統領は、ロードアイランド州ニューポートのユダヤ人コミュニティの人びとから寄せられた祝賀状への返信で、アメリカにおけるユダヤ人の立場について力強い言葉で述べている。以下はその書簡の一部である。

> アメリカ合衆国の国民には自らを称賛する権利があります。広範かつ自由な指針の手本を人類に示したからです。それは模倣に値する指針です。あらゆる人は良心の自由と不可侵の市民権を等しく有します。もはや、ある一つの民族が生来の自然権を行使できることが、別の民族が大目に見てくれるおかげであるかのように、寛容が語られることはありません。なぜなら、幸いにも、アメリカ合衆国政府は偏狭を是認せず、迫害を支援しないからであり、政府の保護下にある人びとがあらゆる場合において政府に有効な支持を与え、よき市民として振る舞うことのみを求めるからであります。

言い換えれば、アメリカにおいてユダヤ人が平等であり受け入れられたのは、多数派が寛大だったからではない。ユダヤ人が平等であり受け入れられたのは、市民権という共通の理念に賛同する人間であり、したがってほかの皆と同じくアメリカ人だったからだ（アメリカ人であることの意味に関することの開明的で美しい文章が奴隷の所有者によって書かれたのは、もちろん、ひどい皮肉である）。

したがって、一九世紀後半のシオニズムのように捨て身で夢を追う情熱が、自由の国、勇者の故国には飛び火しなかったとしても不思議はない。実際、著名なアメリカのユダヤ人指導者たちは、初期シオニズムの最も辛辣な批判者に数えられる。理由は簡単だ。アメリカのユダヤ人は、自らを偉大なアメリカの坩堝《るつぼ》の一部と見なしていた。宗教ではユダヤ人、国籍ではアメリカ人というわけだ。彼らは「二重忠誠」と誹《そし》られるのを警戒していたし、自分の日常生活には無関係な遠い砂漠の真ん中の小さな土地には、ほとんど興味がなかった。過越の祭りの儀式では「来年はエルサレムで」という決まり文句を口にするかもしれないが、文字どおりの意味で言うのではない。ユダヤ人のナショナリズムに対してアメリカのユダヤ人がおおむねどんな姿勢をとったかは、ユダヤ教改革派（現在のアメリカにおけるユダヤ教の最大宗派）の公式の方針声明である一八八五年のピッツバーグ綱領の指針に要約されている。「われわれはもはや自分たちを民族ではなく、宗教的コミュニティと見なしており、したがって、パレスチナへの帰還も……ユダヤ人国家に関するいかなる法律の復元も期待しない」。

その姿勢が変化しはじめたのは、パレスチナで先駆的なユダヤ人コミュニティが拡大し、ヒトラーの台頭と共にヨーロッパのユダヤ人の状況が危険度を増してきたからだ。ユダヤ教改革派の一九三七年のコロンバス綱領には、半世紀前のピッツバーグ綱領からの根本的変化が表れている。「記憶と希望により神聖化された土地であるパレスチナの回復において、多くの同胞への新たな生活の約束を、われわれは注視する。パレスチナが抑圧された人びとの避難所のみならず、ユダヤの文化と精神生活の中心となるよう努力することによって、ユダヤ人の祖国としてのパレスチナの建設を助けることを、あらゆるユダヤ人の義務と認める」。

戦後、アメリカのユダヤ人コミュニティは突如、ユダヤ世界の中心となったことに気づいた。ヨーロッパの古く偉大なユダヤ人コミュニティはことごとく消え去った。パレスチナのユダヤ人コミュニティは成長しつつあったが、きわめて不安定で、助けを必要としており、いまやアメリカのユダヤ人には手を差し伸べる用意があった。ヨーロッパのユダヤ人はほぼ壊滅状態だったし、世界の自由主義国家は、アメリカも含めて、ユダヤ人が困窮しているときに避難所を提供しようとしなかったため、アメリカのユダヤ人の大半が、ユダヤ人国家は倫理的に正しく、かつぜひとも必要だと考えるに至った。危機に瀕するユダヤ人のために、どこでもいいから安全で堅固な避難所をつくるというシオニズムの考えは、いまや安全で幸せなアメリカのユダヤ人にとってさえ素晴らしい考えだと思われた。

アメリカのユダヤ人団体は、もともとはアメリカのユダヤ人コミュニティに安全と支援と資源を提供するために設立されたが、次第にパレスチナのシオニスト・プロジェクトを擁護し、支援し、資金を提供する役割を担うようになっていった。アメリカのユダヤ人指導者たちはシオニストのために組織を動かす術を素早く身につけていった。巡回販売員エディ・ジェイコブソンはハリー・S・トルーマン大統領の親しい友人であり、元戦友であり、かつてのビジネス・パートナーだった。アメリカのユダヤ人指導者たちはジェイコブソンに、友人である大統領への橋渡しを頼んだ。大統領はすでにシオニストのひっきりなしのロビー活動に苛立ち、業を煮やしていた。だが、旧友エディの頼みを断りきれなかったトルーマンは結局、一九四八年にシオニスト運動のリーダー、ハイム・ヴァイツマン博士と会うよう説き伏せられた。トルーマンとヴァイツマンの会話がきっかけとなり、アメリカは新生国家イスラエルを世界で初めて認めた国になる。* ハイム・ヴァイツマンは初代イスラエル大統領となった。

ひとたびイスラエルが建国されると、この新しい国を支援し防衛することが、アメリカのユダヤ人コミュニティにとって、組織化原理のおそらく唯一の核心となった。ユダヤ系のベビーブーマー世代は、ユダヤ民族基金（Jewish National Fund）の青色と白色の「プシュケ・ボックス（募金箱）」を覚えている。イスラエルの植林を助けるため、その箱に小銭を入れたものだ。そして、アメリカのユダヤ人指導者たちはエディ・ジェイコブソンのように、政府にイスラエルの擁護を働きかけた。それはイスラエルが渇望する支援であり、イスラエル建国から数十年のあいだ、多くのアメリカのユダヤ人にとって世俗的宗教のようなものになっていった。

ある意味で、これはアメリカのユダヤ人コミュニティの

トルーマン & ヴァイツマン

指導者たちにとっても幸運なめぐり合わせだった。同化、受容、異民族との結婚という深刻化する問題に直面しつつあったからだ。皮肉にも、イスラエル国家誕生後の数十年間は、アメリカのユダヤ人に課せられていた最後の規制が解除されていった時期と重なる。それまでは一流大学に入学できるユダヤ人の数を制限するクオータ（割当）制や、富裕層の住む地域からユダヤ人を締め出す規制条項や、高級カントリークラブへのユダヤ人の入会を拒む差別的規定などがあった。そのような形式上の障壁がなくなって、何十年ものあいだアメリカのユダヤ人の安全と平等を訴えてきたコミュニティの指導者はいまや、別の脅威に向き合って気を揉みはじめた。アメリカのユダヤ人のアイデンティティが、アメリカのユダヤ人自身の成功の犠牲になるのではないかという恐れを募らせたのだ。** アメリカのユダヤ人の若い世代は（アメリカ人との）完全な統合に惹かれているのかもしれない。異民族と結婚し、ユダヤの伝統と慣習とコミュニティを放棄し、アメリカの坩堝の中に消えることを望んでいるのではないか。イスラエルは、まさにアメリカのユダヤ人コミュニティの指導者たちが必要としたものだった。ユダヤ人の偉大で劇的な近代史は、アイデンティティ形成のための感動的で強力な動機にもなり、

*——この話からいつも思い出すのは、同時代のハリウッドの映画脚本家で熱狂的なシオニスト活動家だったベン・ヘクト（一八九四〜一九六四）の言葉とされる引用句だ。「ユダヤ人と関わるな。頭を抱える羽目になるぞ」。

**——アメリカのユダヤ人の指導者たちは常にユダヤ人の将来を気にかけている。それはほとんど彼らのDNAに刻み込まれているのだ。ポーランド出身のアメリカのユダヤ人学者サイモン・ラヴィドヴィッツは一九四八年に発表した「常に死滅しつつある民族」と題する評論の中で、この特徴をやんわりと揶揄し、こう述べている。「ユダヤ人の歴史を研究する者がすぐに気づくのは、離散したユダヤ人（ディアスポラ）においては、ほぼどの世代も、自分たちをイスラエル民族という長い鎖の最後の環になぞらえてきたことだ。どの世代も常に、目の前に自分たちをのみ込む深淵を見てきた」。しかも、彼はこれをホロコーストの三年後に書いたのだ！

プシュケ・ボックス

アメリカのユダヤ人の新世代がコミュニティとのつながりを保つ拠りどころにもなる。かくして、新たな相互関係が打ち立てられた。イスラエルは国家を文字どおり存続させるためにアメリカのユダヤ人を必要とし、アメリカのユダヤ人はコミュニティを存続させるためにイスラエルを必要としたのである。

　イスラエルはたちまち、アメリカの多くのユダヤ人団体にとって最優先の課題となった。名誉毀損防止組合（ＡＤＬ）、アメリカユダヤ人委員会（ＡＪＣ）、ユダヤ人コミュニティ関係評議会（ＪＣＲＣ）といった権利擁護団体が、イスラエルを取り組むべきテーマのトップに据えた。一九五六年には、全米主要ユダヤ人団体代表者会議（ＣＰＭＡＪＯ）が、アイゼンハワー政権とイスラエル政府の双方からの要望で設立された。いずれもアメリカのユダヤ人コミュニティに対応するための「本部窓口」を必要としたのだ。設立直後から、この最重要団体の最重要プロジェクトはイスラエルの支援だった。一九六三年、イスラエル公共問題アメリカ委員会（ＡＩＰＡＣ）が設立された。目的は（同委員会によれば）「アメリカおよびイスラエルの安全を高めるためにアメリカ-イスラエル関係を強化、擁護、促進する」ことだった。こんにち、多くの人がＡＩＰＡＣをアメリカで最も強力なロビー団体の一つと見なしている。

　そうした諸団体が集まって、「イスラエル・ロビー」と呼ばれるようになった非公式のネットワークを構成し、共にイスラエルを支援し、イスラエルが推進すると決めた政策は何でも支持した。入植地建設やヨルダン川西岸の併合のように、アメリカの政策に反したり、国際法に違反していたり、アメリカのユダヤ人の大半の価値観と信念にもとる政策でさえ、支持してきた。こんにち、イスラエル・ロビーには複数のキリスト教シオニスト団体も含まれる。いずれも福音派で、ユダヤ人が聖書の「聖地」（パレスチナ）に帰還してそこを征服することが、キリストの再臨と世界の終末すなわちハルマゲドンに必要だと信じている（詳しくは22章で述べる）。たしかに、キリスト教福音派とユダヤ人団体のこうした組み合わせは、奇妙な同志関係ではある（この二つのコミュニティが、イスラエル以外のあらゆる事柄についてどれほど違うかを見るといい）。それでも、われわれがこれまでに多少なりとも学習したのは、ことイスラエルに関しては、通常のルールが当てはまるとはかぎらないことだ。

一九六七年の六日戦争が、アメリカのユダヤ人コミュニティにとってもイスラエルにとっても、分岐点となった。アメリカのユダヤ人は、イスラエルが第二のホロコーストのような事態を恐れ、それを阻止するために戦うのを不安な思いで注視し、イスラエルの驚異的な勝利を喜んだ。アメリカのユダヤ人はイスラエルの圧勝で安堵したのみならず、非常に誇らしかった。この勝利に触発されて三万人以上がイスラエルに移住し、それを何万も上回る数の人びとがイスラエルを訪れたり、同国への留学を選んだりした。その後のミュンヘン・オリンピック事件の虐殺、ヨム・キプール戦争、一九七六年にウガンダのエンテベで起きたイスラエルの奇襲部隊によるユダヤ人の人質救出劇などの試練と苦難によって、誇りと連帯感はいよいよ強まった。モシェ・ダヤン、ゴルダ・メイア、イツハク・ラビンといったイスラエルの政治指導者はスターのようにもてはやされた。イスラエルの国防軍と兵士はほとんど民衆の英雄だった。大半とは言わないまでも、多くのアメリカのユダヤ人にとって、イスラエルは間違ったことをするはずがなかった。旧約聖書のダビデと巨人ゴリアテのエピソードになぞらえて、小柄ながら勇敢なダビデ（＝イスラエル）がアラブという強大な敵に挑むかたわら、砂漠を沃野《よくや》に変えてもいることを、大いに誇らしく感じていた。

イスラエル訪問はアメリカのユダヤ人の多くにとって通過儀礼となる。それは、彼らの祖先の大半が逃れてきた東ヨーロッパの国々よりも温かく迎えてくれる、より魅力的な祖国への旅だった。さらに、イスラエルには慈善産業があった。ワシントンでイスラエルのために活動する権利擁護・ロビー団体や、イスラエル国内で無料食堂から美術館に至るまで多様な支援をする慈善事業に、アメリカのユダヤ人は毎年寄付をした。イスラエルでは、国内のあらゆる病院、大学、美術館の壁に麗々しく掲げられる寄贈者名がことごとくアメリカのユダヤ人の名であることが、冗談めかして語られるようになった。一九七五年までに、アメリカのユダヤ人は慈善目的で一五億ドルをイスラエルに寄付した（その額は二〇〇七年までに二五億ドルに達している）。

送金だけで満足しない人もいた。彼らはより有意義かつ戦略的な形でつながり、支援する方法を求めた。一九七九年には、健全な民主主義の発展には市民社会の確立が必要だと考えるアメリカの若く進歩的なユダヤ人グループが、イスラエルに確固とした市民社会がないことを懸念し、その構築を目指して同国の進歩的な若者と手を組んだ。イスラエルは、周縁化された少数派の声を支援し、公民権と人権を擁護し、リベラルな価値観を広めるために、国内組織のエコシステムを必要としていた。こうした社会を構築するために、アメリカの進歩的なユダヤ人が、イスラエルのリベラルな理念を支援する方法の新たな選択肢として新イスラエル基金を設立した。

しかし、資金と支援をせっせと投じながらも、大半のアメリカのユダヤ人は、ヨルダン川西岸とガザ地区で拡大しつつあるイスラエルの入植事業も、現地に住む何百万人ものパレスチナ人に対するイスラエルの扱いも、あまり気に留めていなかった。アメリカのユダヤ人コミュニティがイスラエルとの恋路で初めて真の障害にぶつかったのは、一九八二年にイスラエルが第一次レバノン戦争を始めてからだ。アメリカのユダヤ人は、必然というより自ら選択したように思える戦争をイスラエルが始めて、レバノンの終わりの見えない内戦の只中に突入するのを、初めて見た。イスラエルの戦車がアラブの首都を包囲し、住民に砲弾を撃ち込むのを、初めて見た。さらに、サブラーとシャティーラの難民キャンプの虐殺事件は、残虐行為への抗議デモで政府の退陣を求めた何十万人ものイスラエル人にも、アメリカのユダヤ人にも、心底からショックを与えた。

二つ目の障害——これが亀裂の始まりだったと言う人もいるだろう——にぶつかったのは、一九八七年にパレスチナの第一次インティファーダが勃発し、ヨルダン川西岸とガザ地区の全域で起きたおおむね非武装の蜂起を、イスラエルが弾圧したときだ。装甲車に乗った完全装備のイスラエル兵が、投石する若いパレスチナ人に催涙ガスやゴム弾、ときには実弾を浴びせる光景は世界を戦慄させ、アメリカのユダヤ人を打ちのめした。イスラエルは多くのアメリカのユダヤ人が思っていたよりも少し複雑な国なのかもしれないと、彼らは感じた。

アメリカのユダヤ人は、イスラエルの占領下に暮らす何百万人ものパレスチナ人の状況に、初めて気づきはじめた。イスラエルは長きにわたる占領について、いくつかの決まりきった説明を繰り返した。われわれはイスラエルを守るためにここにいるだけだ、占領地を返したいが交渉できる指導者がいない、パレスチナ人はヨルダンに支配されるよりもイスラエルに支配されたほうが幸せだ、等々。ティーンエイジャーを殴る武装兵士の映像がかき立てる疑問に、そういう説明はもはやまったく答えていないように思えた。荒廃したパレスチナの町々での大規模な抗議デモと、そのすぐ隣に広がるイスラエルの真新しい入植地の、厳重に警備された赤い屋根のこぎれいな家並みを映し出すニュース映像を目にすると、心がざわついた。しかし、一九八七年には、アメリカのユダヤ人がイスラエルに関して心情を語るのは容易なことではなかった。

それでも、多くの人はテレビ画面で見ているのがイスラエルだとは信じられず、当惑した。私もそうだった。インティファーダが勃発したときは大学二年生で、何週間ものあいだ、眠れなかった。しかし、ユダヤ人コミュニティのいくつもの組織はイスラエルに対して事実上いかなる批判も口にしようとしなかったし、したくてもできなかった。当時もいまも、そうした組織や指導者の大半は、エルサレムから発表されるイスラエルの公式見解を、少なくとも表向きはただ繰り返すだけなのだ。

第一次インティファーダの最中にイスラエルの行動がそうした不安をかき立てたにもかかわらず、また、アメリカのユダヤ人の大半が属するリベラルなユダヤ教の宗派に対してイスラエルの正統派政党が敵意を抱き、緊張が生じたにもかかわらず、アメリカのユダヤ人はイスラエルを強力に支援し続けた。そして、第一次湾岸戦争の際は再びイスラエルに同情が集まった。サダム・フセインのイラクがイスラエルに何十発ものミサイルを発射し、イスラエルを争いに巻き込もうとして失敗したからだ。

一九九二年にはアメリカでビル・クリントンが、イスラエルでイツハク・ラビンが当選したおかげで、両国は一時、ますます関係を結びやすくなった。アメリカのユダヤ人は圧倒的にクリントンに投票したし、右翼強硬派の前任者イツハク・シャミルよりもラビンのほうが、親しみやすかった。クリントンとラビンは真の友情を育み、それぞれが相手の国で高い人気を得た。そして、一九九三年にはオスロ和平プロセスに漕ぎ着け、ホワイトハウスの芝生でのラビンとアラファトのあの有名な握手に至った。

アメリカのユダヤ人の多くにとって、それは、約束の地におけるアラブ人とユダヤ人の一〇〇年にわたる紛争の終わりであるかに見えた。和平は可能であるのみならず必然であると思えたし、イスラエルが隣人に手を差し出したことでアメリカのユダヤ人は誇らしさで胸がいっぱいになった。もはやイスラエルに矛盾した感情を抱く必要がなくなったこと、イスラエルが地域の誰にとってもより明るい新たな未来を築くために全力を尽くしていることに、安堵感を覚えた。

私もまさにそうだった。一九九〇年代半ばにエルサレムに住み、イスラエルとヨルダンが和平協定を結んだ頃には、イスラエル人とパレスチナ人の友人と共にカフェやバーに座って、共有する価値観と理念について語り、新たな未来を夢見ることができた。

その夢は長続きしなかった。一九九五年のウルトラ・ナショナリストのユダヤ人によるラビン暗殺、パレスチナ人によるテロの波状攻撃、第二次インティファーダ（二〇〇〇〜〇五年）に対するイスラエルの過酷な対応が、オスロ合意を崩壊させた。それによって、アメリカのユダヤ人コミュニティとイスラエルの関係における一つの時代にも、終止符が打たれた。表面下に隠れていた溝と食い違いが明るみに出はじめた。世界の二大ユダヤ人コミュニティは、そもそも自ら思い込んでいたほど近くはなかったのかもしれないが、互いから離れはじめ、隔たりを広げていった。

イスラエル人の側は、和平のためにリスクを冒したせいで手痛い火傷を負ったと感じていた。新たな世紀の最初の数年に経験した熾烈なテロによって、交渉と和平協定が安全と平穏への道であるという信念は揺らいだ。二〇〇五年にイスラエルがガザ地区から一方的に撤退したあと、イスラエルにハマスのロケット弾が降り注いだ。これが決定打となり、多くのイスラエル人は恐れていた最悪の事態が現実のものとなったことを確信した。ますます多くのイスラエル人が、和平を結べる本物のパートナーはいない、さらなる譲歩はさらなる流血を招くだけだと考えるに至った。新たな分離壁が建設され、イスラエル本国および占領地の入植地の多くを、ヨルダン川西岸のパレスチナ人居住区から隔てた。この分離壁に加え、イスラエルの警備請負業者も同然のパレスチナ自治政府警察隊の協力のおかげで、イスラエル国内のテロは劇的に減った。また、イスラエルはヨルダン川西岸を支配する堅固な土台として、法規とインフラから成る複合的システムを確立した。高速道路、トンネル、壁、軍事基地、重武装で警備された検問所などが占領地に縦横に配置され、そのおかげでイスラエルは、ヨルダン川西岸のユダヤ人入植地を拡大しつつ、国内の経済、社会、政治に組み込めるようになった。

それらすべてが相まって、イスラエル人の多くは、ほんの数キロメートル先のグリーン・ラインの向こう側で自国の名のもとに進められている占領の厳しい現実に目をつぶり、冷淡なままでいられたのだ。その現実をイスラエル人が見なくて済むという事実が、一種の認知的不協和を助長した。つまり、イスラエル人は自国の行為をパレスチナ人の苦境や怒りの根源と結びつけようとしなかったし、それは不可能でさえあった。イスラエル人にとっては、状況は比較的平穏で経済は順調だった。それと呼応するように、イスラエルの安全と繁栄を守れるのは自分たちだけだとうたう右派政府に投票する人が増えた。イスラエルのユダヤ人の中にはそうした右傾化に反発する人もいたが、大半は現実と折り合いをつけようとするだけだった。かくして、エルサレム発の強硬な言辞と政策を不幸だが許容できる代償として、平和と平穏が成り立っている。

確かなことが一つだけある。イスラエルのユダヤ人は、そうした状況についてアメリカのユダヤ人がどう考えるか、あまり気にしなかったということだ。実際、彼らはそもそも、アメリカのユダヤ人のことをあまり考えていなかった。ただ、イスラエルが気にするか否かは別として、これらの変化はアメリカのユダヤ人の多くがイスラエルから遠ざかる一因となった。実のところ、二〇世紀末には、世界の二大ユダヤ人コミュニティは互いのことをあまりよく知らなかったのだ。アメリカのユダヤ人は長年、現実のイスラエルといくらか類似点があるだけのイスラエル像を思い描いて共感を寄せていた。そして、現実のイスラエルはといえば、次第にアメリカのユダヤ人コミュニティとは似ても似つかないものになっていった。

ビビ & バリー
（ネタニヤフとオバマ）

アメリカのユダヤ人は概して裕福で高学歴で、大半がリベラルだ。一〇〇年以上にわたり、一度の例外を除いて大統領選では過半数が民主党に投票してきた。* 二〇〇八年にはアメリカのユダヤ人の四分の三がバラク・オバマに投票し、最初の黒人大統領を選んだ政治的連合の一部であることに誇りを抱いた。そして、リベラルなユダヤ人コミュニティで人気のあったオバマは、入植や、中東におけるアメリカの役割や、イランの核の野望への対処法をめぐり、たちまちタカ派のネタニヤフ首相と衝突した。オバマ政権下ではイスラエルへの安全保障協力・援助費がそれまでのどの大統領の時代よりも高額だった

*——唯一の例外は一九二〇年で、民主党はアメリカのユダヤ人票のわずか一九パーセントしか獲得できなかった。その理由は、アメリカのユダヤ人の三九パーセントが社会党の候補者ユージン・V・デブズに投票したからである。つまり、ほぼ六〇パーセントは共和党候補に投票しなかった。

にもかかわらず、イデオロギー上の齟齬と二人の指導者のぎこちない関係は一目瞭然で、かなり険悪だった。それまでのアメリカの大統領と異なり、オバマはイスラエルでは不人気だった。そして、それまでのイスラエルの首相とは異なり、ネタニヤフは、オバマを支持するアメリカのユダヤ人のあいだで不人気だった。アメリカのユダヤ人コミュニティのうち共和党に投票した二五パーセント前後（アメリカの正統派ユダヤ教徒の過半数を含む）のあいだでは、オバマはイスラエルへの脅威と見られ、ビビはロック・スターのように見られていた。

二人の指導者間の緊張関係は、アメリカのユダヤ人とイスラエルのあいだにも、アメリカのユダヤ人コミュニティ内部にも以前から存在した断層線をあらわにした。オバマの当選から丸一年前、新たなイスラエル擁護団体「Ｊストリート」が、ＡＩＰＡＣをはじめとする伝統的イスラエル・ロビー団体に代わる、より進歩的な団体として設立された。Ｊストリート設立の趣旨は、イスラエルに関心を寄せるアメリカのユダヤ人のうち、二国家解決が同国存続の唯一の道だと信じる人たちの拠点となることだった。Ｊストリートは飛躍的に発展し、アメリカのユダヤ人のイスラエルをめぐる話題の中心に躍り出た。しかし、その姿勢がアメリカのユダヤ人の大多数に共有され、人気のある大統領に支持され、著名な民主党議員の多くに歓迎されたにもかかわらず、Ｊストリートはアメリカの既成のイスラエル擁護組織からは（イスラエルの右派政権からも）脅威と見なされ、除け者扱いさえされた。Ｊストリートの台頭が意味するものは重い。ことイスラエルに関しては、アメリカのユダヤ人と、彼らの代弁者と称する団体のあいだの隔たりが大きくなりつつあるということだからだ。

二〇一〇年にジャーナリストのピーター・ベイナートが「ニューヨーク・レヴュー・オヴ・ブックス」誌〔アメリカの文芸・文化批評誌〕に寄稿した「アメリカのユダヤ人体制派の失敗」と題した記事は、たちまち広く知られるようになった。敬虔なユダヤ教徒で、かつて「ニュー・リパブリック」誌〔アメリカの政治、文化、芸術批評誌〕の若き辣腕編集者として鳴らしたベイナートは、以下のような主張を展開した。（a）アメリカのユダヤ人はリベラルである。（b）アメリカのユダヤ人体制派〔コミュニティの代表を標榜する団体や機関〕は、多くの問題に関してそのリベラリズムに口先だけで賛同する。（c）しかし、アメリカのユダヤ人体制派は、イスラエルに関してはリベラルな価値観を放棄することをアメリカのユダヤ人に求めた。ベイナートによれば、こうしたやり方が通用したのは、ホロコーストや、イスラエル建国や、六日戦争を目撃したために、イスラエルのすることはほとんど何でも許したがる世代に対しての話であり、もはやそううまくはいかない。アメリカの比較的若いユダヤ人（X世代〔生年が一九六五～八〇年頃〕、ミレニアル世代〔生年が一九八〇～九五年頃〕、Z世代〔生年が一九九五年以降〕）は、アメリカのユダヤ人らしいリベラルな価値観とイスラエルのどちらを取るかと問われれば、前者を取るだろう。彼らはイスラエルから離れたがり、ユダヤ人コミュニティ団体からも離れたがる。そうした団体はイスラエルのどんな姿勢や行動についても、反射的に、何も考えずに、擁護し正当化してきた。ベイナートの記事は猛烈な論争を巻き起こしたが、正鵠《せいこく》を射ていた。アメリカのユダヤ人、とりわけ比較的若い層ではイスラエルへの愛着が薄れる一方であることが、世論調査という世論調査、研究という研究で明らかにされている。

二〇一五年、アメリカ、イギリス、フランス、ドイツ、ロシア、中国は、イランの核開発計画を止めるべく、同国との合意に達した。イスラエルはイランの核兵器開発を阻止するために同国への攻撃を検討しており、この合意に強く反対した。十分な防衛手段も制裁もないままにイランを解放したと受け止めたからだ。それでも、多くのアメリカのユダヤ人はオバマ政権の取り組みを支持した。それに対して、ＡＩＰＡＣや全米主要ユダヤ人団体代表者会議などの団体はエルサレムの意向を汲んでイラン合意に反対したが、Ｊストリートは賛成した。共和党の下院議長がアメリカ議会にネタニヤフを招いて合意反対の演説をするよう求めたことは、オバマ政権に対して無礼というだけでなく、アメリカのリベラルなユダヤ人コミュニティへの侮辱とも感じられた。さらに悪いことに、そのせいでアメリカのユダヤ人は選択を迫られた。民主党のアメリカ大統領の掲げる目標と、ＡＩＰＡＣやイスラエルの掲げる目標のうち、どちらかを選ばねばならなくなったのだ。ただ、それを気まずい立場と感じたアメリカのユダヤ人もいたものの、ベイナートが予言したとおり、結局、選択はさほど難しくなかった。アメリカの体制派組織がネタニヤフの側に立った一方、アメリカのユダヤ人のほとんどはオバマの側についたからだ。

イラン核合意を機に、アメリカのユダヤ人の多くは、イスラエルと、イスラエルを無条件に擁護するユダヤ人団体からますます遠ざかった。しかし、その敬遠と離反の流れを大きく増幅させ加速させたのは、二〇一六年のドナルド・トランプの当選と、それに続く彼とネタニヤフの「蜜月」である。二人の関係はある意味で、一九九〇年代のラビンとクリントンの友情の歪んだ鏡像でもあった。クリントンとラビンが共に実利的自由主義と、民主主義と、平和に身を捧げたのに対して、トランプとネタニヤフは共に右翼のエスノナショナリズム的ポピュリズムを推進し、それまでは受け入れられなかった人種的偏見に満ちたイメージや言葉を政治的利益のために積極的に利用し、民主的な制度と規範をあからさまに軽視し、無視した。二人は似た者同士の盟友だった。

トランプとビビは、新権威主義者として同類だっただけではない。トランプにとって、イスラエルの右翼強硬派への支援は、国内の二大後援者から支持を得る方便でもあった。二大後援者とは、共和党への大口献金者でイスラエルに関しては超タカ派だった故シェルドン・アデルソン（二〇二〇年の選挙でトランプと共和党に一億八〇〇〇万ドル以上の献金をした）と、保守的なキリスト教福音派コミュニティである。福音派にとって、イスラエルと、福音派の終末論的世界観にイスラエルが果たす役割は、きわめて重要だった。トランプはネタニヤフが望みうるかぎりのことをした。自身の破産専門弁護士でイスラエルの占領地における入植事業を長年支援してきた人物を、外交経験がまったくないにもかかわらず駐イスラエル大使に任命した。ふさわしい資格も経験もない娘婿を、自身の和平交渉団の代表として派遣した。ネタニヤフに政治的贈り物を次から次へと贈った。すなわち、アメリカ大使館をテルアビブからエルサレムへ移し、ゴラン高原におけるイスラエルの主権を認め、アメリカはもはや入植を非合法と見なさないと言明し、ヨルダン川西岸におけるイスラエルの一方的併合への青信号となる「和平案」を発表した。これらの決定によって、イスラエルに関してアメリカが長年とってきた超党派的政策は覆された。アメリカは紛争の公平な調停者になれるという素振りを一切しなくなった。アメリカのそうした決定を、パレスチナ人および世界の大半はたちどころにはねつけた。しかし、もちろん、イスラエルは歓迎した。

イスラエルのユダヤ人の大半はドナルド・トランプが好きだったかもしれないが、アメリカのユダヤ人の大多数は、彼に我慢がならなかった。トランプの人種差別、女性蔑視、排外主義に呆れていた。そして、国内外における反ユダヤ主義と白人ナショナリズムを擁護しないまでも、進んで容認しているような態度に恐れをなした。二〇一七年にヴァージニア州シャーロッツヴィルでネオナチ集会が開かれ、集会への抗議者が殺害されるに至った事件のあと、トランプはただ「どちらの側にも非常に立派な人たち」がいたと認めただけだった。クー・クラックス・クラン（KKK）の元幹部デイヴィッド・

デュークのような白人至上主義者は大統領のこのコメントに拍手喝采した。二〇一八年には反移民的な暴言を撒き散らしていた白人ナショナリストが、ピッツバーグのシナゴーグで礼拝中のユダヤ人一二人を殺害した事件があり、アメリカのユダヤ人ははっきりと悟った。ドナルド・トランプのアメリカでは安全だとは感じられなかった。

世界のユダヤ人のリーダーを自称するネタニヤフは、トランプが反ユダヤ主義者と白人ナショナリストに目配せし、うなずくのに対して批判めいたことを言うのは控えた。それは、反ユダヤ主義にすり寄るほかの右派エスノナショナリストをも受け入れるビビらしい対応だった。かつてのイスラエルの指導者たちは、居住地を問わずあらゆるユダヤ人の守護者であることを自任していた（ビビ自身の兄がまさにこの理念を掲げ、一九七六年にウガンダのエンテベの奇襲で命を落としたことを思い出そう）。しかし、ネタニヤフのもとで、イスラエルはハンガリーのオルバーン・ヴィクトル首相のような右翼の強硬派と連携する。オルバーン首相の排外主義と反ユダヤ主義的イメージの利用は、イスラエル大使の非難するところとなった。しかし、ネタニヤフは自国の大使の動きを支持するどころか、ハンガリーの独裁者に対する批判を撤回するよう命じたのだ。* ビビは、自らがイスラエルのために進める強硬路線に賛同してもらえるかぎり、ほかの強硬派の支持を歓迎するのだ。その相手が、たとえ反ユダヤ主義者であっても。

アメリカのリベラルなユダヤ人は、オルバーンのような独裁者を擁護するネタニヤフに幻滅した。それでなくとも、ヨルダン川西岸に関するネタニヤフの政策、イスラエルのアラブ系国民に対する彼の暴言、彼がイスラエルの左派を悪魔呼ばわりすること、宗教的多様性についての左派の懸念を無視すること、「誰がユダヤ人か」の裁定者を自任する超正統派ラビとの結託に、すでにうんざりしていたのだ。ビビがアメリカのキリスト教福音派に政治的求愛をし、史上最も酷評された大統領であるドナルド・トランプと仲睦まじくするのを目の当たりにして、アメリカのリベラルなユダヤ人は悟った。イスラエルは、もはや自分たちの考えには無関心なのだと。イスラエルは、イデオロギー面でもっと波長の合う盟友たちをアメリカに見出したのだ。アメリカの伝統的なユダヤ人コミュニティ組織は板挟みになって身動きが取れないように見えた。イスラエルを批判したくないし、トランプを批判するのは怖い。一方、イスラエルの擁護にあまり関心がなく、トランプの政治目標に断固として反対する新顔の団体が、空白地帯に入り込みはじめた。そうした地殻変動がアメリカのユダヤ人の日常の様相にも変化をもたらすにつれて、彼らの多くは、イスラエルがもはや彼らにも彼らの関心事にも格別の興味を抱いていないと思いはじめた。イスラエルは新たな道を進みはじめたのだ。問題は、アメリカのユダヤ人の新世代も新たな道を進むのか、そしてイスラエルから離れるのかどうかだろう。

*——二〇一七年七月にハンガリーのユダヤ人コミュニティの指導者たちは、ブダペスト駐在のイスラエル大使を訪ねると、ネタニヤフの忠実な盟友であるオルバーン首相の政党が反ユダヤ主義的イメージを利用し、ハンガリー出身のアメリカのユダヤ系投資家ジョージ・ソロスを中傷していることへの懸念を伝えた。きわめて資金力に富み、ハンガリー、イスラエル、アメリカなどの強硬な政策を歯に衣着せず批判するソロスは、（ネタニヤフを含む）右派ポピュリストの政治家たちの格好の標的となっている。イスラエル大使は危機感を覚え、以下の辛辣な声明を発表した。「（オルバーンの）キャンペーンは悲しい記憶を呼び覚ますのみならず、憎悪と恐怖を植えつけてもいる。声を上げ、関係当局が力を行使してこのサイクルを断ち切るよう求めるのが、われわれの道徳的責務である」。これこそ、世界中のユダヤ人が、反ユダヤ主義から身を守るために期待し、頼るようにさえなったイスラエルの姿である。しかし、早くもその翌日、ネタニヤフはこの声明を撤回するよう命じた。

18章

The Settlements

入植地

一九六七年にイスラエルがヨルダンからヨルダン川西岸の領土を獲得し占領して以来、グリーン・ラインの向こうに建設された入植地には四四万人以上のイスラエルのユダヤ系民間人が住んでいる。さらに二〇万人余りのイスラエルの民間人が、六日戦争でイスラエルが獲得した、やはりグリーン・ラインの向こうの東エルサレムの各地区に住んでいる。イスラエルは一九六七年以後、東エルサレムを併合してイスラエルの主権を行使し、(ヨルダン川西岸とは異なり)東エルサレムはイスラエルの一部だと宣言した。しかし、国際社会はこの併合を認めておらず、東エルサレムはイスラエルが占領するパレスチナの領土の一部で、将来のパレスチナ国家の首都となる場所と見なしている。

ヨルダン川西岸の入植地の大半は、「未開のアメリカ西部」のような掘建小屋の集落でも仮設のテント村でもなく、小ぎれいな赤い瓦屋根の家々、公園、学校、カフェ、ショッピングセンター、図書館、シナゴーグがある町だ。おおむねイスラエル領内の町や都市と変わらない外観、雰囲気、機能を持つが、ただ一つ違うのは、そこがイスラエルではないということだ。入植地は占領地にあり、より正確にはC地域にある。* そこが肝心だ。入植地は、恒久的コミュニティとなることを意図して建設さ

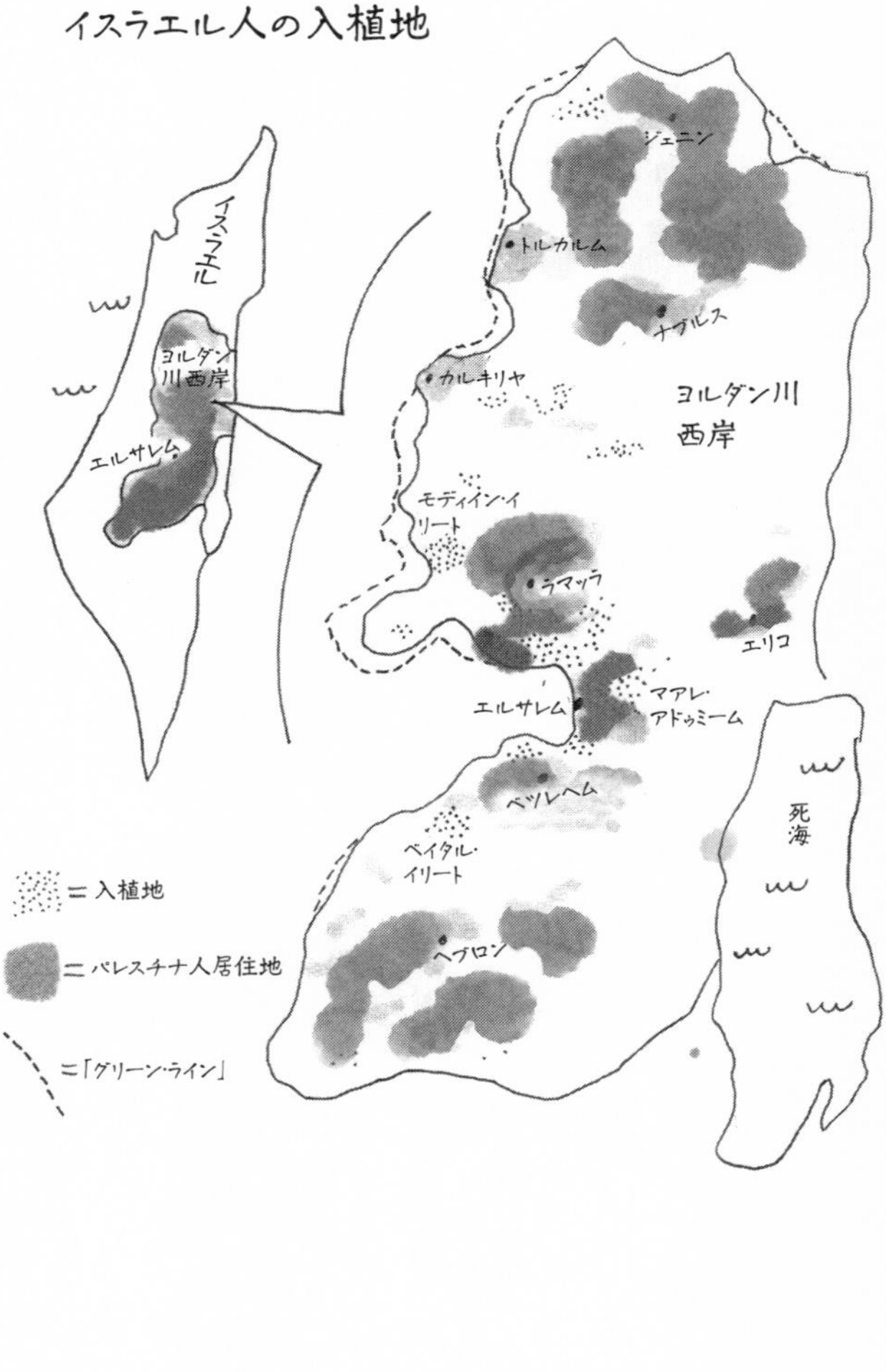

＊——オスロ合意では、ヨルダン川西岸の占領地はA、B、Cの三つの行政地域に分けられることを思い出してほしい。すべての入植地があり、そして、一八万〜三〇万人のパレスチナ人が暮らすのが、ヨルダン川西岸の六〇パーセントを占めるC地域だ（"Area C," B'Tselem, https://www.btselem.org/topic/area_c）。１８０ページの地図を参照のこと。

れた――地上に実在する事実であるゆえに、どのような和平協定が結ばれようと、イスラエルがヨルダン川西岸全体から撤退するのは不可能ではないまでも、難しい。そして、言うまでもなく、ヨルダン川西岸はパレスチナ人が欲する場所、将来のパレスチナ国家の主要な部分となることを国際社会が期待する場所である。

イスラエルの入植者の大半は、イスラエル本国との境界近くに建設された大きな町、すなわち「ブロック」というコミュニティか、一九六七年以後に東エルサレムにつくられたユダヤ人地区に住んでいる。一見平穏に見えるが、入植地での生活は、ことにヨルダン川西岸の奥地に点在する地域では危険をはらんでいる。パレスチナの過激派は、自らの祖国、未来の国土と見なす土地からイスラエル人を追い出そうと、ヨルダン川西岸のイスラエル人兵士や民間人に攻撃を仕掛けてきた。イスラエルの治安部隊はそれに対抗し、攻撃を阻止すべく多大な努力を傾けている。パレスチナ人居住者の中にスパイや情報提供者のネットワークを張り巡らし、ヨルダン川西岸内や、ヨルダン川西岸とイスラエルのあいだに検問所を設け、ヨルダン川西岸のいたるところにある軍事基地や入植地周辺に国防軍をかなりの規模で配置し続けてきた。

イスラエル以外のほぼすべての国が、イスラエルの入植は国際法違反であり、占領国が自国の民間人を占領地域に移送することを禁ずるジュネーヴ第四条約に違反すると見なしている。* イスラエルはこれに異論を唱える。ユダヤ人とこの領域との歴史的つながりを持ち出して、一九六七年以前にヨルダン川西岸の領有権を認められた国はなかったのだから、イスラエルを占領国と見なすことはできないと主張している。したがってジュネーヴ条約は適用されないという言い分だ。一九六七年以降、アメリカの民主党政権も共和党政権もその主張を受け入れず、入植については「違法」「非合法」「和平の障害」などさまざまな表現で言及してきた。

ところが、二〇一九年にトランプ政権はこの超党派的政策と決別し、アメリカ合衆国は入植が国際法に違反しないと判断したと明言した。ただし、その見解の趣旨と含意は、トランプ政権に関するその他多くの事柄と同様に、不明瞭だった。** 二〇二〇年一月、トランプ政権が従来のアメリカの政策をさらに抜本的に改めた。トランプ政権が「世紀の取引」とする和平案は、イスラエルによるヨルダン川西岸の複数地域の併合をアメリカが支援すると解釈できる内容だった。国際社会は、イスラエルの最大の貿易相手であるEUも含めて、そのような動きに強く反発した。しかし、世界で唯一の超大国の応援らしきものを得て、ネタニヤフ首相は異論の多い不人気な政策を正当化できる得がたい機会と受け止め、二〇二〇年七月に併合の手続きを始めると公約した（実際には始めなかった）。

イスラエルは（まだ）正式にヨルダン川西岸を併合していないものの、ヨルダン川西岸の入植地に居住するイスラエル人はイスラエル国民としてすべてのイスラエル人と同じ権利と便益を享受している。イスラエルの選挙に投票し、イスラエルの給付金を受け、イスラエルの法に従い、イスラエルの法廷で裁かれる。同じヨルダン川西岸地域内でパレスチナの都市、町、村に住むパレスチナ人はイス

*——ジュネーヴ第四条約は第二次世界大戦後の一九四九年に締結された国際条約で、戦地、占領地、紛争に関連したその他の状況における民間人の保護を規定している。イスラエルは世界の二〇〇カ国近い国々と同様に同条約の締結国である。いずれにしても、同条約は締結国であるか否かにかかわらずすべての国が従うべきだと見なされている。

**——二〇二一年二月現在、発足まもないバイデン政権は、入植に対するアメリカの政策のこの転換をどう扱うつもりか、まだ明らかにしていない。しかし、新しい大統領がイスラエルの入植事業に関する前政権の温かい受容と支援を受け継ぐとは思えない。

ラエル国民ではない。イスラエルの選挙に投票せず、イスラエル国民と同じ権利と自由を持たない。それでも、イスラエルの軍法に支配され、イスラエルの軍事法廷で裁かれる。

イスラエルのユダヤ人のほぼ一〇人に一人が、一九六七年以降にグリーン・ラインの向こうに建設されたコミュニティに住んでいる。イデオロギーや宗教上の理由からそうする人もいて、彼らのコミュニティは右翼の強硬派により構成される傾向がある。そのような入植者は、聖書に記されたユダヤ人の祖国をユダヤ人の手中に収めておく事業に全身全霊を捧げている。なかには、現代のイスラエル国家の制度と法律よりも、そうした理念に忠誠を尽くす人びともいる。彼らは自分たちのコミュニティの拡大を操作または制限しようとする国家の企てにことごとく抵抗し、国家にその権限を認めないことさえある。そして、拒絶の意を表明するために、しばしば隣人のパレスチナ人を犠牲にする。一部の過激派入植者は、地域のパレスチナ人に対する暴力を奨励して実践し、オリーヴ園などの地所を荒らしたり、場合によっては人を襲撃したりした。

パレスチナの都市ヘブロンは格好の例だ。ヘブロンは聖書に記された民族の祖であるアブラハム（イスラム教徒にとってはイブラヒム）とサラ、イサクとリベカ、ヤコブとレアの埋葬場所として、ユダヤ人にとってもイスラム教徒にとっても神聖な場所だ。古来ユダヤ人コミュニティの土地であったが、一九二九年にエルサレムで始まった暴動に続いてパレスチナ人による虐殺があり、その後、ユダヤ人は追放された。一九六七年にイスラエルがこの都市を征服すると、宗教的ナショナリストの強硬派がヘブロンにユダヤ人コミュニティを再建しようと、パレスチナ人二〇万人が暮らすこの都市の真ん中に、過激派ユダヤ人数百人から成る小規模な入植地を建設した。その小さな入植地を守るために、イスラエル国防軍は何百人もの兵士を配置し、地域の伝統あるマーケット（カスバ）を閉鎖し、市街の主要な通りからパレスチナ人を締め出した。それによってアラブ系住民は惨めな生活を強いられた。市中心部の一部の歩道を歩くことや、入植者専用とされた一部の通りに車で乗り入れることさえ許されなくなったからだ。郊外の過激派の入植地キリヤト・アルバには、最も（悪）名高い住人を誇らしげに記念する公園がある。その住人とは、一九九四年に父祖たちの墓のモスクで礼拝中のパレスチナ人二九人を突撃銃で殺害した、あのアメリカ出身のイスラエル人医師である。

イデオロギー以外の理由で入植地に住むイスラエル人もいる。彼らがそこに住むのは、単にヨルダン川西岸のコミュニティがより安価で魅力的で、イスラエル領内の同じような場所よりも空気がきれいで土地が広いからだ。しかも、それらのコミュニティは目と鼻の先にある。多くの入植者は、毎日、エルサレムやテルアビブなどのイスラエルの都市にある職場や学校へ通っており、その距離はわずか数マイルという場合が多い。* 過激派の同胞とは異なり、そうした「便宜的入植者」の大半は、自分たちを何らかの神秘的運命を担う宗教的先見者であるとか、アラブ人の今後の侵略を阻止する勇敢な開拓者であるなどとは考えない。政府からの気前のいい補助金に後押しされて、イスラエルでよい暮らしをしようとしているだけだ。ただし、もちろん、そこは厳密にはイスラエルではない。実質的に敵国の領土の真ん中であり、何百万人ものパレスチナ人が彼らの存在を嫌い、ヨルダン川西岸における

*――イスラエルの面積はおおよそニュージャージー州と同じであり、紛争が起きる場所の地理的な近さは驚くほどだ。イスラエル各地とヨルダン川西岸の各地のあいだの距離は、人びとが考えるよりもずっと短いことが少なくない。パレスチナ人の都市ベツレヘムはエルサレムのおよそ五マイル〔約八キロメートル〕南にある。パレスチナ自治政府の本部があるラマッラはエルサレムのおよそ六マイル〔約九・七キロメートル〕北に位置する。この地域全体が一つの大きなイスラエル－パレスチナ大都市圏なのだ。検問所さえなければ、エルサレムを出てそれらの都市に入ったことに気づかないほどである。

パレスチナ国家誕生の最大の障害だと見なしている。そこに入植者を住まわせるために、イスラエルは支配の基盤を構築した。そのすべてが何百万人ものパレスチナ人の暮らしを悪夢のように劣化させているが、イスラエルの目的には役立っている。一九九五年以降、ヨルダン川西岸の入植者人口はイスラエル領内の四倍の速さで増えてきた。

国際社会はイスラエルの拡大主義的な動きを非難し、ほぼ認めていないものの、イスラエルが占領地をほしいままに広げるのを阻止できてはおらず、これといった成果は上がっていない。ヨーロッパのスーパーマーケットで販売される入植地の産品に（「イスラエル製」に対して）「占領地産」と表示させようとしたEUの試験的措置でさえ、イスラエルと同国の支援者から激しい反発と反ユダヤ主義的だとの批判を受けて、腰砕けとなった。アメリカの右派からゴーサインが出されているのだから、イスラエルはヨルダン川西岸を併合するか、あるいは、ヨルダン川西岸の面積の六〇パーセントを占め、全入植地を含むC地域だけでも正式に併合してしまえばいいのではないか？　それは的を射た問いである。実のところ、過去半世紀にわたり維持されてきたヨルダン川西岸の体制の曖昧さは、イスラエルに有利に働いてきた。とはいえ、今後どのくらいその状況が続けられるかは不透明だ。その理由を考えてみよう。

イスラエルがヨルダン川西岸の占領継続を正当化する表向きの口実は常に、何よりも安全のためというものだった。イスラエルの初期の戦争と、近隣の多くの国々に対していまなお抱く敵対心から明らかなのは、同国の国土が戦略的に重要な奥行きを欠いていることだ（イスラエルで最も幅が狭いのは沿岸部のネタニヤとヨルダン川西岸のあいだで、その距離はわずか九マイル〔約一四・五キロメートル〕である）。イスラエルの主張によれば、近隣諸国がイスラエル国家を承認するまで、イスラエルはヨルダン川西岸の土地を戦略的に支配するために占領を維持せざるを得ない。* そして、前述したように、六日戦争のあと、イスラエルは和平と土地を交換する意志があると述べてきた。実際、やはり一九六七年に占領されたエジプトのシナイ半島に関しては、その意志を自ら証明した。思い出してほしい。イスラエルは、アメリカのジミー・カーター大統領がかつて敵同士だった二国のあいだを調停したキャンプ・デイヴィッド和平合意に従い、シナイ半島をエジプトに返還したのだ。それ以来、イスラエルとエジプトは、どちらかといえば冷ややかにではあるが、平和に共存してきた。

なかなか理にかなったやり方ではないか？　和平と土地の交換というのは、交渉上の立場として望ましいものだ。しかし、話はそれだけではない。過去半世紀にわたり、イスラエルは獲得したヨルダン川西岸の土地にただ軍を配備し続けただけではない。むしろ、これまで見てきたように、新たな町、都市、道路といったインフラ全般を、何十万人というイスラエルのユダヤ人のために建設し、彼らに入植を奨励し、自ら「ユダヤ〔古代ユダ王国があった土地の意。パレスチナ南部〕」「サマリア〔パレスチナ中央部〕」と呼ぶ地を実質的にイスラエル国家の新たな地方としてきた。戦争で獲得した土地の占領自体はジュネーヴ条約違反には当たらないものの、占領地に民間人を移動させることは同条約に違反する。それなのに、イスラエルがそうしたのはなぜだろうか？　安全だけが理由でないのは確かだ。真の理由はイデオロギーと宗教である。なぜ、いかにしてそうなったかを理解するには、かつて非主流派だった急進的な運動がその課題を主流化し、その目標を歴代のイスラエル政府の最優先事項とするのに成功した経緯を理解する必要がある。

＊――万一誰かが馬鹿げた考えを起こすといけないから、ということ。

一九六七年の六日戦争のあと、イスラエルは獲得した土地のすべてに陸軍基地を置き、民間の入植地を建設した。シナイ半島と、ガザ地区と、ゴラン高原の場合、それはおおむね戦略的行動で、イスラエルの占領地と敵対する隣国とのあいだに緩衝地帯をつくり、維持することが目的だった。イスラエルが一九八二年にシナイ半島から、二〇〇五年にガザ地区から撤退すると、入植地は根こそぎにされ、入植者（シナイ半島に四三〇〇人、ガザ地区には八五〇〇人前後）はイスラエル領内へ戻った。それらの土地の魅力が多くのイスラエル人の心を惹きつけていたのは確かだが、ヨルダン川西岸の魅力とは比べるべくもなかった。

ヨルダン川西岸（ユダヤおよびサマリア）は別格だった。ヨルダン川西岸はユダヤ人の物語が生まれた土地であり、アブラハム、イサク、ヤコブが歩いた土地であり、ようやく父祖の足跡をたどれること、初めて可能になった神話的風景との出合いに、多くのイスラエル人は酔いしれた。かくして、一九六七年の圧勝に高揚したイスラエルでは、新たな運動が凄まじい勢いを得た。ユダヤ人が聖書の中心地であるヨルダン川西岸に帰還し、その地を支配することは、神が定めたユダヤ人の運命の奇跡的成就だとする運動である。もともとグッシュ・エムニム（「信仰者集団」）と呼ばれていたこの運動は、イスラエルの最初の首席ラビの息子ラビ・ツヴィ・イェフダー・クックの神秘主義的かつ戦闘的な教えから誕生した。ラビ・クックは、イスラエルが征服した土地をいささかでも放棄することは、実は禁じられているのだと裁定した。グッシュ・エムニムはイスラエルのナショナリズムと宗教に基づく入植推進運動の核心となり、占領した土地に恒久的なユダヤ人コミュニティを建設してイスラエル国家と永久に結びつけることを目指した。

当初、建国以前のキブツの土地や、一九四八年の戦争でヨルダンに明け渡されて無人となった村にキャンプを設置するイスラエル人に、当時の中道左派労働党政権の指導者たちはあまり注意を払わなかった。そもそも、そうしたのは彼らだけではなかった。イスラエル国防軍のナハルという旅団は兵士の大半がキブツなどの集産共同体の出身者で、ヨルダン川西岸の土地に陸軍基地を設立する任務を負っていた。その基地はいずれ民間の入植地になるよう明確に意図されていた。労働党のシモン・ペレス（のちの首相・党首）をはじめとする高官の中には、満足気に見守る者もいた。新たな入植者たちの姿に、二〇世紀初頭にシオニストを鼓舞し、パレスチナに導いた開拓者精神を見出したからだ。しかし、初期のシオニストたちがおおむね世俗的でユダヤ人の民族自決という夢に動機づけられていたのに対し、グッシュ・エムニムは宗教的で、神の思し召しと信じるものに動機づけられていた。新植民地を建設した土地の一部をいずれ和平のために差し出すつもりなど、まったくなかった。かくして、温情による傍観と暗黙の支持のおかげで最初の入植地は根を下ろしたのだ。

何もかもが変わったのは、一九七七年に右派リクードが政権の座に就いてからだ。リクードはそれ以来、多少の例外を除き、ずっとイスラエルの政界に君臨してきた。メナヘム・ベギンからベンヤミン・ネタニヤフまで続くリクード政権のもと、入植運動は親身な応援団と擁護者に恵まれた。おかげで入植地は拡大の一途をたどった。それに合わせてイスラエルは軍事的な保護を提供し、発展に応じたインフラを整備してきた。ヨルダン川西岸に最初の入植地が建設されてから一〇年後の一九七七年には、入植者人口はおよそ四二〇〇人だった。一九八八年には六万六五〇〇人だった。さらに一〇年後の一九九八年には一七万二二〇〇人だった。二〇〇八年には二八万一一〇〇人だった。二〇一八年には四四万四〇〇〇人を超えていた。

そうなったのは偶然ではない。入植者陣営は政府内でも世論の場でも、自らの利益と思想を訴えるべく強力なロビー活動を繰り広げた。アメリカ共和党のトランプ派と同じように、入植地推進派は強硬な少数派であり、その目標は多数派の視点を（まだ）代表してはいないものの、イスラエルの政策、ひいては国家の方向を左右する原動力の一つとなった。というのも、アメリカのキリスト教保守派と同じように、イスラエルの法律と政策の改変だけでなく、イスラエル人の内面の変革をもくろむ強力な集票組織を築き上げたからだ。そのもくろみは達成されつつある。入植推進派の政党「ユダヤ人の家」の設立者たちは、ネタニヤフ首相の下でイスラエル国の教育相と司法相を務めた。イスラエルの社会構造を長期的に変えたければ、着手するのにこれほどふさわしい分野はない。

二〇一〇年代のあいだ、イスラエルの連立政権を構成する主要政党は入植事業の支持者であふれていた。入植運動の包括的目標は入植事業の保全であり、聖書の中心地がイスラエルの国土から二度と再び切り離されないようにすることである。そのために、

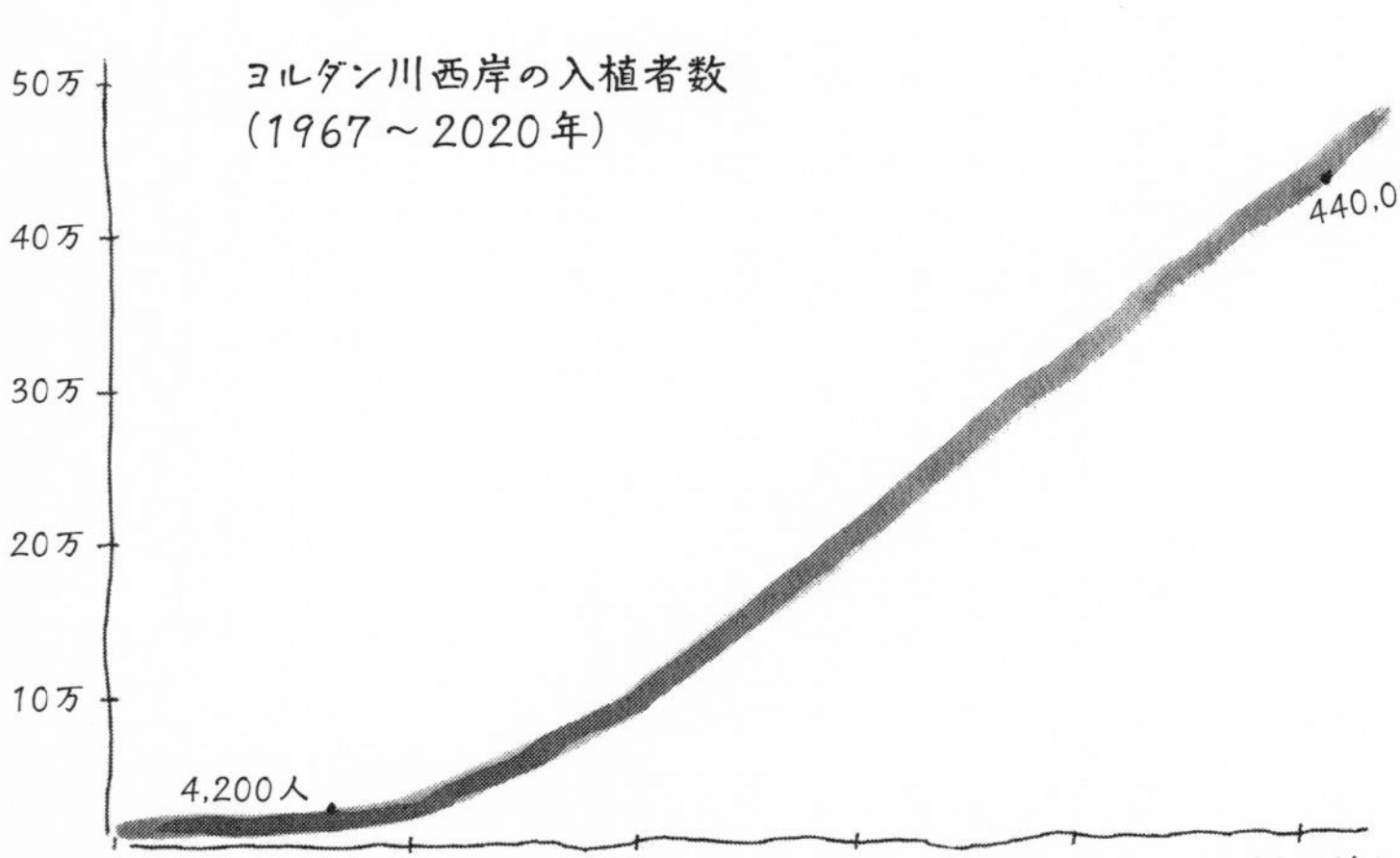

入植事業の指導者たちは長年、イスラエルによるヨルダン川西岸の土地の併合に賛成してきた。イスラエルがヨルダン川西岸を国の一部だと宣言することを望んでいたのだ。しかし、それは非主流派の見解であり、イスラエル右派の主流からさえも少数意見としか見られていない。右派は（そして、少なくともかつては左派の一部も）入植地の驚異的な発展を熱心に応援し、可能にしてきたと言ってもいいが、入植地のイスラエルへの正式な併合を本気で目指した大物政治家は皆無に近い。併合によって引き起こされる危機、国際社会でイスラエルが陥るであろう孤立、アメリカおよびアメリカのユダヤ人とのあいだに生じる亀裂を、イスラエルの指導者たちは皆、入植事業の最大の支援者も含めて、理解していた。併合にはそれほどの犠牲を払う価値はなかった。

そのうえ、実は併合の必要はなかった。実際、イスラエルがヨルダン川西岸の土地を一度も併合しなかったからこそ、国際社会から（あまり）非難されずに入植事業をイスラエル本国の社会構造に事実上完全に組み込むことができたようなものだ。しかも、重要なのは、ヨルダン川西岸に住む何百万人ものパレスチナ人の政治的地位という問題に対処することなく、それを達成できたことである。

つまり、イスラエルの入植運動は、正式には合法的でないにしても、占領地にユダヤ系イスラエル人を住まわせるという主目的を事実上、暗黙裡に達成したのだ。そうすることで、ヨルダン川西岸と入植をめぐるイスラエル人の考え方を変えることにも成功した。イスラエル製のイスラエル地図を見ると、その大半に何かが欠けていることに気づく。グリーン・ラインだ。イスラエルと占領地の境界を示す線である。地図にその線がないのは、うっかり入れ損なったからではない。入植者運動を通じて、多くのイスラエル人の心象地図からグリーン・ラインを首尾よく抹消したことの反映なのだ。

多くのイスラエル人にとって、大規模入植地と入植地ブロックは自国の一部であり、その点ではグ

ヨルダン川西岸の分離壁

リーン・ラインのイスラエル側にあるどの町や村とも変わらない。こんにち、実際にイスラエルにない町や都市に住んでいるにもかかわらず、自分をイスラエルに住むイスラエル人と考え、国家からもそのように遇されているイスラエル人の第三世代入植者が多い。この見方はイスラエル領内に住むイスラエル人の同胞にも共有されつつある。最近、政府が大規模入植地のアリエルにある公立大学《カレッジ》を総合大学《ユニヴァーシティ》として認可した際、イスラエルの学界と左派の多数が「密かな併合」として異議を唱えた。しかし、大方のイスラエル人にとっては、アリエルが実質的にはテルアビブと同じであることを示す新たな例にすぎなかった。

最も隔絶した最果ての入植地を（そしてもちろん、A地域のパレスチナ人居住地の中心部も）除けば、グリーン・ラインはイスラエル国民（少なくともユダヤ系国民の大半）にとって存在しなくなったも同然だった。分離壁と検問所があるために、パレスチナ人はイスラエルに入ることもできなければ、ヨルダン川西岸のA、B、C地域を簡単に行き来することさえできない。ところが、イスラエル国民は、行く先々でどの検問所も難なく通過し、トンネルと特別な道路を利用して、イスラエル本国と大規模な入植地ブロックの大半のあいだを、国境を越えたことにさえ気づかずに移動できる。

こうしたことのすべてが、イスラエルにとっては長年きわめてうまく回ってきた。たしかに過去には安全上の懸念が絶えず、それに対する反応が繰り返し生じてきた——パレスチナ系住民の不満と絶望は増し、流血の第二次インティファーダが勃発し、分離壁が建設され、暴力沙汰と騒動が頻発し、イスラエル国ではなく入植事業に忠誠を捧げる過激派ユダヤ人入植者「ヒルトップ・ユース〔丘の上の若人〕」の急進的で暴力的な運動が盛り上がった。ところが、それらは現状維持による恩恵のために支払うべき妥当な代償と見なされた。しかも皮肉なことに、いまだにイスラエルの右派が非難を繰り返すオスロ合意は、現実にはイスラエルによるヨルダン川西岸の支配をはるかに容易にした。第一に、オスロ合意によってパレスチナ自治政府が誕生した。自治政府はA地域全体とB地域の一部で警察活動を含む統治のさまざまな面を監督し、いわばイスラエルの警備請負業者として機能しているが、最終的な支配権はイスラエルが握っている。第二に、オスロ合意のおかげで、国際社会のイスラエルへの圧力は弱まった。現地の実態を見ればそうでないことは明らかなのに、現状がいずれ二国家解決に至るまでの一時的状況にすぎないと国際社会に請け合うのに、オスロ合意が利用されているからだ。

かくして、イスラエルの右派政権の指導者たちでさえ、併合の話を持ち出してヨルダン川西岸という蜂の巣をつつくような愚行には及ばなかった。とどのつまり、牛乳がただで手に入るなら、雌牛を買う必要があるだろうか？　国内外の人権団体からの折々の抗議、国際社会からのときおりの譴責《けんせき》、不買運動や投資撤収や制裁の動き（詳しくは後述する）を除けば、拡大し続ける入植事業がイスラエルにもたらす深刻な影響は、驚くほど少ない。

それに、この場合、雌牛はとても高くつく。イスラエルがヨルダン川西岸の全域あるいは一部を併合すれば、とてつもなく大きな問題を自らつくり出すことになる。すなわち、ヨルダン川西岸に住む二三〇万人のパレスチナ人をどうするかという問題だ（8章で触れた「ベン＝グリオンの三角形」を覚えているだろうか？〔121ページ参照〕）。もしも彼ら全員が平等な権利を持つイスラエル国民となれば、数百万人の新しい有権者がイスラエルを「パレスチナ国家」に変える票を投じるだろう。しかし、併合してもそれら数百万人のパレスチナ人に市民権と平等な権利を与えなかったり、小さなバントゥースタン*じみた飛び地をパレスチナ人の「自治」居留区とし、イスラエルに併合された領土で囲んだりすれば、イスラエルはもはや民主主義国ではなくなる。まったく異なる体制になってしまう。この種の政治的手法を表す言葉があるが、それは英語でもヘブライ語でもない。アフリカーンス語でアパルトヘイトという。

こうした選択肢に直面して、イスラエルの指導者の大半は現状維持を選んできた。入植地を拡大し続けて粛々とイスラエルの社会構造に統合していく一方、占領地の最終的な政治的地位をどうすべきかという問題は避けている。しかし、半世紀以上も続く占領、その間にイスラエルが占領地に町や都市を建設し、かなりの割合の民間人をそこへ移動させて住まわせる占領を、本当に一時的と呼べるだろうか？　そして、それらの入植地が拡大を続けるなか、この現状をいつまで維持できるだろうか？

イスラエルとその支援者たちは長年、そうした疑問に正面から向き合わずにやってこられた。しかし、いまや、それが変わりつつあるかもしれない。目下、現状に対して声高に異議が唱えられているのだ。

イスラエルの右派では、併合を求める昔ながらの意見が勢いを増し、新たな共感を集めつつある。それを反映して、二国家解決を支持するイスラエル人の割合は低下し（二〇一八年後半にはおよそ四三パーセント）、ますます多くのイスラエル人（最近の調査ではおよそ半数）が、パレスチナ人の政治的権利を伴わないC地域またはヨルダン川西岸全体の併合を支持している。この変化の原因としては、イスラエル人の心象地図を塗り替えて入植地をイスラエルに統合しようとする入植者運動と政府内の運動推進者のもくろみの成功、和平プロセスの停滞、** パレスチナ自治政府の機能不全、第二次インティファーダとガザ地区からのロケット攻撃を経て生じたテロへの現実的恐怖などが挙げられる。また、一〇年以上にわたりイスラエルの指導者たちが訴え続けてきた恐怖や、エスノナショナリズムや、ユダヤ人至上主義の影響もある。それらは同族意識、民主主義の後退、新権威主義の台頭といった世界の潮流の特徴であり、イスラエルのみならずヨーロッパ、EUを離脱したイギリス、ロシア、インド、ブラジル、アメリカにも波及している。この潮流が「私たち対彼ら」という姿勢を強化し、譲歩を尊重し平和を支持する精神を蝕んでいる。

*——バントゥースタン（「ホームランド〔祖国〕」とも呼ばれた）はアパルトヘイト時代の南アフリカ国内に白人政府がつくり出した領域のこと。黒人のアフリカ人を管理可能な領地にまとめることが目的で、表向きは自治がうたわれたが、実態は南アフリカ政府が全面的に支配し、投票も含めた同国の政治・市民生活への参加を黒人には禁じていた。

**——私としては、和平プロセスに対する真の意欲を欠く政策決定者があまりに多いことを付け加えたい。二〇一九年にネタニヤフ首相は実にはっきりと「パレスチナ国家は、人びとが語っているような形では建設されない。実現の見込みはない」と述べた（Tovah Lazaroff, "Netaniyahu: A Palestinian State Won't Be Created," *Jerusalem Post*, Apr. 8, 2019, https://www.jpost.com/arab-israeli-conflict/netaniyahu-a-palestinian-state-wont-be-created-586017）。

そうした諸々の原因によって、二国家解決——いまだにイスラエル政府の公式の見解であることを思い出してほしい——への支持は弱まり、併合への支持が主流になってきた。たとえば、イスラエルの元教育相で極右の入植者政党の党首であるナフタリ・ベネットは二国家解決に反対し、C地域の併合を求めている。ベネットは、忠誠の誓いの義務づけといった一定の条件を満たせば、同地域に住むパレスチナ人への市民権の付与を支持すると述べている。A地域とB地域に住む何百万人ものパレスチナ人は、彼の計画では、「増強された自治」を永遠に享受する。国家なき民として全方位をイスラエルに囲まれ、イスラエルが治安を維持するというのだ。これは批評家に言わせれば、ヘブライ語訛りのバントゥースタンである。留意してほしいのは、ベネットは小物ではなく、将来の首相候補としばしば見られる大物政治家であることだ〔実際二〇二一年六月〜二〇二二年六月まで首相を務めることになる〕。そして、忘れてはいけないのは、二〇一九年四月のイスラエルの総選挙の際、ネタニヤフ首相が修辞上の一線を越えて、再選されたらイスラエルはヨルダン川西岸の入植地の併合を始めると宣言したことだ。二〇二〇年四月に組閣した際にはトランプ政権からお墨付きをもらったも同然となり、ネタニヤフはこの宣言を繰り返した。二〇二〇年秋にアラブ首長国連邦およびバーレーンとの和平合意を結んだため、イスラエルは併合を先送りにせざるを得なかったし、バイデン新政権の誕生により、アメリカが入植と併合に反対する伝統的な外交姿勢に復帰するのはほぼ確実だ。それでも、併合という魔物が解き放たれてしまったいま、過去五〇年に及ぶ現状維持がどうなるか、わずかに残る二国家解決の可能性がどうなるかは、予断を許さない。

最近の世論調査では、パレスチナ人のおよそ四三パーセント*が二国家解決を支持するが、ほかにどのような選択肢が支持されているのかは、はっきりしない。はっきりしているのは、何十年も続くイスラエルの占領や、拡大の一途をたどる入植活動や、瀕死の和平プロセスや、パレスチナの指導者たちの腐敗のせいで、何百万人ものパレスチナ人が変化への展望と希望をなし崩しにされ、パレスチナ国家がイスラエルに認められるはずがないと信じていることだ。パレスチナ人は日々、イスラエルによる支配を強めるための検問所、壁、トンネル、道路、軍事基地という現実に向き合っている。国家建設という目標を外交でも暴力でも達成できなかったことを認識しつつ、新たな姿勢をとろうとするパレスチナ人もいる。その姿勢が広がり続ければ、イスラエルのヨルダン川西岸支配に対する前例のない規模の異議申し立てに発展しかねない。彼らはもはや二国家解決を求めてはいない。実現する可能性をまったく信じていないからだ。求めているのはもっと簡単なこと、すなわち、一人一票だ。

イスラエルと、アメリカのリベラルなユダヤ人と、アメリカと、国際社会は、この選挙権の要求が、組織的な運動になるとしたらどう応じるだろうか？　この要求がパレスチナの公式見解になれば、占領と権利の剝奪という現状の維持はいつまで続くだろうか？　二国家解決は、イスラエルにとって突如、かつてない魅力を放つのだろうか？　それとも、もう遅すぎるだろうか？

二〇一九年前半に、私はB地域ナビ・サリフ村のバッセム・タミミの家を訪れた。彼は生涯を通じて占領反対を訴えてきた活動家で、自分の家系はオスマン帝国時代以来、外国の支配に抵抗してきたと語ってくれた。バッセムはパレスチナの非暴力抵抗主義者のあいだでよく知られた人物だが、こんにちではおそらくアヘド・タミミの父親というほうが通りがいい。娘のアヘドは活動家仲間の中でほと

*――ヨルダン川西岸を支配下に置くファタハの支持者と、特定の政治運動に与しない人びとのあいだではもっと割合が高く、ガザ地区を支配するハマスの支持者のあいだでは低い。

んど有名人扱いされている。一七歳だった二〇一七年、一五歳の従弟《いとこ》が村で抗議活動の最中にゴム弾で頭を撃たれた直後に、彼女がイスラエルの兵士を平手打ちし、軍刑務所に八カ月収監されたからだ。バッセム・タミミは、もう二国家解決は支持しないと私に語った。「イデオロギー上の理由」からではなく、けっして実現しないことがわかっているからだそうだ。イスラエルはけっしてパレスチナ国家を認めないし、入植地建設をけっしてやめないだろうと、彼は言う。私は彼に、二国家解決の見込みがないと感じているなら、望みは何ですかとたずねた。タミミはお茶が入ったコップを二人のあいだのテーブルに置くと、「子供たちを海へ連れて行きたい」と淡々と答えた。「ここからわずか七〇キロメートルなのに、イスラエル人が行かせてくれないんだ。私は子供たちを海へ連れて行きたい」。そして、私の目を見つめて言った。「それから、投票権が欲しい」。

19章

BDSについて語るときにわれわれが語ること

What We Talk About When We Talk About BDS

イスラエルに対するボイコット（Boycott）、投資撤収（Divestment）、制裁（Sanction）すなわちBDSキャンペーンをめぐる論争には、多大なエネルギーと、懸念と、インクが注がれてきた。BDSを主導するのはパレスチナの活動家たちで、目的はイスラエルをアパルトヘイト時代の南アフリカと同様に扱うよう国内外の政府と世界中の人びとを促し、イスラエルを変えるために圧力をかけることである。BDS問題は、中東のロールシャッハ・テストのようなものになってしまった。論争をめぐるあらゆる立場の多くの人びとを動揺させ、混乱させ、私に言わせれば（いまのところあまり効果がないゆえに）困惑させているからだ。

ところで、われわれはBDSについて語るとき、実際に何を語るのだろう？

二〇〇五年六月、パレスチナの多数の市民団体がイスラエル国家に対するボイコット、投資撤収、制裁を要請すると表明し、これまでに世界中のさまざまな組織がその要請に賛同している。これは地球規模のBDS運動であり、イスラエルがあらゆる国際機関から排除されることを求め、あらゆる国家にイスラエルとの断絶、同国に対するボイコット、投資撤収、制裁を求めるものだ。それらは、BDS運動の文言によれば、イスラエルが以下の措置をとって国際法を完全に遵守するまで続けられる。

アラブ人のすべての土地の占領・植民地化の停止と、「壁」の解体〔「紛争に関する用語集」の〈分離壁〉を参照のこと〕。

イスラエルのアラブ系・パレスチナ系国民の完全な平等という基本的権利の承認。

国連総会決議一九四号が規定する、パレスチナ難民の故郷および所有地への帰還権の尊重、保護、促進。

念頭に置かなくてはいけないのは、BDS運動は非暴力であり、第二次インティファーダ後、現実的かつ正当な不満を抱くパレスチナ人が祖国の略取と見なす行為の継続に平和的に抗議するために始まったことだ。つまり、暴力と恐怖を拒む運動であるのに、なぜ、容認できないとか、反イスラエルとか、反ユダヤ主義というレッテルまで貼られなければならないのか？　そう決めつけているのは主にイスラエル、アメリカ政府、アメリカの多くのユダヤ人コミュニティだ。BDS運動は、つまるところ、倫理的、経済的、政治的圧力を利用して、力で勝る相手に行動を変えるよう働きかける非暴力戦略である。

実際、ボイコットと投資撤収は、アメリカや世界各地で長年、不正義に対抗するために利用され、成功を収めてきた。一九五五年一二月に始まったモンゴメリー・バス・ボイコットはアメリカの人種隔離を終わらせるのに一役買った〔アラバマ州モンゴメリーで公共バスの座席が白人優先であることに抗議して黒人がバスをボイコットし、公民権運動の先駆けとなった事件〕。一九八〇年代と九〇年代にはアリゾナ州が、スーパーボウルと、多数のロックやポップスのコンサートの開催機会を失い、投資撤収により何億ドルもの投資を失った末にようやく、キング牧師記念日を有給休暇とすることを認めた。近年では、インディアナ州がLGBTQ+の人びとへの差別と見なされる法律を可決したせいで、(アップル、セールスフォースなどとの)何千万ドルにも上る取引と、スポーツリーグ(全米プロバスケットボール協会「NBA」、全米大学体育協会「NCAA」など)を失い、ボイコットは国内の複数の州にまで波及した。そうしたキャンペーンが奏功し、インディアナ州はその法律を改正した。キング牧師記念日は承認された。差別政策は終わった。また、制裁に関しては、アメリカをはじめとする西側諸国は、国際法違反に抗議し、近隣国による侵略、武器取引、人権侵害などの行為を処罰するため、数えきれない国々に制裁を科してきた。言い換えれば、BDS戦略は平和的で非暴力であるばかりでなく、大変革を引き起こしうるし、多くの場合、申し分なく正当で妥当な目標の支援に利用されている。

ところが、イスラエルは、あたかもBDS運動・戦略そのものが国の存在を脅かす危機であるかのような反応を示してきた。二〇一五年にはネタニヤフ首相が、BDSをイスラエルに対する「戦略的脅威」であると明言し、ハマス、ヒズボラ、イランと同じ範疇に加えた。彼に言わせれば、イスラエル・ボイコットの目標はイスラエルの行動の変革とは無関係であり、むしろ、同国の存在そのものに疑義を呈することだという。ネタニヤフはBDSとの闘いのために閣僚まで指名し、多額の資金を投入した。

しかし、なぜそれほど騒ぐのだろう？

一つには、BDS運動の目的が明確でないからだ。BDSの支援者の大多数は単にヨルダン川西岸の占領を終わらせたいだけだが、実際のBDS運動が語るのは、その目標だけに留まらない。むしろ、パレスチナ難民の、現在イスラエルとなった故郷への帰還を求めている。そのため、BDS運動の批判者の多くが、運動の最終目標はイスラエルによるパレスチナの土地の占領を終わらせるだけでなく、むしろ、イスラエルをユダヤ民族の祖国ではない国に変えることだと考えるに至っている。なぜなら、一九四八年にパレスチナ難民となった人の何百万人もの子孫が、大挙して現在のイスラエルにある昔の家に戻れば、ユダヤ系人口はたちまちマイノリティになり、新たにマジョリティとなったアラブ系の投票によってイスラエルはまったく違う国、もはやユダヤ人国家ではない国になるからだ。*

たしかに、多くのBDS支持者はそう考え、なかにはヨルダン川と地中海のあいだに単一の民主主義国家を見たいと願う人たちもいる。それは正しく妥当な目標に見えるかもしれないが、イスラエル支持者の多くは、ユダヤ人の主権国家なしにはユダヤ人の生存が危ういことを無視していると感じる。主権国家がなければ、ユダヤ人は迫害や、抑圧や、そして最終的には集団虐殺《ジェノサイド》の危険にさらされると考えるのだ。

しかも、イスラエルに代わる単一国家という考えは、おそらく現時点ではあまり現実的ではないだろう。イスラエル人のほとんどは、パレスチナ人と共に単一の民主主義国に暮らしたくはない。それに、かなりの数のパレスチナ人が、独立したパレスチナ国家をイスラエルの隣につくることをいまなお望んでいる。つまり、紛争当事者のいずれも実際に望まないのであれば、この「一国家解決」という案は現時点では成功しそうにない。

さらに、イスラエルに対するボイコットや投資撤収や制裁の適用を支持しながら、表向きはBDS運動に与せず、イスラエルの消滅を望まず、この地域の政治的なあり方が将来どうなるかには無頓着な人も少なくない。彼らはただ、占領の終焉と、二七〇万人のパレスチナ人にとってのいくばくかの正義と、二国家解決を見たいだけだ。ボイコット、投資撤収、制裁のような非暴力を通じてイスラエルに圧力をかけるのは、この目標に向かう妥当な方法のように思える。実際、アメリカ政府は遠からぬ過去に、まさしくこの種の圧力をイスラエルにかけた。イスラエルが入植地建設をやめなければ債務保証を抑制すると、ジョージ・H・W・ブッシュ大統領が脅したのだ。これが有効あるいは適切な戦略かどうかは、意見の分かれるところだろう。しかし、そうしたボイコット、投資撤収、制裁の支持者の動機は必ずしもイスラエルへの憎悪や同国の存在理念そのものへの異議に基づくわけではない。根底にあるのは、公平さ、正義、紛争解決への切望なのだ。

BDSを批判する人は、この運動がイスラエルだけを槍玉に挙げ、世界の数ある国々のうちあたかもイスラエルだけがこの種の罰にふさわしいかのように糾弾しているとして反対する。中国、サウジアラビア、イランをはじめ、イスラエルよりもあくどい国家主体はいくらでもあるのに、それらへのBDSはないのかと問う。また、BDS運動は逆効果だという主張もある。最近の選挙からわかるとおり、イスラエルの有権者は分裂し、中道の二国家解決支持派があと少しで勝利するところだった。

＊――およそ六〇〇万人のパレスチナ人が、離散パレスチナ人として世界中に散らばっている。いまはイスラエルとなった父祖の地への帰還を彼らの大半が選ぶ可能性は、アメリカに住むユダヤ人がイスラエルを選んで移住する――彼らはもう七〇年以上もその機会に恵まれてきた――可能性と同様に低いだろう。それでも、多くのイスラエル人の不安は和らぎはしない。

したがって、この状況では国際的BDSキャンペーンは過酷で、イスラエル人を萎縮させ、和平に懸ける気を削いでしまうというのだ。なにしろ、イスラエルは一九四七年の国連の分割案に同意したのに近隣諸国からの侵略を受け、二〇〇〇年のキャンプ・デイヴィッドでパレスチナ人に二国家解決を提案したのに第二次インティファーダにさらされ、二〇〇五年にはガザ地区から撤退したのにロケット弾とミサイルを撃ち込まれた。そのイスラエルを、なぜこんな形で罰するのか？

BDS支持派の反論によれば、前述のようなあくどい国家主体は、ほかのすべての国々の合計よりも多額の軍事援助をアメリカから受け取ってはいない。その栄誉に浴しているのはイスラエルだ。また、イスラエルは占領と入植事業をすでに半世紀以上も続け、それらを終えることに関心を示さないどころか、その逆を目指していることが、ヨルダン川西岸を併合するという最近の公約からうかがえる。恒久的占領は由々しき不正義で、それを解決できるのは国際社会だけだと、BDS支持派は言う。イスラエルに圧力をかける意志が国際社会にないのならば、草の根の一般市民が圧力をつくり出すしかない。

どの言い分も理にかなっている。それだけに、BDSは理解がひどく難しい問題なのだ。

入植地ボイコットの呼びかけと、イスラエル・ボイコットの呼びかけの混同

事情をさらにややこしくするのが、イスラエル政府とその協力者たちが、イスラエルのヨルダン川西岸入植地への批判、とりわけ入植事業の責任を問う国内外の声を、BDS運動そのものと意図的に混同させたがることだ。14章で取り上げた反ボイコット法を思い出してほしい。入植地を含めたイス

ラエルのボイコットをイスラエル人が呼びかけることを民事犯罪とする法律である。これはまさに、あらゆるイスラエル人の心象地図と世界の意識からグリーン・ラインを抹消しようとするイスラエル政府のキャンペーンの根幹である。入植地はイスラエルの一部だとイスラエル人に思わせたければ、入植地のボイコットはイスラエルのボイコットに等しく、したがって反イスラエル・反ユダヤ主義であると宣言すればいい。理路整然としているではないか?

二〇一〇年に、イスラエルの芸術家、作家、俳優や芸人のグループが公開書簡を発表した。書簡の内容は、彼らが入植事業に反対し、入植事業が道徳的にも戦略的にも誤りでイスラエルの民主主義にとって致命的だと考えるゆえに、大規模入植地のアリエルにある国営劇場での上演を拒否するというもので、芸術家仲間にも賛同が呼びかけられた。この公開書簡はイスラエルのボイコットを呼びかけてはおらず、BDS運動とも無関係だった。彼らは愛国的なイスラエル人芸術家で、自国政府のヨルダン川西岸政策との連携を拒否することにより、その政策に抗議したのだ。ところが、イスラエル政府とその協力者たちは、BDS運動に参加したとして彼らを非難した。実のところ、二〇一一年の反ボイコット法の起草者は、この芸術家たちの公開書簡を論拠の一つとして挙げた。

同様の事例として、EUがある。イスラエルはEUの「準加盟国」だ。これは、同国がEU諸国との貿易において「最恵国」待遇を受けるという意味だ。けれども、EUはイスラエルの占領と入植事業には(EUが支持する二国家解決の可能性を損なうゆえに)反対であり、したがって、入植地の産品に「イスラエル製」ではなく「イスラエルの入植地製」と表示するよう望んでいる。念を押しておくが、EUがしようとしているのはそれらの産品の禁止ではないし、ボイコットでさえない。ただ、EU市場で販売するなら、イスラエル製と表示してはいけないと言っているだけだ。それは理にかなっている。

なぜなら……そう、それらはイスラエル製ではないのであり、占領地にあるイスラエルの入植地製だからだ。EUは、加盟国および消費者はそれを知る権利があると主張し、「意味のある区別」と呼ばれる方針を採択した。以下はEUが挙げるその論拠だ。

(イスラエルとその入植地を)区別することにより、イスラエルの不法な土地獲得をやめさせ、二国家解決の領土的基盤を再確認する。また、イスラエルがパレスチナの領土の占領を続けることで両者間の関係に生じかねない悪影響を明確にし、それによってイスラエルの国家的優先事項をめぐる議論を促す。

言い換えれば、入植地の産品を「イスラエル製」と表示するのを禁ずるEUの方針は、イスラエルとの貿易関係を利用して二国家解決を支援する取り組みであり、また、イスラエルの人びとに対して、一方の入植と併合か、他方のEUとの良好で有利な経済関係か、どちらかを選ぶ必要があるかもしれないと知らせる取り組みでもある。分別ある人びとのあいだでも、この方針が厳しすぎるか緩すぎるか、公平か不公平か、意見が分かれるかもしれない。それでも、この方針が世界的なBDS運動への支援ではなく、ましてや反ユダヤ主義でもないことは確かだ。

しかし、多くのイスラエル高官と国外の支援者の主張は、その逆だ。たとえば、クネセト議員でイスラエルの元駐米大使マイケル・オレンはこう語った。「イスラエル製品の表示に関するEUの決定は反ユダヤ主義的だ」。この主張はもちろん理不尽である。イスラエルはヨルダン川西岸の入植地を(少なくともいまのところは)併合していないのだから、イスラエルでさえ、その品物がつくられた土地をイスラエルと見てはいない。そこでつくられた品を「イスラエル製品」だとするオレンの表現は、控えめに言っても、疑わしい。しかし、入植地の産品をイスラエル製だと考えるにしても考えないにしても、それらを「イスラエル製」と表示しないようにというEUの要請が反ユダヤ主義的だという主張は、馬鹿げている。EUがイスラエルの入植に反対するのは、入植者がユダヤ人か否かには関係ない。関係するのは、イスラエルのヨルダン川西岸入植計画が、ジュネーヴ第四条約違反だとEU（および世界の国々の大半）が判断しているという事実だ。同条約は、占領国が自国の民間人を占領地域に移送することを禁じている。

イスラエルの占領と入植事業に対するあらゆる反対意見をユダヤ人への憎悪と同一視するイスラエルの公的見解は、不誠実で、扇動的で、危険であり、イスラエルのヨルダン川西岸政策へのあらゆる批判を実質的に同国とユダヤ民族への攻撃だと断じているように見える。はっきりさせておこう。ヨルダン川西岸政策への批判は、イスラエルとユダヤ人への攻撃ではない。ただ、そのような疑心暗鬼は、占領への批判の正当性を認めたくない場合、利用する価値がある。そして、イスラエルの入植事業へのあらゆる反対意見をイスラエル自体への反対意見と性格づけるのも、イスラエルと入植地のあいだに違いがないと人びとに思わせたい場合には、役に立つ。それでは、実際にその二つのあいだに違いがないと信じているのは、誰なのだろう?

BDSをめぐる呉越同舟

BDSをめぐる対話の最も皮肉な点は、ここだ。アリエルのようなヨルダン川西岸の入植地とハイファのようなイスラエルの都市には何の違いもないと主張する主な勢力は、片やイスラエル政府と右翼の取り巻き、片やBDS運動の最も熱心な推進派である。双方は互いを正反対の立場と見ているものの、双方にとって最も重要な問題に関しては、実は同じ見解を持っている。イスラエル政府は、入植地のボイコットはイスラエルのボイコットに等しく、一方に反対するならもう一方にも反対しなければならないと主張する。BDS運動もこれに同意する——ただし、逆の方向から。入植地は占領地につくられたイスラエルの延長なのだから、入植に反対するあらゆるボイコットはイスラエルを標的にすべきだというのだ。

ほぼ世界中が、グリーン・ラインの内側のイスラエルを正当と認めている。しかし、入植事業、ことにヨルダン川西岸を併合して入植地を恒久的にイスラエルに統合しながら、何百万人ものパレスチナ人に基本的権利や平等を与えないという考え方が、その正当性を損なっている。この問題をBDSのせいだと言うのは、一種の欺瞞《ぎまん》だ。つまり、問題をつくり出しておいて、その問題を解決しようとする他者を責め、そうすることで現実を否定している。別の言い方をすれば、イスラエルにはBDS問題はない。あるのは占領と入植の問題だ。イスラエルには対外イメージの問題はない。あるのは政策の問題だ。クリントン風に言えばこうなる。「問題は占領だ、愚か者め」〔一九九二年の大統領選挙の際のビル・クリントン陣営の選挙スローガン「問題は経済だ、愚か者め」のもじり〕。

アメリカにおけるBDS

アメリカでは、大学のキャンパスや、教会活動や、政治的左派の一定の領域で行なわれるBDS活動が、ユダヤ人コミュニティの指導者層の一部にとっては大きな懸念を伴う問題となっている。ユダヤ人コミュニティの指導者の話に耳を傾けたり、彼らが率いる伝統的団体のウェブサイトや資料を見たりすれば、BDS運動がアメリカのユダヤ人コミュニティにとって、トランプ時代の暴力的な白人ナショナリストの台頭を凌ぐ大きな脅威であるような印象を受ける。イスラエル政府がBDSを反ユダヤ主義的で国家の存続に対する脅威だとひとたび宣言するや、イスラエルの支援者の多くはその新たな進軍命令を真に受け、集団行動を開始した。

二〇一五年、カジノ王の大富豪シェルドン・アデルソン*が、ほかの大口献金者や大勢のユダヤ人コミュニティ指導者を集めてラスヴェガスで「秘密」会議を開いた。そこに集まった面々は、大学のキャンパスにおけるBDSと闘うために何百万ドルもの寄付をすると約束した。二〇一八年には正体不明の新組織「カナリア・ミッション」が、イスラエルへの賛同が十分でないと見られるアメリカの大学生や大学教授に対する嫌がらせとブラックリスト作成を始め、とりわけBDSへの支持を非難した。マッカーシーの赤狩りを彷彿させる手口が使われると、何人もの有力な慈善家が困惑のあまり支援を打ち切るに至った。その手口の一つは、信じられないかもしれないが、キャンパスでの催しの際、巨大な鳥の扮装をした不気味なキャラクターがイスラエルに批判的な人びとを脅かすというものだった。

しかし、問題は少数の極右勢力だけではない。アメリカの主流派ユダヤ人コミュニティでさえ、B

*――アデルソンはイスラエルのある新聞にも出資していた。その新聞はネタニヤフとイスラエルの右翼強硬派を強力に支援していたため、別名「ビビトン」と呼ばれていた。ネタニヤフのあまねく知られた愛称とヘブライ語で新聞を意味するイトンを合成した造語である。同紙はいまやイスラエル最大の部数を誇る新聞だ。なぜか？　無料だからだ！

DSを重大な脅威として扱う傾向がある。ユダヤ人コミュニティの声の「公的」代弁者として設立された全米各地のユダヤ人コミュニティ関係評議会（JCRC）は、後援者に資金集めのための電子メールを送っている。そこでは、イスラエルを中傷する者たちが「毎年、この地域だけでも数百万ドルを費やしている」（地元のJCRCから私が受け取ったメールにはそう書かれていた）とされ、BDS運動はわれわれの地域コミュニティの「死活的利益」を脅かすとの警告が発せられている。アメリカのユダヤ人コミュニティの一部では、BDSはほとんど「ユダヤ人とイスラエルの敵」の代名詞となっている。

BDSをめぐる論議はアメリカとイスラエルの関係にまで影響を及ぼしつつある――それも、よくない影響を。二〇一九年夏、イスラエル政府は、アメリカの民主党女性議員イルハン・オマルとラシダ・タリーブに対し、前例のない極端な措置をとった。二人は共に有色人種で、アメリカの下院議員となった初の女性イスラム教徒だ。タリーブはパレスチナ系アメリカ人で、親族がヨルダン川西岸に住んでいる。

二人の女性議員はいずれも占領には非常に批判的で、イスラエルのヨルダン川西岸政策に抗議して同国へのボイコット運動に一定の支援を表明したことさえあった。一方、イスラエルの歴代政権にとって、アメリカ政府とアメリカの二大政党との強い絆を保つことはほとんど神聖な使命であり続けた。何と言っても、ホワイトハウスを出た党が戻ってくるのは、時間の問題にすぎなかったからだ。

しかし、それはドナルド・トランプがイスラエル問題を武器として利用することに決め、イスラエル支持を神聖視するキリスト教福音派の有権者との終末的な信頼関係を強化し、民主党を反イスラエルの政党に仕立て上げてユダヤ人有権者を同党から引き離そうとするまでの話だった。トランプが一連のツイートと声明により二人の女性議員を反ユダヤ主義的と非難し、二人の入国を禁じるようイスラエルに促したため、ネタニヤフはホワイトハウスのパトロンの意向に添い、政治的見解を理由にオマルとタリーブのイスラエルへの入国を禁じると宣告した。彼女たちに対する入国拒否は前代未聞の極端な措置だった。アメリカの公職者がイスラエルへの入国を拒否されたことは、いまだかつてなかった。

そうすることで、ネタニヤフはすでに自ら深刻化させていたアメリカのユダヤ系民主党員とイスラエルのあいだの亀裂をさらに拡大した。懸念を表明する声が政界全体から上がり、普段ならイスラエルのどんな行為も批判したがらないアメリカの主流派ユダヤ系団体も、この動きを非難した。それも道理である。彼らはこの出来事が民主党に対するイスラエルの今後の姿勢にどんな意味を持つのかを懸念したのだ。

だが、二人の女性議員のイスラエルへの入国拒否の論拠は、ネタニヤフのトランプに対する忠誠心よりもさらに重大なものだった。オマルとタリーブは、二〇一七年にイスラエルが改正し、BDS支持者の入国を禁じたイスラエル入国法に基づき、将来の入国を拒否されたのである。* この法律は、BDSをイスラエルの存在そのものに疑義を呈する反ユダヤ主義的運動と断じるキャンペーンの一環だった。かくして、民主党員を急進的反イスラエル主義者に仕立て上げたいというドナルド・トランプの願望、アメリカのパトロンとの仲違いを嫌うビビの及び腰、アメリカの党派政治に対して分断–征服戦略をとっ

*——イスラエル入国法の修正第二七条の規定によれば、イスラエルが入国を拒むのは、イスラエル国民以外の誰であれ「故意にイスラエルのボイコットを公的に呼びかけ、その呼びかけの内容と発せられた状況を鑑みて、呼びかけがボイコットの強行に至る合理的な可能性があり、呼びかけた者がその可能性を認識していた場合」である。この修正条項は、イスラエルのボイコットのみならず、イスラエルのあらゆる機関および「イスラエルが支配下に置くあらゆる地域」のボイコットにも適用されると定めている。

たビの打算的決断、イスラエル国内でのＢＤＳをめぐる狂騒が相まって、外交的愚行に至ったのである。しかも、目指していたのがイスラエルへの支援の強化であって断絶ではないとすれば、まったく逆効果だった。イスラエルは（アメリカのユダヤ人の圧倒的過半数が支持する）民主党を侮辱し、イスラエルへの支援を、それまでにも増して党派的な問題にしてしまった。

　さらに、ＢＤＳをめぐる闘いは、アメリカでは立法段階でも目につく。過去数年間に、連邦議会と三〇を超える州が、アメリカ国民によるイスラエルまたは入植地のボイコットの呼びかけを禁じる法案を可決または審議した。それらの法案と法律は実質的にイスラエル本国の反ボイコット法の文言の引き写しだった。支持者たちは、それらの法律の目的はイスラエルへの支持の表明と反ユダヤ主義との闘いだと主張する。批判者たちに言わせれば、それらの法律は目的達成の試みとしては的外れで、むしろ違憲な緘口《かんこう》令につながり、アメリカが長年続けてきたイスラエルと入植事業を区別する政策とは相容れない。これらの法律にアメリカのユダヤ人団体の一部は賛同しているものの、猛反対する団体もあり、アメリカ自由人権協会も異議申し立ての訴訟を起こした。

　アメリカが伝統的に反対するイスラエルの入植事業の擁護のために、違憲が疑われ、アメリカ国民の言論の自由を損なうような法律を可決する？　一連の非暴力的圧力戦略に対し、あたかもイスラエルの存続が脅かされたかのように反応する？　アメリカの女性議員が入植事業を批判したからといって、彼女たちのイスラエルへの入国を禁じる？　自分と意見を異にする大学生を脅すために巨大なカナリアの扮装をして駆け回る？　いずれも、合理的な考えとは言いがたい。しかし、ことＢＤＳをめぐる論議に関しては、合理的という言葉は通常、真っ先に頭に浮かぶものではない。

20章 Aで始まる例の単語
The A-Word

この紛争に関しては冷静に語れない話題が多数あるが、なかでもイスラエルがアパルトヘイト〔Apartheid〕国家かどうかは、最も議論が沸騰する問題の一つだ。イスラエルの支援者の多くはアパルトヘイト時代の南アフリカとの比較に背筋を寒くし、ただならぬショックを受け、イスラエルは完璧ではないにしても民主国家で、そんなひどい国と一緒にするとは言語道断だと主張する。

もうお察しのことと思うが、答えは込み入っており、この論争で双方が利用しがちな短いスローガンだけではとても説明しきれない。Ａで始まるこの単語が話題になると（そう、本当に話題になる）、私はこんな話をする。

誠実な知性と開かれた精神をもつＢＤＳ賛同者の一団を私が引率し、二週間のあいだ、グ､リ､ー､ン､・ラ､イ､ン､のイスラエル側全域をくまなく案内するとしよう。ありとあらゆる種類のイスラエル人――ユダヤ系とアラブ系、アシュケナージ系とミズラヒ系、エチオピア系とロシア系とドゥルーズ――と話し、政治家や警察官や市民社会のリーダーや学者と会い、大都市と小さな町を訪れ、本当のイスラエルを見れば、自分たちが見てきたのは多くの場合、脆弱で欠点だらけの民主社会であり、つまずきを繰り返しながら進められている未完の仕事であることを認めざるを得ないだろう。

そして、アラブ人とユダヤ人のあいだの不平等のみならず、ユダヤ人の異なるグループ、たとえば世俗的な人と宗教的な人、持てる者と持たざる者、国の中心にいる人と周縁にいる人のあいだの不平等も見るだろう。差別やポピュリズムも目にするだろうが、それらに抵抗する活発な市民社会も見るだろう。アラブ系国民を完全な受容と平等から排除することを目的とした法律を見るだろうし、アラブ系イスラエル人が最高裁判所で仕事をし、同国第三位の規模を誇る政党を率いるのも見るだろう。政府の腐敗と、それを勇猛果敢に報じる自由な報道も見るだろう。国家の後援のもとで原理主義的慣習を社会に押しつけようとする保守的で因習的な宗教界の重鎮と、長年の苦闘の末にそうした風習に打ち勝ってある程度の平等と一体性を達成したフェミニストやLGBTQ+の運動も、見るだろう。自由な民主国家となる方法、すべての国民に平等を提供すると同時にユダヤ民族の祖国となる方法をまだ模索中の国を、見るだろう。最終的に、そうしたBDS賛同者に真の誠実な知性があれば、イスラエルで見たものは南アフリカのアパルトヘイトとは似ても似つかないことを認めざるを得ないはずだ。

さて、今度は、誠実な知性と開かれた精神を持つ右派のイスラエル支援者の一団を私が引率して二週間のあいだ、グリーン・ラインの向こう側、つまりイスラエルが占領するヨルダン川西岸の全域をくまなく案内するとしよう。彼らはありとあらゆる種類の人びと（パレスチナ人、ユダヤ人入植者、イスラエル国防軍兵士）と話し、人権活動家やジャーナリストと会い、パレスチナ自治政府の指導者やイスラエルのヨルダン川西岸行政機関の幹部と会い、入植地でこぎれいな赤い屋根と青々した芝生と整然とした通りを見て、それから最大のパレスチナの都市ヘブロンの街路を訪れる。そこでは、何十万人ものアラブ人に囲まれて暮らす数百人の熱心な入植者を守るために、イスラエル国防軍が中心街の歴史ある市場を閉鎖し、入植者専用とした通りや歩道を近隣のパレスチナ人住民が使うのを禁じている。土地と水の不公平な分配、戦略的に配置された入植地事業のたゆみない拡大、入植地を警護してパレスチナ人の日常生活を妨げる兵士と検問所、ヨルダン川西岸とイスラエル本国を隔てるだけでなくヨルダン川西岸内にあるパレスチナ人の町や都市を互いに隔てる検問所を、彼らは見る。膨大な規模の治安部隊の駐留、イスラエルの支配の基盤、イスラエル人専用の道路とトンネルが移動の自由を入植者に保障しながらパレスチナ人には拒んでいること、二つの司法制度（四四万人あまりの入植者にはイスラエル法が適用される一方、二七〇万人のパレスチナ人は変えようのない出自により待遇が大きく異なり、軍法が適用される）を見る。最終的に、そうした右派の支援者が誠実な知性を持つならば、イスラエル占領下のヨルダン川西岸で見たものは、アパルトヘイト時代の南アフリカの悪しき側面にたしかに似ていると認めざるを得ないはずだ。

それは簡単な答えではないし、短いスローガンでもない。イスラエル本国はアパルトヘイト国家とは似ていないが、イスラエル占領下のヨルダン川西岸は似ている。イスラエルが占領地を併合しようとするならば、この問いの答えはもっと明瞭になるかもしれない。また、アパルトヘイトという語がより狭くより法的な意味で使われれば、問題の見え方も違ってくる。* ただ、当面は「Aで始まる例の単語」をめぐる論争が白熱するとしても、実のところ、そのような比較にはあまり価値がない。いまそこにある現実の問題からそれてしまいがちだからだ。

一方、半世紀以上続く占領が何百万人ものパレスチナ人の生活を惨めなものにし、同時に、イスラエルの民主主義の構造を蝕んでいる。最後に、友人のタリア・サッソンに判断を委ねよう。彼女は入植地の専門家で、イスラエル検察庁の元幹部であり、アリエル・シャロン元首相の法律顧問も務めた。占領を説明する際の「アパルトヘイト」という語の使用についてたずねると、彼女はこう答えた。「現状はあまりにひどく、そんなややこしく不完全な比喩を使うまでもありません」。言い得て妙である。現状はあまりにひどい。

*――二〇二〇年にイスラエルの人権団体イェシュ・ディンが発表した法的見解は、国際法に照らして「ヨルダン川西岸で人道に対するアパルトヘイト犯罪が行なわれている。加害者はイスラエル人、被害者はパレスチナ人である」と結論づけている(https://www.yesh-din.org/en/the-occupation-of-the-west-bank-and-the-crime-of-apartheid-legal-opinion/)。二〇二一年一月に、同じくイスラエルの人権団体ベツェレムが「ヨルダン川から地中海に至るユダヤ人至上主義体制:それはアパルトヘイトである」と題する報告書を発表した(https://www.btselem.org/publications/fulltext/202101_this_is_apartheid)。そして、二〇二一年四月には、国際的人権団体ヒューマン・ライツ・ウォッチ(HRW)が「越えられた一線:イスラエル当局とアパルトヘイトおよび迫害の犯罪」と題する長い報告書を発表した。この報告書はイェシュ・ディンのものと同様に、国際法上「アパルトヘイト」および「迫害」とされる人道に対する罪を、イスラエル当局者が占領中のヨルダン川西岸で犯したと結論づけている。HRWは慎重を期して、アパルトヘイトという用語を南アフリカになぞらえて使っているのではないし、イスラエルに「アパルトヘイト国家」のレッテルを貼っているのでもないと明言している。むしろ、この用語を法的定義(一九七三年のアパルトヘイト国際条約および一九九八年の国際刑事裁判所に関するローマ規程による定義)として使用し、ローマ規程が定義するアパルトヘイト犯罪の要素(一つの人種的集団がほかの一つ以上の人種的集団を組織的に抑圧し支配する制度化された体制との関連において、その体制を維持する意図をもって行なわれる……非人道的な行為)がヨルダン川西岸において認められると主張している(https://www.hrw.org/report/2021/04/27/threshold-crossed/israeli-authorities-and-crimes-apartheid-and-persecution)。

21章

Aで始まるもう一つの単語

The Other A-Word

イスラエルへの批判は反ユダヤ主義的〔Antisemitic〕だろうか？　否（例外もある）。反シオニストであれば、反ユダヤ主義者なのか？　否（例外もある）。

イスラエルへの正当で妥当な批判や、厳しい批判に、一部の熱心な（あるいは単に情報不足の）イスラエル擁護者が反ユダヤ主義というレッテルを貼ることがある。彼らはイスラエルに対するいかなる批判も不当と見なして葬り去ろうとするのだ。当然ながら、イスラエルへの批判やイスラエルの政策への不賛成は、反ユダヤ主義とは違う。アメリカへの批判やアメリカの政策への不賛成が反米ではないのと同じことだ。

しかし、残念なことに、反ユダヤ主義（およびあらゆる種類の憎悪）は、白人ナショナリズムと政治の分極化が強まるこんにち、健在である。そして、イスラエルへの批判が反ユダヤ主義にまで高じたり、反ユダヤ主義の口実にされたりすることもありうる。人権活動家でラビのジル・ジェイコブズは、イスラエルへの批判がその一線を越えているかどうか見分ける便利な方法を考案した。そのうちのいくつかを私なりの言葉で書き換え、解説も加えてみよう。

〝その批判はユダヤ人を「世界情勢を陰で操る黒幕」と決めつけているか?〟

これは、極右・極左双方の反ユダヤ主義過激派が好む比喩である。国際エリートによる世界的陰謀にジョージ・ソロスが出資しているという右翼の言説であれ、世界の悪は全能のシオニストの仕業だという左翼の言説であれ、ユダヤ人(または「世界をまたにかける国際エリート」または「シオニストの長老」)が世界を牛耳っていると主張するのは、反ユダヤ主義に与していることになる。

〝その批判はユダヤ人の歴史を否定しているか(「ホロコーストはなかった」または「ホロコーストは誇張されている」)、またはイスラエルの歴史とユダヤ人のつながりを否定しているか(「こんにちのユダヤ人と何千年も前にイスラエルに住んでいた人びとのあいだにはつながりがない」または「エルサレムにかつてユダヤ神殿があったという証拠はない」など)?〟

このような主張にはまったく根拠がない。ユダヤ人の歴史と経験を否定するのは、ユダヤ人のイスラエルへの希求とイスラエルとのつながりに水を差すことを意図しているからだ。何世紀にもわたる苦痛とトラウマをなかったことにする反ユダヤ主義の嘘に頼らなくても、イスラエルのあらゆる行為と立場に反対し、意見を主張することはできる。

〝その批判は、イスラエル政府がすべてのユダヤ人を代弁していること、あるいはすべてのユダヤ人がイスラエル政府を支持していることを前提としているか?〟
　ユダヤ人とイスラエル人を一緒くたにし、イスラエルの行動に対してすべてのユダヤ人が責任を持つと考えたり、ユダヤ人とイスラエルを同一視して、ユダヤ人はイスラエルの右翼政権の政策と占領を支持しているに違いないと仮定したりすれば、どうなるだろう?　それこそ反ユダヤ主義だ。

　もちろん、これらすべてに裏面がある。右翼のイスラエル人と海外のイスラエル擁護者の一部は、ときおり修辞上のすり替えを利用する。イスラエルの政策への反対は反シオニズムに等しく、反シオニズムは反ユダヤ主義に等しいというのだ。最近、そのような考え方が勢いづいている。二〇一六年には、ホロコースト関連の問題に注力する政府間組織、国際ホロコースト記憶同盟(IHRA)が、反ユダヤ主義の「実用的定義」を発表した。* この定義そのものは、堅苦しいが妥当なものに思える。だが、IHRAは定義の具体例もいくつか挙げており、そのなかに以下の二例がある。
「イスラエル国家の存続は人種差別的企てであるという主張などにより、ユダヤ人の民族自決権を否定すること」。

*――IHRAの実用的定義は以下のとおり。「反ユダヤ主義とは、ユダヤ人への憎悪と表現されうる、ユダヤ人に対する特定の見方である。反ユダヤ主義の修辞的・物理的表明は、ユダヤあるいは非ユダヤの個人および/または彼らの財産や、ユダヤ系コミュニティの機関および宗教施設に向けられる」。

「ほかの民主主義国家には期待も要求もしない振る舞いを同国（イスラエル）に要求し、二重基準を適用すること」。

さて、イスラエル国家が人種差別的企てだという主張がそもそも反ユダヤ主義的かどうかは、分別ある人びとのあいだでも意見が分かれる。市民的自由の擁護者や多くの著名なユダヤ人指導者が、この主張を行きすぎだと感じている（私も彼らとおおむね同意見だ）。また、同じくらい悪い振る舞いについてイスラエルを批判するのにほかの国々を批判しないのは反ユダヤ主義的かどうかという問いは、たしかに議論に値する（私は、本章の冒頭で示唆したように、場合によると考える）。

いろいろな考えがあるだろうが、ＩＨＲＡの誰にも、この実用的定義を拘束力ある法律やヘイトスピーチ規定に仕立て上げる意図はまったくない。実際、ＩＨＲＡはそのような意図はないと明言している。この定義の主な起草者の証言によれば、考案の主目的は、反ユダヤ主義研究者がデータを収集する際に数に入れるものと入れないものを識別しやすくするためだそうだ。イスラエルの政策への批判者を萎縮させたり、表現の自由を抑圧したりするために利用されることは、まったく意図していなかった。

しかし、過去数年間に、アメリカを含む数カ国がまさにそのような利用をし、この定義を指針として採択する手続きを進め、成文化して法律にまでしている。二〇一九年一二月、当時のトランプ大統領は「反ユダヤ主義との闘いに関する大統領令」を発した。この大統領令は、ＩＨＲＡの実用的定義と反ユダヤ主義の例を証拠として引用することで「差別的意図」を確定し、公民権法違反を証明できると定めている。そして、二〇二〇年後半にはアメリカ国務省が、ヨルダン川西岸とガザ地区でのイスラエルの政策に関する（アムネスティ・インターナショナルとヒューマン・ライツ・ウォッチを含む）主要な国際人権団体による批判的報告を根拠に、それらを「反ユダヤ主義」団体に分類する計画であると発表した際、このIHRAの定義に言及した。

そうした動きをきっかけとして、イスラエルと同国の行動や政策に対する正当な批判（ヨルダン川西岸の入植事業の合法性の否定も含む）を反ユダヤ主義に分類するためにIHRAの定義が濫用され、武器として振りかざされるようになった。これは学問の自由と政治的発言の保護に対するきわめて現実的な脅威である。一二二人のパレスチナ人とアラブ人の学者グループが、この事態に対して以下のように述べた。「イスラエルが制度的・合法的な差別の上に築かれているという現実があるにもかかわらず、現在のイスラエル国家を人種差別的と見なす者すべてを反ユダヤ主義者として指弾するのは、イスラエルに絶対的免責を認めることにつながる。そうなれば、パレスチナ系市民を国外退去させたり、彼らの市民権を取り消したり、投票権を認めなかったりしても、イスラエルは人種差別の謗《そし》りを免れることができる」。

もちろん、イスラエルの支援者の多くにとってこんな話は賛成するどころか耳を塞ぎたくなるようなものだろう。しかし、イスラエルの複雑な過去と、同国の一部の指導者たちの言辞と、一部の政治家がヨルダン川西岸に暮らすパレスチナ系住民の大半に平等と市民権を認めないままその地を併合することに注ぐ熱意は、無視してよいものではない。イスラエルを「人種差別的」と批判する学者がいる理由は、理解できる。そして、そのような批判は反ユダヤ主義ではないと彼らが強く信じる理由も理解できる。人種差別的だと感じられる政府の政策に対して人種差別だと抗議することは、その国がたまたまイスラエルだからといって反ユダヤ主義でないことは間違いない。

22章

中心地の赤い雌牛 イスラエルとハルマゲドン

Red Cows in the Heartland Israel and Armageddon

二〇一四年、アメリカの某所で赤い雌牛が生まれた。それはキリスト教福音派の一部にとっては重大なニュースだった。なぜなら、福音派（とユダヤ教原理派）によれば、エルサレムの第三神殿の生贄には斑点のない赤い雌牛が必要だからだ。

何だって?と言いたくなるだろう。第三神殿なんてないではないか？　第二神殿は紀元七〇年にローマ帝国によって破壊され、その場所には現在、イスラム教第三の聖地である岩のドームが建っている。そう、そのとおり。しかし、キリスト教福音派の天啓史観（ディスペンセーショナリズム）論者とユダヤ教原理主義者が意のままに事を運べば、いつまでも現状のままではないかもしれない。

第三神殿の建立を夢見て神殿の外観を再現し、聖書に描かれた生贄の儀式の本番に備えた練習までするユダヤ教の急進的原理主義者は、イスラエルでは少数の非主流派に留まるが、彼らを支援するアメリカの福音派キリスト教徒は少数派ではない。

アメリカ人のおよそ四分の一が福音派キリスト教徒を名乗り、そのうち八〇パーセントが、ユダヤ人のイスラエルへの帰還と国家建設が「イエス・キリストの帰還が近いことを示す聖書の預言の成就」

聖なる雌牛!

だと信じているという。* キリスト教シオニストはこんにちの共和党内でイスラエル擁護派としてますます力を増し、大きな影響力を持つ。福音派キリスト教徒の中には、多くのアメリカ人と同じ文化的、地政学的、歴史的理由からイスラエルを支援する人もたくさんいるが、福音派の大多数にとって、イスラエルへの支援は絶対的に重要な宗教上の義務である。ユダヤ民族とイスラエルは福音派の神学の中心的要素であり、福音派版のイスラエルの物語では、アメリカには神から与えられた使命があると信じられている。保守的福音派の象徴であるジェリー・フォールウェル師が一九八一年に述べたとおり「神が国をどう処遇するかは、その国がイスラエルをどう処遇するかにかかっていることが歴史と聖書により証明されて

*――キリスト教福音派の八〇パーセントは、イスラエルの地はユダヤ人のものであると約束した神とアブラハムの契約は「永遠」であることも信じているという。二国家解決を支持するのはわずか二三パーセントで、アメリカのユダヤ人の八〇パーセント近くが支持しているのとは対照的だ。興味深いことに、イスラエルに関して、保守的なキリスト教シオニストとアメリカのリベラルなユダヤ人が似ているのは、子供世代だ。アメリカのユダヤ人の若者と同様に、キリスト教福音派の若者も、年長者に比べるとイスラエルに対して複雑な感情を抱いている。

いると、われわれは信じる」というのだ。キリスト教福音派はトランプ政権では主流派だった。前副大統領マイク・ペンスは最近、自らもその一員であるキリスト教シオニストの集会でこう述べた。「イスラエルに対する私の情熱は、キリスト教の信仰から湧き出る」。トランプ政権の国務長官で、やはりキリスト教福音派のマイク・ポンペオは、ドナルド・トランプは「ユダヤ民族を救う」任務を神から授けられたのかと問われてこう答えた。「キリスト教徒として、その可能性はあると確信する」。

こんにち、アメリカ最大の親イスラエル団体であり、AIPACより大きく、Jストリートより大きく、アメリカシオニスト機構よりも大きいのが「イスラエルのためのキリスト教徒連合」(CUFI)である。代表のジョン・ハギー牧師はトランプ政権でかなりの影響力を振るい、アメリカ大使館をテルアビブからエルサレムへ移転させるよう大統領を説得するのに一役買ったと伝えられる。ハギーは、二〇一四年のエボラ出血熱の流行はオバマのイスラエル政策に対する天罰だと説教した人物で、トランプからの指名を受け、新大使館の開館式で祝福を与えた。CUFIは九〇〇万人以上の賛同者を擁すると称し、「心を一つにしてイスラエルとユダヤ人の擁護のために声を上げ行動するよう、何百万ものアメリカ人を啓発し、励ます」ことを使命として掲げる。

ネタニヤフ首相は「CUFIはイスラエル国家の安全に不可欠なものと考える」と述べてこの団体を称賛した。実際、彼は過去一〇年間に、自身の政策を明確に支持しないアメリカのリベラルなユダヤ人の支援はイスラエルには不要だという戦略的判断に至ったようだ。そして、キリスト教福音派と新たに主要な協力関係を築いている。福音派は多くの問題に関してアメリカのリベラルなユダヤ人とは正反対の考え方をするが、イスラエルの領土的極大主義構想の熱心な支持者である。

さて、イスラエルの首相とアメリカの前大統領の両方に対してものが言え、トランプ政権下でアメリカの対イスラエル政策にあれほど大きな影響力を及ぼしたキリスト教シオニストとは、どんな人たちなのだろう？　彼らが支持するのは、どのようなイスラエルなのだろう？　それを理解するには、イスラエルへの強力な関与を促す天啓史観という宗教的観点を理解する必要がある。

天啓史観の起源は、一九世紀イギリスの聖書愛好家ジョン・ネルソン・ダービーの教えにある。ダービーによる聖書の理解では、歴史はいくつかの時代すなわち「ディスペンセーション」に分かれている。いまの時代が終わると「携挙《けいきょ》」が訪れ、真のキリスト者は天に移される。次に反キリスト者が台頭し、「艱難《かんなん》の時代」、ゴグとマゴグの戦いがあり、そして、艱難の時代が終わると、ハルマゲドンの大決戦があり、このとき、イエスは地上に再臨し、イスラエル北部の平原で反キリスト者の軍を破る。*それが「御国《みくに》の時代」の幕開けとなる。善人が勝利したあと「最後の審判」があり、その後、キリストが地上に君臨する一〇〇〇年間すなわち「千年王国」が訪れる。そして、「最後の戦い」があり、物語は終わる。ダービーの考えでは、これらすべてが起こるために、ユダヤ人は、神が彼らに約束した土地であるエルサレムやほかの「聖地」へ戻らねばならない。そこから終末時計が時を刻みはじめ、「携挙」とその後の出来事へつながるという。

ダービーの天啓史観は、現代のキリスト教シオニズム運動の中心にある。イスラエルが六日戦争で劇的勝利を収めたあと、ハルマゲドン預言産業が軌道に乗りはじめた。イスラエル国防軍のユダヤ人

＊――「ハルマゲドン」という単語はヘブライ語の「ハル・メギド」に由来する。ハルはヘブライ語で「丘」または「山」を意味し、メギドはイスラエル北部にあった古代の都市だ。その場所には「テル」すなわち「遺跡塚」があり、近くにはメギドの名を冠した現代的キブツがある。新約聖書のヨハネの黙示録では、ここが、世界の終末に起きる神の軍勢とサタンの軍勢の大決戦の戦場となる。

兵士と、戦車と、戦闘機が東エルサレムとヨルダン川西岸と聖地のかなりの部分を獲得することにより、聖書の預言が成就されつつあるように見えた。こんにち、天啓史観を信奉するキリスト教シオニストは、イスラエルの現代史をそうした預言の成就と見る。だから、大勢の福音派キリスト教徒が、入植事業も含めてイスラエルが何をしようと、あれほど熱心に支援するのだ。実際、彼らは領土に関する譲歩と二国家解決に反対している。何と言っても、神はユダヤ人に、一九六七年以前の境界内だけでなく聖地のすべてを約束したからだ。

エルサレムに神殿を再建したい非主流派のユダヤ教原理主義者とキリスト教シオニストがなぜあれほど同調しているかも、終末の預言の成就にイスラエルが主要な役割を果たすという信念によって説明できる。どちらのグループも、神殿の丘に第三神殿を建設することで「御国の時代」が早まると信じており、それゆえに、赤い雌牛や、生贄の儀式の練習や、聖書が認める聖職服にこだわる。もちろん、天啓史観を信じるキリスト教徒は、終末が訪れて物語におけるユダヤ人の役割が終われば、ユダヤ人の三分の一以下がキリスト教に改心して救われる一方、その他の人びとは未来永劫呪われることを知っている。しかし、まったく違う結末が世界に訪れると信じきっている第三ユダヤ神殿の会衆は、そんなことは気にしない。そして、イスラエル政府もそんなことは意に介さず、ワシントンをはじめ各地のキリスト教シオニストから成る「ハルマゲドン・ロビー」の揺るぎない支援にますます頼っている。

ドナルド・トランプのキリスト教徒らしからぬ振る舞いにもかかわらず、なぜあれほど大勢の福音派キリスト教徒があれほど献身的に彼を支えたかを説明するのにも、イスラエルが一役買う。彼らにとって、トランプは現代のキュロス大王だった。古代ペルシャのキュロス大王が六世紀にバビロンを征服し、捕囚となっていたユダヤ人を解放したおかげで、ユダヤ人はエルサレムに帰還して神殿を再建できた。天啓史観論者によれば、トランプはキュロス大王と同様に信仰が薄く、性格に欠点のある指導者だったが、それでも、神の道具として奉仕するべく選ばれた。イスラエルの強硬派政権と、その政権が望むヨルダン川西岸の領土併合を支援したのがその証拠である。実際、敬虔なキリスト教徒の目には呪わしく映る彼の性格上の欠点そのものが、実はキュロス大王めいた偉大さを際立たせた。トランプがイスラエルに尽くす一方で不作法な振る舞いをすればするほど、彼がイスラエルのための人間だという印象が強まった。それに、トランプを大王になぞらえたのは彼らだけではない。二〇一八年にトランプがアメリカ大使館をエルサレムに移転したあと、ネタニヤフ首相は、ユダヤ人がキュロス大王を記憶するように、イスラエルはトランプを記憶するだろうと言明した。

保守派のイスラエル人と彼らを支援するアメリカ人の多くは、天啓史観論者のキリスト教シオニストの盟友が信じる終末の神学理論に対し、微笑んで肩をすくめる。彼らに言わせれば、たしかに、いまのところ天啓史観論者はイスラエルにとって大いに頼りになるアメリカの友人で、トランプ時代には最有力派閥の一つであることを自ら証明した。それは事実だが、イスラエルの現政権の強硬派首脳部の拡大欲を支援するのが地政学的に賢明かどうかはさておき、きわめて現実的な疑問がある。アメリカの対イスラエル政策が熱心なキリスト教シオニストによって形成され誘導されたら、どうなるのか？　彼らは文字どおり終末は差し迫っていると信じ、自分たちの政策が終末を近づけるのに役立つと信じ、その物語ではイスラエルとユダヤ人が重大かつ過激な役割を担うと信じているのだ。二〇一五年のある集会で、当時下院議員で三年後に国務長官になるマイク・ポンペオは、カンザス州の教会で聴衆を前にこう語った。「携挙に至るまでは終わりのない闘いが続きます……。それに参加しましょう。闘いに身を投じましょう」。ジョー・バイデンの当選によって、キリスト教シオニストの真剣な終末信奉者は、少なくとも向こう四年間は、アメリカの対イスラエル・中東政策形成にあまり影響力を持たないだろう。しかし、始まったばかりの共和党の大統領候補指名争いでは、マイク・ポンペオとマイク・ペンスが先頭を争っている。

23章 希望を持つ理由

The Case for Hope

さて、これまで避けがちだったイスラエルの話題に対し、いまや、話す準備が少しはできたと感じてもらえれば幸いだ。本書で見てきたとおり、ことイスラエルに関しては、場所と関係者をどう呼ぶかで意見が分かれ、出来事の歴史について意見が分かれ、現在その地域を揺るがしている問題をどう理解するかで意見が分かれる。だから、イスラエルは多くの人びとを困惑させるのだ。イスラエルの歴史の重さ、紛争の激しさ、当事者の頑なさを考えただけで、イスラエルとパレスチナの公正で平和な未来の実現可能性について悲観してしまうこともあるかもしれない。

それでも、絶望のあまりこの本を部屋の隅に放り投げたくならないように、現在イスラエルに住む一般市民の話をいくつか紹介し、締めくくりとしたい。川と海に挟まれたこの苦悩の地で橋を架け、傷を癒やし、誰にとってもよりよい未来を築くために立派な活動をしている人たちだ。彼らの声に耳を傾けよう。彼らの話が思い出させてくれるのは、偉大な信仰の伝統が何千年も前にイスラエルで育み、世に送り出した最も貴いもの、すなわち希望こそ、いまのわれわれに最も必要であるということだ。

マイサム・ジャルジュリ、四七歳

イスラエルのパレスチナ系国民、フェミニスト、社会・政治活動家

一一歳のとき移送という言葉を初めて聞きました。*

一九八四年のことです。ウルトラ・ナショナリストのラビ、メイア・カハネが、私の故郷であるアラブ系イスラエル人の町ウンム・アル＝ファハムに入ろうとしました。イスラエル国の国民である町の住民に、ほかのアラブ諸国へ自分たちを「移送」するよう説くためです。

私が自分の家と自分の国から出て行きたいだろうと考える人がいるなんて、わけがわかりませんでした。私にはとてもショックでした。

そのとき、素晴らしいことが起きました。何万人ものアラブ人とユダヤ人が、自らの体で市の入り口を塞いだのです。カハネその人が入れないよう、私たちはそこに立ちました。けれども、もっと大事なのは、私たちがカハネの考えを入り込ませないために、そこに立ったということです。その日、ウンム・アル＝ファハムでは、カハネも取り巻きたちも市内に入りませんでした。

彼は私たちを分断して互いへの憎悪を植えつけようとしましたが、そうはさせませんでした。私たちはファシズムを堰《せ》き止める、人間のダムだったのです。

残念ながら、その日の楽観的教訓――ユダヤ人とアラブ人は共通の価値観と目標に向かうパートナーになれるという教訓――は、私が二〇代の頃に打ち砕かれました。当時の私は若い母親で、ティラ市で困難を抱える若者のために働いていました。

二〇〇〇年一〇月、第二次インティファーダに先立つ悲劇的な事件が起こりました。イスラエル警察がアラブ・パレスチナ系イスラエル人の若いデモ参加者一三人を射殺したのです。今度は、私たちには味方がいませんでした。ユダヤ系イスラエル人は気にも留めていないようでした。私たちは孤立していました。

胸が痛みましたが私は挫《くじ》けず、活動家になって、より公正な社会をつくることを目指しました。五年後、私が働いていた自治体当局が、最低賃金で働いて家族を扶養していた女性たちの雇用を切り捨てようとしました。私には二つの選択肢がありました。仕事をやめるか、留まって闘うかです。どちらを選ぶかは、自明のことでした。

その選択は、ほとんど命懸けでした。二度にわたり、わが家が銃撃されたからです。それでも、最終的には働き者の女性たちの雇用が維持されました。そんなことがあっても女性の平等を求める闘いをやめなかった私ですから、これからも何があっても闘いをやめないことを請け合います。これは実のところ、あらゆる市民の平等を求める闘いなのです。あのときも活動をやめなかったし、それ以来、立ち止まることはありませんでした。

二〇一八年、ヤアラ・アユブとシルヴァナ・ツァガイというアラブ系とユダヤ系のティーンエイジャー

＊――移送は、イスラエルの政治用語では、イスラエルのアラブ系国民を同国から追放するもくろみを表す語だ。言い換えれば、民族浄化である。

の少女二人が、まったく同じ日に、わずか数時間違いで知り合いの男たちに殺害されました。二人はその年イスラエルで起きた女性殺害事件被害者の二三人目と二四人目でした。二〇一八年には実に二六人の女性が殺害され、過去一〇年で被害者数が最も多かったのです。ヤアラは一六歳、シルヴァナは一三歳でした。想像してください。

国中の女性たち——ユダヤ系も、アラブ系も、世俗的な人も、宗教的な人も、亡命希望者も——全員が、いまこそ声を上げるとき、何か思い切った手段をとるべきときだと悟りました。命をあまりに軽んじた行為によって少女たちと女性たちが受けたショックは国を揺るがし、一夜明けるや、行動がとられました。イスラエル史上最大の女性による抗議活動が起きたのです。

アラブ系コミュニティ内の殺人を社会が見過ごすことに慣れてしまっていた私ですが、気づけば、何千、何万という女性（男性も、ユダヤ系もアラブ系もいました）と肩を並べ、テルアビブのラビン広場で、アラビア語とヘブライ語の両方で声を合わせて叫んでいました。「女性を殺すな！」と。

かつてウンム・アル＝ファハムの町にカハネが憎悪を持ち込もうとしたときと同じように、私たちは、一致団結すれば声がより強くなることを証明しました。女性が変えようと心を決めれば、それを実現できることを示したのです。私たちは闘うことを恐れません。生きたいという望みがあるからです。私たちには力があり、世界の秩序を変えられるのです。

過去四年間、友人たちと共に、イスラエルの市民運動「スタンディング・トゥギャザー〔共に立つ〕」に参加し、強く有意義な協力関係を築いてきました。この運動はイスラエルのアラブ人とユダヤ人が力を合わせて、平和と、平等と、社会正義のために活動し、イスラエルの社会の変化を促して、イスラエルのユダヤ人とアラブ人が共有する未来を築くことを目指します。私たちは共に立ち、占領や、人種差別や、国民国家法や、アラブ系の村の家屋取り壊しに反対する闘いをしています。あらゆる国民の権利のために、共に立っています。

誰にとっても、勇敢であることを選ぶのは、たいがい難しいものです。簡単なのは、政府の攻撃的な措置に見て見ぬ振りをし、ガザ地区の抗議者の殺害に言い訳と弁解を見つけて、「あちら側にはパートナーはいない」という決まり文句に同意し、アラブ系の国民と指導者の排除を続けることです。

現実を真摯に見据え、誰にとっても必要な変化をつくり出す勇敢な指導者が、いまこそ私たちにふわさしく、そして、求められています！

イスラエルが私たち皆の祖国であること、あらゆる人の居場所があることを理解すれば、互いを尊重し合い、新たな道筋への希望を持って協力関係をつくり出すことができます。

言うまでもないかもしれませんが、誰にでも、生きて、学んで、祖国で母語を自由に話す権利があります。私の息子はその自由を味わえず、国を離れて留学する道を選びました。私にとってはほかの何よりもそれが最大の動機となり、政治・社会・フェミニズム活動を続けています。かつてウンム・アル＝ファハムで体験したようなイスラエルを、わが子たちにも体験してほしいのです。アラブ人とユダヤ人が力を合わせなければ、イスラエルを皆にとってよりよい住処に変えることはできません。

パレスチナの国民的詩人マフムード・ダルウィーシュも言ったように、私には人生への情熱があり、この土地のあらゆるものが生きがいになります。

誰にでも自分史を書く機会があります。私は、自分が微力ながら関わることでわが国に起きた変化について書きたいと思っています。*

＊――マイサム・ジャルジュリ、二〇二〇年一二月二〇日、著者への電子メールより。

ムタシム・アリ、三四歳

イスラエルに政治亡命を希望するスーダン人、移民の権利活動家、弁護士、難民

私はスーダンのダルフール地方で愛情豊かな父母に育てられました。五歳の頃から、両親に教育とコミュニティの仕事の大切さを教わりました。私たちの社会は壊れているから、修繕が必要だと、二人は言いました。

六歳になったとき、両親は私を親戚や親族、そしてときには赤の他人のところへ送り、預けるようになりました。両親が自分を愛していないからだと、私は思いました。とんでもない思い違いでした。

二〇〇三年、ハルツームで学士号取得のために学んでいたときに、北ダルフールの私の村がジャンジャウィードの襲撃を受けました。ジャンジャウィードは、非アラブのアフリカ系民族を排除し、われわれの土地を奪ってアイデンティティを抹消するためにスーダン政府が集めた民兵です。当時私は自宅にいませんでした。両親が送り出してくれたからです。このとき、私は両親の愛の深さを真に知りました。その日、何十人もの人が殺され、家々は焼き払われ、水源に毒が入れられ、木々は切り倒されて、村は灰燼《かいじん》に帰しました。両親は避難して北ダルフールの難民キャンプで暮らしています。私は故郷にはもう二度と戻れません。

両親にはその日以来、会っていません。

ハルツームで学生活動家だった頃、何度も独房に入れられました。卒業後、私には二つの選択肢がありました。沈黙を続けてダルフールで起きていることに目をつぶるか、武器をとって故郷へ戻り、闘うかです。しかし、それらの選択肢のどちらも、自分らしくありませんでした。それで、わが民族の声となるために、亡命を希望したのです。

多くの人がたずねます。なぜイスラエルへ？

たしかに、学校ではイスラエルについて肯定的なことは何一つ習いませんでした。憎み合いと戦争の話ばかり聞かされました。しかも、私たちの大半はアラビア語を話すイスラム教徒です。しかし、二〇〇三年にダルフールで集団虐殺《ジェノサイド》が始まったとき、私たちの味方はほとんどいませんでした。耳にはっきりと届いた唯一の声が、アメリカと世界中のユダヤ人のものだったのです。各地のシナゴーグやユダヤ系の若者の活動団体が、「セイヴ・ダルフール〔ダルフールを救え〕」をはじめ、無辜《むこ》の市民の組織的虐殺を止めようとする熱心なキャンペーンに参加していました。その声はダルフールの人びとに届き、私たちは皆、感激しました。ユダヤ人は、大量虐殺と、言語に絶する人道上の悲劇を経験しました。そこから、二度と再び起きないよう集団虐殺を抑止し、そのために闘う決意が生まれるのです。

そのような経緯により、私はユダヤ人国家が自分にとってより安全な場所だと信じるに至りました。イスラエルには二〇〇九年にやってきました。四カ月半のあいだ、拘置所に（収容されて）いました。釈放された際、テルアビブ行きのバス切符を受け取りました。親戚も、友人さえなく――一人の知り合いもいませんでした。

内務省から三カ月のビザをもらいましたが、亡命申請は受理されませんでした。何年も試行と運動を重ねて、ようやく二〇一二年に難民認定の申請書を提出できました。

両親の教えを思い出し、私はコミュニティの構築に関わりはじめました。私たちの社会は壊れているから、修繕が必要だと考えたのです。難問だらけで、コミュニティは支援を非常に必要としており、変えるのは不可能に思えました。それでも、私たちはイスラエルの人びとと政策決定者に働きかけました。権利を求めて抗議しました。自分たちの存在を可視化しました。

しかし、亡命申請を認める知らせは、ほかの多くの人たちと同じく、私にも届きませんでした。二〇一四年に、私は政治亡命申請者と難民のためのホロットの収容施設に送られました。そこに一四カ月いました。ホロットはイスラエル南部のネゲヴ砂漠にあります。私たちの心をくじき、アフリカの亡命希望者がこれ以上イスラエルに避難して来るのを防ぐための抑止力として機能する施設です。当時は、集団虐殺や殺害や拷問から安全を求めて来たというだけの理由で、何千人もが恣意的に拘束されていました。*

大きな希望を抱いてある国に到着したのに、「人口動態上の脅威」というレッテルを貼られるのはつらいことです。亡命希望者は、ほかの多くの人びとと同様に、おぞましく悲惨な状況から否応なく逃れ、安全を求めてイスラエルにやってきました。私たちがイスラエルの社会構造と治安を損なうと主張する人たちもいます。しかし、私たちはイスラエル社会に貢献するためにやってきたのです。私たちは有用であり、有害ではありません。

二〇一六年夏、長年の抗議と拘束と運動の末にようやく難民と認定されたことを、胸を張って報告します。それから公共国際法の学位を取得し（イスラエルのロースクールを卒業したアフリカ系移民第一号）、さらにアメリカのジョージ・ワシントン大学で国際・比較法の修士号を受けました。

こんにちの自分にたどり着くまでに、私はとれるかぎりのリスクをとってきました。

亡命希望者はほかの誰よりも、イスラエルで人びとが機会に恵まれていることを評価します。逮捕される心配なく声を上げて自由に話せるという事実を、私は称賛し、高く評価します。その貴重な機会を活かし、イスラエルの社会をよりよくするために、自分にできることをしています。私もイスラエル社会の一員ですから。

メディナト・イスラエル（イスラエル国家）の建国の父たちは独立宣言でこううたいました。「イスラエル国家は……イスラエルの預言者たちが目指した自由、正義、平和を土台とし、宗教と人種と性別にかかわらず、すべての住民に社会的・政治的権利における完全な平等を保障する」。これらは、私たち皆が大切にする価値観です。スーダンを離れたとき、私はダルフールの同胞たちを擁護するためにできることを何でもすると心に誓いました。しかし、いまでは、私の貢献は境界線を越え、イスラエルとイスラエル社会にまで広がっています。弁護士として、公式認定されたスーダン難民第一号として、それらの価値観の擁護と再生に、そして私たち全員が誇れる社会の建設に、力を注ぎ続けます。**

*――ホロット収容センターは二〇一八年に閉鎖された。大半がサハラ砂漠以南の出身である何万人ものアフリカからの政治亡命希望者を追い返すという、イスラエル政府によるいまだに成功していない計画の一環である。

**――ムタシム・アリ、二〇二〇年一二月一九日、著者への電子メールより。

ガディ・グヴァルヤフ、六四歳
ユダヤ系イスラエル人、宗教的戒律を遵守する人権活動家

私が創設したタグ・メイアは、イスラエルの社会と政界に広がる五〇の組織・団体の連合です。私たちは「プライス・タグ」キャンペーンに対抗してタグ・メイアを立ち上げました。プライス・タグ・キャンペーンは、過激派のイスラエル人入植者とその支援者が緩やかに組織した運動です。彼らは違法な無認可入植拠点（アウトポスト）の解体や撤収を促すイスラエル政府の動きに対抗し、パレスチナ人とその財産（さらに平和活動家と、ときにはイスラエル軍の前哨基地まで）を攻撃しています。このテロ・キャンペーンの背後にあるのは、過激派イスラエル人入植者の目標へのあらゆる妨害に対し、無辜のアラブ人に「プライス（代価）」を支払わせるという発想でした。「プライス・タグ（値札）」を意味するヘブライ語は「タグ・マヒア」です。それで、私たちは自らの運動を「光のタグ」を意味する「タグ・メイア」と名づけました。プライス・タグを意味するヘブライ語「タグ・マヒア」と韻を踏むだけでなく、「光の祭り」ハヌカーの期間中にこの団体を創設したからでもあります。私たちは――ユダヤ人も、アラブ系イスラエル国民も、パレスチナ人も――共に、イスラエルとヨルダン川西岸に暮らすさまざまな国籍の人びと、さまざまな民族のあいだの平和と、寛容と、共感を擁護します。

私がタグ・メイアの設立を着想したきっかけは、ナブルスの南、ヨルダン川西岸のB地域とC地域にまたがるヤスフ村のモスクにユダヤ人が放火した事件でした。犠牲者への連帯と支援の意を表すため、私はラビとその夫人と共に現場に足を運びました。イスラエル国防軍からの立ち入り許可が得られなかったため、代わりに村の有力者たちと道路の交差点で面会しました。ラビはコーランを何冊か持って行きました。私たちは一緒に歌い、踊りました。その交差点での体験は、深遠で力強いものでした。そのときに学んだことが現在でも私の指針となっています。受け入れなくてはいけない、話さなくてはいけないという指針です。

タグ・メイアは、ユダヤ人とアラブ人が一緒に参加する連帯のための集会や催しを開きます。行進、ハヌカーの期間中のろうそくの点灯、合同のイフタール*などです。数カ所の大学で学生支部を運営しています。学生たちはタグ・メイアの活動に参加し、ラマダン（断食月）明けの日付を知らせたり、外国人労働者の家族を支援したり、コロナ禍の最中に高齢者の手助けをしたりしています。コロナ・パンデミックの最初のロックダウン中には、ブネイ・ブラクでマスクを何万枚も配布しました。** 憎悪犯罪《ヘイト・クライム》の現場にはできるだけ早く代表者が訪れ、被害者との連帯を示して、心情的・金銭的・倫理的支援を申し出ます。たとえば、イスラエル北部の都市サクニンでは、同市最大級の規模の教会の外で、二本の大きなクリスマスツリーに火が放たれました。サクニンの人口は三万二〇〇〇人、七五パーセントがイスラム教徒で、二五パーセントがキリスト教徒です。この事件に、アラブ系コミュニティ

*――イフタールは、神聖なるラマダンの最中の日没後、イスラム教徒がとる食事。

**――ブネイ・ブラクはテル・アヴィヴ近くの都市で、超正統派ユダヤ教コミュニティの中心地であり、イスラエルで最も貧しい場所の一つ。

は騒然としました。私たちは「ウィメン・ウェイジ・ピース」*との共同代表団として同地を訪問し、事件についての同情を伝えました。いつものように、オリーヴの苗木を一本携えて、この町に建設される予定の新しい教会の近くに植えてきました。

最近では、ヨルダン川西岸のテル・メナシェ入植地のホーガン家を弔問しました。六児の母であるエステルが朝のランニングをしに森へ行ったところ、パレスチナ人テロリストに待ち伏せされ、冷酷にも殺害されたのです。エステルの父ビニャミンは私たちを温かく迎えてくれました。「タグ・メイア」という名称は実にいいと言ってくれ、事件への対応と保安を警備隊に――ユダヤ人の自警団ではなく、警備隊だけに――任せるよう働きかけてほしいと皆に依頼しました。私たちが、タグ・メイアのアラブ系メンバーが弔意を表するために訪れてもいいかたずねると、彼は「もちろん」と答えました。ホーガン家には、ワディ・アラ**の人びとからも支援を申し出る電話がありました。タグ・メイアのメンバーでパレスチナ系のジアド・サバティンは、グーシュ・エツィオン近郊のフサン***出身で、イスラエル人の友人たちと共にホーガン家を弔問しました。同家の人びとは彼らを歓迎し、訪問に心を動かされました。

タグ・メイアの連帯訪問では、悲しいときも嬉しいときも仲間意識が生まれます。そのおかげで、われわれ皆が神の似姿として生まれた人間であること、和平の時が来たことを、双方が真に認めるようになりました。

ヨルダン川と地中海のあいだには二つの民族、ユダヤ人とパレスチナ人がいます。私たちはパレスチナ人を砂漠に追い出しはしないし、彼らも私たちを海に投げ込みはしません。共生する以外に選択肢はないという事実を早く受け入れれば受け入れるほど、どちらにとっても状況がよくなります。それは、世俗的な人にも宗教的な人にも、何代も前からこの土地に住む人にも、旧ソ連やエチオピアから比較的最近イスラエルにやってきた人にも言えます。エネルギーを憎悪に注ぐのではなく、互いの言語や、歴史や、苦悩や、文化を学ぶことに注ぐべきです。つながりにエネルギーを注ぐべきなのです。

タグ・メイアは旧約聖書の詩編のメッセージを信じています。「悪を避け、善を行い／平和を尋ね求め、追い求めよ」〔詩編三四編一五節、新共同訳〕****

＊＊＊

＊——ウィメン・ウェイジ・ピース（Women Wage Peace〔「女性たちは平和運動を行なう」の意〕）はその名のごとく、イスラエルとパレスチナの女性たちが指導者に平和の追求を求める市民運動団体。

＊＊——ワディ・アラはアラブ系が大半を占めるイスラエル北部の地域。

＊＊＊——フサンはヨルダン川西岸のパレスチナ系の町。ベツレヘム市と、イスラエルの大規模な入植地ブロック、グーシュ・エツィオンに近い。

＊＊＊＊——ガディ・グヴァルヤフ、二〇二〇年一二月二八日、著者への電子メールより。

マイサム、ムタシム、ガディ――似ても似つかない三人が、イスラエルの未来を変え、よりよくし、共有するという一つの共通の大義のために尽力している。一人ひとりが、傷を癒やし、橋を架けようとして、ささやかながら力強い歩みを続けている。今後、この過度に約束された、あまりに神聖な土地の平和と和解の可能性について憂いや落胆を誘うような事物を見たり聞いたり読んだりしたら（その機会には事欠かないだろう）、また、希望を失い、事態はけっして好転しないという絶望に屈しそうになったら、この三人のことを思い、勇気を出してほしい。

川と海のあいだに住むあらゆる人の居場所が、この筏の上にはある。三人は諦めていない。私たちも諦めてはいけない。

紛争に関する用語集

A lexicon of the conflict

言語は政治的で、重要で、ややこしい。紛争地の地理、紛争中に戦われた戦争、紛争の当事者たちをどう呼ぶかは、その人の出自と考えについて多くを物語る。キーワードの一部をここで定義しておこう。〔五十音順〕

イシューヴ　一九四八年五月のイスラエル国家建設以前の、パレスチナにおけるユダヤ人コミュニティのヘブライ語の呼び名。一九世紀後半にシオニストが来る前にパレスチナに存在したユダヤ人コミュニティを「旧イシューヴ」と呼び、シオニストの相次ぐ移住により建設されたコミュニティを「新イシューヴ」と呼ぶこともある。

イスラエル　一九四八年に建国されたイスラエル国家は議会民主制で、人口は九一〇万人強〔二〇二〇年で九二九万人弱〕にすぎず、そのうち七四パーセントがユダヤ系で二〇パーセントがアラブ系である。イスラエルの国際的に承認された国境は、第一次アラブ-イスラエル戦争後の一九四九年の停戦ラインによって定められた。イスラエルの境界線がどうあるべきかは、対立と論争の源となり続けている。

イスラエル国防軍、IDF　イスラエルの軍隊。

イスラエル国家建国宣言　イスラエルには正式に成文化された憲法はないため、一九四八年五月一四日の独立宣言が、拘束力のある法律ではないものの、この国が目指す姿を明らかにし国家の礎となる文書の役割を果たしている。この宣言の核を成すのが、イスラエルのあるべき姿についての建国者たちの考えを表した第一三パラグラフである。

イスラエル国家は、ユダヤ人の移住と亡命者の参集のために門戸を開き、すべての住民の福利のために国家を発展させ、イスラエルの預言者たちが目指した自由、正義、平和を土台とし、宗教と人種と性別にかかわらず、すべての住民に社会的・政治的権利における完全な平等を保障すると共に、信教、良心、言語、教育、文化の自由を保障し、すべての宗教の聖地を守護し、国連憲章の方針を遵守する。

イスラエルの地　現イスラエルと**ヨルダン川西岸**に加えて、ヘブライ語聖書に言及された土地も含む、地理的に明確な定義のない地域を指すユダヤの伝統的名称。通常は宗教的または文化的文脈で用いられ、「聖地」（キリスト教徒をはじめ大勢の人びとが、この基本的領域をそう呼んできた）

や「約束の地」という呼称に近い。また、イスラエルの入植者はこの名称を、彼らにとって神聖な、神の計画の一部である土地の呼称として用いる。

インティファーダ　直訳すると「振り払う」を意味するアラビア語。**ヨルダン川西岸**と**ガザ地区**におけるイスラエルの占領と軍政に対するパレスチナ人の二度にわたる大規模な蜂起のこと。第一次インティファーダは一九八七年から一九九一年まで（一九九三年までと言う人もいる）続き、一連の抗議活動、デモ、ストライキ、暴動が行なわれ、ときおり激化して、石や火炎瓶が**イスラエル国防軍**の治安部隊に投げつけられた。イスラエル国防軍は圧倒的戦力でこれに対抗した。第二次インティファーダは二〇〇〇年から二〇〇五年まで続き、前回よりもはるかに暴力的で、過激派がイスラエル市民に何度もテロ攻撃を仕掛け、イスラエル国防軍の部隊と戦闘を交えた。イスラエル国防軍は強大な戦力で対抗し、**オスロ合意**のあいだは部隊を撤収していた占領地の一部を再占領した。

エルサレム（東と西）　イスラエルの首都、ユダヤ教徒とキリスト教徒とイスラム教徒にとっての聖都。この都は**ディアスポラ**のあいだ、何千年にもわたりユダヤ人の憧憬《しょうけい》の的だった。ユダヤ人は過越の祭りのセデルの儀式を「来年はエルサレムで」という言葉で締めくくる。西エルサレムはおおむねユダヤ地区である。東エルサレムは伝統的におおむねアラブ地区で、聖都の古代の歴史の中核である旧市街を含む。

一九四八年のイスラエル独立戦争／パレスチナの**ナクバ**のあと、停戦ライン（**グリーン・ライン**）がこの都市の真ん中を縦断した。イスラエルが（おおむねユダヤ地区

である）西半分を、ヨルダンが（おおむねアラブ地区である）旧市街を含む東側を掌握し、旧市街に住むユダヤ人はヨルダン部隊に強制退去させられた。一九年後、六日戦争の最中にイスラエルがエルサレムの（旧市街を含む）東半分を奪取した。そして、イスラエルは東エルサレムを併合したものの、この併合は国際社会からは承認されなかった。イスラエルはまた、エルサレム市の境界線を一方的に拡大して**ヨルダン川西岸**の広域を含むようにし、その土地に市域を囲む形で広大なユダヤ人居住地を新たに建設した。イスラエルはエルサレムを同国の首都と見なしているが、世界の大半の国々は大使館をテルアビブに置く。パレスチナ人がアル＝クドゥス（アラビア語で「聖地」）と呼んで将来のパレスチナ国家の首都と主張する市の東側の地位が、いまなお未解決だからだ。各国は最終的な和平合意で地位問題が解決したら大使館をエルサレムに移転すると示唆している。二〇一七年に、当時のドナルド・トランプ大統領は長らく続いたこの合意を反故にし、アメリカ大使館をエルサレムに移転した。

エルサレム旧市街　旧市街を伝統的に構成する四つの「地区」は、アルメニア地区、キリスト教地区、ユダヤ地区、イスラム教地区だ。旧市街にはユダヤ教の最大の聖地と、イスラム教の第三位の聖地もある。ユダヤ人はそこを**神殿の丘**（ハーバイッツ）と呼び、イスラム教徒は「高貴な聖域」（アル・ハラム・アッ＝シャリーフ）と呼ぶ。

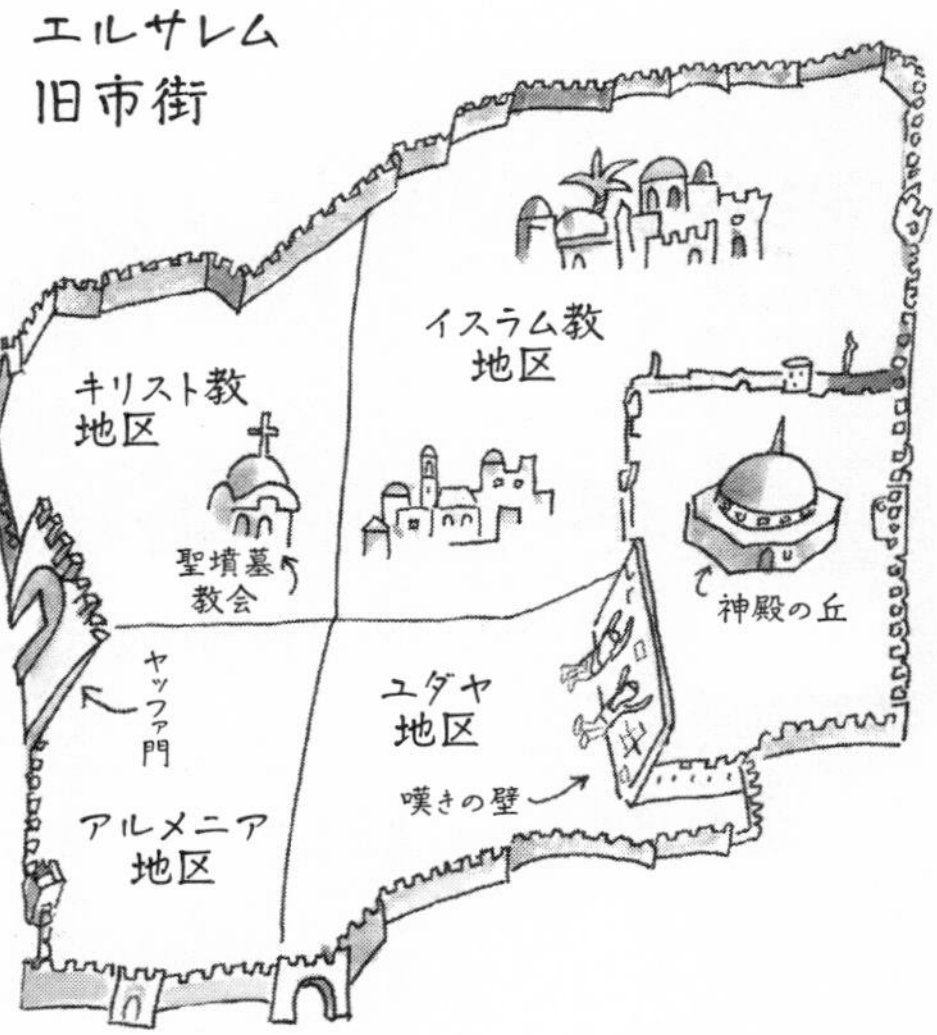

オスロ合意（または「**オスロ**」または「**和平プロセス**」）イスラエルと**パレスチナ解放機構**（**PLO**）のあいだの合意。一九九三年、イスラエルのイツハク・ラビン首相、PLOのヤセル・アラファト議長、アメリカのビル・クリントン大統領がホワイトハウスの芝生の上で交わした有名な握手によって締結され、イスラエル－パレスチナ間の正式の和平プロセスの始まりとなった。「オスロ合意」と

呼ばれるのは、準備段階の秘密交渉がノルウェーの首都で行なわれたからで、合意によってPLOはイスラエルの生存権を承認し、イスラエルはPLOをパレスチナ人民の唯一の代表として承認し、**パレスチナ自治政府**が設立され、双方が最終的に、少なくとも公式には二国家解決を目指すことが約束された。この和平プロセスの目的は、イスラエルとパレスチナ人のあいだの懸案事項（国境、双方が首都と主張する**エルサレム**の地位、占領地内のイスラエル**入植地**の将来、パレスチナ難民およびその子孫の権利の問題など）を解決することだった。これらの問題は依然として解決されていない。オスロ和平プロセスは、一九九五年のラビン暗殺、二〇〇〇年のキャンプ・デイヴィッド・サミットの失敗、同年勃発した第二次**インティファーダ**を経て、暗礁に乗り上げた。

ガザ（または**ガザ地区**）　イスラエルとエジプトと地中海に囲まれた、沿岸の細長い地区。**ヨルダン川西岸**（または**西岸**）のパレスチナ人からも、そして世界のほかの場所からもほぼ完全に切り離されている。ガザ地区は地球上で最も人口が密集した場所の一つで、一四〇平方マイル〔約三六〇平方キロメートル〕に一八〇万人がひしめき合う。悲惨さを競うオリンピックがあれば、ガザは常にメダル候補だ。かつてはイギリス委任統治領パレスチナの一部で、その後、一九四七～四八年の戦争の結果、エジプトの支配下に置かれた。イスラエルは一九六七年の戦争でガザ地区を獲得して入植地を建設した。エジプト大統領アンワル・サダトは、アラブ世界と袂を分かってでもシナイ半島を取り戻そうとしたが、ガザ地区のエジプトへの返還にはこだわっておらず、この土地をイスラエル人の手に委ねることに、何の不満もなかった。

パレスチナ人は、ガザ地区が将来の**パレスチナ国家**の一部であると主張し、一九九四年の**オスロ**和平プロセスの結果、**パレスチナ自治政府**がガザ地区の行政を管理することになった。イスラエルは二〇〇五年にガザ地区から一方的に撤退した。二〇〇七年以降、ガザ地区はイスラム武装組織**ハマス**に専制的に支配されてきた。ハマスは数日間の戦闘の末にパレスチナ自治政府に取って代わった。イスラエルはガザ地区封鎖を空、海、陸上で続け、イスラエルもエジプトも国境検問所で物資と民間人の出入りを厳しく制限している。二〇〇八年以降、ガザ地区とイスラエルのあいだでは軍事衝突が繰り返され、その結果、何千人ものパレスチナ人と、イスラエルの民間人数十人が死亡している。

クネセト　イスラエルの国会。議席数は一二〇で、議会を支配するためには、選挙で最も多くの議席を得た政党がほかの政党と連立を組み、合わせて六一議席以上を確保する必要がある。イスラエル史上、単独で六一議席を獲得した政党はないため、イスラエル政府は常に連立政権とならざるを得なかった。そのため、イスラエルでは、大規模政党がより小規模でより過激な「特化型」政党に頼り、協力を仰いで連立政府をつくることが少なくない。

グリーン・ライン　「一九六七年以前の国境」「一九六七年の国境」「一九四八年停戦ライン」とも呼ばれる。線を引くのに使われたインクの色から名づけられたグリーン・ラインは、イスラエル独立戦争／パレスチナの**ナクバ**後の一九四九年にイスラエルと近隣国のあいだに引かれた停戦ラインのことである。戦争終結時にイスラエルが「グリーン・ラインの内側」で支配した領土（歴史的パレスチナの約七八パーセント）は最終的に世界の国々から、新しいイスラエル国家に属すると認められた。グリーン・ラインの向こうにはヨルダンが支配する**ヨルダン川西岸**があった。グリーン・ラインは**エルサレム**市街の真ん中も通り、イスラエル側の西エルサレムとヨルダン側の東エルサレムを分けた。イスラエルは一九六七年の六日戦争でグリーン・ラインの東側の土地を獲得し、それ以来、国際社会はグリーン・ラインを、イスラエルと、イスラエルが占領するパレスチナの領土との境界線と見なしてきた。

ゴラン高原（または**ゴラン**）　イスラエル北部ガリラヤ地方を見下ろすシリア南西部の高原。一九四八年のアラブ＝イスラエル戦争後の数十年間、ゴラン高原のシリア軍とふもとのイスラエル軍は頻繁に衝突した。イスラエルは一九六七年の六日戦争中にゴラン高原西側の三分の二を獲得した。一九七〇年代にはそこに**入植地**の建設を始め、一九八一年にはイスラエルの法律を占領地にまで拡大適用し、実質的に占領地を併合した。二〇一九年にドナルド・トランプ政権下のアメリカがイスラエルによる併合を承認したのを除けば、世界のほかの国々はゴラン高原をイスラエルが占領する領域と見なしている。こんにち、およそ二万人の**ドゥルーズ**（公式にはまだシリア国民）がゴラン高原に住み（その他の数万人は一九六七年の戦闘中に避難したか退去を強いられた）、彼らはイスラエルの法律では永住者と見なされている。およそ二万二〇〇〇人のイスラエル人入植者が、一九六七年以降にゴラン高原に建設されたコミュニティに住んでいる。こんにちゴラン高原に住むイスラエル人入植者の大半は、自らをイデオロギー信奉者や宗教的ナショナリストとは対照的な現実主義者と見ており、シリアの進攻の脅威と、内戦以降のシリアの混乱状態からイスラエルを守る重要な役割を担うと自負している。

シオニズム　ユダヤ人は父祖の地「シオン」――現在のイスラエル――に民族の祖国を建設できてしかるべきだという信念と、その信念の実現を目指す運動。

神殿の丘　ヘブライ語で「ハーバイイッツ」、アラビア語では「アル・ハラム・アッ＝シャリーフ」（「高貴な聖域」）として知られる、**エルサレム旧市街**の南東に位置する丘。

頂上部分は面積三七エーカー〔約一五万平方メートル〕の人工的につくられた広場（紀元前一世紀、ヘロデ大王の時代に建造）で、かつてはユダヤ第二神殿が建っていたが、ローマ帝国により破壊された。ユダヤの伝承によれば、ここにはかつてソロモン王が建てた第一神殿もあったが、いまではイスラム教の聖堂である岩のドームとアル＝アクサ・モスクが建っている。この丘は擁壁により補強されており、西側の擁壁が「嘆きの壁」である。

戦争（とその呼称） イスラエルは誕生以来、近隣の国々との多くの衝突と、五～六回の大きな戦争を経てきた。一般に、戦争の名称は勝者が使ったものが残る傾向があるが、イスラエルと近隣諸国との戦争に関しては、事情はもっと複雑になりがちだ。イスラエルに関してはよくあることだが、それらの戦争をどう呼ぶかによって、その人が何者か、どちらの「側」についているかがよくわかる。以下に、いくつかの大きな戦争について、当事者とその支持者、そしてその他大勢がどう呼んでいるかを簡単にまとめてみた。

一九四七～四八年 イスラエルの「独立戦争」は、パレスチナ人の「大惨事」（アラビア語で「**ナクバ**」）だ。それぞれの側にとっては、いずれも正しい。この戦争は「一九四七～四八年のアラブ‐イスラエル戦争」「第一次アラブ‐イスラエル戦争」とも呼ばれる〔日本では一九四八年五月のイスラエル建国宣言以降を「第一次中東戦争」と呼ぶことが多い〕。

一九五六年 イスラエルによるエジプトのシナイ半島侵攻（フランスとイギリスが支援し、のちに紛争に加わった）は通常、「スエズ危機」または「第二次アラブ‐イスラエル戦争」と呼ばれる。イスラエル人はこれを「シナイ戦争」と呼ぶ。アラブ世界では「三国侵攻」と呼ばれることもある〔日本では「スエズ戦争」「スエズ動乱」「第二次中東戦争」とも呼ばれる〕。

一九六七年 イスラエルが先制攻撃を仕掛ける。この攻撃に先立って、エジプト政府とシリア政府は数週間にわたり好戦的発言を繰り返し、エジプトはイスラエルの船舶に対してティラン海峡を封鎖し、停戦を監視していた国連平和維持軍の撤退を求めていた（そして、実際に撤退した）。イスラエル人をはじめ多くの人がこれを「六日戦争」と呼ぶ（理由はお察しのとおり）。アラブ世界では「敗北」（アラビア語で「アン＝ナクサ」）あるいは「六月戦争」と呼ぶ。「一九六七年のアラブ‐イスラエル戦争」「第三次アラブ‐イスラエル戦争」とも呼ばれる〔日本では「第三次中東戦争」と呼ばれることが多い〕。

一九六八～七〇年 「消耗戦」として知られる、長引いて決着のつかなかった衝突と戦闘の連続。発端は、エジプトのナセル大統領がシナイ半島をイスラエルから取り戻そうとしたことだった。「第二次」および「第三次」アラブ-イスラエル戦争を参照のこと。

一九七三年　エジプトとシリアが奇襲によりイスラエルに打撃を与えたが、その後、イスラエルが反撃する。イスラエル人はこれを「ヨム・キプール戦争」〔ヨム・キプールはユダヤ教の「贖罪の日」〕と呼ぶ（その理由も察しがつくだろう）。アラブ人は「ラマダン戦争」（右に同じ）あるいは「一〇月戦争」（同上）と呼ぶ。「一九七三年のアラブ-イスラエル戦争」「第四次アラブ-イスラエル戦争」とも称される〔日本では「第四次中東戦争」とも呼ばれる〕。

一九八二年　イスラエルがレバノンを侵攻する。当初はイスラエルで「ガリラヤの平和作戦」と呼ばれ、その後、「レバノン戦争」または「第一次レバノン戦争」と呼ばれる。レバノン人は「侵攻」と呼ぶ。その他の人びとにとっては「一九八二年のレバノン戦争」。

二〇〇六年　イスラエルが再びレバノンを侵攻する。イスラエルは「第二次レバノン戦争」と呼び、レバノン人は「七月戦争」と呼ぶ。「二〇〇六年のレバノン戦争」「二〇〇六年のイスラエル-ヒズボラ戦争」ともいう。

二〇〇六年～現在　ガザ-イスラエル紛争。二〇〇五年に**ガザ地区**からイスラエルが撤退し、**ハマス**が同地区を掌握してから、イスラエルと同地区のあいだでは数回の激しい戦闘が繰り返されてきた。二〇〇八～〇九年の衝突をイスラエルは「鋳造された鉛作戦」と呼び、アラブ世界は「ガザ虐殺」と呼ぶ。二〇一二年にも大きな戦闘があった。**イスラエル国防軍**は「防衛の柱作戦」と呼び、ハマスは「頁岩《けつがん》作戦」と呼んだ。二〇一四年の戦闘は、イスラエル国防軍により「境界防衛作戦」、ほかでは「二〇一四年ガザ戦争」と呼ばれる。二〇一八年にはガザ地区とイスラエルの境界フェンス近くでパレスチナ人による大規模な抗議行動があった。二〇二一年五月には、二〇一四年以来最悪の戦闘があった。イスラエル国防軍はこれを「壁の守護者作戦」と呼び、ハマスは「エルサレムの戦いの剣」と呼ぶ。推定で三六五〇人のガザ地区住民がこれらの衝突で死亡し、その多くが民間人だった。およそ二〇〇人のイスラエル人も死亡し、その大半は兵士だった。

大イスラエル　「**イスラエルの地**」（前出項目を参照のこと）よりも政治色を帯びたこの名称は通常、右翼および／または**宗教的ナショナリスト**のイスラエル人とその支援者が、イスラエル国家に将来支配してほしいと望む土地を指して使う名称。「大イスラエル」の地図は、右翼のシオニストとイスラエルの右翼団体によって二〇世紀前半から使われ、イスラエル、**ヨルダン川西岸**、**ガザ地区**、ヨルダンに加えて、シリアやエジプトやサウジアラビアなど近隣諸国の一部を含む、望ましきイスラエルを示す。

ディアスポラ　**イスラエルの地**からのユダヤ人の亡命と離散、およびこんにちイスラエル国外にあるユダヤ人コミュニティのこと。また、ユダヤ人以外の集団の祖国からの離散と、祖国の外にあるコミュニティのこともいう。つまり、たとえば、ユダヤ人とパレスチナ人、両方のディアスポラが存在するということだ。

ドゥルーズ　イスラエル、レバノン、シリア、ヨルダンの、アラビア語を話す民族・宗教コミュニティ。ドゥルーズは自分たちをイスラム教徒とは見なさない。彼らはアラブ－イスラエル・コミュニティに含まれる独自の小集団と見られている。最大規模のドゥルーズ・コミュニティはイスラエル北部にある。アラビア語を話すイスラエル国民の大半とは異なり、ドゥルーズのイスラエル人の大多数は**イスラエル国防軍**で兵役に就く。ドゥルーズはどこにあっても少数派集団で、伝統的に、居住する国に忠実である。

ナクバ　「大惨事」を意味するアラビア語。イスラエル人が「独立戦争」と呼ぶ一九四七～四八年の戦争の、パレスチナ人による呼び方。「大惨事」は、パレスチナのアラブ人の敗北と、強制退去と、土地所有権の剝奪を意味する。何百万人ものパレスチナのアラブ人が国家なき難民として、あるいはイスラエルの軍事支配のもとで、暮らしている。

入植地　一九六七年の六日戦争でイスラエルが征服した土地に建設されたユダヤ人コミュニティ。六日戦争中に、イスラエルは（ヨルダンから）**ヨルダン川西岸**と**東エルサレム**を、（エジプトから）**ガザ地区**とシナイ半島を、（シリアから）**ゴラン高原**を奪取した。イスラエルは獲得した土地すべてに軍事基地と民間の入植地を設置した。国際社会はそれらの入植地を、ジュネーヴ第四条約に違反すると見なしている。

イスラエルは一九七九年にエジプトとの和平協定に調印したあと、シナイ半島を返還し、半島内の入植地を根こそぎにした。同様に、二〇〇五年にガザ地区から一方的に撤退したあとも地区内の入植地を完全に撤去し、約九〇〇〇人のユダヤ人入植者をイスラエル領内に帰還させた。

本書の目的上、「入植地」（ならびに「入植者」「入植事業」「入植計画」）は、一九六七年以降にヨルダン川西岸と東エルサレムにつくられたイスラエルの民間人居住地区を指す。**グリーン・ライン**の東側のそうしたコミュニティには、およそ六五万人のイスラエルのユダヤ人が住む。イスラエルが戦後、東エルサレムを一方的に併合したため、(併合されていない)ヨルダン川西岸につくられた入植地と、一九六七年以降に東エルサレムに建設された新しいユダヤ人地区を区別すべきだと主張する人もいる。しかし、たしかにイスラエルはそれら二つの領域を違うやり方で統治しているが(東エルサレムを一つの統一されたイスラエルの都市の一部と見なしているため)、ここでは二つのことを念頭に置くべきだ。一つ目は、六日戦争のあと、イスラエルは東エルサレムを併合したのみならず、この都市の境界線を拡大し、占領したヨルダン川西岸の奥まった土地も含めたこと。二つ目は、イスラエルによる東エルサレムの拡大と併合は(アメリカ、国連、EU、ロシアを含む)国際社会からは認められていないことである。

ハマス 「イスラム抵抗運動」を意味するアラビア語の頭字語。過激派イスラム教徒のパレスチナ人による政治運動。社会活動部門と軍事部門を擁する。**ファタハ**の最大の政敵で、**ガザ地区**を二〇〇七年から支配してきた。その間、イスラエルとの数回の局地的戦争に携わり、それらの戦争でガザ地区では何千人もの死者が出た。イスラエル、アメリカ、EUをはじめ、多くの国々がハマス(あるいは少なくともその軍事部門)をテロ組織と見なしている。

パレスチナ解放機構(PLO) 一九六四年に設立されたPLOは、パレスチナ人の民族解放運動として活動を始め、武力闘争を通じてイスラエルからパレスチナを解放することを目指す組織である。初期の数十年間はカリスマ的指導者ヤセル・アラファト議長の指揮の下、隣接するアラブの国々に置いた基地から、テロと**イスラエル国防軍(IDF)**への武力攻撃に携わった。一九八八年に、幹部が二国家解決の支持を表明した。一九九三年、PLOは正式にイスラエルの生存権を認め、武力闘争を停止した。その見返りとして、イスラエルはPLOをパレスチナ人民の唯一の代表と認めた。それは、PLOが、イスラエルと世界のほかの国々の正式な交渉相手となることを意味した。一九九六年、PLOは成文化した憲章から武力闘争とイスラエルの破壊に関する文言を削除した。**パレスチナ自治政府**とPLOの関係には一貫して不明瞭な部分があるが、自治政府がパレスチナ領内の自治を担い、PLOが国際関係を担うとされる。PLOの現議長マフムード・アッバスは、前任者アラファトと同じく、パレスチナ自治政府大統領も兼ねる。

パレスチナ国 それは存在するだろうか? 一九八八年、PLOはイスラエルとの二国家解決を支持すると宣言したあと、**ヨルダン川西岸**と**ガザ地区**と東エルサレムから成る「パレスチナ国家」の建国を発表した。これは実際の独立宣言というよりも、注目を集めるためのPR活動だった。そもそも一九八八年には、PLOはパレスチナの地の一片たりとも支配していなかった。一九九四年に**パレスチナ自治政府**が設置され、**オスロ**和平プロセスの結果支配することになった領土の行政を担った。二〇一二年には、国連総会の投票により、パレスチナの地位を「非加盟のオブザーバー国家」に格上げすることになった。二〇一三年、パレスチナ自治政府は公式文書で「パレスチナ国」という呼称を使いはじめた。

　ところが、イスラエルは「パレスチナ国」の存在を承認していない。アメリカ、カナダ、メキシコ、オーストラリア、日本、EU諸国の大半も承認していない。それらの国々は皆、二国家解決を支持し、それが達成されるまではパレスチナ国の承認を保留すると言っている。それでも、国連に加盟する一九三カ国のうち一三八カ国（とヴァチカンの教皇庁）が「パレスチナ国」の存在を承認し、現地における代表はパレスチナ自治政府、対外的な代表はPLOとされている。

パレスチナ自治政府（PA）（または**パレスチナ国自治政府**）　一九九四年にイスラエルと**パレスチナ解放機構**（PLO）の**オスロ合意**によって設立されたパレスチナの暫定自治機関。パレスチナの政党でPLOの主流派である**ファタハ**が支配権を握る。パレスチナ自治政府は支配地域の行政を担うために誕生した。当初は、領土の地位が最終的に解決されるまでの五年間だけ存続する予定だったが、二〇〇〇年の第二次**インティファーダ**に続く和平プロセスの不調のせいで、こんにちなお活動を続ける。本部は**ヨルダン川西岸**のラマッラに置かれている。

パレスチナ人　一九四八年のイスラエル建国前にパレスチナに住んでいたアラブ系住民。こんにち、パレスチナ人という名称は通常、**ヨルダン川西岸**と**ガザ地区**のアラブ系住民に用いられるが、イスラエルのアラブ系国民の多くは自らをパレスチナ人と考え、「パレスチナ系イスラエル人」「イスラエルのパレスチナ系国民」と自称する。パレスチナ人の多数派はスンニ派イスラム教徒で、キリスト教徒は少数派である。パレスチナ系アラブ人のなかには、この地域の砂漠に大半が住む遊牧民ベドウィンもいる。ややこしいことに、一九四八年以前、シオニストを含むパレスチナのユダヤ系住民も――お察しのとおり――パレスチナ人と呼ばれていた。そして、それだけでは不十分だと言わんばかりに、イスラエルの支援者のなかには、パレスチナ人などというものはいないと主張する人たちがいる。それは歴史にも常識にも反するが、この紛争は、えてしてそういう考えを起こさせる。

ファタハ　アラビア語の「パレスチナ民族解放運動」の頭文字から成る頭字語。世俗的でナショナリストのパレスチナ系政党。ファタハは一九六七年に**PLO**に加入し、現在、PLOで最大の勢力である。**パレスチナ自治政府**における第一党でもある。

壁

分離壁（または「**ヨルダン川西岸の分離壁**」「**防護フェンス**」「**隔離壁**」「**アパルトヘイト壁**」）イスラエル領内（およびイスラエル領内との境界に近いヨルダン川西岸のイスラエル**入植地**）をパレスチナ人居住地区から分離するためにイスラエルが建設している障壁（場所によって、コンクリート製の高い壁もあれば、フェンスもある）。障壁が**グリーン・ライン**の上か近くを通る地域もあれば、ヨルダン川西岸にかなり食い込んだ場所を通る地域もある。イスラエルは第二次**インティファーダ**中の二〇〇二年にヨルダン川西岸の分離壁を建設しはじめ、分離壁の目的は自爆テロ犯をイスラエルに入れないことだと主張した。パレスチナ人などの主張によれば、イスラエルの真の意図は、イスラエル人とパレスチナ人を分離し隔離すると同時に、壁の「イスラエル」側にあるヨルダン川西岸のパレスチナ人の土地を事実上、収奪することである。この紛争の多くの面と同様に、おそらく、どちらの見解にも一理あるのだろう。

ヘブライ語　ヘブライ語とは何かについては、言うまでもないだろう。この用語集に入れたのは、この言語で最も間違いやすい音の発音法を紹介したかったからだ。ヘブライ語の単語を英語に翻字する際、私はヘブライ文字ヘットにchを使う。ヘットは英語のchoiceのchのようには発音しない。むしろ、強めのh音で発音される。スコットランド系ゲール語のloch《ロッホ》（たとえば「ロッホ・ネス［ネス湖］の怪物」）や、ドイツ語のAchtung《アハトゥン》（たとえばU2のアルバムAchtung Baby［Achtungは「注意」の意。このアルバム名は日本語では『アクトン・ベイビー』と表記される］などに近い音

だ。つまり、ヘブライ文字ヘットは英語圏の名「Chet」(たとえば「クールのプリンス」と呼ばれたチェット・ベイカー)と同じ発音ではなく……要点はもうおわかりだろう。

ヨルダン川西岸(または「**西岸**」、または「**占領地**」、または「**係争中の領土**」、または「**管理地**」、または「**パレスチナの占領された領土**」、または「**パレスチナ**」、または「**ユダヤとサマリア**」、または「**A、B、C地域**」) これらの名称はすべて、一九六七年の六日戦争でイスラエルがヨルダンから奪取した、ヨルダン川と**グリーン・ライン**のあいだの土地を指す。二八〇万人のパレスチナ人が暮らすこの土地で、およそ六五万人のイスラエルのユダヤ系民間人が、ヨルダン川西岸と東**エルサレム**――すなわちグリーン・ラインの向こう側につくられたイスラエルの**入植地**に住んでいる。この領域を指すときにどの名称を使うかは、その人の考え方を雄弁に物語る。本書の目的上、私は問題の領域を(おおむね)「ヨルダン川西岸」と呼ぶ。ここに挙げた名称のなかで最も中立的で、政治色が薄く、国際的に最も多く用いられる語だ。実際、見事にそのものズバリの名称だ。単純に、ヨルダン川の西岸とイスラエルのグリーン・ラインのあいだの土地を指しているからだ。私は、もう少し含みのある「占領地」も使う。単純で正確という利点があり、国際社会全般の合意も反映されているからだ。一部のイスラエル人とイスラエルの支援者は「占領」という言い方を拒否するものの、この点に関してはほぼ孤立無援だ。世界の大半は、この土地は占領されたパレスチナの領土だと認識している。

オスロ合意に従って、ヨルダン川西岸はA、B、C地域という三つの行政区に分けられている。A地域は、パレスチナの主要な都市と、パレスチナ系住民の大多数を擁するが、面積は領土全体のわずか一八パーセントである。**パレスチナ自治政府**の管理下にあり、同政府が治安と日常的サービス(ゴミ収集、警察活動、郵便配達など)を担う。しかし、A地域内の都市と町はつながってはいない。互いに隔てられ、イスラエルが支配する土地に囲まれている。通貨はイスラエル・シェケルで、地域内の治安維持と警察活動の責任はパレスチナ自治政府が担うにもかかわらず、イスラエルの治安部隊がA地域全域で活動する権利を握っている。しかし、この地域には(ヘブロン市中心部に建設されたユダヤ人地区/入植地を除けば)イスラエルの入植地はないし、イスラエルはこの地域にイスラエル国民が入ることをおおむね禁じている。

B地域は、パレスチナ自治政府の行政当局と、パレスチナ-イスラエル合同保安体制の管理下にある。この地域はヨルダン川西岸の領土の二〇パーセントを占めるだけで、イスラエルの入植地はない。B地域にはパレスチナ人の村が四〇〇以上ある。ヨルダン川西岸に住む二八〇万人のパレスチナ人の大多数はA地域とB地域に詰め込まれている。C地域は行政も治安も全面的にイスラエルの管理下にあり、ヨルダン川西岸の土地の六一パーセントを占める。また、ヨルダン川西岸の空き地と天然資源の大半を擁する。イスラエルの全入植地（およそ一三五カ所、それに無認可入植拠点「アウトポスト」一〇〇カ所）がこの地域にあり、さらに、イスラエル軍基地、自然保護区、入植者専用の道路もある。一九七〇年代前半には、C地域に住む入植者は数千人だった。こんにち、四〇万人以上の入植者に加えて、一五万～三〇万人のパレスチナ人もここに住む。イスラエルの政策が原因で、パレスチナ人がC地域で建築許可を得るのはきわめて難しく、また、土地とその資源の大部分はイスラエル専用となっている。

　地図を見ればわかるとおり、A、B、C地域は完全に交ざり合っているため、ヨルダン川西岸の地図は穴だらけのエメンタールチーズの断面のように見える。イスラエルはヨルダン川西岸の三地域間の往来を、軍の配置と検問所によって管理している。また、ヨルダン川西岸からイスラエル領内への越境者についても管理している。そして、ヨルダン川西岸と隣国ヨルダンとのあいだの唯一の国境通過地点は、パレスチナ自治政府ではなくイスラエルが管理する。

　官僚を含む多くのイスラエル人と、海外の強硬かつ宗教的なイスラエル支援者の一部は、この領土を聖書に記された名称「ユダヤ」「サマリア」と呼ぶ。この呼称はそれぞれヨルダン川西岸の南部と北部を指す。イスラエルの言説におけるこれらの地名の一般化は、イスラエル右翼による言語的勝利と言える。ユダヤの物語の起源を想起させるこれらの名称は、ヨルダン川西岸の土地が聖書の**イスラエルの地**の不可分の一部である（そのとおりだ）と同時に、現代のイスラエル国家の不可分の一部でもある（イスラエルでさえ、そのとおりだと正式に認めてはいない）ことを示唆し、この土地の領有権と入植地の存在に関するイスラエルの主張を正当化しようとする。それが大勢のパレスチナ人と、イスラエルの入植政策の批判者の神経を逆撫でしている。彼らの目には、言語における盗用あるいは帝国主義と映るからだ。国際社会*は、ヨルダン川西岸を指すのにこれらの名称は用いない。

　一部のイスラエル人は西岸を単に「領土」と呼ぶ。多くのパレスチナ人とその支援者はヨルダン川西岸（および**ガザ地区**、ときにはイスラエル国家まで）を「パレスチナ」と呼ぶ。これは現在のイスラエルとヨルダン川西岸を含む古代ローマ帝国の属州の名であった。イスラエルが事実上、ヨルダン川西岸を支配しているにもかかわらず、一三〇カ国以上が「**パレスチナ国**」を正式に承認している。アメリカとEUはまだ承認しておらず、国連はこの件を現在審議中だが、いまでは「パレスチナ国」と呼んで「非加盟のオブザーバー国家」として認めている（かつては「占領されているパレスチナの領土」と呼んでいた。紛らわしい呼称ではある）。「パレスチナ」の名の使用は、親イスラエル派の大勢の神経を逆撫でする。彼らの考えでは、よくて時期尚早、悪くすれば言語における盗用あるいは帝国主義だ。この名がヨルダン川西岸とガザ地区だけでなく、イスラエル国家全体を構成する領土の呼称として使われると、彼らはさらに苛立つ。

＊――「国際社会」とは、国と政府、国際的な組織と団体、市民権・人権や国連その他の国際機関の権限などに関して基本的に共通の見解を持つ人びとから成る、広範な集団のことをいう。

和平行程表（または「**行程表**《ロードマップ》」） ジョージ・W・ブッシュの主導による「カルテット」（アメリカ、国連、EU、ロシア）の二〇〇二年の試み。その二年前に頓挫したオスロ和平プロセスの復活と、二国家解決を通じたイスラエルとパレスチナの紛争の解決を目指した。双方が原則的にはこの構想を支持したものの、実りなき交渉が何年も続けられた末に、二〇〇八年に**ハマス**のロケット弾とミサイルの砲撃に対抗してイスラエルが**ガザ地区**を大々的に攻撃した結果、行程表は破綻した。

Acknowledgments

謝辞

以下の方々に深く感謝する。

ナンシー・ミラー（執筆前から、すでに本書を理解してくれた）、ベン・ハイマン、モーガン・ジョーンズ、バーバラ・ダーコー、エミリー・フィッシャー、ローレン・オラーヘッド、マリー・クールマン、ニコール・ジャーヴィス、ブルームズベリー社のチーム全員、そして、ジェナ・ドラン、エリザベス・ヴァン・イタリー、タニヤ・ハインリク、ハーヴィー・リー・ゲイブル。彼らの熱意と信念に、そして、私の苦労を取り除いてこの仕事を心躍らせる楽しいものにしてくれたことに。

シャーロット・シーディは私が望みうる最高の後援者、盟友、エージェントだ。アリー・シーディは草稿をいち早く読み、思慮深い意見を寄せてくれた。

セラ・フォーク・ゴールドマン、ジョージ・ゴールドマン、ピエトロ・ボナンノの愛と友情に。彼らは本書を仕上げるのにうってつけの場所を提供してくれた。

サム・カウンターとアレックス・カーツマンは、開始前からこのプロジェクトを信じ、執筆を始めるのに申し分のない場所を提供してくれた。

アン・ジャーマナコスとロバート・メイラー・アンダスンの寛《ひろ》く温かい心に。

アイルランド国立大学ゴールウェイ校ムーア研究所。

私を教え、導いてくれた多くのイスラエル人とパレスチナ人――とりわけムタシム・アリ、アマル・アル＝ジャファウィ、エラ・アルカライ、ジャベル・アサクラ、シャロン・アヴラハム・ワイス、ヒレル・ベン・サッソン、ヴァディム・ブルミン、ダヴィド・ブロザ、アヴルム・ブルグ、ナオミ・ハザン、ヨシ・ダハン、ロビ・ダメリン、イツィク・ダンジゲル、ダヴィド・エールリヒ、ハガイ・エル＝アド、アマル・エルサナ・アルフジュージ、ナビラ・エスパニロア、イツハク・フランケンタール、ロン・ゲルリッツ、アヴネル・グヴァルヤフ、ガディ・グヴァルヤフ、ナスリーン・ハダド・ハジ＝ヤヒヤ、ロニット・ヘイド、ラミ・ホド、アナト・ホフマン、ハッサン・ジャベリーン、マイサム・ジャルジュリ、フィダ・ジリス、ラヘル・リエル、メナヘム・ロルベルバウム、ミハエル・マネキン、ファティ・マルシュード、メラヴ・ミハエリ、ヨナタン・ミズラヒ、ジェシカ・モンテル、シュラ・ミュラ、アヒノアム・ニニ、ユリ・ノヴァク、アイマン・オデー、ユディト・オッペンハイマー、デブラ・ペル、メイ・プンダク、タリア・サッソン、ミハエル・スファルド、アリス・シャルヴィ、イェフダー・シャウル、ヤエル・ステルンヘル、バッセム・タミミ、ネイサン・スロール、リーム・ユニス、ソーサン・ザヘル。

イスラエルにおける私の地元チームであり家族でもあるヨゲヴ家のダヴィド、ジョアニー、イフタハ、アミル、マアヤン、ロイー、ケレン（と繁栄し続ける彼らの一族）。

知恵や、意見や、批判や、助言や、援助を求めたとき（あるいは求めなかったが求めるべきだったとき）、いつでも与えてくれた同僚と友人、とりわけスルタン・アブ・オバイド、ピーター・ベイナート、ジェレミー・ベン＝アミ、シーラ・ベン・サッソン、ベン・ブランゼル、ポール・エーゲルマン、ハンナ・エレンソン、ミッキー・ギッツェン、アンドルー・ゴールドブラット、シャロン・ゴールズヴィク、ジル・ジェイコブズ、デイヴィッド・キャッツネルソン、リビー・レンキンスキ、ダニエル・レヴィ、メラヴ・ミズラヒ、マックス・ラインハート、ハリー・ライス、スティーヴ・ロスマン、セス・ルービン（の芸術的着想）、スーザン・ソウィッキ、エスター・シヴァン、ジェニファー・スピッツァー、ギデオン・スタイン、メアリー・アン・スタイン、ユヴァル・ヤヴネ。

新イスラエル基金の理事、スタッフ、助成金受給者の皆さんが日々、よりよく、より公正なイスラエルをつくろうと尽力する姿から力をもらっている。

ピーター・ドライア、ブライアン・ルリー、アーロン・デイヴィッド・ミラー、テイラー・ノーマン、ナイル・オドチャルタイは時間を割いて、本書のやっかいな箇所と格闘する私を助けてくれた。このうえなく感謝している。

デイヴィッド・マイヤーズの友情と指導、本書を批判的かつ慎重に精読してくれたことに。

ダニエル・ハンドラーは、数えきれないほど共にした執筆のための合宿《リトリート》のあいだ、励まし、教え、料理し、話し相手になり、そして、本書の構想を形にするよう促してくれた。

クリストファー・ノクソンは仕事仲間として情熱を傾け、本書を思いもよらなかったほど素晴らしく仕上げてくれた。

そして、スティーヴン・ラインハートとラモナ・リプストンの思い出に。彼らが正義に捧げた大いなる情熱は、いまだに私を鼓舞してやまない。

母アン、弟アンドルーは、本書の原稿にさまざまな段階で何度も目を通し、愛と、支援と、建設的な批評を（執筆中のみならずこれまでの生涯を通じて）存分に与えてくれた。そして、父サイの思い出に。父も私と同様にイスラエルに魅せられていたから、本書を見たらどれほど喜び、鼻を高くしてくれたことだろう。この家に生まれて、私は本当に幸運だった。

娘たちのノアとゾーイ。二人はわが人生を輝かしく照らす光だ。

そして、ダナ・ラインハートはわが家の真の作家、最愛のパートナー、私の知る最高の人だ。この仕事をさせてくれて、そして、私たちの人生をこんなに素晴らしいものにしてくれて、ありがとう。

解説

中川　浩一

二〇二三年は、日本と中東（イスラエルとアラブ諸国）の関係を大きく変えた一九七三年の石油ショックから五〇年、本書の直接のテーマである「イスラエルとパレスチナの和解」が実現したオスロ合意から三〇年にあたる。その節目の年に、中東の歴史を深堀りしたこの本はまさに日本人が読むべき一冊である。

著者は、長年のイスラエル＝パレスチナ紛争の一方の当事者であるユダヤ人だが、アメリカで生まれ育ったユダヤ人であり、イスラエル人ではなくアメリカ人だ。この紛争をより中立的な視点で、より正確に描こうとしていること、ときには自らユダヤ人自身を公正に批判している点には好感が持てる。また、パレスチナ問題における中立とは何か、そしてその中立が実現しさえすればパレスチナ問題は解決できるのかという、この問題に少しでも関心を持つ人なら誰もが抱く素朴な疑問についても、この問題のどちらかの当事者である以上、正解を導き出すのは難しいと正直に表明した上で、それでも必死に客観性を保って、解決の道筋を探ろうとしている。また、イスラエルとはどういう国なのかについても客観的に叙述しているが、それに関しては、イスラエル建国の父、ベン＝グリオンが首相在任当時語ったことは今でも真実であろう。イスラエルのナショナル・アイデンティティには主要な三つの要素があり、これを著者は「ベン＝グリオンの三角形」と呼んでいる。第一に、イスラエルはユダヤ人が多数を占める国家である、次に、イスラエルは民主主義国家である、最後にイスラエルは新しい占領地をすべて保有する。イスラエルはこのうち二つを選ぶことはできるが、三つ全部は選べない。どの二つを選ぶかでイスラエルの国家像が変わるというのだ。まさに的確な表現だと思う。イスラエル・パレスチナ紛争は、本書のタイトルどおり、「人類史上最もやっかいな問題」であると言っても過言ではないだろう。それは、この問題の根源が、この本で詳述されているとおり、おどろくほど長い世界史をたどる必要がある上に、それが現在にいたるまで未解決であるという意味においてである。外交官時代にイスラエル、パレスチナで勤務した筆者の経験においても、答えの出ない問題に何世代にもわたって向き合わざるを得ないイスラエル人、パレスチナ人の苦悩に一筋の光も見えない絶望感を感じることが幾度となくあった。

イスラエルとパレスチナ、アメリカ、そしてノルウェー、幾多の地道な外交努力を経て署名された一九九三年のオスロ合意は画期的であった。その証左に翌年、イスラエルのラビン首相、ペレス外相、パレスチナのアラファトPLO議長の三人にノーベル平和賞が授与された。しかし、それから一年後、その中心だったラビン首相がユダヤ極右青年に暗殺され、歴史は変わってしまった。今も悔やまれる事件である。歴史に、「もし～」「～たら」は禁物であるが、それでも、右派にも左派にも顔が利いたラビン首相が殺されなければ、今ごろパレスチナ国家が樹立され、イスラエル人もパレスチナ人も平和裡に共存できていたかもしれない。しかし、歴史は非情だ、いや、あるいは起こるべくして起きてしまったことだったのかもしれない。本書にも記述があるが、パレスチナ問題には、その解決を全く望まない勢力がある。彼らにとってこの闘いは、完全なゼロサムゲームであり、一切の妥協は入る余地がない。

ラビン暗殺の翌一九九六年には、右派リクード党のネタニヤフが首相に初当選し、「和平の壊し屋」の異名通り、その後の三年間、和平交渉を進展させることはほとんどなかった。それでも、アメリカのクリントン大統領はパレスチナ問題解決に人並ならぬ強い決意をもって臨み、歴史上最初で最後とも言われる一五日間にわたる、パレスチナ問題に特化したキャンプ・デービッド・サミットを開催した。しかし、エルサレム、難民という最難関の論点を前に、ついに合意を見ることはできなかった。なかでも、特に難問だったのがエルサレム旧市街の「神殿の丘」の扱いだった。その輻輳する宗教的価値は本書にも詳述されているが、二〇〇〇年九月、サミット後の、イスラエル、パレスチナ双方に和平の機運が盛り上がっているときに、当時のリクード党首シャロンが確信犯的に、「神殿の丘」を訪問し、パレスチナ民衆を激怒させた。そして、直後に第二次インティファーダが始まり、和平プロセスは事実上、その時点で終了、崩壊したと言ってよいであろう。その後、二〇〇四年には、アラファト議長がパレスチナ国家樹立の夢を果たせないままこの世を去った。一方のイスラエル側では、二〇〇九年から二〇二一年六月まで、ネタニヤフ首相が一二年にわたる長期政権を担った。その間、アメリカのトランプ政権は、エルサレムを一方的にイスラエルの首都と認定し、米国大使館をエルサレムに移転させた。さらに、入植地の扱いについてそれまでのアメリカ政権の立場を覆し、国際法上合法と認めた。つまり、イスラエルの占領を合法化したのだ。エルサレム、および入植地の地位は、オスロ合意によれば、イスラエル、パレスチナ双方の交渉で解決するとされているにもかかわらず、本来仲介者たるべきアメリカが、自ら交渉による平和的解決への道を放棄し、イスラエルに寄り添う形で断定してしまったわけだ。

そして、二〇二一年一月に発足したアメリカ、バイデン政権には、同じ民主党でもかつてのクリントン政権のようなパレスチナ和平への熱意は微塵もなかった。バイデン大統領は、二〇二二年七月、イスラエル、パレスチナを訪問し、パレスチナのアッバース大統領とも会談したが、その後の記者会見で、「現在は、和平交渉再開に適した時期ではない」と述べ、パレスチナ側を失望させた。こうしたアメリカの和平への消極的姿勢も相まって、二〇二一年五月、二〇二二年八月には、イスラエル軍とパレスチナのイスラム組織ハマスの間で大規模な軍事衝突があり、多くの人命が失われた。

二〇二二年一二月末には、わずか一年半足らずの下野期間を経て、そのネタニヤフ首相が再登板し、新たな、そしてイスラエル史上最右翼と言われる政権を発足させた。そしてこの原稿を執筆している直近の二〇二三年一月三日、早速、閣僚が「神殿の丘」を訪問した。訪問したのはベングビール国家治安相だ。ベングビール氏は連立政権に加わった極右「ユダヤの力」の党首である。イスラエルとアラブ側の取り決めで、「神殿の丘」にはユダヤ教徒も訪問できるが、礼拝は認められていない。ベングビール氏はユダヤ教徒の礼拝の容認を一貫して求めてきたのだ。これに対し、イスラム組織ハマスは、ベングビール氏の訪問を痛烈に批判した。そしてイスラエル軍の発表によると、ベングビール氏が訪問したその日のうちに、ガザからロケット弾一発が発射され、自治区内に着弾したという。

先述の「ベングリオンの三角形」に戻ると、これからイスラエルを再び舵取りするネタニヤフ首相は、第二のイスラエルは民主主義国家であるというスローガンにはあまり関心がなさそうである。重視するのは第一のユダヤ国家と第三の占領地支配の徹底のようだ。しかし、それはパレスチナ人の積年の憎悪を激しく燃え上がらせることにもつながる。残念ながら二〇二三年は、イスラエルとパレスチナの憎しみと恐怖の連鎖がさらに激しさを増す年になるかもしれない。ロシアのウクライナ侵攻により、中東に一層石油を依存せざるを得ない日本人にとって、中東の安定を揺るがすパレスチナ問題の行方は決して他人事ではない。

（なかがわ・こういち　元外交官〈現、三菱総合研究所主席研究員〉）

二〇二三年一月

訳者あとがき

昨年末、イスラエルでは総選挙で勝利を収めた右派政党リクードを中心とする連立政権が発足し、ネタニヤフ氏が首相に返り咲いた。極右政党を取り込んだ今回の連立政権はイスラエル史上最も右寄りとされ、対パレスチナ政策やリベラルなバイデン政権との関係など、先行きを懸念する声が上がっているという。

イスラエルを取り巻く中東情勢は世界的な関心事である。とはいえ、重要な問題であるとは理解していても、われわれ日本人には直接の影響が感じられないこともあり、イスラエルに関しては漠然とした知識しか持ち合わせていないという人も多いだろう。

多くのユダヤ人が在住し、政治的影響力も有するアメリカでは、事情は大きく異なる。宗教的事情も絡んで多くの人がそれぞれの見解を有しており、その思い入れも強いらしい。本書の著者であるダニエル・ソカッチによれば、ことイスラエルの話題となると、「ほかの点では分別のある多くの人びと」が「完全な狂乱状態」に陥ってしまうほどだという。

ところが、そうした思い入れを支えているものが「事実」であるとはかぎらない。実際には、「受け売りの主観的な歴史や同族意識」であることも多い。つまり、人びとの背景知識に不安があるという点では、日本とも一脈通じる状況にあると言えなくもないのだ。そこで、このテーマについて基本的知識を身に着けてもらおうと、「プロパガンダにかまける」ことなく、「よりバランスのとれた細やかなアプローチを示す」べく書かれたのが本書である。

著者ダニエル・ソカッチは、あらゆるイスラエル人に民主主義と平等をもたらすべく活動する新イスラエル基金のCEOを務める人物だ。アメリカのリベラルなユダヤ人社会の出身で、多くのアメリカ人と同様、イスラエル＝パレスチナ紛争をめぐる議論については長いことイスラエル側の物語に接してきたという。こうした経歴を考えると、本書はかなりイスラエルびいきの内容なのではないかといぶかる向きもあるだろう。ところが実際には、意外なほど中立的な議論が展開されている。

たとえば、イスラエル＝パレスチナ問題の基本構図を考えた場合、こんな疑問を抱く人も多いのではないだろうか。ユダヤ人が艱難辛苦の歴史を生きてきたのは間違いない。彼らには何らかの救いの手が差し伸べられるべきだ。とはいえ、すでにパレスチナで暮らしていた罪のないパレスチナ人を追い出して自分たちの国をつくる権利はあるだろうか？　それは結局、ユダヤ人が味わったのと同じ苦しみをパレスチナ人に味わわせることではないか？　この点について、イスラエル建国の父とされるダヴィド・ベン＝グリオンはこう語ったという。「確かに、神はわれわれにその地を約束してくれたが、彼らにしてみればそれが何だというのだろう？　反ユダヤ主義、ナチス、ヒトラー、アウシュヴィッツなどが現れたが、それは彼らのせいだったのだろうか？　彼らが目にしているのはただ一つ。われわれがこの地にやってきて、彼らの国を奪ったということだ」。建国の父その人が、まさにこうした認識を持っていたのである。

では、イスラエルが抱えるこの矛盾はいかにして正当化されるのであろうか。まず、ホロコーストの渦中にあってさえ、ユダヤ人を受け入れてくれる国は世界に一つもなかったという点が指摘される。

それゆえ「イスラエルは、文字通り生きるか死ぬかの問題に対する複雑で不完全な答えだった。イスラエルが建国されたとき、ユダヤ人にとってそれ以上のものは手に入らなかった」というのだ。だからといってパレスチナ人を理不尽な目に遭わせてもいいというわけではない。イスラエルはユダヤ人のみならずパレスチナ人をも公正に扱わなければならないし、世界のどこかに困窮したユダヤ人がいれば、人種や性別といった属性にかかわらず温かく受け入れる国でなければならない。そうした国であればこそ、世界の中に存在する意義があるはずだ。だからこそ、イスラエルは都合の悪い事実を隠すわけにはいかない。イスラエルは常に正義を求める国でなければならないのである。著者の中立的な姿勢の背後には、こうした理想主義がある。

本書は、第1部で旧約聖書の時代から現代に至るまでのイスラエルの歴史を概観し、第2部でイスラエルをめぐる現代の厄介な論争のいくつかを検討する。さらに、十代の半ばから現在に至るまでさまざまな形でイスラエルにかかわり続けてきた著者の経験が、コラムなどを通じて生き生きと語られる。読者はそれらを通じて、報道で接するややかしこまった情報の先にあるイスラエルの実像をいわば立体的に理解できるようになるだろう。

本書の訳出に当たっては、元外交官でパレスチナ問題に詳しい中川浩一氏（現、三菱総合研究所主席研究員）より中東事情や訳語の適否について有益な助言をいただいた。また、ＮＨＫ出版編集部の猪狩暢子氏には、本書の企画段階から訳了まで熱心かつ辛抱強いサポートをいただいた。この場を借りてお礼を申し上げたい。

鬼澤　忍

二〇二三年一月

人名索引

ア

カ

サ

タ

出典・参照先

（数字は対応するページを表す）

はじめに

14 歴史家のベニー・モリスが「正義の犠牲者」と名付けた者：Benny Morris, *Righteous Victims: A History of the Zionist-Arab Conflict, 1881–2001* (New York: Vintage Books, 2001).

17 巨大な民間ジェット旅客機が低空飛行で東からやってくると：Bruce Riedel, "25 Years On, Remembering the Path to Peace for Jordan and Israel," Brookings.edu, Oct. 23, 2019, https://www.brookings.edu/blog/order-from-chaos/2019/10/23/25-years-on-remembering-the-path-to-peace-for-jordan-and-israel/

1章 ユダヤ人とイスラエル——始まりはどこに？

30 セファルディ系であれアシュケナージ系であれ、キリスト教の支配するヨーロッパにおいてユダヤ人は究極のアウトサイダーであり、「他者」だった：James Carroll, *Constantine's Sword: The Church and the Jews* (Boston: Houghton Mifflin Company, 2001), 243.

32 この新しい形の嫌悪は、一八七九年に反ユダヤ主義として知られるようになった：Carroll, *Constantine's Sword*, 447.

2章 シオニストの思想——組織、移住、建設（一八六〇年代～一九一七年）

34 約二万五〇〇〇人のユダヤ人は、圧倒的にセファルディ系が多く、伝統的に信心深かった：Howard M. Sachar, *A History of Israel*, 2nd ed. (New York: Alfred A. Knopf, 1996), 24.

36 ウィーンで過ごした日々とパリで目にしたものから：Walter Laqueur, *A History of Zionism* (New York: Schocken Books, 1989), 90.

37 アルゼンチンや東アフリカ（現在のケニア）など：Laqueur, *A History of Zionism*, 126–28.

39「鉄の壁（われわれとアラブ人）」と題する小論で：Ze'ev Jabotinsky, *The Iron Wall*(Original in Russian, *Razsviet*, Apr. 11, 1923), http://en.jabotinsky.org/media/9747/the-iron-wall.pdf

40「ユダヤ人が首相を務めるあらゆる内閣で」：Michael Brenner, *In Search of Israel: The History of an Idea* (Princeton, NJ: Princeton University Press, 2018), 115.

41 二文化併存という彼らのビジョンは依然としてシオニストの規範とはなっていない：Laqueur, *A History of Zionism*, 161–71.

46 その代表作『イスラエルに生きる人々』の中で：Amos Oz, *In the Land of Israel*, trans. Maurie Goldberg-Bartura (San Diego: Harvest, 1983), 148.

3章 ちょっと待て、ここには人がいる——パレスチナ人はどうなる？

48「土地なき民のための民なき土地」：Anita Shapira, *Land and Power: The Zionist Resort to Force, 1881–1948* (Redwood City, CA: Stanford University Press, 1999), 42.

48 一説によれば、現代のパレスチナ人は、聖書時代のカナン人やペリシテ人（「パレスチナ」という名称はここに由来する）の直系の子孫とされる：Mark Tessler, *A History of the Israeli-Palestinian Conflict* (Bloomington: University of Indiana Press, 1994), 69–70.

49 より最近の本格的な研究によって、次のことが明らかになっている：Alan Dowty, *Israel/Palestine*, 3rd ed. (Cambridge, UK: Polity, 2012), 221.

52 パレスチナのアラブ・ナショナリズムの一部は、ユダヤ・ナショナリズム、すなわちシオニズムの帰結として、またそれに対抗するものとして形成されはじめたのである：Charles D. Smith, *Palestine and the Arab-Israeli Conflict*, 3rd ed. (New York: St. Martin's Press, 1996), 36.

4章 イギリス人がやってくる──第一次世界大戦、バルフォア宣言、イギリス委任統治領の創設（一九一七〜三九年）

60 少なくとも建前上は堅持されていた：Sachar, *A History of Israel*, 214.

60 イスラエル国防軍は「武器の高潔さ」という概念を継承した："Protecting Our Home: Maintaining Purity of Arms," Israel Defense Forces, Mar. 30, 2016. https://www.idf.il/en/minisites/press-releases/protecting-our-home-maintaining-purity-of-arms/

63 この時点でパレスチナにはすでに約五〇万人のユダヤ人が：Smith, *Palestine and the Arab-Israeli Conflict*, 107.

64「白書（つまり、イギリスによる移民規制）など存在しないかのように戦争ではイギリス軍を支援し、戦争など存在しないかのように白書に抵抗しなければならない」：Tom Segev, *A State at Any Cost: The Life of David Ben-Gurion*, trans. Haim Watzman (London: Apollo, 2019), 288.

68 しかし、ユダヤ機関のトップであり、したがってパレスチナのユダヤ人の事実上のリーダーだったベン=グリオンは：Sachar, *A History of Israel*, 267.

68 一九四七年には、パレスチナの人口は約一八〇万人になった：Smith, *Palestine and the Arab-Israeli Conflict*, 136.

5章 イスラエルとナクバ──独立と大惨事（一九四七〜四九年）

70 彼らはそこで、一〇〇人とも二五〇人とも言われる住民を虐殺した：Tessler, *A History of the Israeli-Palestinian Conflict*, 291.

71 ノーベル賞受賞者のアルベルト・アインシュタインや、作家で哲学者のハンナ・アーレントをはじめとする著名なアメリカのユダヤ人は：Ruth Schuster, "1948: N.Y. Times Publishes Letter by Einstein, Other Jews Accusing Menachem Begin of Fascism," Haaretz, Apr. 12, 2014, https://www.haaretz.com/jewish/.premium-1948-n-y-times-letter-by-einstein-slams-begin-1.5340057

71 のちにベギンが自慢げに語ったように、この大虐殺:"On 1948," interview with Benny Morris, YouTube, Mar. 1, 2018, video, 14:10, https://www.youtube.com/watch?v=YzN3hHEvGdc

71 イスラエルのイメージを擁護する者の中には、事件があったことすら否定する者もいる：Eliezer Tauber, "*Deir Yassin*: There Was No Massacre," *Times of Israe*l, May 28, 2018, https://blogs.timesofisrael.com/deir-yassin-the-end-of-a-myth/

72 ダヴィド・ベン=グリオンによる新国家樹立宣言：Gene Currivan, "Zionists Proclaim New State of Israel," *New York Times*, May 15, 1948, https://archive.nytimes.com/www.nytimes.com/library/world/480515israel-state-50.html

72「われわれは、エレツ・イスラエル（イスラエルの地）において、イスラエル国家として知られるユダヤ人国家を樹立することを、ここに宣言する」：Anita Shapira, *Ben Gurion: Father of Modern Israel*, trans. Anthony Berris (New Haven, CT: Yale University Press, 2014), 162.

6章 追い出された人びと

81 元イスラエル首相のイツハク・ラビンは自らの回想録で、ベン=グリオンからこう命令されたと述べている：Yitzhak Rabin, *The Rabin Memoirs*, trans. Dov Goldstein (Berkeley: University of California Press, 1996), 383–84.

84 歴史的な証拠からは、もっと複雑な物語が浮かび上がる:"On 1948," 6:40–7:40.

84 実際、こうした放送があったという確たる証拠も見つかっていない："On 1948," 8:00–9:06.

84 アラブ人とユダヤ人が混在していたハイファという都市では、ユダヤ人の市長が：Tessler, *A History of the Israeli-Palestinian Conflict*, 302.

85 高級官僚でのちに首相となるゴルダ・メイアは：David Margolick, "Endless War," review of *1948: A History of the First Arab- Israeli War*, by Benny Morris, *New York Times*, May 4, 2008, https://www.nytimes.com/2008/05/04/books/review/Margolick-t.html

85 だが、アラブ人の強制移住には基本計画があったのか："On 1948," 5:17; Segev, *A State at Any Cost*, 416–21.

85 強制移住がなければ、イスラエルが：Ari Shavit, "Survival of the Fittest," *Haaretz*, July 1, 2004, https://www.haaretz.com/1.5262454

92「たしかに、神はわれわれにその地を約束してくれたが、彼らにしてみればそれが何だというのだろう？」：Nahum Goldmann, *The Jewish Paradox*, trans. Steve Cox (New York: Grosset & Dunlap, 1978), 99.

7章 一九五〇年代——国家建設とスエズ危機

93 これを実現するための手段として、彼は「マムラフティユート」、大ざっぱに訳せば「国家主義」という概念に訴えた：Shapira, *Ben-Gurion: Father of Modern Israel*, 174.

94「一九六〇年代初めのイスラエルは、セックス、酒、ロックンロールという悪い風が西欧から吹いてくるのではないかと怯えていたのだ」：Toni O'Loughlin, "Truth After 42 Years: Beatles Banned for Fear of Influence on Youth," *The Guardian*, Sept. 21, 2008, https://www.theguardian.com/world/2008/sep/22/israelandthepalestinians.thebeatles

95 彼はまた、シオニストのグループ間に衝突をもたらし、シオニストの企て全体を脅かす恐れのあるイデオロギー的緊張、対立、派閥主義を克服することにも余念がなかった：Shapira, *Ben-Gurion: Father of Modern Israel*, 174.

96 ラジオ番組が毎日、到着したホロコースト生存者の氏名を読み上げ：Greer Fay Cashman, "Radio Program Aids Search for Holocaust Survivors," *Jerusalem Post*, Nov. 5, 2007, https://www.jpost.com/israel/radio-program-aids-search-for-holocaust-survivors

97 何十万人というミズラヒ系ユダヤ人移民は一時滞在キャンプに送られた：Sachar, *A History of Israel*, 403–5.

97 一九五〇年代には、ハイファなどあちこちで市民の不穏な動きが見られた：Sachar, *A History of Israel*, 422.

98 フムスやファラフェルがイスラエルの郷土料理だと見なされているのは：Reem Kassis, "Here's Why Palestinians Object to the Term 'Israeli food': It Erases Us from History," *Washington Post*, February 14, 2020, https://www.washingtonpost.com/lifestyle/food/heres-why-palestinians-object-to-the-term-israeli-food-it-erases-us-from-history/2020/02/14/96974a74-4d25-11ea-bf44-f5043eb3918a_story.html

99 独裁主義者であり熱烈な汎アラブ・ナショナリズムの提唱者だったナセルは：Tessler, *A History of the Israeli-Palestinian Conflict*, 338.

8章 ビッグバン——第三次中東戦争とそれが生み出した現実

105 シリアは、ファタハの軍事作戦に反対しているという理由でナセルをあざ笑い：Smith, *Palestine and the Arab-Israeli Conflict*, 190–92.

105「革命的な方法で」パレスチナを解放することを目指すと宣言した：Smith, *Palestine and the Arab-Israeli Conflict*, 191.

107 なぜソ連がそんなことをしたのか、理由はいまだに定かではない：Tessler, *A History of the Israeli-Palestinian Conflict*, 385–86.

108 だが、依然としてこう信じていたようだ。大胆な手を打つことで：Smith, *Palestine and the Arab-Israeli Conflict*, 197.

109 ナセルはその後、エジプトが先制攻撃することはないが：Tessler, *A History of the Israeli-Palestinian Conflict*, 393; Smith, *Palestine and*

the Arab-Israeli Conflict, 198.

109 PLO議長は、イスラエルはまもなく崩壊し、ユダヤ人は「海に投げ込まれる」と言い放った：Tessler, *A History of the Israeli-Palestinian Conflict*, 393.

110 この機会に、自分たちを脅し、包囲している敵軍を叩きのめして：Gershom Gorenberg, *The Accidental Empire: Israel and the Birth of the Settlements, 1967–1977* (New York: Times Books, 2006), 32.

111 演説の途中で口ごもったりつっかえたりして：Gorenberg, *The Accidental Empire*, 29.

113 参戦は間違いだとわかっていた：Associated Press,"Jordan's King Calls '67 War a Big Blunder," *New York Times*, June 6, 1997, https://www.nytimes.com/1997/06/06/world/jordan-s-king-calls-67-war-a-big-blunder.html

113「中東に放火する気なのか？」：Yossi Klein Halevi, "The Astonishing Israeli Concession of 1967," *Atlantic*, June 7, 2017, https://www.theatlantic.com/international/archive/2017/06/israel-paratroopers-temple-mount-1967/529365/

116 イスラエルの指導者たちは、アラブの近隣諸国との和平のために、獲得した土地の少なくとも一部（全部ではない）を交換すると宣言した：Sachar, *A History of Israel*, 673–74.

120 ほぼ伝説と化したある人物が、自ら選んだ隠居生活から再び姿を見せて、奇跡的な勝利に我を忘れないよう国民に釘を刺した：Arthur Hertzberg, "The Tragedy of Victory," *New York Review of Books*, May 28, 1987, https://www.nybooks.com/articles/1987/05/28/israel-the-tragedy-of-victory/

9章 激動——ヨム・キプール戦争から第一次インティファーダ（一九六八〜八七年）

133「スイミングプールの周りでくつろいでいる大金持ち」：Diana Bahur-Nir, "Swimming in Cash: These Socialist Millionaires Make Robots to Clean the Pools of the World's Wealthy," *Calcalist*, Aug. 22, 2020, https://www.calcalistech.com/ctech/articles/0,7340,L-3846072,00.html

138「真実を語らないという不愉快な癖は直ったかな？」：Ethan Bronner, "The Bulldozer," review of *ARIK: The Life of Ariel Sharon*, by David Landau, *New York Times,* Feb. 12, 2014, https://www.nytimes.com/2014/02/16/books/review/arik-the-life-of-ariel-sharon-by-david-landau.html

141 ヨルダン川西岸におけるイスラエルの軍政を民政に変えようと：Smith, *Palestine and the Arab-Israeli Conflict*, 262–63.

142 シャロンはレバノンを、北部で国境を接する混沌とした脅威と危険の源から：Sachar, A History of Israel, 901–2; Smith, *Palestine and the Arab-Israeli Conflict*, 267–69.

145 九月二六日、四〇万人の怒れるイスラエル人が：William E. Farrell, "Israelis, at Huge Rally in Tel Aviv, Demand Begin and Sharon Resign," *New York Times*, Sept. 26, 1982, https://www.nytimes.com/1982/09/26/world/israelis-at-huge-rally-in-tel-aviv-demand-begin-and-sharon-resign.html

146 自国が必要に迫られたからではなく、進んで戦争を始めた：Nathan Thrall, *The Only Language They Understand: Forcing Compromise in Israel and Palestine* (New York: Metropolitan Books, 2017), 29.

146 心身共に疲弊したベギンは、任期半ばで首相の職を辞して政治家を引退した：Thrall, *The Only Language They Understand*, 29.

10章 振り落とす——第一次インティファーダ

153 自分たちの村の近くの土地が奪われ：Gorenberg, *The Accidental Empire*, 80–86.

153 イスラエルがヨルダン川西岸の地下帯水層を支配していた："The Occupation of Water," Amnesty International, Nov. 29, 2017, https://www.amnesty.org/en/latest/campaigns/2017/11/the-occupation-of-water/; Tessler, *A History of the Israeli-Palestinian Conflict*, 521.

154 一種の大学となった。彼らはそこで、パレスチナのナショナリズムと解放の教義を学んだ：Khaled al-Azraq, "The Prison as University: The Palestinian Prisoners' Movement and National Education," *Al Majdal* 42 (Autumn 2009), http://www.badil.org/en/publication/periodicals/al-majdal/item/1267-the-prison-as-university-the-palestinian-prisoners-movement-and-national-education.html

154 イスラエルは、かつてのイギリス委任統治領時代の懲罰的家屋破壊という慣行を復活させた：Michael Sfard, *The Wall and the Gate: Israel, Palestine, and the Legal Battle for Human Rights* (New York: Metropolitan Books, 2018), 49–51.

155 エルサレムのアラブ人街をすっかり避けるようになった：Tessler, *A History of the Israeli-Palestinian Conflict*, 687.

158 私は一九九〇年代に実施された一連の調査に目を通した：Elihu Katz, Shlomit Levy, and Jerome M. Segal, "The Status of Jerusalem in the Eyes of Israeli Jews," Center for International and Security Studies, University of Maryland, Baltimore, 1997.

160 まとめ役によれば、インティファーダの目標は：Tessler, *A History of the Israeli-Palestinian Conflict*, 690.

161 ラビン国防相は、イスラエル国防軍に、パレスチナ人投石者の「骨を折れ」と命じたと言われている："Israel Declines to Study Rabin Tie to Beatings," *New York Times*, July 12, 1990, https://www.nytimes.com/1990/07/12/world/israel-declines-to-study-rabin-tie-to-beatings.html

168 アラファトは、PLOは「この地域の国家としてのイスラエルの存在を受け入れ」たと宣言：Steve Lohr, "Arafat Says P.L.O. Accepted Israel," *New York Times*, Dec. 8, 1988, https://www.nytimes.com/1988/12/08/world/arafat-says-plo-accepted-israel.html

11章 イスラエルはラビンを待っている

175「こんにち必要とされる重要な一歩」："Yisrael Baytneu Leader Liberman *{sic}* Lauds Public Transport on Shabbat," *Jerusalem Post*, Nov. 23, 2019, https://www.jpost.com/breaking-news/yisrael-beiteinu-leader-liberman-lauds-public-transport-on-shabbat-608730

175「目下の状況では、選択肢は二つしかない」：Itamar Rabinovich, *Yitzhak Rabin: Soldier, Leader, Statesman* (New Haven, CT: Yale University Press, 2017), 174.

175 ラビンは、何百万人ものパレスチナ人の生活をイスラエルがいつまでも支配し続けることはできないと考え：Dan Ephron, *Killing a King: The Assassination of Yitzhak Rabin and the Remaking of Israel* (New York: W. W. Norton, 2015), 30.

177 ラビンは占領地内の入植地建設の凍結を命じた：Gershom Gorenberg, *The Unmaking of Israel* (New York: Harper Perennial, 2012), 124–25.

178「そうするしかないだろう？　和平は友人とではなく、」：Dennis Ross, *The Missing Peace: The Inside Story of the Fight for Middle East Peace* (New York: Farrar, Straus and Giroux, 2004), 92.

179 オスロで始められた和平プロセスのゴールは、二国家解決だった：Ephron, *Killing a King*, 31 (「[ラビンの首席補佐官だったアイタン・] ハー

バーがおよそ20年後に指摘したように、ラビンはそれを誰よりも深く悟っていた。『間違いなく、このような合意に署名したら……結局、パレスチナ国家［に至る］ということだと、彼は即座に理解していた』」）；Ross, *The Missing Peace*, 104（「両者は暗黙のうちに取引を始めた。『安全と引き換えに国家を』というわけである」）.

182 「堕落した殺人者がわれわれになすりつけた不名誉を、私は恥辱と感じている」：Clyde Haberman, "West Bank Massacre," *New York Times*, Mar. 1, 1994, https://www.nytimes.com/1994/03/01/world/west-bank-massacre-overview-rabin-urges-palestinians-put-aside-anger-talk.html

183 「われわれは、あたかも和平プロセスが存在しないかのようにテロと戦わなければならない」：Martin Indyk, "The Strategic Legacy of Yitzhak Rabin," *Wall Street Journal*, Nov. 4, 2020, https://www.wsj.com/articles/the-strategic-legacy-of-yitzhak-rabin-11604512743

189 過激主義者のラビはファトワに似た宗教的裁定を下し、ラビンがユダヤ法の「ロデフ（「追跡者」）」だと宣告した：Ephron, *Killing a King,* 106–7.

190 ラビンは、オスロ合意の目標に反対するグループの反発が激しく、暴力的にさえなることを予測していた：Uri Savir, *The Process: 1,000 Days that Changed the Middle East* (New York: Vintage, 1998), 154. 1993年から1996年までイスラエルの代表としてPLOとの交渉を担当したサヴィルは、1994年のラビンとアラファトの会合でラビンがこう述べたと回想している。「イスラエルの世論は反発しています。ユダヤ人の中から、私を殺せという声が上がっています」

190 リクードの指導者の一部は、騒然とした気配の高まりを助長：Savir, *The Process*, 255; Ephron, *Killing a King*, 143.

191 「ラビンはシオニスト運動を葬る」と大書した棺の模型："Netanyahu Can't Wash His Hands that Led to Rabin's Murder," *Haaretz*, Nov. 13, 2016, https://www.haaretz.com/opinion/editorial-netanyahu-can-t-wash-his-hands-of-incitement-1.5461189

191 バルコニーに立つネタニヤフの指揮のもと、支持者たちがラビンの絵を燃やし：Ephron, *Killing a King*, 163.

191 ラビンに防弾チョッキの着用を強く勧めたが：Ephron, *Killing a King*,145.

193 上着のポケットにはパーラメントが一箱と、「シル・ラ・シャローム」の歌詞が書かれた紙が入っていた：Serge Schmemann, "Assassination in Israel: The Overview," *New York Times*, Nov. 5, 1995, https://www.nytimes.com/1995/11/05/world/assassination-israel-overview-rabin-slain-after-peace-rally-tel-aviv-israeli.html; Ephron, *Killing a King*, 185

194 生粋のイスラエル人だったラビンがネクタイの着け方を知らなかったことを、クリントンは述懐した："Assassination in Israel; Words of Grief and Resolve from Friends and World Leaders," *New York Times*, Nov. 7, 1995, https://www.nytimes.com/1995/11/07/world/assasination-in-israel-words-of-grief-and-resolve-from-friends-and-world-leaders.html

196 密かにラビンの未亡人レアを弔問した：Savir, *The Process*, 261–62.

196 報道によれば、アラファトは暗殺の知らせを聞いて涙を流したという：Dexter Filkins, "Shot in the Heart," *New Yorker*, Oct. 19, 2015, https://www.newyorker.com/magazine/2015/10/26/shot-in-the-heart

12章 賢明な希望が潰えて――オスロ合意の終焉

199 アメリカを熟知しているとの自負があった：Anshel Pfeffer, *Bibi: The Turbulent Life and Times of Benjamin Netanyahu* (Toronto: McClelland and Stewart, 2018), 92.

201 有能で頭脳明晰：Ross, *The Missing Peace*, 495.

202 これがパレスチナ側を苛立たせた：Ross, The Missing Peace, 591–92.

203 準備が整っているとも、首脳会談開催の機が熟しているとも感じられなかったのだ：Ross, *The Missing Peace*, 632–33.

204 クリントンは、何が起きても責めることはしないと彼に約束した：2021年3月1日、著者との談話におけるアーロン・デイヴィッド・ミラー（クリントン政権でアメリカの中東特別調整官代理、コリン・パウエル国務長官のアラブ・イスラエル交渉上級顧問を務めた）の発言。

204 イスラエルはパレスチナに、それまでで最も大胆な提案をした：Jeremy Pressman, "Visions in Collision：What Happened at Camp David and Taba," *International Security* 28, no. 2 (Fall 2003): 8.

204 イスラエルとアメリカの言い分は、バラクはパレスチナが合理的に望みうる：Pressman, "Visions in Collision," 9–15.

204 この話によれば、アラファトには取引をまとめる気がまったくなかった：Ross, *The Missing Peace*, 757–58.

205 一方、パレスチナの交渉者と、アメリカ（のみならずイスラエル）の一部の主な関係者の話は異なる：Pressman, "Visions in Collision," 33–37.

205 一部のパレスチナ人が言うように：Pressman, "Visions in Collision," 22.

205 さらに、アメリカがこのエルサレム問題についてアラブの主要国に意見を求め、話し合いに参加させたのは：2021年3月1日、著者との談話におけるミラーの発言。

205 この紛争のほぼすべての側面と同様に、どの関係者の言い分にも真実はある：Pressman, "Visions in Collision," 15–33, 37–40.

207 彼が所有する家は大きなイスラエル国旗を何枚もはためかせ：Thomas L. Friedman, "In Jerusalem, Sharon Apartment Creates a Stir," *New York Times*, Dec. 31, 1987, https://www.nytimes.com/1987/12/31/world/in-jerusalem-sharon-apartment-creates-a-stir.html

207 そして、シャロンがどんな人物かを考えれば、パレスチナ人が神殿の丘への訪問をさらに大きな挑発とさえ受け取る：Ari Shavit,"The General," *New Yorker*, Jan. 15, 2006, https://www.newyorker.com/magazine/2006/01/23/the-general-5

208 その主張の……エルサレムのある有力なパレスチナ人指導者が述べている：Joel Greenberg, "Sharon Touches a Nerve, and Jerusalem Explodes," *New York Times*, Sept. 29, 2000, https://www.nytimes.com/2000/09/29/world/sharon-touches-a-nerve-and-jerusalem-explodes.html

210 騒乱の最初期の最も痛ましい映像の一つ：William A. Orme Jr., "A Young Symbol of Mideast Violence," *New York Times*, Oct. 2, 2000, https://www.nytimes.com/2000/10/02/world/a-young-symbol-of-mideast-violence.html

210 殺害犯の一人が血まみれの両手を勝ち誇って突き上げる映像："Palestinians Kill Two Israeli Soldiers in Police Custody," *New York Times*, Oct. 12, 2000, https://www.nytimes.com/2000/10/12/world/palestinians-kill-2-israeli-soldiers-in-police-custody-200010129216405O352.html

211 退任間近の大統領は会合の席上、アメリカ、パレスチナ、イスラエルの交渉団が詰めかけた部屋で全員が注視するなか、自らの提案を読み上げた。そして、自分が退任すれば、その提案は効力を失うと明言した：2021年3月1日、著者との談話におけるミラーの発言。クリントン大統領が提案を読み上げたとき（ホワイトハウスは会合の出席者に計画書のコピーを配布しなかった）、「あれほど多くのイスラエル人とパレスチナ人があれほど素早く書き留めるのを見たのは、初めてでした」と

ミラーは私に語った。

211 エルサレムに関するクリントンの「大まかな方針」では、東エルサレムの（神殿の丘を含む）アラブ地区の主権はパレスチナが：Ross, *The Missing Peace*, 743, 752–53.

212 明らかに「クリントンが提案した指針から外れていた」：2021年3月1日、著者との談話におけるミラーの発言。

213 タバ会談を終えて、交渉団は以下の共同声明を発表した：Pressman, "Visions in Collision," 9.

13章 ブルドーザーの最後のサプライズ

216 アラファトも、パレスチナ自治政府も、そうした攻撃をほとんど防ごうとしなかった：Ross, *The Missing Peace*, 730–33.

216 むしろ騒乱を利用して交渉の立場を有利にしようとし：2021年3月1日、著者との談話におけるミラーの発言。

218 シャロンはこの申し出を言下に拒んだ：Marwan Muasher, "The Death of the Arab Peace Initiative?" *Atlantic*, Nov. 23, 2011, https://www.theatlantic.com/international/archive/2011/11/the-death-of-the-arab-peace-initiative/248910/

219「このまま占領を続けて——これは占領だ。その言葉は嫌いかもしれないが、これはまさに占領である——」：Kelly Wallace, "Sharon: 'Occupation' Terrible for Israel, Palestinians," CNN.com/world, May 23, 2003, https://www.cnn.com/2003/WORLD/meast/05/26/mideast/

220「私は真の合意に達するために、真に努力することを決意した」：Shavit, "The General."

220 すべての土地（およびそこに住むパレスチナ人）に固執したままでは、イスラエルは民主主義のユダヤ人国家であり続けることはできない：Bronner, "The Bulldozer."

222 少なくとも一部から撤退するつもりだったのは疑いがない：Shavit, "The General."

223 第二次レバノン戦争はイスラエルにとってほぼ惨敗だった：Amos Harel, "Israel's Second Lebanon War Remains a Resounding Failure," *Haaretz*, Dec. 7, 2016, https://www.haaretz.com/israel-news/.premium.MAGAZINE-israels-second-lebanon-war-remains-a-resounding-failure-1.5407519

224 レバノンの過激派武装集団ヒズボラは、多大な犠牲を伴う勝者なき戦争において、規模と力ではるかに勝るイスラエルに善戦したことにより、国内外で力を増し威光を高めた：William Booth, "Ten Years After Last Lebanon War, Israel Warns Next One Will Be Far Worse," *Washington Post*, July 23, 2016, https://www.washingtonpost.com/world/middle_east/ten-years-after-last-lebanon-war-israel-warns-next-one-will-be-far-worse/2016/07/23/58d7a6ca-4388-11e6-a76d-3550dba926ac_story.html

224 彼の支持率は一時期、三パーセントだった：Matt Gutman, "Olmert: Should He Stay or Should He Go?" ABC News, Apr. 30, 2007, https://abcnews.go.com/International/story?id=3101808&page=1

14章 民主主義の後退

229「民主主義指数」では、イスラエルは完全な民主主義ではなく「欠陥のある民主主義」と評価され続けている：Economist Intelligence Unit, "Democracy Index: 2010," Economist Intelligence Unit, https://graphics.eiu.com/PDF/Democracy_Index_2010_web.pdf

230 たしかに、過去にもイスラエルには右派連立政権が存在したが、今回は違った：Gorenberg, *The Unmaking of Israel,* 213–14; Yossi Alpher, "Who Rules Israel?" *International Herald Tribune*, Apr. 22, 2010, https://www.nytimes.com/2010/04/23/opinion/23iht-edalpher.html

232 公的、政治的、法的な威嚇キャンペーンを開

始し：Gorenberg, *The Unmaking of Israel*, 215.

232 右派の政府系NGOは手始めに新イスラエル基金（私が現在代表を務める組織であり、人権団体を含むイスラエルの市民団体への有力な資金提供者である）を攻撃し：Gorenberg, *The Unmaking of Israel*, 215–17.

232 クネセトの右派議員は国会で新イスラエル基金を調査すると脅した：Gorenberg, *The Unmaking of Israel*, 216.

232 政府系NGOはインターネット上で動画を使ったキャンペーンを展開し、テロリストを支援する裏切り者として著名な人権活動家たちの画像と自宅の住所を公開した：Peter Beaumont, "Rightwing Israeli Group Accused of McCarthyism over Anti-artist Campaign," *Guardian*, Jan. 28, 2016, https://www.theguardian.com/world/2016/jan/28/israel-im-tirtzu-accused-mccarthyism-anti-artist-campaign

233 イスラエル人がイスラエルおよび入植地のボイコットを呼びかけることを民事犯罪とし：Jonathan Lis, "Israel Passes Law Banning Calls for Boycott," *Haaretz*, Nov. 7, 2011, https://www.haaretz.com/1.5026309; Jonathan Lis, "Israel's Travel Ban: Knesset Bars Entry to Foreigners Who Call for Boycott of Israel or Settlements," https://www.haaretz.com/israel-news/.premium-israel-bars-entry-to-foreigners-who-call-for-boycott-of-settlements-1.5445566

233 アラブ系の自治体および機関が一九四八年の（イスラエル人が「独立戦争」と呼ぶ）戦争をナクバすなわち「大惨事」として記念すれば、罰として：Jack Khoury and Jonathan Lis, "Human Rights Groups Petition High Court to Overthrow 'Nakba Law,'" *Haaretz*, Apr. 5, 2011, https://www.haaretz.com/1.5007904

234「好ましくない人」の転入を拒むことを一部のコミュニティに許可する：Gorenberg, *The Unmaking of Israel*, 218.

234 人権・市民権団体の活動を制限する：Holly Young, "Israel: Some NGOs Are Seen as 'The Enemy from the Inside'," *Guardian*, May 11, 2016, https://www.theguardian.com/global-development-professionals-network/2016/may/11/israel-some-ngos-are-seen-as-the-enemy-from-the-inside

234 民主国家としての性格よりもユダヤ人国家としてのイスラエルの性格を恒久的に優先し：David M. Halbfinger and Isabel Kirschner, "Israeli Law Declares the Country 'Nation-State of the Jewish People'," *New York Times*, July 19, 2018, https://www.nytimes.com/2018/07/19/world/middleeast/israel-law-jews-arabic.html

235「バスに始まり、スーパーマーケットに広がり、街路にまで及んだ」：Ruth Pollard, "When Women and Girls Are the Enemy," *Sydney Morning Herald*, Nov. 21, 2011, https://www.smh.com.au/world/when-women-and-girls-are-the-enemy-20111118-1nn4d.html

235 イスラエルがポピュリズムや、エスノナショナリズムや、非自由主義の傾向を強め、連立のパートナーの一部や仲間のリクード党員のなかにさえ、いかなるパレスチナ国家の建国も絶対に認めない姿勢が広まるなか、ネタニヤフは入植事業を強力に支援し続けながらも：Dahlia Scheindlin, "The Logic Behind Israel's Democratic Erosion," The Century Foundation, May 29, 2019, https://tcf.org/content/report/logic-behind-israels-democratic-erosion/

236「ヨルダン川西岸にイスラエルの民間人の入植地を建設すること自体は国際法に違反しない」：Josh Lederman and Abigail Williams, "Israeli Settlements Don't Violate International Law, in Major Policy Reversal," NBC News, Nov. 18, 2019, https://www.nbcnews.com/politics/politics-news/u-s-says-israeli-settlements-don-t-violate-international-law-n1085146

236 二〇二〇年一月、トランプ政権はイスラエルとパレスチナの「繁栄に至る平和」案を発表した：Daniel Estrin, "Netanyahu Plans to Annex Parts of the West Bank. Many Israeli Settlers Want It All," NPR, June 18, 2020,

https://www.npr.org/2020/06/18/878305307/netanyahu-plans-to-annex-parts-of-the-west-bank-many-israeli-settlers-want-it-al

237 一二月には挙国一致内閣が崩壊状態となり：Isabel Kershner, "Israeli Government Collapses, Forcing Fourth Election in Two Years," *New York Times*, December 22, 2020, https://www.nytimes.com/2020/12/22/world/middleeast/israel-election-netanyahu.html

238 しかし、彼が「変革の連立」をイスラエル大統領に提示しようと準備していた矢先：Mazal Mualem, "Israel's Security Crisis Has New Political Team Sweating," *Al-Monitor*, May 11, 2021, https://www.al-monitor.com/originals/2021/05/israels-security-crisis-has-new-political-team-sweating

238 審理を受けることになったが：Nir Hasson, "Sheikh Jarrah Eviction Case Nears Decision: Israel's Top Court Gives Attorney General Two-week Deadline," *Haaretz*, May 26, 2021, https://www.haaretz.com/israel-news/.premium-israel-s-top-court-gives-ag-2-weeks-to-submit-opinion-on-sheikh-jarrah-evictions-1.9843694

238 旧市街のダマスカス門前広場にパレスチナ人が集まるのをイスラエル警察が阻止し：Patrick Kingsley, "After Years of Quiet, Israeli-Palestinian Conflict Exploded. Why Now?" *New York Times*, May 15, 2021, https://www.nytimes.com/2021/05/15/world/middleeast/israel-palestinian-gaza-war.html

238 事態が収拾不能と判断した：Kingsley, "After Years of Quiet, Israeli-Palestinian Conflict Exploded. Why Now?"

238 専制的なハマスは支配下に置くガザ地区の住民のあいだで人気が低下し：Somdeep Sen, "Hamas Wasn't Behind the Jerusalem Protests, So Why Is It Fighting?" *Washington Post*, May 18, 2021, https://www.washingtonpost.com/politics/2021/05/18/hamas-wasnt-behind-jerusalem-protests-so-why-is-it-fighting/

239 武力衝突が引き金となって、イスラエルのユダヤ系コミュニティとアラブ系コミュニティのあいだで過去数十年見られなかった深刻な集団暴力が起きた：Declan Walsh and Eric Nagourney, "Warnings of 'Civil War' as Arabs and Jews Face Off Violently in Israel's Streets," *New York Times*, May 13, 2021, https://www.nytimes.com/live/2021/05/13/world/israel-gaza-news

239 しかし、今回、そのメッセージが弱まった。政界（ことに民主党内部）から別の声が：Nicholas Fandos and Catie Edmendson, "Democrats, Growing More Skeptical of Israel, Pressure Biden," *New York Times*, May 17, 2021, https://www.nytimes.com/2021/05/17/us/politics/israel-gaza-democrats-biden.html

15章 地図は領土ではない

243 政治と人口動態に関する願望的思考への傾倒：言語、地名、標識をめぐる闘いは今なお続くが、闘いの場は落書きと汚損からイスラエル政府の最上層へと移った。Barak Ravid, "In Arabic and in Hebrew, a Name Is More than Just a Name," *Haaretz*, Dec. 15, 2011, https://www.haaretz.com/1.5219712

243「エルサレム旧市街にはユダヤ人のものは石ころ一つない」：Jeffrey Goldberg, "Arafat's Gift," *New Yorker*, Jan. 22, 2001, https://www.newyorker.com/magazine/2001/01/29/arafats-gift

244 ヤセル・アラファトは、こんにち岩のドームが建っているエルサレムの神殿の丘にかつてユダヤ神殿が建っていた証拠はないという、完全に誤った主張をした：Ross, *The Missing Peace*, 718.

244 パレスチナ人というものはなく：Tessler, *A History of the Israeli-Palestinian Conflict*, 444.

244 パレスチナのアラブ人は皆、過去二世紀のあいだにやってきた：歴史を無視したこのような主張の多くは、右翼の報道に見られる。以下はその一例である。Daniel Grynglas,

“Debunking the Claim that ‘Palestinians’ Are the Indigenous People of Israel,” *Jerusalem Post*, May 12, 2015, https://www.jpost.com/blogs/why-world-opinion-matters/are-arabs-the-indigenous-people-of-palestine-402785

244 イスラエルやパレスチナ自治政府による公式の領土地図は、たいがいグリーン・ラインも、相手方がその土地に実在する事実も示さず：「1967年以来、長年、グリーン・ラインは公式の地図と教育現場の地図の多くから消されてきた。この方針を採用したのはダヴィド・レヴィで、住宅建設相だった1980年代に、ヨルダン川西岸の入植地建設を徐々に拡大したいという政府の意図を政治的に表明しようとしたのである。入植地建設を拡大すれば、法的な措置を取らなくても、ヨルダン川西岸各地の事実上の併合が効率的に進められると政府はもくろんでいた」。David Newman, “Borderline Views: Putting the Green Line on the Map,” *Jerusalem Post*, Feb. 24, 2014, https://www.jpost.com/opinion/columnists/borderline-views-putting-the-green-line-on-the-map-342434

245 パレスチナ人とイスラエル人の子供たちは、何世代にもわたって自分たちだけが国土の正当な所有者だと教える地図を見て育ってきた：Gorenberg, *The Unmaking of Israel*, 67.（「占領地の将来は、イスラエルではすでに最も重要な政治問題だったが、地図は占領地がどこから始まるのかをもはや示していなかった。教室の壁に貼られた地図をうんざりしながら眺める学童たちは、自国の形も知らずに育つ。その地図ではテルアビブとヘブロンがあたかも同じ体制に属しているかのように見える」）グリーン・ラインを示さないイスラエルとヨルダン川西岸の地図の使用については、アメリカのユダヤ人コミュニティ内にも議論がある。Yardain Amron, “Why Do Jewish Camps Erase the Green Line on Israel Maps?” June 30, 2015, https://forward.com/news/310838/how-do-jewish-camps-draw-the-green-line/; Mira Sucharov, “Why Is the Green Line Not on Our School’s Maps?” *Canadian Jewish News*, May 6, 2005, https://www.cjnews.com/perspectives/opinions/green-line-not-schools-maps

245 イル・ダビデのプロジェクトを手掛けた右派ナショナリスト宗教団体イル・ダビデ財団：Bari Weiss, “Can an Archaeological Dig Change the Future of Jerusalem?” *New York Times*, Mar. 30, 2019, https://www.nytimes.com/interactive/2019/03/30/opinion/sunday/jerusalem-city-of-david-israel-dig.html

246「イスラエルの恒久的支配を決定的にするという明確な政治的意図がある。それは、いまでも解決の望みを持つ者にとっては、いいことではない」：Weiss, “Can an Archaeological Dig Change the Future of Jerusalem?”

246 実際の考古学的証拠は見つかっていない：Sarah Wildman, “The Fight for Jerusalem’s Past, and Future,” *New Yorker*, Aug. 2, 2013, https://www.newyorker.com/news/news-desk/the-fight-for-jerusalems-past-and-future

247 イスラエルの考古学者たちも、エルサレムの豊かな考古学的記録を操作して政治的に利用する試みを憂慮し：Wildman, “The Fight for Jerusalem’s Past, and Future.”（新イスラエル基金が後援する）エメク・シャヴェは自らを以下のように紹介している。「エメク・シャヴェはイスラエルのNGOで、文化遺産の権利を守り、遺跡をあらゆるコミュニティ、信仰、民族の公共資産として保護するために活動しています。われわれは歴史的遺跡がイスラエル–パレスチナ紛争において政治の道具にされている現状に抗議し、権利を剝奪されたコミュニティを追放するために考古学的遺跡を利用する者に異議を申し立てます。われわれは、歴史的遺産は民族と文化を橋渡しして絆を強化するための資源であると考え、考古学的遺跡はある場所における単一の国家や民族集団や宗教の優位性や所有の証拠にはなり得ないと信じます」。https://emekshaveh.org/en/about-us/

248 誰もが依然としてアラビア語の旧名「ムスララ」と呼んでいた：David Kroyanker, “Entrepreneur’s Dream, Historian’s Nightmare,” *Haaretz*, Jan. 5, 2006, https://www.haaretz.com/1.4903994

248 エルサレム当局にヘブライ語の地区名の使用を義務づける法案を提出した：Ofer Aderet, "A Stir Over Sign Language," *Haaretz*, July 29, 2011, https://www.haaretz.com/1.5037062

16章 イスラエルのアラブ系国民——共生社会か、隔離か？

251 イスラエル建国時に作成された文書「イスラエル国家建国宣言」："Full Text of Israel's Proclamation of Independence Issued in Tel Aviv," *Jewish Telegraphic Agency*, May 16, 1948.

251 地域にまで戒厳令の範囲を広げた：Hussein Ibish,"The Specter of an Arab Israel," *Politico*, Mar. 19, 2015, https://www.politico.com/magazine/story/2015/03/israeli-election-arab-israel-116243; Sachar, *A History of Israel*, 382–86.

253 ところが、公式には平等であるにもかかわらず、多くの面で、彼らは平等ではない：Tessler, *A History of the Israeli-Palestinian Conflict*, 470.

253 アラブ系国民は公私両面で多種多様な差別にさらされる：Ibish, "The Specter of an Arab Israel." イスラエルのアラブ系国民への差別を明らかにして差別と闘うイスラエルのNGOの双璧が、イスラエル公民権協会（ACLUのイスラエル版）とアダラ（イスラエルのアラブ系公民権団体の代表格）である。いずれもイスラエルのアラブ系国民のための活動に関する膨大なデータベースを有する。以下からアクセス可能。https://law.acri.org.il/en/category/arab-citizens-of-israel/arab-minority-rights/ および https://www.adalah.org/en/tag/index/517?page=4

254 イスラエルのアラブ系国民は、何気ない差別、侮辱的な待遇、尋問、空港のような場所での拘束を日常的に受けており：Noa Landau, "Israeli Diplomat Said Humiliated by Racial Profiling at Ben-Gurion Airport: 'Makes Me Sick,'" *Haaretz,* Apr. 8, 2019, https://www.haaretz.com/israel-news/.premium-israeli-diplomat-humiliated-by-profiling-airport-authority-says-nothingwrong-1.7617552

255「右派政権は危機に瀕している。アラブ人が群れをなして投票所にやってくる」：Ishaan Tharoor, "On Israeli Election Day, Netanyahu Warns of 'Arabs Voting in Droves,'" *Washington Post*, Mar. 17, 2015, https://www.washingtonpost.com/news/worldviews/wp/2015/03/17/on-israeli-election-day-netanyahu-warns-of-arabs-voting-in-droves/

255「不忠な」アラブ人："Lieberman: Disloyal Israeli Arabs Should Be Beheaded," *Haaretz*, Jan. 10, 2018, https://www.haaretz.com/lieberman-disloyal-israeli-arabs-should-be-beheaded-1.5334458

256 転入委員会法の適用範囲をより大規模なコミュニティにまで広げようとしている：Jonathan Lis, "Bill Expanding Residential Screening Law in Israel Passes Preliminary Vote," *Haaretz*, Dec. 12, 2018, https://www.haaretz.com/israel-news/.premium-bill-to-boost-israeli-community-insularity-passes-preliminary-vote-1.6743230

257 この法律の真の目的は：Amir Fuchs, "Israel's Nation-State Law Isn't 'Declarative,' It Does Real Damage," *Haaretz*, Apr. 12, 2020, https://www.haaretz.com/opinion/.premium-israel-s-nation-state-law-isn-t-declarative-it-does-real-damage-1.9345944

257 イスラエルのアイデンティティのユダヤ的な面と民主的な面のあいだで何十年間も慎重に保たれてきた均衡を崩し、ユダヤ側を決定的に重くする恐れがある："Nation-State Law Explainer," Israel Democracy Institute, July 18, 2018, https://en.idi.org.il/articles/24241

257 不賛成の意を表明するために：Noga Tarnopolsky, "Israeli President Rebukes Bibi, Signs Controversial 'Nation-State Law' in Arabic," *Daily Beast*, Apr. 9, 2019, https://www.thedailybeast.com/netanyahu-denigrates-arabs-to-try-to-win-re-election-but-israeli-president-rivlin-signs-the-controversial-nation-state-law-in-arabic

259 アラブ系イスラエル人の投票率は一九六七年以降、低下の一途をたどった：David Halbfinger and Allison McCann, "As Israel Votes Again (and Again), Arabs See an Opportunity, *New York Times,* Feb. 28, 2020, https://www.nytimes.com/2020/02/28/world/middleeast/israel-arabs-election-vote.html

260 オデーはイスラエルにとって新しいタイプの政治家であり：David Remnick, "Seeds of Peace：Ayman Odeh's Unlikely Crusade," *New Yorker*, Jan. 25, 2016, https://www.newyorker.com/magazine/2016/01/25/seeds-of-peace

261「何十万人もの人びとが通りを埋め尽くし」：Ayman Odeh, "Guardian of Democracy," 2020年9月13日、新イスラエル基金における基調演説。

17章 ラブ・ストーリー？——イスラエルと、アメリカのユダヤ人コミュニティ

265 アメリカ合衆国の国民には自らを称賛する権利があります：George Washington, "A Reply to the Hebrew Congregation of Newport (c. August 17, 1790)," in Paul R. Mendes-Flohr and Jehuda Reinharz, eds., *The Jew in the Modern World: A Documentary History* (New York: Oxford University Press, 1980), 363.

266 最も辛辣な批判者：J. J. Goldberg, *Jewish Power: Inside the American Jewish Establishment* (New York: Basic Books, 1997), 151.

266「われわれはもはや自分たちを民族ではなく、宗教的コミュニティと見なし」：Conference of Reform Rabbis, "The Pittsburgh Platform (1885)," in Mendes-Flohr and Reinharz, eds., *The Jew in the Modern World,* 371–72.

266「記憶と希望により神聖化された土地であるパレスチナの回復において」："The Columbus Platform (1937)," in Mendes-Flohr and Reinharz, eds., *The Jew in the Modern World*, 410–12.

267 旧友エディの頼みを断りきれなかった：Sachar, *A History of Israel*, 302–3.

268 この新しい国を支援し防衛することが、アメリカのユダヤ人コミュニティにとって、組織化原理のおそらく唯一の核心となった：Mendes-Flohr and Reinharz, eds., *The Jew in the Modern World*, 356.

269 アメリカのユダヤ人のアイデンティティが、アメリカのユダヤ人自身の成功の犠牲になるのではないか：Goldberg, *Jewish Power*, 65–67.

270 こんにち、多くの人がAIPACをアメリカで最も強力なロビー団体の一つと見なしている：Goldberg, *Jewish Power*, 224.

272 一九七五年までに、アメリカのユダヤ人は慈善目的で一五億ドルをイスラエルに寄付した：Hannah Shaul Bar Nissim, "Why Jewish Giving to Israel Is Losing Ground," The Conversation, Aug. 15, 2018, https://theconversation.com/why-jewish-giving-to-israel-is-losing-ground-100946

274 緊張が生じたにもかかわらず：Goldberg, *Jewish Power*, 337–46.

277 高学歴で、大半がリベラルだ：Frank Newport, "American Jews, Politics, and Israel," Gallup, Aug. 27, 2019, https://news.gallup.com/opinion/polling-matters/265898/american-jews-politics-israel.aspx

279 敬虔なユダヤ教徒で、かつて「ニュー・リパブリック」誌の若き辣腕編集者として鳴らしたベイナートは：Peter Beinart, "The Failure of the American Jewish Establishment," *New York Review of Books*, June 10, 2010, https://www.nybooks.com/articles/2010/06/10/failure-american-jewish-establishment/

279 世論調査という世論調査、研究という研究で：Dov Waxman, "As Israel Turns 70, Many Young Jews Turn Away," The Conversation, May 3, 2018, https://theconversation.com/as-israel-turns-70-many-young-american-jews-turn-away-95271; "A Portrait of Jewish Americans," Pew Research Center, Oct. 1, 2013, https://www.pewforum.org/2013/10/01/

jewish-american-beliefs-attitudes-culture-survey/

279 それでも、多くのアメリカのユダヤ人は：Scott Clement, "Jewish Americans Support the Iran Deal," *Washington Post,* July 27, 2015, https://www.washingtonpost.com/news/the-fix/wp/2015/07/27/jewish-americans-support-the-iran-nuclear-deal/ 2015年のある世論調査では、アメリカのユダヤ人の48パーセントが合意に賛成し、28パーセントが反対し、25パーセントは事情をよく知らないのでどちらとも言えないということがわかった。

280 ドナルド・トランプの当選と、それに続く彼とネタニヤフの「蜜月」：TOI Staff, "'You Are Great!' : Trump's Handwritten Praise for Ally Netanyahu on 70th Birthday," *Times of Israel*, Oct. 22, 2019, https://www.timesofisrael.com/you-are-great-trump-congratulates-ally-netanyahu-on-70th-birthday/

281 シェルドン・アデルソン（二〇二〇年の選挙でトランプと共和党に一億八〇〇〇万ドル以上の献金をした）：Michela Tindera and Will Yakowicz, "No Dividends, No Problem: Trump Megadonor Sheldon Adelson Has Given at Least 180 Million This Year Despite Troubles at His Company," *Forbes*, Oct. 27, 2020, https://www.forbes.com/sites/michelatindera/2020/10/27/no-dividends-no-problem-trump-megadonor-sheldon-adelson-has-given-at-least-180-million-this-year-despite-troubles-at-his-company/?sh=51c0d8b92ec4

281 アメリカのユダヤ人の大多数は、彼に我慢がならなかった：2017年に中道のアメリカユダヤ人委員会が行なったある調査では、ユダヤ系アメリカ人の77パーセントがトランプに反感を抱いていることがわかった："AJC Survey of American Jewish Opinion 2017," AJC, Sept. 13, 2017, https://www.ajc.org/survey2017 リベラル系団体ベンド・ジ・アークによる2019年の調査でも、基本的に同じ結果が出ている："Bend the Arc's National Survey of American Jewish Voters," Bend the Arc, n.d., https://www.bendthearc.us/votersurvey

282 ドナルド・トランプのアメリカでは安全だとは感じられなかった：ベンド・ジ・アークの調査でわかったのは、ユダヤ系アメリカ人の73パーセントが「こんにちのアメリカでは4年前よりも安全でないと感じている。ユダヤ人有権者の10人に9人は反ユダヤ主義が過去4年間で増えたと考えている」ことだ。"Bend the Arc's National Survey of American Jewish Voters."

282 トランプが反ユダヤ主義者と白人ナショナリストに目配せし、うなずくのに対して批判めいたことを言うのは控えた：Josef Federman, "As Trump Questions Loyalty of US Jews, Israeli PM Is Silent," Associated Press, Aug. 21, 2019, https://apnews.com/article/ef631bdba5674540be35b59c4db361da

282 しかし、ネタニヤフは自国の大使の動きを支持するどころか：Barak Ravid, "On Netanyahu's Orders: Israel's Foreign Ministry Retracts Criticism of anti-Semitism in Hungary and Slams George Soros," *Haaretz*, Oct. 7, 2017, https://www.haaretz.com/israel-news/israel-retracts-criticism-of-hungary-s-anti-soros-campaign-1.5492668

283 アメリカの伝統的なユダヤ人コミュニティ組織は板挟みになって身動きが取れないように見えた：Uriel Heilman, "What Jewish Groups Have (and Haven't) Said About Trump," *Times of Israe*l, Dec. 16, 2015, https://www.timesofisrael.com/what-jewish-groups-have-and-havent-said-about-trump/

283 一方、イスラエルの擁護にあまり関心がなく、トランプの政治目標に断固として反対する新顔の団体が：そうした新しい団体（Jストリート、イフノットナウ、オープン・ヒレルなど）の一部は、しばしば建設的批判をする立場から、イスラエルに関わる新たな方法をリベラルなユダヤ系アメリカ人に提案すべく模索した。他の団体（ベンド・ジ・アークなど）はイスラエルの問題を全面的に避けた。

18章 入植地

284 入植地には四四万人以上のイスラエルのユダヤ系民間人が住んでいる："Settlement Watch," Peace Now, https://peacenow.org.il/en/settlements-watch/settlements-data/population

284 入植地は、恒久的コミュニティとなることを意図して建設された：Tessler, *A History of the Israeli-Palestinian Conflict*, 505–6.

286 イスラエル以外のほぼすべての国が、イスラエルの入植は国際法違反であり：以下に、国際法の下での入植地の地位に関するわかりやすい解説がある。Isabel Kershner, "Are West Bank Settlements Illegal? Who Decides?" *New York Times*, Nov. 18, 2019, https://www.nytimes.com/2019/11/18/world/middleeast/israel-west-bank-settlements.html

286 イスラエルはこれに異論を唱える：Gorenberg, *The Unmaking of Israel*, 73–77.

287 アメリカ合衆国は入植が国際法に違反しないと判断した：Lara Jakes and David M. Halbfinger, "In Shift, U.S. Says Israeli Settlements in West Bank Do Not Violate International Law," *New York Times*, Nov. 18, 2019, https://www.nytimes.com/2019/11/18/world/middleeast/trump-israel-west-bank-settlements.html?action=click&module=RelatedLinks&pgtype=Article

287 イスラエルによるヨルダン川西岸の複数地域の併合をアメリカが支援する：David M. Halbfinger and Isabel Kershner, "Trump Plan's First Result: Israel Will Claim Sovereignty Over Part of West Bank," *New York Times*, Jan. 28, 2020, https://www.nytimes.com/2020/01/28/world/middleeast/israel-west-bank-annex-sovereignty.html

287 イスラエルの最大の貿易相手であるEUも含めて：Reuters staff, "EU Rejects Trump Middle East Peace Plan, Annexation," Reuters, Feb. 4, 2020, https://www.reuters.com/article/us-israel-palestinians-eu/eu-rejects-trump-middle-east-peace-plan-annexation-idUSKBN1ZY1I9

287 同じ権利と便益を享受している：Gorenberg, *The Unmaking of Israel*, 73–80.

288 それでも、イスラエルの軍法に支配され：Limor Yehuda et al., *One Rule, Two Legal Systems: Israel's Regime of Laws in the West Bank*, Tel Aviv: Association for Civil Rights in Israel, Oct. 2014, p. 7, https://law.acri.org.il/en/wp-content/uploads/2015/02/Two-Systems-of-Law-English-FINAL.pdf

289 市中心部の一部の歩道を歩くことや、入植者専用とされた一部の通りに車で乗り入れることさえ許されなくなったからだ：Elior Levy, "Hebron: Separate Roads for Jews and Palestinians," Ynet, Mar. 6, 2013, https://www.ynetnews.com/articles/0,7340,L-4353235,00.html; Jonathan Freedland, "An Exclusive Corner of Hebron, *New York Review of Books*, Feb. 23, 2012, https://www.nybooks.com/articles/2012/02/23/exclusive-corner-hebron/

290 近隣の多くの国々に対していまなお抱く敵対心：Tessler, *A History of the Israeli-Palestinian Conflict*, 403.

291 自ら「ユダヤ」「サマリア」と呼ぶ地を実質的にイスラエル国家の新たな地方としてきた：Tessler, *A History of the Israeli-Palestinian Conflict*, 521–23.

292 イスラエルは獲得した土地のすべてに陸軍基地を置き、民間の入植地を建設した：Tessler, *A History of the Israeli-Palestinian Conflict*, 466–67.

292 ようやく父祖の足跡をたどれること、初めて可能になった神話的風景との出合いに、多くのイスラエル人は酔いしれた：Gorenberg, *The Accidental Empire*, 83–84. ゴレンバーグはこう書いている。「1967年の夏を描写するのにイスラエル人が最も多く用いる語は、陶酔感だ。聖書に絶えず参照された季節に最も多く引用されたのは、詩編の一節だった。『主がシオンの捕われ人を連れ帰られると聞いて

わたしたちは夢を見ている人のようになった』〔詩編126章1節、新共同訳〕〕」

292 もともとグッシュ・エムニム(「信仰者集団」)と呼ばれていた:Gorenberg, *The Unmaking of Israel*, 71–72.

293 ナハルという旅団は兵士の大半がキブツなどの集産共同体の出身者で:Gorenberg, *The Unmaking of Israel*, 74.

293 労働党のシモン・ペレス(のちの首相・党首)をはじめとする高官の中に:Gorenberg, *The Accidental Empire*, 4.

293 入植者人口はおよそ四二〇〇人だった:"Population," Settlement Watch, Peace Now, https://peacenow.org.il/en/settlements-watch/settlements-data/population

295 入植事業の指導者たちは長年、イスラエルによるヨルダン川西岸の土地の併合に賛成してきた:Gorenberg, *The Accidental Empire*, 267.

295 多くのイスラエル人の心象地図からグリーン・ラインを首尾よく抹消した:Tessler, *A History of the Israeli-Palestinian Conflict*, 523.「リクード［最大の右派政党で入植事業の主要な擁護者］はグリーン・ラインの抹消を明確な目標とし、この目標を念頭に、事実をつくり出すための活動を盛んに行なった」

297 過激派ユダヤ人入植者「ヒルトップ・ユース」の急進的で暴力的な運動:Naomi Zevelof, "The Radical New Face of the Jewish Settler Movement," *Forward*, Jan. 11, 2016, https://forward.com/news/328981/the-radical-new-face-of-the-jewish-settler-movement/

299 二〇一八年後半にはおよそ四三パーセント:Adam Rasgon, "Support for Two-State Solution at Lowest in Nearly 20 Years—Poll," *Times of Israel*, Aug. 13, 2018, https://www.timesofisrael.com/support-for-two-state-solution-at-lowest-in-nearly-20-years-poll/

299 C地域またはヨルダン川西岸全体の併合を支持している:Dahlia Scheindlin, "Here's What the Israeli Public Thinks About Netanyahu's Campaign Promise to Annex Parts of the West Bank," *Washington Post*, Sept. 12, 2019, https://www.washingtonpost.com/politics/2019/09/12/heres-what-israeli-public-thinks-about-netanyahus-campaign-promise-annex-parts-west-bank/

300 たとえば、イスラエルの元教育相で極右の入植者政党の党首であるナフタリ・ベネット:Naftali Bennett, "For Israel, Two-State Is No Solution," *New York Times*, Nov. 5, 2014, https://www.nytimes.com/2014/11/06/opinion/naftali-bennett-for-israel-two-state-is-no-solution.html

300 最近の世論調査では、パレスチナ人のおよそ四三パーセントが二国家解決を支持する:Rasgon, "Support for Two-State Solution at Lowest in Nearly 20 Years—Poll."

301 求めているのはもっと簡単なこと:Haidar Eid, "The Two-State Solution: The Opium of the Palestinian People," Al Jazeera, Dec. 29, 2020, https://www.aljazeera.com/opinions/2020/12/29/the-two-state-solution-the-opium-of-the-palestinian-people

302 バッセム・タミミは、もう二国家解決は支持しないと私に語った:2019年2月19日、著者との談話におけるバッセム・タミミの発言。

302「子供たちを海へ連れて行きたい」:2019年2月19日、著者との談話におけるタミミの発言。

19章 BDSについて語るときにわれわれが語ること

304 BDS運動の文言によれば:"Palestinian Civil Society Calls for BDS," BDS, https://www.bdsmovement.net/call

304 念頭に置かなくてはいけないのは、BDS運動は非暴力であり:"What is BDS?" BDS, https://bdsmovement.net/what-is-bds. BDSのウェブサイトにはこう書いてある。「南アフ

リカの反アパルトヘイト運動に触発されたパレスチナのBDSの要請は、イスラエルが三つの要求に応えて国際法を遵守するまで非暴力の圧力を同国にかけることを促し……」

304 つまり、暴力と恐怖を拒む運動であるのに、なぜ、容認できないとか、反イスラエルとか、反ユダヤ主義というレッテルまで貼られなければならないのか？：David M. Halbfinger et al., "Is B.D.S. Anti-Semitic? A Closer Look at the Boycott Israel Campaign," *New York Times*, July 27, 2019, https://www.nytimes.com/2019/07/27/world/middleeast/bds-israel-boycott-antisemitic.html

305 「戦略的脅威」：Peter Beaumont, "Israel Brands Palestinian-led Boycott Movement a 'Strategic Threat,'" *Guardian*, June 3, 2015, https://www.theguardian.com/world/2015/jun/03/israel-brands-palestinian-boycott-strategic-threat-netanyahu

308 ほかのすべての国々の合計よりも多額の軍事援助をアメリカから受け取ってはいない："US Military Aid: Israel Gets More than Everybody Else Combined," Statista, https://www.statista.com/chart/3487/us-military-aid/

309 二〇一〇年に、イスラエルの芸術家、作家、俳優や芸人のグループが：Chaim Levinson and Or Kashti, "150 Academics, Artists Back Actors' Boycott of Settlement Arts Center," *Haaretz*, Aug. 30, 2010, https://www.haaretz.com/1.5107218

309 入植地の産品に「イスラエル製」ではなく「イスラエルの入植地製」と表示する：Associated Press, "Products from Israeli Settlements Must Be Labelled, EU Court Rules," *Guardian*, Nov. 12, 2019, https://www.theguardian.com/world/2019/nov/12/products-israeli-settlements-labelled-eu-court

310 （イスラエルとその入植地を）区別することにより、イスラエルの不法な土地獲得をやめさせ：Hugh Lovett, "EU Differentiation and the Push for Peace in Israel-Palestine," European Council on Foreign Relations, Oct. 31, 2016, https://ecfr.eu/publication/eu_differentiation_and_the_push_for_peace_in_israel_palestine7163/

310 こう語った。「イスラエル製品の表示に関するEUの決定は反ユダヤ主義的だ」：Gil Stern Stern Hoffman, "MK Oren Labels EU Products at Supermarket in Protest over Anticipated Guidelines," *Jerusalem Post*, Nov. 4, 2015, https://www.jpost.com/israel-news/politics-and-diplomacy/oren-labels-eu-products-at-supermarket-432060

313 何人もの有力な慈善家が困惑のあまり：Josefin Dolsten, "LA Jewish Group Pulls Funding for Canary Mission–linked NGO," *Times of Israel*, Oct. 15, 2018, https://www.timesofisrael.com/la-jewish-group-pulls-funding-for-canary-mission-linked-ngo/

316 三〇を超える州が、アメリカ国民によるイスラエルまたは入植地のボイコットの呼びかけを禁じる法案を可決または審議した："Antisemitism: State Anti-BDS Legislation," Jewish Virtual Library, https://www.jewishvirtuallibrary.org/anti-bds-legislation

316 批判者たちに言わせれば、それらの法律は目的達成の試みとしては的外れで：そういう批判者の一人が私だ。Daniel Sokatch, "Congress's Un-American, Bad-for-Israel Agenda," *New York Times*, Oct. 12, 2017, https://www.nytimes.com/2017/10/12/opinion/israel-congress-bds.html

21章 Aで始まるもう一つの単語

321 人権活動家でラビのジル・ジェイコブズは、イスラエルへの批判がその一線を越えているかどうか見分ける便利な方法を考案した：Jill Jacobs, "How to Tell When Criticism of Israel Is Actually Anti-Semitism," *Washington Post*, May 18, 2018, https://www.washingtonpost.com/outlook/how-to-tell-when-criticism-of-israel-is-actually-anti-semitism/2018/05/17/cb58bf10-59eb-11e8-b656-a5f8c2a9295d_

story.html

324 IHRAの誰にも、この実用的定義を拘束力ある法律やヘイトスピーチ規定に仕立て上げる意図はまったく：Kenneth Stern, "I Drafted the Definition of Antisemitism. Rightwing Jews are Weaponizing It," *Guardian*, Dec. 13, 2019, https://www.theguardian.com/commentisfree/2019/dec/13/antisemitism-executive-order-trump-chilling-effect　この記事で、IHRAの反ユダヤ主義の定義の起草者は、この定義の法律化と、トランプと右翼のユダヤ人団体による「武器化」を痛烈に批判している。

325 それらを「反ユダヤ主義」団体に分類する計画であると発表した際：Lara Friedman, "Weaponizing Anti-Semitism, State Department Delegitimizes Human Rights Groups," *American Prospect*, Nov. 12, 2020, https://prospect.org/politics/weaponizing-anti-semitism-state-department-delegitimizes-human-rights-groups/

325 一二二人のパレスチナ人とアラブ人の学者グループが、この事態に対して以下のように述べた：David N. Myers, "Yes, Palestinians Have the Right to Speak About Antisemitism," *Forward*, Dec. 4, 2020, https://forward.com/opinion/459654/yes-palestinians-have-the-right-to-speak-about-antisemitism/

22章 中心地の赤い雌牛——イスラエルとハルマゲドン

326 二〇一四年、アメリカの某所で赤い雌牛が生まれた：Raphael Poch, "Holy Cow! Red Heifer Born in the US," *Israel 365 News*, June 29, 2014, https://www.israel365news.com/17303/holy-cow-red-heifer-born-us/

326 神殿の外観を再現し、聖書に描かれた生贄の儀式の本番に備えた練習までする："Update on the Building of the Third Temple," *Jewish Voice*, https://www.jewishvoice.org/read/article/update-building-third-temple

326 アメリカ人のおよそ四分の一が福音派キリスト教徒を名乗り：David Masci and Gregory A. Smith, "5 Facts About US Evangelical Protestants," FactTank, Pew Research Center, Mar. 1, 2018, https://www.pewresearch.org/fact-tank/2018/03/01/5-facts-about-u-s-evangelical-protestants/

326 そのうち八〇パーセントが、ユダヤ人のイスラエルへの帰還：Joel C. Rosenberg, "Evangelical Attitudes Toward Israel, Research Study," Chosen People Ministries, 2017, https://lifewayresearch.com/wp-content/uploads/2017/12/Evangelical-Attitudes-Toward-Israel-Research-Study-Report.pdf

327 こんにちの共和党内で：Jeffrey Rosario, "Mainstreaming Christian Zionism Could Warp Foreign Policy," *Washington Post*, June 30, 2020, https://www.washingtonpost.com/outlook/2020/06/30/mainstreaming-christian-zionism-could-warp-foreign-policy/

327 保守的福音派の象徴であるジェリー・フォールウェル：Kahlid Amayreh, "Against Israel, Against God," Al Jazeera, Sept. 2, 2003, https://www.aljazeera.com/news/2003/9/2/against-israel-against-god

328「イスラエルに対する私の情熱は、キリスト教の信仰から湧き出る」：The White House, Remarks by the Vice President at Christians United for Israel Washington Summit, Washington, D.C., July 17, 2017, https://trumpwhitehouse.archives.gov/briefings-statements/remarks-vice-president-christians-united-israel-washington-summit/

328 トランプ政権の国務長官で、やはりキリスト教福音派のマイク・ポンペオは：Edward Wong, "The Rapture and the Real World: Mike Pompeo Blends Beliefs and Policy," *New York Times*, Mar. 30, 2019, https://www.nytimes.com/2019/03/30/us/politics/pompeo-christian-policy.html

328 二〇一四年のエボラ出血熱の流行はオバマの

イスラエル政策に対する天罰：Ariel Cohen, "Pastor Warns Ebola Is God's Punishment for Obama Dividing Jerusalem," *Jerusalem Post*, Oct. 19, 2014, https://www.jpost.com/christian-news/christian-pastor-warns-ebola-is-gods-punishment-for-obama-dividing-jerusalem-379207

328 CUFIは九〇〇万人以上の賛同者を擁すると称し："Mission," Christians United for Israel, https://cufi.org/about/mission/

328「CUFIはイスラエル国家の安全に不可欠なものと考える」："On Anniversary of Jerusalem Embassy Dedication, CUFI Reaches Six Million Members," Christians United for Israel, https://cufi.org/press-releases/on-anniversary-of-jerusalem-embassy-dedication-cufi-reaches-six-million-members/

330 聖書の預言が成就されつつあるように見えた：Jessica Steinberg, "Christian Docudrama Sees Six Day War as Prophecy Fulfilled," *Times of Israel*, June 7, 2017, https://www.timesofisrael.com/christian-docudrama-sees-six-day-war-as-prophecy-fulfilled/

330 入植事業も含めてイスラエルが何をしようと、あれほど熱心に支援するのだ：Mimi Kirk, "Countering Christian Zionism in the Age of Trump," Middle East Research and Information Project, Aug. 8, 2019, https://merip.org/2019/08/countering-christian-zionism-in-the-age-of-trump/

330 トランプは現代のキュロス大王だった：Daniel Block, "Is Trump Our Cyrus? The Old Testament Case for Yes and No," *Christianity Today*, Oct. 29, 2018, https://www.christianitytoday.com/ct/2018/october-web-only/donald-trump-cyrus-prophecy-old-testament.html

331 実際、敬虔なキリスト教徒の目には呪わしく映る彼の性格上の欠点そのものが：Tara Isabella Burton, "The Biblical Story the Christian Right Uses to Defend Trump," *Vox*, Mar. 5, 2018, https://www.vox.com/identities/2018/3/5/16796892/trump-cyrus-christian-right-bible-cbn-evangelical-propaganda

331 ユダヤ人がキュロス大王を記憶するように、イスラエルはトランプを記憶するだろう：Burton, "The Biblical Story the Christian Right Uses to Defend Trump."

331 マイク・ポンペオは、カンザス州の教会で聴衆を前にこう語った：Wong, "The Rapture and the Real World."

参考文献

Ajami, Fouad. *The Arab Predicament: Arab Political Thought and Practice Since 1967*. Cambridge, UK: Cambridge University Press, 1992.

———. *The Dream Palace of the Arabs: A Generation's Odyssey*. New York: Pantheon, 1998.

Avishai, Bernard. *The Hebrew Republic*. San Diego, CA: Harcourt, 2008.

Beinart, Peter. "The Failure of the American Jewish Establishment." *New York Review of Books*, June 10, 2010. https://www.nybooks.com/articles/2010/06/10/failure-american-jewish-establishment/

Benvenisti, Meron. *Sacred Landscape: The Buried History of the Holy Land Since 1948*. Translated by Maxine Kaufman-Lacusta. Berkeley: University of California Press, 2000.

Bollens, Scott A. *On Narrow Ground: Urban Policy and Ethnic Conflict in Jerusalem and Belfast*. Albany, NY: SUNY Press, 2000.

Brenner, Michael. *In Search of Israel: The History of an Idea*. Princeton, NJ: Princeton University Press, 2018.

Carroll, James. *Constantine's Sword: The Church and the Jews*. Boston: Houghton Mifflin Company, 2001.

Chabon, Michael, and Ayelet Waldman, eds. *Kingdom of Olives and Ash: Writers Confront the Occupation*. New York: Harper Perennial, 2017.

Cleveland, William L. *A History of the Modern Middle East*. Boulder, CO: Westview Press, 1994.

Darwish, Mahmoud. *Why Did You Leave the Horse Alone?* Brooklyn, NY: Archipelago Books, 2006.

Djerejian, Edward, Marwan Muasher, Nathan J. Brown et al. "Two States or One? Reappraising the Israeli-Palestinian Impasse." Carnegie Endowment for International Peace, 2018. https://carnegieendowment.org/2018/09/18/two-states-or-one-reappraising-israeli-palestinian-impasse-pub-77269

Dowty, Alan. *Israel/Palestine*. 3rd ed. Cambridge, UK: Polity, 2012.

Ephron, Dan. *Killing a King: The Assassination of Yitzhak Rabin and the Remaking of Israel*. New York: W. W. Norton, 2015.

Ezrachi, Yaron. *Rubber Bullets: Power and Conscience in Modern Israel*. Berkeley: University of California Press, 1997.

Friedman, Thomas. *From Beirut to Jerusalem*. New York: Anchor Books, 1989. トーマス・フリードマン『ベイルートからエルサレムへ』（鈴木敏／鈴木百合子訳、朝日新聞社、1993）

Gilbert, Martin. *Jerusalem History Atlas*. New York: Macmillan, 1977.

Goldberg, J. J. *Jewish Power: Inside the American Jewish Establishment*. New York: Basic Books, 1997.

Goldberg, Jeffrey. "Arafat's Gift." *New Yorker*, Jan. 22, 2001. https://www.newyorker.com/magazine/2001/01/29/arafats-gift

Gorenberg, Gershom. *The Accidental Empire: Israel and the Birth of the Settlements, 1967–1977*. New York: Times Books, 2006.

———. *The End of Days: Fundamentalism and the Struggle for the Temple Mount*. New York: Free Press, 2000.

———. *The Unmaking of Israel*. New York: Harper Perennial, 2012.

Grossman, David. *Death as a Way of Life*. London: Picador, 2003. デイヴィッド・グロスマン『死を生きながら』（二木麻里訳、みすず書房、2004）
———. *Sleeping on a Wire: Conversations with Palestinians in Israel*. New York: Farrar, Straus and Giroux, 1993.『ユダヤ国家のパレスチナ人』（千本健一郎訳、晶文社、1997）
———. *The Yellow Wind*. London: Picador, 1987.『ヨルダン川西岸』（千本健一郎訳、晶文社、1992）
Harkabi, Yehoshafat. *Israel's Fateful Hour*. New York: Harper and Row, 1988. イェホシャファト・ハルカビ『イスラエル・運命の刻』（奈良本英佑訳、第三書館、1990）
Heller, Mark A., and Sari Nusseibeh. *No Trumpets, No Drums: A Two-State Settlement of the Israeli-Palestinian Conflict*. New York: Hill and Wang, 1991. マーク・A. ヘラー、サリー・ヌセイベ『中東新時代のパラダイム』（立山良司／中島勇訳、阪急コミュニケーションズ、1992）
Hertzberg, Arthur, "Israel: The Tragedy of Victory." *New York Review of Books*, May 28, 1987.
———. *The Zionist Idea*. 16th ed. Philadelphia, PA: JPS, 1986.
Jabotinsky, Ze'ev. *The Iron Wall*. Original in Russian, *Razsviet*, Apr. 11, 1923. http://en.jabotinsky.org/media/9747/the-iron-wall.pdf
Katz, Elihu, Shlomit Levy, and Jerome M. Segal. "The Status of Jerusalem in the Eyes of Israeli Jews." Center for International and Security Studies, University of Maryland, Baltimore, 1997.
Knell, Yolande. "Israel's First Settlement University Stirs Controversy." *BBC News*, July 17, 2012. https://www.bbc.com/news/world-middle-east-18879786
Laqueur, Walter. *A History of Zionism*. New York: Schocken Books, 1989. ウォルター・ラカー『ユダヤ人問題とシオニズムの歴史』（高坂誠訳、第三書館、1994）
Lustick, Ian S. *Paradigm Lost: From Two-State Solution to One-State Reality*. Philadelphia: University of Pennsylvania Press, 2019.
Mendes-Flohr, Paul R., and Jehuda Reinharz, eds. *The Jew in the Modern World: A Documentary History*. New York: Oxford University Press, 1980.
Montefiore, Simon Sebag. *Jerusalem: The Biography*. New York: Vintage Books, 2011.
Morris, Benny. *The Birth of the Palestinian Refugee Problem*. Cambridge, UK: Cambridge University Press, 1987.
———. *Righteous Victims: A History of the Zionist-Arab Conflict, 1881–2001*. New York: Vintage Books, 2001.
Nusseibeh, Sari. *Once Upon a Country: A Palestinian Life*. London: Picador, 2008.
"On 1948." Interview with Benny Morris. YouTube, Mar. 1, 2018. https://www.youtube.com/watch?v=YzN3hHEvGdc
Oren, Michael. *Six Days of War: June 1967 and the Making of the Modern Middle East*. Oxford: Oxford University Press, 2002. マイケル・B. オレン『第三次中東戦争全史』（滝川義人訳、原書房、2012）
Oz, Amos. *How to Cure a Fanatic*. Princeton, NJ: Princeton University Press, 2002. アモス・オズ『わたしたちが正しい場所に花は咲かない』村田靖子訳、大月書店、2010）
———. *In the Land of Israel*. Translated by Maurie Goldberg-Bartura. San Diego, CA: Harvest, 1983.『イスラエルに生きる人々』（千本健一郎訳、晶文社、1985）
———. *Israel, Palestine and Peace*. New York: Vintage Books, 1994.『現代イスラエルの預言』（千

本健一郎訳、晶文社、1998）
Pawel, Ernst. *The Labyrinth of Exile: A Life of Theodor Herzl.* London: Vintage Publishing, 1990.
Pfeffer, Anshel. *Bibi: The Turbulent Life and Times of Benjamin Netanyahu.* Toronto: McClelland and Stewart, 2018.
Pressman, Jeremy. "Visions in Collision: What Happened at Camp David and Taba." *International Security* 28, no. 2 (Fall 2003): 5–43.
Rabin, Yitzhak. *The Rabin Memoirs*. Translated by Dov Goldstein. Berkeley: University of California Press, 1996. イツハク・ラビン『ラビン回想録』（竹田純子訳、ミルトス、1996）
Rabinovich, Abraham. *The Yom Kippur War: The Epic Encounter that Transformed the Middle East*. New York: Schocken Books, 2004. アブラハム・ラビノビッチ『ヨムキプール戦争全史』（滝川義人訳、並木書房、2008）
Rabinovich, Itamar. *Yitzhak Rabin: Soldier, Leader, Statesman*. New Haven, CT: Yale University Press, 2017.
Reinharz, Jehuda. *Chaim Weizmann: The Making of a Zionist Leader*. Oxford: Oxford University Press, 1985.
Remnick, David. "Seeds of Peace: Ayman Odeh's Unlikely Crusade." *New Yorker*, Jan. 25, 2016. https://www.newyorker.com/magazine/2016/01/25/seeds-of-peace
Ross, Dennis. *The Missing Peace: The Inside Story of the Fight for Middle East Peace*. New York: Farrar, Straus and Giroux, 2004.
Sachar, Howard M. *A History of Israel*. 2nd ed. New York: Alfred A. Knopf, 1996.
Sadat, Camelia. *My Father and I*. New York: Macmillan, 1985.
Said, Edward. *Orientalism*. New York: Vintage Books, 1979. エドワード・W. サイード『オリエンタリズム（上）（下）』（今沢紀子訳、平凡社ライブラリー、1993）
———. *The Politics of Dispossession: The Struggle for Palestinian Self-Determination, 1969–1993*. New York: Pantheon, 1994.『収奪のポリティックス』（川田潤／伊藤正範／齋藤一／鈴木亮太郎／竹森徹士訳、NTT出版、2008）
Savir, Uri. *The Process: 1,000 Days that Changed the Middle East*. New York: Vintage, 1998.
Scheindlin, Dahlia. "The Logic Behind Israel's Democratic Erosion." The Century Foundation, May 29, 2019. https://tcf.org/content/report/logic-behind-israels-democratic-erosion/
Segev, Tom. *A State at Any Cost: The Life of David Ben-Gurion*. Translated by Haim Watzman. London: Apollo, 2019.
Sfard, Michael. *The Gate and the Wall: Israel, Palestine, and the Legal Battle for Human Rights*. New York: Metropolitan Books, 2018.
Shapira, Anita. *Ben-Gurion: Father of Modern Israel*. Translated by Anthony Berris. New Haven, CT: Yale University Press, 2014.
———. *Land and Power: The Zionist Resort to Force, 1881–1948*. Redwood City, CA: Stanford University Press, 1999.
Shavit, Ari. "The General." *New Yorker*, Jan. 15, 2006. https://www.newyorker.com/magazine/2006/01/23/the-general-5
———. *My Promised Land*. New York: Spiegel and Grau, 2013.
Shikaki, Khalil, and Dahlia Scheindlin. "The Role of Public Opinion in the Resilience/Resolution of the Palestinian-Israeli Conflict." Palestinian Center for Policy and Survey Research, Jan.

2019. Pcpsr.org/en/node/742

Simon, Leon ed. *Selected Essays of Ahad Ha-'am*. New York: Atheneum, 1981.

Smith, Charles D. *Palestine and the Arab-Israeli Conflict*. 3rd ed. New York: St. Martin's Press, 1996.

Tessler, Mark. *A History of the Israeli-Palestinian Conflict*. Bloomington: University of Indiana Press, 1994.

Thrall, Nathan. *The Only Language They Understand: Forcing Compromise in Israel and Palestine*. New York: Metropolitan Books, 2017.

Van Creveld, Martin. *The Sword and the Olive: A Critical History of the Israeli Defense Force*. New York: PublicAffairs, 1998.

Wright, Lawrence. *Thirteen Days in September: Carter, Begin, and Sadat at Camp David*. New York: Alfred A. Knopf, 2014.

Yehuda, Limor et al. *One Rule, Two Legal Systems: Israel's Regime of Laws in the West Bank*. Tel Aviv: Association for Civil Rights in Israel, Oct. 2014. https://law.acri.org.il/en/wp-content/uploads/2015/02/Two-Systems-of-Law-English-FINAL.pdf

著者

ダニエル・ソカッチ

Daniel Sokatch

社会活動家。イスラエルの民主主義を名実共に達成させるためのNGO、「新イスラエル基金（New Israel Fund）」のCEO。同基金は、宗教、出身地、人種、性別、性的指向にかかわらず、すべての国民の平等を確立すること、パレスチナ市民やその他の疎外されたマイノリティの利益とアイデンティティの表現および権利のための民主的な機会の保護、イスラエルが近隣諸国と平和で公正な社会を構築し維持することなどを目標に掲げて活動している。妻と二人の娘と共にアメリカ、サンフランシスコに在住。

訳者

鬼澤 忍

おにざわ しのぶ

翻訳家。訳書に、サンデル『これからの「正義」の話をしよう』『それをお金で買いますか』『実力も運のうち 能力主義は正義か？』、ワイズマン『滅亡へのカウントダウン（上）（下）』（いずれも早川書房）、クロス『Chatter（チャッター）』（東洋経済新報社）、共訳書にベッカート『綿の帝国』（紀伊國屋書店）、クリスタキス『ブループリント（上）（下）』（News Picksパブリッシング）など多数。

イラストレーター

クリストファー・ノクソン

Christopher Noxon

作家、ジャーナリスト、イラストレーターとして様々な分野で活躍するアーティスト。書籍の執筆とともに「ニューヨーク・タイムズ」「ニューヨーカー」等に寄稿するだけでなく、挿画も多数提供している。

編集協力　中川浩一

校正　酒井清一

本文組版　佐藤裕久

イスラエル　人類史上最もやっかいな問題

2023年2月25日　第1刷発行
2023年11月5日　第6刷発行

著者　ダニエル・ソカッチ
訳者　鬼澤 忍
発行者　松本 浩司
発行所　NHK出版
〒150-0042　東京都渋谷区宇田川町10-3
電話　0570-009-321（問い合わせ）
0570-000-321（注文）
ホームページ　https://www.nhk-book.co.jp
印刷　亨有堂印刷所／大熊整美堂
製本　ブックアート

Printed in Japan
ISBN978-4-14-081933-3 C0098